AHRIMAN-Verlag

Unser Programm ist die
Wiederkehr des Verdrängten

Bernie Lewin

Wie die Wissenschaftler der Welt für den »Klimawandel« weichgeklopft wurden

Mit einem Vorwort von Fritz Erik Hoevels

Aus dem Englischen von Max Roth

Bibliographische Information der Deutschen Nationalbibliothek
Die Deutsche Nationalbibliothek verzeichnet diese Publikation in der Deutschen Nationalbibliographie; detaillierte bibliographische Daten sind im Internet über **http://dnb.d-nb.de** abrufbar.

Titel der englischen Originalausgabe 2017:
Searching for the Catastrophe Signal
The origins of the Intergovernmental Panel on Climate Change

Das vorliegende Buch ist die ungekürzte Übersetzung
des Hauptteils »*Climate*« der Originalausgabe.

BERNIE LEWIN

Wie die Wissenschaftler der Welt für den
»Klimawandel« weichgeklopft wurden

Mit einem Vorwort von Fritz Erik Hoevels

Aus dem Englischen von Max Roth

2. Auflage 2021

AHRIMAN-Verlag GmbH
Postfach 6569, D-79041 Freiburg
Tel. 0761/502303, Fax 0761/502247

www.ahriman.com

Bestellungen per E-Mail: ahriman@t-online.de oder
einfacher über den Warenkorb auf unserer Homepage.
(Bitte geben Sie bei E-Mail-Bestellungen Ihre vollständige Postanschrift an.)

ISBN 978-3-89484-841-5

Gedruckt auf säurefreiem und alterungsbeständigem Papier.

Bestellungen an den Verlag werden innerhalb einer Woche bearbeitet.
Nichtantwort beweist NATO-Postzensur.
(In diesem Falle Bestellung per Einschreiben wiederholen – Lektion für
fdGO- und Zufallsgläubige, ein Nachhilfeunterricht in Staatsbürgerkunde.)

Inhaltsverzeichnis

Im Sinne dieses Übereinkommens (...) bedeutet »Klimaänderungen« Änderungen des Klimas, die (...) auf menschliche Tätigkeiten zurückzuführen sind (...) und die zu (...) natürlichen Klimaschwankungen hinzukommen.

Begriffsbestimmungen, UN-Klimarahmenübereinkommen (1992)

Klimaänderungen (...) ereignen sich (...) entweder aus natürlichen Gründen oder infolge menschlicher Tätigkeiten. Es ist im allgemeinen nicht möglich, sie klar auf die eine oder die andere dieser Ursachen zurückzuführen.

Glossar, Beitrag der Arbeitsgruppe 1
zum Zweiten Sachstandsbericht des IPCC (1995)

Zeittafel

1957/58		Internationales Jahr der Geophysik. Die UdSSR startet den Sputnik-Satelliten
1970		Studienkonferenz *Study of Critical Environmental Problems* (SCEP-Konferenz)
1971		Studienkonferenz *Study of Man's Impact on Climate* (SMIC-Konferenz)
1972		Stockholmer UN-Konferenz über die menschliche Umwelt
1973		OPEC-Ölembargo, Beginn der »Energiekrise« in den USA
1978		Beginn des Kohlendioxyd-Programms des US-Energieministeriums
1979		Erste Weltklimakonferenz
1980		Erste Villacher Konferenz über CO_2 und Klima
1985		Zweite Villacher Konferenz über CO_2 und Klima
1987	April	Bericht »Unsere gemeinsame Zukunft« der Brundtland-Kommission der UNO
	Juni/Juli	WMO und UNEP beschließen Gründung des IPCC
	Sep./Nov.	Erste internationale Fachtagungen über CO_2-Emissionsbeschränkungen, Villach und Bellagio (Rockefeller-Stiftung)
1988		Gründungssitzung des IPCC, Washington
1990		Erster Sachstandsbericht des IPCC, Zweite Weltklimakonferenz
1992		»Rio-Gipfel«, Unterzeichnung des UN-Klimarahmenübereinkommens
1995	März	Erste Vertragsstaatenkonferenz des UN-Klimarahmenübereinkommens, Berlin
	Nov.	Sitzung der IPCC-Arbeitsgruppe 1 in Madrid bejaht erstmals menschlichen Einfluß auf das Klima
1996		Zweite Vertragsstaatenkonferenz, Genf
1997		Dritte Vertragsstaatenkonferenz in Kyoto beschließt bindende CO_2-Emissionsbeschränkungen

Abkürzungen

AEC *Atomic Energy Commission*
(US-Atomenergiebehörde, 1974 ersetzt durch ERDA)
AGU *American Geophysical Union*
(Amerikanische Geophysikalische Union)
CIAP *Climatic Impact Assessment Program*
(Programm zur Begutachtung der Umweltfolgen von Überschall-Passagierflugzeugen, 1971–1974)
CoP *Conference of Parties*
(Konferenz der Vertragsstaaten des UN-Klimaabkommens, abgekürzt als *CoP1, CoP2, CoP3* usw.)
CRU *Climatic Research Unit*
(Klimaforschungsinstitut der East Anglia University, England)
CSIRO *Commonwealth Scientific and Industrial Research Organisation*
(Australische Behörde für wissenschaftliche und industrielle Forschung)
DDT Dichlordiphenyltrichlorethan
(Insektizid, seit den 1970er Jahren zunehmend verboten)
DoE *Department of Energy*
(US-Energieministerium, gegründet 1977)
EDF *Environmental Defense Fund*
(US-amerikanische »N«GO)
EPA *Environmental Protection Agency*
(US-Umweltschutzbehörde, gegründet 1970)
ERDA *Energy Research and Development Administration*
(US-Energiebehörde, 1974–1977, Vorläufer des Energieministeriums)
EWG Europäische Wirtschaftsgemeinschaft
GARP *Global Atmospheric Research Program*
(Internationales Atmosphärenforschungsprogramm, 1967–1982, abgelöst durch das WCRP)
ICSU *International Council of Scientific Unions*
(Dachverband wissenschaftlicher Gesellschaften und Akademien)
IFIAS *International Federation of Institutes for Advanced Study*
(Von der Rockefeller- und der Nobel-Stiftung 1972 gegründete »N«GO)

INC *Intergovernmental Negotiating Committee*
(Internationales Verhandlungskomitee für die UN-Klimakonvention)

IPCC *Intergovernmental Panel on Climate Change*
(»Weltklimarat« der UNO)

NASA *National Aeronautics and Space Administration*
(US-amerikanische Raumfahrtbehörde, gegründet 1958)

NCAR *National Center for Atmospheric Research*
(US-amerikanisches Zentrum für Atmosphärenforschung)

»N«GO *»Non«-Governmental Organisation*
(»Nicht«regierungsorganisation)

NOAA *National Oceanic and Atmospheric Research Administration*
(US-amerikanische Bundesbehörde für Meer und Atmosphäre)

OPEC *Organization of the Petroleum Exporting Countries*
(Organisation erdölexportierender Länder)

RGW Rat für gegenseitige Wirtschaftshilfe
(Wirtschaftsorganisation der UdSSR und mit ihr verbündeter Staaten)

SBSTA *Subsidiary Body for Scientific and Technological Advice*
(Nebenorgan für wissenschaftliche und technologische Beratung, geschaffen 1995)

SCEP *Study of Critical Environmental Problems*
(einmonatige Studienkonferenz über Umweltprobleme, abgehalten 1970 in Williamstown, Massachusetts, USA)

SCOPE *Scientific Committee on Problems of the Environment*
(1969 vom ICSU gegründetes Gremium für Umweltstudien)

SMIC *Study of Man's Impact on Climate*
(dreiwöchige SCEP-Nachfolgekonferenz in Stockholm, 1971)

UNEP *United Nations Environment Programme*
(Umweltorganisation der Vereinten Nationen, gegründet 1972)

WCRP *World Climate Research Programme*
(Weltklimaforschungsprogramm, geschaffen 1980)

WMO *World Meteorological Organization*
(Weltorganisation für Meteorologie)

Vorwort zur 2. Auflage

Dieses Buch verdiente es, zum Klassiker zu werden! So, wie wir ohne Tacitus nur sehr viel schlechter wüßten, wie die kaiserliche Willkürherrschaft von innen aussah und funktionierte, ohne Friedrich von Spee nicht, wie die Hexenprozesse, ohne Nicolas Aubin nicht, wie die kirchlichen Schauprozesse, so hätten spätere Generationen ohne Lewins geduldiges Nachzeichnen kaum einen Zugang mehr zu jenem ungeheuerlichen Prozeß, durch den der Menschheit am Ende des Erdölzeitalters unter der Fassade organisierter Wissenschaft eine Ideologie übergestülpt wurde, die an frecher Faktenbeugung und opportunistischer Umschiffung wissenschaftlicher Methodik, wo diese stören könnte, keinem Lyssenko nachsteht und hinter deren Rauchvorhang der etwa seit Francis Bacon erreichte Menschheitsfortschritt an Lebensstandard und Rechtsstaatlichkeit wieder abgeräumt werden soll bzw. abgeräumt worden sein wird. Daß dieser Prozeß hinter den Kulissen, die Lewin lüftete, zäh ablief, hat zwar die unvermeidliche Folge, daß seine exakte und nur durch diese Exaktheit auch den Voreingenommenen überzeugen könnende Beschreibung Geduld verlangt, aber für diese wird der auf die Wahrheit erpichte Leser gleichgültiger Rasse und Geschlechts auch mit Einsichten in das Funktionieren des globalen (US-amerikanischen) Herrschaftsapparats belohnt, die ihm andernfalls wohl verschlossen blieben. Besagte Geduld kann ihm niemand abnehmen, am wenigsten eine Zusammenfassung, also auf zum Lesen!

Aber ein Aspekt sei doch noch erwähnt, weil sich dem Nachdenklichen nach der Lektüre eine Frage aufdrängt, die im Text nicht besprochen werden kann: warum wurde in der globalen täglichen Propaganda das Schlagwort »Umweltschutz«, unter welchem durch Einhämmern ziel- und endloser Verzichterei und Gängelung die Notwendigkeit von etwa fünf Generationen globaler Ein-Kind-Familie vernebelt wurde, ohne die der bestmögliche Lebensstandard weder gehalten noch auf alle Länder ausgedehnt werden kann, auf einmal immer mehr durch das Schlagwort »Klima« ersetzt? – Weil »Klima« bzw. Gas (hier Kohlendioxyd) nicht den Gedanken der Quadratkilometer hervorruft, deren Zahl sich nun einmal nicht vergrößern läßt – es hat ja auch keine –, die »Umwelt« aber schon.

Erfreulicherweise hat die Nachfrage nach den nur hier erhältlichen Informationen trotz aller Vertriebs-, Produktions- und vor allem Werbebehinderungen in kurzer Zeit eine zweite Auflage dieses Buches nötig gemacht. Möge es in viele Hände und Köpfe gelangen!

Fritz Erik Hoevels

Notwendiges Vorwort

IN DIESEM BUCH GEHT ES DARUM, wie an einer wichtigen Stelle »die Wissenschaft« von außerwissenschaftlichen Kräften beeinflußt wurde – ein in der Menschheitsgeschichte nicht eben neuer Vorgang. Denn »die Wissenschaft« gibt es streng genommen gar nicht – es gibt nur ganz abstrakt »die wissenschaftliche Methode«, welche aus dem Induktionsprimat (»*erst* beobachten, dann weitersehen«), dem Hypothesenminimalismus (»erst dann etwas Neues zu dem bisher Bekannten annehmen, und dann testen, wenn das bisher Bekannte für beobachtete Abläufe Zusatzannahmen erfordert«) und schließlich der Befolgung der Logik besteht – der Grund dafür ist, daß diese Methode bzw. Denkweise mit größerer Wahrscheinlichkeit als jede andere zu zutreffenden Aussagen über die Wirklichkeit führt (wobei das »Testen«, wo immer möglich, im Bestehen auf Probe *und Gegenprobe* besteht, was einzig und allein die Wissenschaft vom Aberglauben unterscheidet und schon dem deswegen unbeliebten griechischen Philosophen Diagoras von Melos aufgefallen war: sehr leicht finden sich Berufssoldaten und sogar erfolgreiche Generäle, die im Zeichen des Mars geboren worden waren, oder Kranke, die nach dem Gebet zu einem »zuständigen« Heiligen wieder gesund wurden, aber wie steht es mit den anderen Berufssoldaten, Generälen und Geheilten?!).

Kurzum, das ist die vom untersuchten Gegenstand allemal unabhängige und für jeden beliebigen Gegenstand erfolgreichste Methode, wenn man die Wahrheit über ihn wissen will – wie weit man sie selbst mit dieser besten aller möglichen Methoden herausfindet, hängt natürlich von den technischen Schwierigkeiten ab, die der Gegenstand bietet, und diese können klein, groß oder unüberwindlich sein. Dementsprechend unterschiedlich ist der Aufwand (gemeinhin mit dem Wort »Kosten« bezeichnet), den die entsprechende Untersuchung erfordert, und es ist klar, daß sie nur vorgenommen wird, wenn erstens Leute wollen, daß sie unternommen wird, zweitens die Mittel dazu zur Verfügung stellen können. Man merkt, daß hier zu dem, was die Wissenschaft *abstrakt* ausmacht (nämlich ihre hier zusammengefaßte allgemeine Vorgehensweise), und dem, was sie *konkret* ausmacht (nämlich die Wissenschaftler und ihre Apparaturen), noch ein Element hinzutritt, das mit der Wissenschaft *nichts* zu tun hat: nämlich die Interessen derjenigen, die fähig und willens sind, die nötigen Mittel für die konkrete

Wissenschaft zur Verfügung zu stellen – und da sie zu diesem Zweck über jene verfügen müssen, werden das weder die Ärmsten noch die Einflußlosesten sein, und weil sie auch Menschen sind, haben sie auch Interessen, die sich nicht notwendigerweise auf dasjenige an der Wahrheit über die Wirklichkeit beschränken werden, eventuell sogar mit diesem zusammenstoßen. So kann es passieren, daß sie besagte Mittel eben nicht zur Verfügung stellen oder schließlich, wenn ihnen, wie den herrschenden Klerikern und Feudalherren des Mittelalters, die Wahrheit über die Wirklichkeit nicht paßt, besagte Macht- und Geldmittel denjenigen zur Verfügung stellen, welche deren Verbreitung oder auch nur Ermittlung verhindern, z.B. durch Pogrome oder Scheiterhaufen. Dieser Zusammenhang ist zeitlos, weil unvermeidlich; nur die Verschiedenheit der Zeiten bewirkt unterschiedliche Resultate.

Gar so schlimm wie in der langen Folter- und Scheiterhaufenzeit war es in der griechischen Antike, welche dieser mit römischem Zwischenspiel voranging, nicht; denn es gab in ihr echte Demokratien, in denen alle Vollbürger – von Sklaven u.ä. reden wir hier nicht – nicht nur vor dem Gesetz gleich waren, sondern dieses auch selber machten und aufmerksam darauf achteten, daß es auch eingehalten und nicht niedergeschwatzt wurde; deshalb konnten diejenigen von ihnen, welche dank ein wenig Besitzes, wie ihn die meisten ihresgleichen hatten, nicht unter Anspannung standen und es interessanter fanden, die Wahrheit über die Natur und manchen anderen Teil der Wirklichkeit herauszufinden statt sich nur um die Vergrößerung dieses Besitzes oder seichte Vergnügungen zu kümmern, diesem Interesse nachgehen, und so entstand erstmals die Wissenschaft und fand auch einiges heraus: Demokrit in Abdera die Zusammensetzung aller Dinge von der Luft bis zu den Lebewesen ausnahmslos aus »Atomen«, Anaxagoras die recht ähnliche Erkenntnis der »Homöomerie« sowie eine erste Vorform der Evolutionslehre, Aristarch von Samos das richtige Verhältnis von Erde und Sonne (worauf etwa 2000 Jahre später – solche Rückschritte und langen miesen Zeiten kann es geben! – Kopernikus zurückgreifen konnte), und als die Ptolemäerkönige schließlich anfingen, Steuergelder für die Wissenschaft abzuzweigen, gelangen dieser bis dahin ungeahnte Leistungen, z.B. die erstaunlich genaue Berechnung des Durchmessers der Erdkugel und erste richtige Vorstellungen über Bakterien bzw. das Wesen der Infektionskrankheiten. Außerwissenschaftliche Kräfte störten dabei freilich doch: der erwähnte Anaxagoras mußte vor den Religionsvertretern fliehen, welche den ungebildeten Teil der Athener gegen ihn aufgehetzt hatten, und eben diese stänkerten auch so erfolgreich gegen Aristarch, daß seine Erkenntnis sich nicht durchsetzte, und mit den alsbaldigen »Diadochenkriegen«, schließlich der Römerherrschaft stagnierte die Wissenschaft, um an deren Ende schließlich in der tiefen und langen Finsternis der Barbarei und des Feudalismus zu versinken. Daß sie schließlich wiedererstand, war nur der Tatsache zu verdanken, daß ein aufstrebendes Bürgertum in den Städten an ihr wieder Gefallen fand und der Kaiser dessen Geld und Stadtmauern gegen den Papst und widerspenstige Fürsten benötigte und jenes daher anständig behandeln mußte; auch Schaukelpolitik kam vor, war vor allem aber für besagtes Bürgertum überhaupt möglich. Kurzum: Außerwissenschaftliches drückt jederzeit auf die Wissenschaft – es kann sie auch *er*drücken, wie die längste Zeit und an den meisten Orten der Menschheitsgeschichte, bzw. überhaupt nicht erst entstehen lassen, und seit Wissenschaft teuer ist und Wissenschaftler gehaltsabhängig, muß das keineswegs nur direkte Gewalt sein – das ist der Gegenstand des vorliegenden Buches, und diesen Zusammenhang gilt es in umfassender Geschichts- und Gesellschaftsübersicht bei seinem Lesen immer im Auge zu behalten, da es nur dessen notgedrungen detailreichen allerletzten und in unserer Gegenwart aufdringlichsten Teil behandelt (»Klimawandel«), dessen Wahrnehmung noch dazu unter der täglich prasselnden, perfekt gleichgeschalteten Medienpropaganda, von deren Lückenlosigkeit selbst ein Goebbels nur träumen konnte, mit **Angst** besetzt ist.

Die besten und klügsten Griechen der »klassischen« Zeit konnten sich teils deshalb unbehindert und ohne nachhaltig quasselnde gesellschaftliche Störsender mit der Natur und sonstigen Wirklichkeit befassen, weil sie politisch **frei** waren und nicht, wie gehaltsabhängige Menschen, zumindest potentiell und jede Sekunde von wirtschaftlicher **Not** bedroht – für die gleichzeitigen und späteren Römer galt das deutlich weniger, für die gleichzeitigen Ägypter und persischen Untertanen gar nicht. Teils aber konnten besagte recht glückliche Griechen ihrer frühwissenschaftlichen Beschäftigung auch deshalb so erfreulich unabhängig – und daher rasch mit den sensationellen, schon genannten Erkenntnisdurchbrüchen – nachgehen, weil sie *billig* war; ihre Beobachtungen geschahen an billigen Materialien und Vorgängen, ihre Experimente waren primitiv (wahrscheinlich auf die Dauer sogar primitiver als nötig, warum auch immer). Das machte sie allerdings auch staatsunabhängig; noch bei dem großen Dalton und vielen seiner zeitgenössischen Mit-Wissenschaftler auch anderer Sparten, denken wir z.B. an Darwin oder Fabre, der ersten Riege, war es ganz ähnlich. Stadtstaatliche und bald auch landesfürstliche Regierungen, die nach den frühbürgerlichen Anfängen den Wert der Wissenschaft für Gewerbe und Kriegswesen erkannt hatten, hielten seit einer Weile und ausgehend von den »protestantischen« Ländern eine schützende Hand über die Wissenschaft; ihre »Förderung« derselben bestand gar nicht so sehr in der Form von Bezahlung bewährter Wissenschaftler als »Professoren« (in Konkurrenz zu den ehemals bloß kirchlichen, bestenfalls verwaltungstechnischen, sog. »juristischen«, »Professoren« der ersten abendländischen Universitäten) als vielmehr im mehr oder weniger konsequenten Schutz der tätigen Wissenschaftler vor der Einmischung der Religionsvertreter oder dem von diesen aufgehetzten Pöbel – Vorgänge wie den im Anhang dieses Buches aus München gemeldeten hätten keine absolutistischen Fürsten gestattet oder straflos gelassen, weshalb auch mit Recht niemand mit diesen rechnete und kein Gasthof der Zeit gewagt hätte, einem schlägernden Pöbel in dieser Lage zu liebedienern, selbst wenn dieser die Fürsprache des Ortspfarrers gehabt hätte. Denn diese Fürsten (oder ihre bürgerlichen Analoga) hatten Interesse an *zutreffenden* Aussagen über die Natur – sonst funktionieren weder Fabriken noch Kanonen, und die bürgerlichen statt durch die Bank von der Hand in den Mund von »Staatsknete« lebenden Wissenschaftler reagierten auf schäbige Behandlung manchmal auch *in corpore* noch empfindlich – und deshalb war ihnen an der *Unabhängigkeit* statt Gängelung ihrer Wissenschaftler noch gelegen, weshalb sie ihre »Lehrfreiheit« wenigstens tendenziell verteidigten, und etwa ab der zweiten Hälfte des 19. Jahrhunderts der Staatsapparat ihnen auch recht ansehnliche Gehälter zahlte (denn Finanzpuffer erzeugen Angstfreiheit und Rückgrat und nur gelegentlich Dünkel). Denn so konnten absolutistische Fürsten und ihre bürgerlichen Nachfolger von Leuten, welche Liebe zur Sache antrieb statt das Achten auf die Mienen ihrer Herren, auf die besten und zuverlässigsten Resultate hoffen, gerade wenn »Gelehrtenstreitigkeiten« diese manchmal überschatteten; denn das Motiv letzterer war viel häufiger die harmlose persönliche Eitelkeit durch Spezialisierung exzentrischer Sonderlinge als die Fähigkeit und der Wille, das Gras wachsen zu hören und das Mäntelchen nach dem Wind zu hängen. Je teurer freilich die Forschungen an sich wurden und je mehr »Gelehrter« ein Brotberuf wie andere, umso mehr verlor sich das, sobald mit dem Ende des atomaren Patts die ökonomisch-militärische Konkurrenz der Staaten, welche so lange »saubere« Naturwissenschaft auch gegen herrschaftsbequeme Ideologien erzwungen hatte, den Erdball verlassen hatte; es ist der Hintergrund, auf dem sich die in diesem Buche ans Licht gebrachten Vorgänge abspielten und weiter abspielen, und das sollte beim Lesen nie vergessen werden.

Bevor man aber damit anfängt, ist es wahrscheinlich für die allermeisten Leser äußerst gleichgültiger Rasse und Geschlechts sehr nützlich, sich erst einmal mit den allerfundamentalsten im engsten Sinne wissenschaftlichen Grundlagen dessen vertraut zu machen, was uns als »Klimawandel« resp. Klimahysterie begegnet (oder entgegenbrüllt). Denn leidvolle Erfahrung zeigt nicht nur mir, daß selbst diese absoluten Basiskenntnisse nicht flächendeckend vorausgesetzt werden können – Schande über die Schulen! (Ich selber habe sie auch nicht aus der Schule erhalten, jedenfalls nicht verbindlich und solide, dafür aber problemlos im Kern schon mit 9 Jahren aus dem damals weitverbreiteten populärwissenschaftlichen Buch »Die Welt, in der wir leben« – es geht also!)

Im Gegensatz zu dem, was eine unwissende Menschheit jahrtausendelang phantasieren mußte, ist Leben, genau wie ein Wasserfall, keine Substanz, auch keine noch so »feine«, sondern ein Prozeß (ein sogenanntes »Fließgleichgewicht«). Freilich verbraucht dieser Prozeß Energie, die er notgedrungen von außen beziehen muß, Wasserfall wie Leben gleichermaßen, nämlich von einem Kernkraftwerk, das uns glücklicherweise in Gestalt eines Kernfusions-Reaktors, wie es ihn auf einem Planeten nicht mit positiver Bilanz geben kann, in Gestalt der Sonne zur Verfügung steht, jedenfalls noch sehr lange. Die Substanz, welche den jeweiligen Prozeß trägt, sind beim Wasserfall Wassermoleküle (ihren Nachschub hat das Kernkraftwerk unseres Planetensystems durch Verdunstung der Gewässer bewirkt, den Rest besorgten Abkühlung und Schwerkraft, und solange der Nachschub ausreicht, geht der Fallprozeß kontinuierlich weiter, den wir »Wasserfall« nennen). Die Substanz, welche den unvorstellbar komplizierteren Lebensprozeß trägt, besteht aus allerhand Molekülsorten in wäßriger Umgebung, deren Gemeinsamkeit es u.a. ist, aus sehr vielen Atomen zu bestehen (statt nur dreien wie ein Wassermolekül), die ihrerseits in meist aneinanderhängenden Ketten »aufgefädelt« sind. Nun das vielleicht Wichtigste: diese äußerst komplizierten und vielfältigen Ketten können nur auf der Basis von Atomen in der bestehenden Weise teils mit anderen Atomen gebildet, teils an »Knotenpunkten« zusammengehalten werden, deren Elektronenhülle ganz bestimmte Eigenschaften hat (bildlich: deren »Valenzen«, also Bindekräfte, so ordnet, daß die Gestalt eines »Krähenfußes« entsteht, d.h. jener Figur, die den Mittelpunkt eines Tetraeders – d.h. einer gleichseitigen Pyramide, wie man sie als »Tetrapack« kennt – mit dessen Spitzen verbindet, wobei der Mittelpunkt der Atomkern ist; alle Einzelheiten lassen sich anderswo nachlesen). Die einzigen Atome, welche diese für die Möglichkeit von Leben bzw. die chemische Bindung der Stoffe, auf deren Basis allein es ablaufen kann, in zufriedenstellender Weise besitzen, sind diejenigen des Kohlenstoffs, also des »C« in dem angeblich so »schlimmen« CO_2. Sie sind aufgrund ihrer einzigartigen Beschaffenheit (höchstens Silicium, Si, könnte sie zur äußersten Not eher schlecht als recht ersetzen) die Basis nicht nur jedes vorhandenen Lebens, sondern auch jedes *möglichen* Lebens (und können dessen Eigenheiten aus gewissen Gründen, über welche den Interessierten jedes Lehrbuch der Biochemie informiert, nur im Umfeld von Wasser, also H_2O, entfalten, wodurch zum bösen C das böse O hinzukommt). Gäbe es also in irgendwelchen anderen Planetensystemen Leben (und daß es solche gibt, wissen wir ja seit ca. 20 Jahren sicher), dann könnte es auch auf keiner anderen Grundlage bestehen und entstanden sein (und flüssiges Wasser braucht es zu seinem weiteren Funktionieren auch noch).

Der Kern aller Lebewesen sind also – höchst verzwickte – Kohlenstoffverbindungen (die sog. »Eiweiße« oder »Proteine«); nur auf ihrer Grundlage kann jener verwickelte Prozeß ablaufen und am Laufen bleiben, den wir »Leben« nennen. Aber dazu braucht er nicht nur die Stoffe für besagte Grundlage, sondern vor allem erst einmal Energie (und weitere Energie dafür, sich besagte Stoffe aus der Außenwelt zu holen – ein guter Beweis für deren so häufig spitzfindig angezweifelte Existenz, übrigens – sowie diese für die weitere Unterhaltung besagten

Prozesses zu zerlegen und für dessen Bedarf anders und neu zusammenzusetzen). Diese Energie holten sich die ersten Zellen, sobald sie eine knappe Milliarde Jahre nach Entstehung unseres Planeten aus recht einfachen Bestandteilen und Abläufen erst einmal selber entstanden waren, auf allerhand kümmerliche Weise aus ihrer Umgebung wie heute noch die Schwefelbakterien und etliche andere; das ging Hunderte von Jahrmillionen so weiter, und bei dieser langwierigen Gelegenheit entwickelten diese noch sehr einfachen meist kugeligen Träger jener chemischen Abläufe, die ihr Fließgleichgewicht und damit »Leben« ausmachen, eine ganze Menge Möglichkeiten, die sie umgebenden Stoffe in diesen Prozeß einzubinden und dafür umgebende Energien anzuzapfen – man sage bloß nicht, in den ersten Jahrmilliarden der Lebens-Evolution habe sich nicht viel getan! (Auch heute noch sind die Bakterien, jene »prokaryoten« Lebewesen – d.h. jene, deren Gene noch nicht zu Chromosomen aufgefädelt zusammengeknäult einen Zellkern bilden – auf chemischem Gebiet sozusagen höchst erfinderisch, die »Eukaryoten«, zu denen z.B. wir und die Geißeltierchen gehören, sehr viel weniger.)

Aber vor etwa zwei Milliarden Jahren passierte etwas Ungeheuerliches, viel einschneidender als sogar die »kambrische Revolution«: gewisse Einzeller schafften es, die Sonnenenergie dazu einzusetzen, Kohlendioxyd – jenes CO_2 also, um welches dieses Buch im wesentlichen geht und das bei den meisten Oxydations-, also Verbrennungsprozessen entsteht, auch vulkanischen beispielsweise – und Wasser derart zu bearbeiten, daß aus ihnen Glucose (ein sog. »Traubenzucker«) wird; dieses Verfahren nennt sich »Photosynthese«, also »Zusammensetzung« (*sc.* eines neuen, komplexeren Stoffs aus einfacheren) mittels Licht (welches die zu dieser chemischen Aktion nötige Energie liefert). Es gab und gibt verschiedene Wege dazu; massenhaft durchgesetzt hat sich der bei vielen Bakterien und allen Pflanzen beschrittene, bei welchem aus sechs Wasser- und sechs Kohlendioxyd-Molekülen ein Molekül Glucose ($C_6H_{12}O_6$) »gemacht« wird; sechs Luftsauerstoff(= O_2)moleküle bleiben dabei übrig und werden ausgeschieden, die Glucose dann weiter »verarbeitet« (zunächst meistens zu Stärke, aber es geht gewöhnlich noch weiter). Prokaryoten, die das erstmals »schafften«, wurden dann von gewissen eukaryotischen Einzellern als Symbionten eingefangen, ganz wie andernorts und früher die späteren Mitochondrien, und wurden schließlich als obligatorische Zellbestandteile (»Chloroplasten«) integriert. Aus jenen einzelligen Algen, die das »schafften«, entstanden dann alle unsere vielzelligen »Pflanzen«.

»Wußten wir schon, wußten wir schon!«, mag es mir an dieser Stelle entgegenschallen. Aber in tausend Diskussionen gerade über das zwar politische, aber auf physikalischen Aussagen aufgebaute Thema dieses Buches und der öffentlichen Erregung zeigt sich oft, daß dieses Wissen nicht selten in eine Blase der Gedankenlosigkeit eingebettet und vom restlichen Denken abgeschirmt ist. Denn hat man sich den Zusammenhang einmal ordentlich klargemacht, dann bemerkt man schnell, wie problematisch doch das Wort »autotroph« (= »selbsternährend«) ist, mit dem die Pflanzen von Tieren und Pilzen abgehoben werden, genauso wie »erneuerbare Energien«, die es ja auch nicht gibt (außer durch AKWs). Denn die Pflanzen ernähren sich ja gerade **nicht** »von sich selbst«, sondern ganz genauso wie Tiere und Pilze **von anderen Stoffen**, die sie von *außen* aufnehmen, also »fressen« und »verdauen«; nur die dafür (nämlich für deren »Verdauen«, also besagte »Photosynthese«) benötigte, bitterlich benötigte Energie entnehmen sie im Gegensatz zu den besagten »heterotrophen« Tieren und Pilzen *nicht* diesen Stoffen selbst, indem sie komplexe zu einfacheren abbauen und die dabei freiwerdende Bindungsenergie nutzen wie besagte Tiere etc., im Gegenteil, sie bauen aus einfacheren komplexere auf (eine »Arbeit«, an der Tiere, Pilze u.v.a. dann wieder »parasitieren«), und *dazu* schafften sie es, eine *äußere* Energiequelle zu nutzen (nämlich die riesige Wasserstoffbombe im Zentrum unseres Planetensystems), was die »Heterotrophen« nicht schaffen, welche ihre Energie *nur* aus ihrer Nahrung beziehen, nämlich durch deren chemische Zerlegung. Man kann also mit Fug und Recht sagen, daß die Tiere nicht nur aus dem (verwerteten) Teil ihrer Nahrung **bestehen** – wie hätten sie sonst z.B. *wachsen* können?! (»man ist, was man ißt«) –, sondern auch die Pflanzen aus dem von ihnen *verzehrten* CO_2 *bestehen* (plus dem Wasser, das sie »gefressen«, aber nicht jenem, das sie zusätzlich eingesogen haben), nämlich aus den Atomen, aus denen jenes »gefressene« H_2O und CO_2 bestand, und deren nicht benötigte Sauerstoffatome sie gerade so wieder abgegeben haben wie wir unsere Exkremente.

Nun ernähren wir – d.h. alle Tiere – uns, wie schon angedeutet, auf andere Weise als die Pflanzen, nämlich entweder von ihnen oder von anderen Lebewesen, die dieses ebenfalls getan haben, indem wir sie bzw. die Stoffe, aus denen sie, soweit für uns brauchbar, bestehen, zunächst einmal *zerlegen* (egal was wir aus den Zerlegungsprodukten später aufbauen). Dazu nutzen wir ein aggressives Gas, das uns – oder unseren Vorfahren – die Pflanzen seit ca. 2 Milliarden Jahren als ihr Exkrement zur Verfügung stellen (vorher war es eine große Rarität), nämlich den Sauerstoff. Wir reißen damit, weil es so aggressiv ist, einige Atome aus den Molekülen jener Stoffe, die wir aufgenommen haben, wir *oxydieren* sie also – das ist dasselbe wie »verbrennen«, wozu folglich nicht immer eine Flamme nötig ist –, und das, was dabei stets übrig bleibt, wird unser gasförmiges, über Nase oder Mund ausgeschiedenes Exkrement: das berüchtigte CO_2. Täten wir das nicht, gerieten die Pflanzen bald in eine arge Versorgungsklemme, und gingen sie dadurch größtenteils ein, dann erginge es uns alsbald genauso übel, nicht nur wegen Nahrungsmangels, sondern weil wir durch Sauerstoffmangel stürben. Glücklicherweise passiert das nicht, unsere gegenseitigen gasförmigen Hauptexkremente halten sich die Waage: das ist der CO_2-Kreislauf, den man natürlich auch O_2-Kreislauf oder CO_2-O_2-Kreislauf nennen kann. –

Die These vom menschengemachten Klimawandel besagt nun, daß dieser Kreislauf durch die zur Versorgung der monströs angeschwollenen Menschenmasse nötigen Verbrennungsprozesse – nicht Atmen, denn was mehr Menschen ausatmen, atmen entsprechend weniger, weil ihres Lebensraumes beraubte Tiere aus, sondern die für Produktion, Heizung, Kochen und Transport benötigten Verbrennungsprozesse – mehr Kohlendioxyd erzeuge, als die vorhandenen Pflanzen fressen können. Deshalb solle das Leben der vorhandenen Menschen auf Sparflamme gesetzt, merkwürdigerweise aber nicht ihre Zahl abgebaut werden (was ja, die chinesische wie europäische Geburtenrate bewies es jahrzehntelang, doch seltsamerweise ohne öffentliche Freude auszulösen, so überaus einfach wäre – hier könnte leicht der Zugang zu einem Interesse von Herrschenden gefunden werden, welche anständige Löhne bzw. gutes Leben der Nicht-Erben schon lange wurmen). So willkürlich letztere praktische Schlußfolgerung nun auch klingt, die uns täglich gretakreischend eingehämmert wird (nämlich daß Darben und Knapsen der Geburtenkontrolle vorzuziehen sei), so wenig ist die Grundüberlegung von vornherein abwegig. Denn es wäre ja durchaus möglich, daß durch die ungeheure Menschenexplosion so viel verbrannt werden muß, daß die Pflanzen mit dem Fressen nicht mehr nachkommen und daher der Kohlendioxydgehalt unserer Atmosphäre jurassische Höhen erklimmen könnte. Denn Kohlendioxyd erschwert tatsächlich Wärmeabstrahlung; fragt sich nur, ob die vorhandene Menge erstens wirklich von den Pflanzen der Welt nicht bewältigt wird, und wenn nicht zweitens, ob sie einen nennenswerten Effekt in der genannten Richtung erzielt; denn die wirklich gemessenen Klimaschwankungen der letzten Jahre, die selbst im Jahrtausendverlauf, geschweige denn im Jahrmillionenverlauf unbedeutend sind, können auch andere, noch dazu weitaus wahrscheinlichere Ursachen haben. (Letzteres war jedenfalls, wie bald unten nachlesbar, die Ansicht aller noch nicht von Staatsseite her bearbeiteten Fachwissenschaftler.) Es handelt sich also um eine *empirische* Frage, deren richtige Beantwortung von der ausreichenden Menge und Zuverlässigkeit der Meßwerte sowie der Logik, natürlich auch mathematischen Zuverlässigkeit von der Auswertung dieser Meßwerte abhängt; die Naturgesetze, auf deren Basis diese Rechnung erfolgen muß, sind dagegen schon jahrhundertelang restlos bekannt, wodurch die Frage eben empirisch wird.

Haben diejenigen, welche zur Erhebung der Daten und zur Auswertung der Meßergebnisse die nötigen Kenntnisse und Möglichkeiten besitzen, auch ausschließlich auf deren Grundlage gehandelt? Oder »hat jemand dran gedreht«? Auf diese Fragen gibt Bernie Lewins Buch Antwort. Sie ist eindeutig.

Fritz Erik Hoevels

Madrid, 1995

Hätten wir einen Comicstrip über die entscheidende Kraftprobe um die Frage zu ersinnen, ob eine vom Menschen verursachte Erderwärmung für wissenschaftlich erwiesen erklärt werden soll oder nicht, könnten wir den Part des Bösen darin an den Gesandten eines sagenhaften Königtums reicher Ölscheichs vergeben.

Ganz in weiß gewandet, träfe er ein aus dem Arabien der Wüstendünen, des Öls und der Geburtsstadt Mohammeds. Er hieße auch Mohammed, ja, aber Dr. Mohammed, ein an Amerikas besten Universitäten ausgebildeter Ökonom, der mit geschmeidiger Vollkommenheit die *lingua franca* der modernen Diplomatie beherrscht. Und er hätte den pompösesten aller Titel des Big Oil:

> Wirtschaftlicher Berater des Ministers für Öl des Königreichs Saudi-Arabien.

Und da war Dr. Mohammed Al-Sabban aus Dschidda, der wieder einmal sein Landesfläggchen in die Luft hielt, um das Wort ergreifen zu dürfen. Stets höflich, aber auch niemals sich scheuend, seinen Standpunkt ein weiteres Mal in gesetzte Worte zu kleiden, falls er vielleicht etwas falsch verstanden worden sein sollte… und hartnäckig… *Mann, ist der hartnäckig!* In Klimakonferenzen ist er legendär für seine Befähigung, seine Argumentationslinien unermüdlich fortzuführen, beharrlich einen Punkt herauszuarbeiten, manchmal allein gegen den ganzen Saal, stets höflich – »Und noch eine kurze Bemerkung, Herr Vorsitzender, wenn Sie gestatten!« – und, wundersam, von morgens bis abends den ganzen Tag lang und dann, wenn nötig, bis in die Nacht hinein, einmal sogar bis zum Morgengrauen, niemals ablassend, bevor nicht der Vorsitzende schlicht und einfach sagt: »Genug ist genug!« Das ist Diplomatie durch Erschöpfung. Dann wird es Konsens durch Erschöpfung.

Diese Art von Verhandlungen sind nicht jedermanns Sache. Diejenigen, die sie beherrschen, vermögen es, unerschütterlich ihre Ruhe bewahrend, den ganzen Tag und in die Nacht hinein am Ball zu bleiben, um am nächsten Morgen nach kurzem Schlaf frisch und konzentriert an den Verhandlungstisch zu den noch schlaftrunkenen Delegierten zurückzukehren. Sie scheinen gesegnet mit einer übermenschlichen Duldsamkeit für das, was in unseren Köpfen als gewöhnliche

Sterbliche vor sich geht. Gewöhnliche Sterbliche wie Ben Santer zum Beispiel. Er war der Wissenschaftler, der den Vorstoß anführte, die versammelten Regierungsdelegierten zu einer Änderung des internationalen Gutachtens zu überreden, mit der erstmals, wenngleich noch verhalten, behauptet würde, man habe eine durch menschliche Tätigkeiten bewirkte Erderwärmung nachgewiesen.

Nach so vielen Reporten von Regierungsausschüssen und internationalen Gremien sollte erstmals ein offizieller Sachstandsbericht die Feststellung treffen, daß die Abwägung des Belegmaterials einen menschlichen Einfluß auf das globale Klima erkennen lasse. Aber noch hatte Santer es nicht geschafft. Tatsächlich leistete Dr. Al-Sabban formidablen Widerstand. Und er focht nicht allein, denn ihm wurden beständig Blätter mit immer wieder neuen Fragen von Lobbyisten des Big Business zugereicht, die in den Kulissen umhergeisterten. All das vermochte Santer nur bis zu einem bestimmten Punkt zu ertragen, bis er schließlich aus der Haut fuhr. Einen Moment lang verlor er die Kontrolle über sich und fauchte den Saudi an: »Wenn die Frage SIE so interessiert, warum sind SIE dann nicht im Sonderausschuß gewesen, um sie zu diskutieren?«

Der Vormittag des letzten Sitzungstages im November 1995 in Madrid war schon fortgeschritten, als der Sonderausschuß »Nachweis und Kausalität« (*Detection and Attribution*) ins Plenum der Arbeitsgruppe 1 des *Intergovernmental Panel on Climate Change* (IPCC) zurückkehrte, um ihr seinen Vorschlag zu unterbreiten. Santer hatte es übernommen, ein neues Statement über den erbrachten Nachweis zu entwerfen, nachdem man viele Stunden lang in dem Komitee debattiert hatte, das man am ersten Konferenztag gebildet hatte, nachdem Santers Vortrag über seine jüngste »Fingerabdruck«-Studie ein lebhaftes Echo gefunden hatte. Im Licht seiner neuen Funde, so hatte Santer erklärt, sei das Kapitel über die Nachweis-Frage überholt und müsse geändert werden. Der Mitvorsitzende der Tagung, Sir John Houghton, pflichtete ihm bei. Auch die meisten Delegierten waren einig. Aber man rechnete mit einigem Widerstand, und bei solchen Treffen war die Einberufung eines Ad-hoc-Ausschusses eine bewährte Strategie, mit der man langwierige Diskussionen vermied, die das Plenum blockiert hätten – so konnte man lästige Streitfragen in formloseren und vertrauteren Gesprächen behandeln und beilegen. Ein solcher Nebenzirkel galt auch als probates Mittel, um die Sperrtaktiken von Teilnehmern zu unterlaufen, die die Konferenz an einem positiven Entschluß hindern wollten. Am ersten Tag waren noch weitere Sonderausschüsse eingerichtet worden, aber keiner davon provozierte, als er mit seinen Vorschlägen in das Plenum zurückkehrte, auch nur annähernd eine ähnlich heftige Auseinandersetzung.

Es gibt mehrere Augenzeugenberichte über jenen letzten Tag in Madrid, aber der Bericht der australischen Delegation ist wegen seiner Offenheit von besonderem Interesse:

> Dr. Al-Sabban schlug vor, daß – da der Text in einem Sonderausschuß entworfen worden war, an dem er nicht habe teilnehmen können, weil seine Delegation nur klein sei und nicht die verschiedenen Parallelsitzungen habe abdecken können – die Konferenz statt dessen den genauen Wortlaut des Resümees des betreffenden Kapitels im vollständigen Bericht verwenden möge. Es folgte ein kurzer, scharfer Wortwechsel mit Dr. Santer, der Herrn Dr. Al-Sabban entgegenhielt, wenn die Frage so wichtig sei, wie er (Dr. Al-Sabban) behaupte, hätte er ihr Priorität einräumen sollen und können. Er lehnte Dr. Al-Sabbans Vorschlag, das Resümee zu verwenden, mit der Begründung ab, dieses sei »keine zutreffende Zusammenfassung des wissenschaftlichen Kenntnisstandes«.[1]

Das Resümee, das Dr. Al-Sabban meinte, stand am Ende des Kapitels 8 des endgültigen Entwurfs für den zweiten wissenschaftlichen Sachstandsbericht des IPCC, der geraume Zeit vor dem Treffen an alle Delegationen verschickt worden war. Kapitel 8 war das kritische Kapitel über »Nachweis und Kausalität«, und sein Tenor war überaus skeptisch gegenüber jeder Behauptung, es sei eine Erwärmung im Weltklima *nachgewiesen* worden und diese könne auf den Einfluß des Menschen *zurückgeführt* werden. Die Vollversammlung aller Länderdelegationen der Arbeitsgruppe in Madrid hatte nur noch den Zweck, sich über eine Zusammenfassung des gesamten Berichts zu einigen, die sogenannte »Zusammenfassung für Politiker«. Hingegen sollte sie nicht dazu dienen, den zugrundeliegenden Bericht selbst zu ändern, der von Experten verfaßt und einer gründlichen wissenschaftlichen Gegenprüfung, der *Peer Review*, unterzogen worden war. Santer hatte die Abfassung des Kapitels 8 selbst koordiniert, jetzt aber drang er auf seine Änderung.

> Dr. Al-Sabban ersuchte den Vorsitzenden um eine Entscheidung, ob nicht die Verfahrensregeln des IPCC verlangten, daß die Zusammenfassung für Politiker in Einklang mit den zugrundeliegenden wissenschaftlichen Kapiteln zu bringen sei, statt die Kapitel einer von Diplomaten ausgehandelten »Zusammenfassung für Politiker« anzupassen. Sir John Houghton befand, es sei nichts daran auszusetzen, die zugrundeliegenden Kapitel zu ändern, um sie einer besseren Formulierung des wissenschaftlichen Kenntnisstands anzugleichen, die die Arbeitsgruppe beschlossen habe.

Bert Bolin, der Vorsitzende des IPCC, war ebenfalls bei der Sitzung der Arbeitsgruppe zugegen, und er schloß sich Houghtons Entscheidung an. Daraufhin erhob Dr. Al-Sabban mit den Worten Protest,

> er glaube, er sei im Verlauf der letzten sechs Jahre seiner Mitarbeit im IPCC insgesamt mehrere Male, als er Textpassagen in die [Zusammenfassungen für Politiker] habe einfügen wollen, daran mit der Begründung gehindert worden, daß diese

> Passagen nicht in Einklang mit den zugrundeliegenden Kapiteln stünden. Er betonte, er habe diese Position immer akzeptiert, und er denke, daß jetzt die Grundregeln geändert würden.[2]

Das wurden sie in der Tat. Das Resümee des Kapitels 8 wurde gestrichen, um der Behauptung des erbrachten empirischen Nachweises für menschenverursachte Klimaänderungen Platz zu machen. Viele Jahre später veröffentlichte Houghton einen Artikel über diese Sitzung der IPCC-Arbeitsgruppe, dem er den Titel gab: »Treffen, die die Welt veränderten«. Darin schrieb Houghton, daß ohne den Triumph der Wissenschaft über Einzelinteressen bei dieser Sitzung in Madrid das globale Handeln gegen den Klimawandel nicht bis zum zwei Jahre später in Kyoto beschlossenen Klimaschutz-Protokoll hätte voranschreiten können.[3] Nach den Worten Houghtons rettete die in Madrid vom IPCC getroffene Feststellung, der Nachweis sei geführt, die weiteren Verhandlungen auf der Grundlage der UN-Klimarahmenkonvention.

Sie rettete auch das IPCC selbst.

Einführung

ALS 1987 DIE WELTORGANISATION FÜR METEOROLOGIE (WMO) beschloß, die Gefahr von Klimaänderungen durch eine »zwischenstaatliche Ad-hoc-Einrichtung« begutachten zu lassen, hegte man allgemein die Erwartung, daß dies eine begrenzte Angelegenheit werden würde: Spezialisten, zu diesem Zweck von ein paar Dutzend interessierter Staaten benannt, würden ein kurzes Papier ausarbeiten, um den der WMO angehörenden Staaten eine Orientierungshilfe für ihren künftigen politischen Kurs an die Hand zu geben. Drei Jahrzehnte später waren mehrere hundert internationale Konferenzen und Seminare abgehalten worden und hatten fast 50 000 sorgsam abgefaßte, akribisch gegengeprüfte Seiten wissenschaftlicher Darlegungen produziert, darunter fünf vollständige Sachstandsberichte und einen weiteren in Ausarbeitung befindlichen. Einem in größtem Maßstab durchgeführten wissenschaftlich-politischen Experiment gleichend, ist das *Intergovernmental Panel on Climate Change* (IPCC) bis heute im Zentrum der vielleicht größten weltpolitischen Fahrt ins Unbekannte geblieben, die es seit dem Fall der Berliner Mauer gab.

Trotz der für jedermann fühlbaren praktischen Bedeutung des IPCC klaffen gähnende Lücken in den öffentlich zugänglichen Darstellungen seiner frühen Geschichte. Auch die verfügbaren Berichte über seine Ursprünge und seine Entstehung in der wissenschaftlich-politischen Landschaft der Nachkriegszeit bleiben undeutlich und sind bestenfalls fragmentarisch, während wichtige Entwicklungen durch eine Art alarmistischer Heroïsierung überblendet wurden. Für all diejenigen, die dieses wissenschaftliche und zugleich weltpolitisch weichenstellende Gebilde zu verstehen und einem durchdachten Urteil zuzuführen wünschen, ist eine in sich geschlossene Wiedergabe seiner Vorgeschichte, Anfänge und ersten, entscheidenden Tätigkeitsjahre nötig. In der vorliegenden Arbeit werden die Ursprünge der wissenschaftlichen Beschäftigung mit Erderwärmung bis zum Beginn der Umweltschutzbewegung in den frühen 1970er Jahren zurückverfolgt, als erstmals in der Öffentlichkeit von Gefahren geredet wurde, die mit der Beschaffenheit der Atmosphäre und des Klimas unseres Planeten zusammenhingen. Ausgehend von dieser Anfangszeit, in der die Mottos »Schutz der Atmosphäre« und »Klimaschutz« erstmals geprägt wurden, verfolgen wir, wie unter allen Bangnissen um die Umwelt allmählich die Befürchtung einer vom

Menschen verursachten Erderwärmung in den Vordergrund rückte, wie deshalb das IPCC gegründet wurde und wie die Ausarbeitung seiner ersten beiden Sachstandsberichte (1990 und 1995) verlief.

Der Leser sei vorab darauf hingewiesen, daß er kein Buch in den Händen hält, in dem es primär um Politik oder internationale Diplomatie ginge. In viel höherem Maße erscheint die Chronik der Anfänge und frühen Wirkungszeit des IPCC als ein Stück Wissenschaftsgeschichte. Bei allem Gelärme und hektischen Getue um die kommende Klimakatastrophe, allem Aktivismus, rhetorischem Geklingel, Reigen von Anhörungen und Ausschüssen, Reporten und Schlagzeilen vergessen wir manchmal, daß sich die heutige Welle der Furcht bis Hysterie in *einer* Hinsicht von allen vergangenen abhebt, wie sie die Menschheitsgeschichte seit unvordenklicher Zeit kennt. Die jüngsten Vorhersagen einer selbstverschuldeten globalen Katastrophe unterscheiden sich von ihren historischen Parallelen dadurch, daß sie sich formal einzig auf die Autorität der modernen Wissenschaft stützen. Ohne Bezug auf die Autorität der Wissenschaft sind sie substanzlos.

Auf den ersten Blick mag es erstaunen, daß ein so archaïsches Phänomen wie apokalyptische Prophezeiungen auf der Grundlage dieser höchst modernen Autorität wieder so mächtig auferstehen kann. Vielleicht jedoch ist dies weniger überraschend, wenn man bedenkt, daß im späten 20. Jahrhundert in vielen westlichen Gesellschaften die Institutionen der modernen Wissenschaft die Kirchen als letztinstanzliches Orakel der Wahrheit überflügelt haben, denn als solches muß sie jeder auffassen, der mangels Fachkenntnis oder Fleiß ihren Ausführungen nicht Schritt für Schritt folgen kann. Und so wie staatliche Politik einst ihre ideologische Rechtfertigung aus der religiösen Doktrin bezog, beruft sie sich heute auf die Wissenschaft, ganz so, als bestünde diese als eine Art außerweltlich-reiner Wahrheitsborn unabhängig von und neben ihr. Binnen weniger Generationen sind die Wissenschaft, ihre Repräsentanten und Areale in diesen hohen Rang mit allen damit verbundenen Pfründen und Privilegien erhoben worden. So sollten wir also die Annahme nicht abwürgen, daß die Wissenschaft ganz wie zu ihrer Zeit die Religion der Instrumentalisierung durch die grundlegenden gesellschaftlichen Machtträger anheimfallen kann.

Um darüber entscheiden zu können, ob und inwieweit eine solche Korrumpierung tatsächlich stattgefunden hat, sollten wir uns zuvor kurz in Erinnerung rufen, welch seltsam Ding das eigentlich sein soll, das wir Wissenschaft nennen. – Nun, das ist gar nicht so schwer zu sagen, wie es von so manchen akademischen Wortführern gerne aufgebläht wird. Lassen wir die rein formalen Disziplinen wie Mathematik (Arithmetik und Geometrie) und abstrakte Logik hier beiseite und lassen jede Wissenschaft mit der Erfahrung beginnen, auf griechisch ἐμπειρία. Dann besteht Wissenschaft aus der Auswertung der Beobachtung und deren Systematisierung, um die Wirklichkeit stimmig und zusammenhängend wiederzugeben und zu erklären. Nichts anderes war jemals das Wesen der Naturwissenschaften. Theorien ohne Erhärtung durch Beobachtung sind wertlos. Diese Wissenschaft der Erfahrung, der Beobachtung ist jene Wissenschaft, die die *Royal Society* und die anderen nationalen Akademien der Wissenschaften seit dem 17. Jahrhundert pflegten und verteidigten.

Legt man diese Definition von Naturwissenschaft zugrunde, ist verblüffend, daß die wissenschaftlichen Aussagen, die die seit den 1970er Jahren aufgekommenen Klimaängste fundieren sollen, sich von jeder empirischen Grundlage losgelöst haben. Die wissenschaftlichen Erkenntnisse etwa, durch deren Nutzung Smog aus Stadtluft, industrielle Schadstoffe aus Flüssen entfernt werden, biologische Habitate erhalten und neugeschaffen und viele andere *lokale* Umweltprobleme behoben werden, beruhen auf *beobachteten* Wirkungen gewisser Agentien auf die Umwelt. Auch Probleme wie der saure Regen, deren Existenz schon mancher Skeptiker angezweifelt hat, werden immer noch im Hinblick auf meßbare und gemessene Zusammenhänge debattiert. Betrachtet man hingegen die Erderwärmung, so ist alles auf Vorhersagen von Auswirkungen in irgendeiner fernen Zukunft gestützt. Erst dann soll eine empirische Erhärtung stattfinden können. Statt jeglicher direkter Überprüfung der Vorgänge durch Augenschein werden uns theoretische Modelle präsentiert. Diese Modelle genießen kein geringes Ansehen infolge ihrer immer ausgefeilteren Konzeption, und sie mögen wichtig, nützlich und wie auch immer zu rechtfertigen sein. Aber dem Wesen nach bleiben sie theoretisch, *sind sie nicht Wissenschaft*, ihre Ableitung aus der Beobachtung nicht zwingend, sondern spekulativ, wie noch vorgeführt werden wird. Trotzdem berufen sich Journalisten, »N«GO-Vertreter oder Politiker auf die Modelle, als seien sie durch die volle Autorität der empirischen Wissenschaft legitimiert, und extrapolieren und übertreiben obendrein oft noch deren schon getätigte Vorhersagen, um immer phantasievollere Bilder einer unmittelbar ins Haus stehenden Katastrophe heraufzubeschwören. Die dadurch in der Öffentlichkeit ausgesäten Ängste dienen dann als Rechtfertigung immer neuer, möglicherweise selektiv eingesetzter Fördermittel für weitere Forschungsvorhaben über die behauptete Bedrohung, in denen immer willkürlichere Modellprognosen die Herangehensweise auf den Kopf stellen und die Beurteilung verzerren.

Viele Wissenschaftler, die mit den so erlangten stattlichen Geldern arbeiten, sind sich dieser Ablösung von der empirischen Grundlage nur zu bewußt und können sich dennoch von den Idealen der Wissenschaft nicht endgültig lossagen. Von dem Wunsch beseelt, ihre Arbeiten doch wieder auf den Boden der Beobachtung zurückzubringen, mühen sie sich ab in der Suche nach den ersten Anzeichen für die von den Modellen vorhergesagten Verhängnisse. Wäre ein solches Anzeichen oder Signal einmal entdeckt, also der empirische Nachweis der voreiligen Behauptung bzw. der Berechtigung der Prognose endlich erbracht, und wäre es noch so schwach, dann verlören sie ihr heimlich schlechtes Gewissen, und die fraglichen fachlichen Aussagen wären in den Augen der suchenden Wissenschaftler und auch der Öffentlichkeit legitimiert; darum hat die Behauptung, *der Nachweis sei geführt*, eine beträchtliche politische Durchschlagskraft. Aus diesem Grunde richtet unser nachfolgender Bericht über Wissenschaft und ihre Korrumpierung das Augenmerk vor allem auf die Frage des »ersten Nachweises«. Darum auch endet er mit der ersten, wenngleich noch verhaltenen Behauptung eines offiziellen Gutachtergremiums, es habe die menschengemachte Erderwärmung nachgewiesen. Sie wurde mit der Veröffentlichung des Zweiten Sachstandsberichts des IPCC im Jahr 1996 aufgestellt. Die international gefeierte Erklärung, der Nachweis sei gelungen, sicherte die Zukunft des IPCC. Allerdings erhob sich gegen die Art und Weise, wie das IPCC zu dieser Feststellung gelangt war, eine öffentlich artikulierte Kritik, die nicht nur für die politischen Kräfte, die sich auf diesen Befund beriefen, sondern auch für die staatlich finanzierte Wissenschaftsbürokratie überhaupt die Gefahr eines ernsten Ansehensverlusts hätte bedeuten können. Infolgedessen schlossen viele wissenschaftliche Einrichtungen ihre Reihen fest hinter dem IPCC zusammen, um es gegen Kritik abzuschirmen und die von ihm beanspruchte Entdeckung apodiktisch zu verfechten und zu verbreiten, welche als »wissenschaftliche« Grundlage für sämtliche politische Maßnahmen gegen Erderwärmung herhalten muß.

Kapitel 1

Die Kohlendioxyd-Frage

Warum wurde der Treibhauseffekt *ein wichtiges Thema? Wie kam es, daß Kohlendioxyd in den Mittelpunkt der öffentlichen Aufmerksamkeit rückte? Warum dieses Thema zu dieser Zeit?* Daß das wissenschaftliche Interesse an den potentiell katastrophalen Folgen freigesetzten Kohlendioxyds alle anderen Besorgnisse rund um das Klima zu überflügeln begann, ist ein Vorgang, der sich bis in die USA der späten 1970er Jahre zurückverfolgen läßt. Damals überholte es in Amerika vor allem die seinerzeit in Wissenschaftskreisen und der Öffentlichkeit kursierende Befürchtung einer Erd*abkühlung* und ihrer Verschlimmerung durch den Ausstoß von Aerosolen. Erst in den späten 1980er Jahren hingegen trat die »Kohlendioxyd-Frage« in das allgemeine Bewußtsein und verwandelte sich in die Kampagne gegen Klima*erwärmung* durch Treibhausgase, die heute allgegenwärtig ist. Bevor diese Angst Ende der 1980er Jahre in der Bevölkerung Kreise zog, hatten Wissenschaftler, versehen mit reichlichen staatlichen Fördergeldern, bereits mehr als ein Jahrzehnt lang an dieser Frage gearbeitet. Dieser breite und lange wissenschaftliche Vorlauf, bevor in der Öffentlichkeit Furcht aufkeimte, unterschied die Kampagne zur Bekämpfung weltweiter Klimaerwärmung von allen vorherigen großen Umweltkampagnen, die sie letztlich übertraf oder ablöste.

Als erstes ist darum für uns die Frage interessant, wie im US-amerikanischen Wissenschaftsapparat der späten 1970er Jahre das Interesse für dieses Thema entstand und wuchs, lange bevor der Treibhauseffekt in der Öffentlichkeit für Unruhe sorgte. Wie weit dieses Fachinteresse schon am Ende jenes Jahrzehnts entwickelt war, wird gut veranschaulicht durch die Unterlagen einer Konferenz, die Anfang 1980 in Washington stattfand. Damals gab es bereits seit einigen Jahren ein finanziell üppig ausgestattetes Forschungsprogramm des US-Energieministeriums über Kohlendioxyd, und die Konferenz sollte einen Plan für seine Aufstockung und Fortführung während des ganzen kommenden Jahrzehnts zur weiteren Untersuchung der CO_2-Frage in allen ihren Aspekten erörtern. Eröffnet wurde die Konferenz von Alvin Weinberg, dem Direktor des – unter seiner Leitung erst wenige Jahre zuvor gegründeten – Instituts für Energiestudien, das das vom Energieministerium großzügig finanzierte »Kohlendioxyd-Programm« koordinierte. Weinberg eröffnete seine Grußansprache beim Abendessen der Tagung mit dem Hinweis, daß sich der westdeutsche Bundeskanzler Helmut Schmidt besorgt über Kohlendioxyd-Emissionen geäußert habe und aus diesem Grund der Kernenergie gegenüber fossilen Brennstoffen den Vorzug gebe.* Weinberg pflichtete Schmidts Äußerungen bei, mahnte aber zu Vorsicht:

> Die Wissenschaft tut sich wirklich keinen Gefallen, wenn sie Warnungen ausgibt, ohne den Grund dafür exakt benennen zu können. So schlug sie beispielsweise Alarm wegen des Themas »Ozon und Überschall-Passagierflugverkehr«, dann aber stellte sich heraus, daß zivile Überschallmaschinen die stratosphärische Ozonschicht kaum beeinflussen. Viele Fiaskos wie das Drama um Überschallverkehr und Ozon kann sich die Wissenschaft nicht leisten. Ich hoffe, die CO_2-Wissenschaftsgemeinde nimmt sich diese Erfahrung zu Herzen und läßt sich nicht erneut zu voreiligen Gefahrenmeldungen verleiten.[6]

An dieser Stelle interessiert uns vor allem, daß Weinberg schon damals von einer »CO_2-Wissenschaftsgemeinde« sprach – und daß dies keine bloße Floskel war. Vielmehr läßt sich bereits für das Jahr 1980 ein regelrechtes Netzwerk von Wissenschaftlern ausmachen, die ihre Tätigkeit auf dieses Thema ausgerichtet hatten. Daß sich eine solche »Wissenschaftsgemeinde« herausgebildet hatte, war durch das staatlich koordinierte CO_2-Forschungsprogramm begünstigt, wenn nicht geradezu hervorgerufen worden. Die Washingtoner Konferenz war Teil dieses Programms, das damals, wie der Konferenzleiter prahlte, *bereits fünf Jahre alt war*.[7] Und auch wenn sich viele der Wissenschaftler, zu denen Weinberg sprach, diesem Thema noch nicht vollständig verschrieben hatten, wurde ihnen doch aller Grund zu der Erwartung gegeben, daß die neue »Wissenschaftsgemeinde« fortbestehen, wachsen und gedeihen würde.

Man hatte einhundert Experten von Universitäten, Labors und wissenschaftlichen Instituten aus dem ganzen Land in die Hauptstadt eingeladen, um über den Entwurf für ein umfassendes nationales Forschungsprogramm zu debattieren.

* Schmidt verknüpfte beide Fragen in jener Zeit in öffentlichen Äußerungen wie beispielsweise seiner Eröffnungsrede auf der Europäischen Nuklearkonferenz in Hamburg im Mai 1979. In dieser Rede bezog er sich zunächst auf den damals Schlagzeilen machenden Zwischenfall im Atomreaktor Three Mile Island bei Harrisburg (Pennsylvania, USA) und sagte dann: »Und vielleicht noch beunruhigender sind die heute von der Wissenschaft diskutierten möglicherweise katastrophalen Auswirkungen der Kohlendioxydanreicherung der Erdatmosphäre als Folge vermehrter Verbrennungsvorgänge von fossilen Energieträgern: Erdgas, Öl, Kohle, Braunkohle. Ich bin ein Laie auf diesem Gebiet, aber ich halte es für denkbar, daß uns schon in wenigen Jahren dieses Problem der CO_2-Anreicherung der Atmosphäre und die damit verbundenen Erwartungen auf klimatische Veränderungen, Temperaturveränderung insbesondere, und die Frage nach den richtigen Konsequenzen aus solchen Erkenntnissen weltweit genauso erregt und wir diese Frage vielleicht genauso emotional diskutieren wie gegenwärtig die Frage nach den richtigen Konsequenzen aus Harrisburg.«[4] Dieses Zitat steht am Anfang einer Untersuchung der Debatte über Klimaerwärmung in Deutschland von Michael Hatch, die aufzeigt, wie diese »auf das engste mit der Kontroverse um Atomenergie verkoppelt« blieb.[5]

Seine offizielle Bezeichnung lautete »Nationales Programm zu Kohlendioxyd, Umwelt und Gesellschaft«, teils auch »Programm zur Erforschung und Bewertung der Auswirkungen von Kohlendioxyd«, meistens aber nannte man es einfach das »Kohlendioxyd-Programm«. Bereits in den Jahren vorher hatte man dazu eine Arbeitsgruppe gebildet und diverse Workshops veranstaltet; 33 Forschungsvorhaben waren bereits vergeben und in Arbeit.[8] Auf der Konferenz in Washington sollten nun die wichtigsten Experten der zahlreichen betroffenen Disziplinen einen frisch entworfenen Plan unter die Lupe nehmen, nach dem diese Forschungsaktivitäten in wesentlich größerem Rahmen fortgeführt werden sollten. Seine verschiedenen Versionen zeigten vor allem, wie ehrgeizig und umfassend er war. Die fortzusetzende Untersuchung der globalen Erwärmungswirkung von CO_2 selbst war nur ein Teil davon. Ebenfalls vorgesehen waren Studien, wie sich die Erwärmung auf Umwelt, Gesellschaft und Wirtschaft auswirken würde, und Vorschläge, mit welchen politischen Maßnahmen auf diese Folgen reagiert werden könnte (vgl. Abb. 1.1).

Es handelte sich um einen großangelegten Plan, mit dem weitere Hunderte von Natur- und Sozialwissenschaftlern im ganzen Land zehn Jahre lang und länger mit der Kohlendioxyd-Frage beschäftigt werden sollten. Alle fünf Jahre sollten Zwischenbilanzen gezogen werden; für die ersten beiden waren die Abgabefristen für 1984 und 1989 schon festgesetzt.[9] Und alles dies war kein Luftschloß einzelner Wissenschaftsbürokraten, sondern der ambitiöse Zuschnitt des Programms beruhte auf *bereits vorliegenden*, beträchtlichen Budgetbewilligungen: Schon für 1978 waren 1,5 Millionen Dollar bereitgestellt worden, und bis Ende 1980 (also dem Jahr der Washingtoner Konferenz) sollten insgesamt 12 Millionen Dollar für 52 einzelne (Unter-)Programme an verschiedene wissenschaftliche Einrichtungen vergeben worden sein, davon 17 an Universitäten, 12 an die *National Laboratories** und die übrigen an Bundesagenturen und private Forschungseinrichtungen. Die vorgesehene massive Ausweitung ab 1980 sollte mit einem Jahresbudget von nicht weniger als 30 Millionen Dollar finanziert werden.[10,11,12]

Das war das Projekt. Letztlich wurde das Programm nicht ganz planmäßig durchgeführt, auch wenn das Jahresbudget für 1981 auf 10 Millionen Dollar aufgestockt wurde und auf dieser Höhe bis 1985 blieb, als es nochmals erheblich angehoben wurde.[13] Dies war eine Bewilligung staatlicher Forschungsgelder, die rasch über frühere Staatsausgaben zur Untersuchung befürchteter Umweltschäden hinausging, und auch die Umstände waren ganz andere als in früheren Fällen.

* Ein weitverzweigtes System staatlicher Forschungslabore, das die US-Regierung seit den 1930er Jahren für militärische Forschung, vor allem die Entwicklung der Atombombe, geschaffen hatte. In der Nachkriegszeit wurden die *National Laboratories* erst der Atomenergie-Aufsichtsbehörde AEC, dann der Energieforschungsbehörde ERDA und schließlich (und bis heute), nach dessen Gründung im Jahr 1977, dem Energieministerium unterstellt. (Anm. d. Übers.)

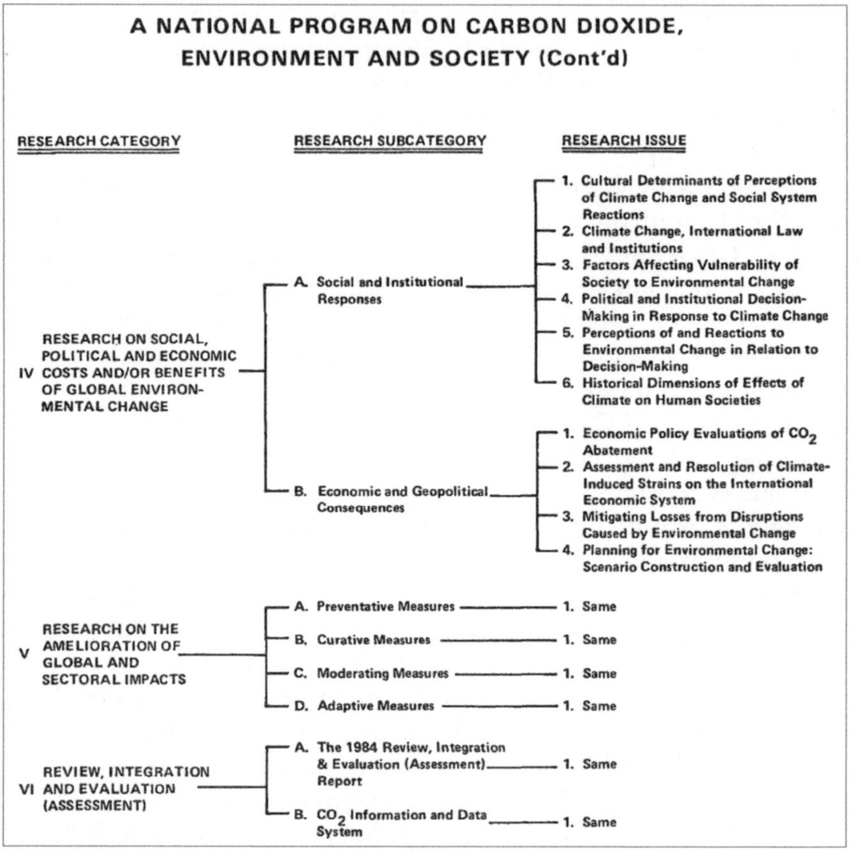

Abb. 1.1: Teil eines Organisationsschemas für das US-amerikanische »Nationale Kohlendioxyd-Programm«

Dies ist die zweite Hälfte des Organisationsschemas, das am Anfang des Jahresberichts 1979 über das »Kohlendioxyd- und Klimaforschungsprogramm« des US-Energieministeriums abgedruckt war[14]. Es umfaßte auch eine gesellschaftlich-wirtschaftliche Kosten-Nutzen-Analyse weltweiter Umweltveränderungen, an der das Energieministerium seinerzeit, wie es in dem Jahresbericht hieß, »mit buchstäblich Hunderten von Umweltexperten und Sozialwissenschaftlern [arbeitete], um die sich auf diesen neuen und schwierigen Gebieten ergebenden Fragestellungen einzugrenzen«. Dieser Programmteil wurde 1981 nach dem Amtsantritt der Reagan-Administration gestrichen, andere Teile jedoch wurden ungekürzt fortgeführt.

Beispielsweise hatte der US-Senat knapp zehn Jahre vorher, 1971, ein auf drei Jahre angelegtes Programm zur Erforschung etwaiger schädlicher Klimafolgen von Überschall-Passagierflugzeugen, vor allem durch einen angeblich zu befürchtenden Abbau der atmosphärischen Ozonschicht, mit einem Volumen von

21 Millionen Dollar genehmigt. Aber der Ablauf war seinerzeit ein anderer gewesen: Der Auflegung jenes Programms war eine ausgedehnte Pressekampagne gegen Überschall-Passagierflugverkehr vorausgegangen, die sich auf angebliche neue Entdeckungen von Wissenschaftlern über Ozonabbau und andere Umweltschäden durch zivile Überschallmaschinen stützte.

In den späten 1970er Jahren hingegen gab es in der Wissenschaft zum Thema Kohlendioxyd nichts Neues. Es hatte auf diesem Gebiet keine dramatische Entdeckung gegeben, seitdem sich 1960 eine steigende Tendenz der atmosphärischen CO_2-Konzentration durchaus bestätigt hatte.[15] Dieser Befund hatte kein großes Interesse gefunden und erst recht keine Forschungsgelder lockergemacht.* Vielmehr sollten 15 Jahre vergehen, ehe nun Gelder in dieses abgelegene Forschungsfeld flossen, und es wuchs zwar mit der Ausweitung des Kohlendioxyd-Programms im Jahr 1980 weiter, aber das öffentliche Interesse daran blieb noch gering. Und während etwa das 1971 bewilligte Programm zum Thema »Umwelt und Überschall-Passagierflugverkehr« nach drei Jahren wieder sang- und klanglos beendet worden war, floß der staatliche Geldstrom zum Thema Kohlendioxyd über viele Jahre weiter, so daß es sich für Forschungseinrichtungen lohnte, ihre Schwerpunkte so zu setzen, daß er sie erreichte, und für Wissenschaftler, ihre Laufbahn entsprechend auszurichten. Diese verläßliche Geldquelle sollte noch ein volles Jahrzehnt lang weiter sprudeln, bevor man die Erderwärmung in der politischen Sphäre zum Leben erweckte. Wie bedeutend das damalige »Kohlendioxyd-Programm« der US-Regierung für die spätere Erzeugung weltweiter Angst vor Erderwärmung war, läßt sich auch an seiner Ähnlichkeit mit dem Aufbau der internationalen Gutachtenerstellung ablesen, den zehn Jahre später das IPCC wählte. Es gab in den späten 1970er Jahren, wie wir sehen werden, noch andere für unser Thema wichtige Entwicklungen, aber wenn sich für die Angst vor Erderwärmung überhaupt ein Anfangspunkt ausmachen läßt, so ist es dieser. Darum beginnt unser Bericht mit dem Kohlendioxyd-Programm der US-Regierung und seiner Geburt als unerwartetes Kind der amerikanischen »Energiekrise«.

* Hierauf wird später im vorliegenden Buch zurückzukommen sein (vgl. S. 28f.).

Kapitel 2

Energie und Klima

DIE REZESSION VON 1970 WAR KURZ, warf aber neue Schatten voraus. Obwohl in Amerika die Produktionszahlen wieder anzogen, ging die Arbeitslosigkeit nur schleppend zurück, und die Inflation schoß in die Höhe. Dann geriet der Aufschwung ins Stocken. Kurz vor Weihnachten 1972 wurde die Börse nervös, die Aktienkurse brachen ein und blieben im Keller bis Januar 1973, als auch die Warenproduktion wieder zu schrumpfen begann. Den eigentlichen Beginn der ökonomischen Depression Mitte der 1970er Jahre aber markierte der Jom-Kippur-Krieg im Oktober 1973, in dem Saudi-Arabien erfolgreich seine »Ölwaffe« einsetzte und ein Embargo gegen die USA (und einige ihrer Verbündeten) verhängte, an das sich auch die übrigen arabischen Lieferstaaten hielten. Das Beben, das daraufhin durch die US-Wirtschaft ging, erschütterte erstmals die Erwartung, der Anstieg des in der Menschheitsgeschichte neuen Lebensstandards werde immer weitergehen, wie sie der lange Wirtschaftsaufschwung nach dem Weltkrieg im größten Teil des Westblocks hervorgerufen hatte. Als Notstandsmaßnahme übernahm die Nixon-Regierung die Kontrolle über die privaten Öllager, um den Verbrauch bis hin zu Vorzugslieferungen oder Rationierungen reglementieren zu können. Zwar wurde die Liefersperre im März 1974 aufgehoben, aber inzwischen hatten die arabischen Ölstaaten Förderquoten vereinbart, die einen viermal so hohen Rohölpreis zur Folge hatten, den die OPEC bis 1979 aufrechterhielt, als die iranische Revolution einen weiteren Preissprung auslöste, der ebenso hoch ausfiel.

Im November 1973, wenige Wochen nach der Verhängung des Ölboykotts, verkündete Präsident Nixon seine drastische Antwort auf den Versorgungsnotstand; allerdings war er zu diesem Zeitpunkt bereits tief im Morast des sogenannten Watergate-Skandals versackt. Wenige Monate nach dem Ende des Embargos, im August, trat Nixon zurück, sein Notstandsregime für den amerikanischen Ölmarkt aber blieb. Es blieb unter Nixons Nachfolger Gerald Ford genauso wie unter dessen Nachfolger Jimmy Carter, bis schließlich Ronald Reagan 1981 sein Wahlversprechen hielt und die Kontrollrechte der Regierung auf dem Ölmarkt wieder abschaffte. Viele Beobachter äußerten die Meinung, daß die von Reagan aufgehobene Notstandsregelung nur eine Krise verschärft und verlängert habe, die andernorts längst vorbei sei.[16] Aber eine »Krise« war es doch gewesen, und sie löste eine heftige öffentliche Debatte über die US-Energiepolitik aus, die fast ein ganzes Jahrzehnt lang andauerte.

Diese »Ölkrise« war nicht das einzige Motiv für jene Zäsur in der Energiepolitik. Sie kam nur zu der immer drängender, immer unausweichlicher werdenden Sorge hinzu, daß die Bevölkerungsexplosion zusammen mit der Rohstofferschöpfung bald zu einem weltweit kritischen Mangel an Energieträgern, vor allem an fossilen Brennstoffen, führen müsse.* Vor diesem Hintergrund wurde nun der Gedanke verbreitet, jede Lösung der »Ölkrise«, die mit einer Rückkehr der USA zu dem sorglosen Verbrauch billiger, »nicht erneuerbarer« Energie der Jahre des Nachkriegsbooms verbunden wäre, sei verantwortungslos: Die Folge wäre nur eine noch schwerere Krise, vor der man jetzt ja schon gewarnt sei und die nun noch näher gerückt sei.

Als Jimmy Carter im schneereichen Winter 1977 in das Weiße Haus einzog, machte er diese Energiekrise im umfassenderen Sinne zu einem Hauptthema seiner Amtszeit, und das blieb sie bis zu deren Ende. Dabei nahm sein Kampf gegen diese »Krise« (welcher die Bevölkerungsexplosion freilich aussparte), während er Parlament, Wirtschaft und Bevölkerung vom Ernst der Lage zu überzeugen versuchte, mehr und mehr die Form eines persönlichen Kreuzzugs an. Dazu gehörten eine Reihe von Fernsehansprachen an die Nation; in einer der ersten davon nannte er die Energiekrise eine »nationale Katastrophe« und das »moralische Äquivalent zum Krieg«. Ein Sieg, so Carter, lasse sich nur erringen, wenn die Nation mit der gleichen Entschlossenheit zusammenstehe wie in einem großen Krieg. Das amerikanische Volk müsse seinen täglichen Energieverbrauch rigoros einschränken, während die Energieerzeugung auf »alternative« Energiequellen, besonders »erneuerbare«, umzustellen sei.[19] Nur so könne das Land erreichen, was dringend nötig sei, nämlich eine ausbaufähige und dauerhafte Unabhängigkeit auf dem Energiesektor. Carters Appelle bezogen zwar noch etwas neuen Schwung aus dem »zweiten Ölschock« von 1979, aber als sich seine einzige Amtszeit dem Ende zuneigte, wirkten sie eher wie Verzweiflungsakte – und ganz gewiß wirkten sie so, als (bei fallenden Ölpreisen) Reagan sein Nachfolger wurde und statt dessen den Ölmarkt freigab.

Dennoch führte Carter nur eine Kampagne für »Energiesicherheit« fort, die schon vor dem »ersten Ölschock« eingesetzt hatte. Bereits Nixon hatte in seiner Fernsehansprache vom November 1973, mit der er auf das Ölembargo reagierte, die nationale Kräfteanspannung in Kriegszeiten als Vorbild für seine einschneidenden Notstandsmaßnahmen beschworen, aber erst, nachdem er vorher erklärt hatte, daß der Schock der Öllieferspere einzig dazu dienen könne, die

* Vgl. z.B. Paul Ehrlichs Buch *The Population Bomb*[17] oder den Bericht »Grenzen des Wachstums« des *Club of Rome*[18].

Aufmerksamkeit auf das »dringende Energieproblem« zu lenken. Tatsächlich hatte er schon vorher zwei Jahre lang versucht, den Kongreß vom Ernst der Energieversorgungslage zu überzeugen, jedoch vergeblich. Nun schien es, als gebe die neue Krise genügenden Anstoß für Maßnahmen, die der Kongreß bisher abgelehnt hatte. Nixons sogenanntes »Projekt Unabhängigkeit« hatte nicht nur zum Ziel, die USA aus der Abhängigkeit vom ausländischen Öl zu befreien, sondern sollte bis 1980 eine vollständige Selbstversorgung mit Energie herbeiführen. Ebenso wie beim Projekt Manhattan – dem Bau der Atombombe, mit der man dann Hiroshima und Nagasaki vernichtete, d.h. den Vormarsch Rußlands auf dessen Angreifer Japan in Sachalin zum Stehen brachte – und dem Apollo-Programm sollten Amerikas Wissenschaftsapparat, Ingenieure und Industrie ihre Kräfte zu der ungeheuren Anstrengung bündeln, die zur Bewältigung der Herausforderung notwendig wäre. Und an staatlichen Geldern würde es nicht fehlen: In seiner ersten Fernsehansprache zur Ölkrise versprach Nixon dem amerikanischen Volk, daß die Gelder für den Parforceritt zur Energieautarkie »bei weitem größer als die Ausgaben für das Projekt Manhattan« sein würden.[20]

Nixons Zeitplan hierfür muß ebenso ehrgeizig gewirkt haben wie derjenige Kennedys für die Mondlandung. Und er würde gewiß keinen geringeren Einsatz verlangen als der Wettlauf um die Atombombe, zumal das Gebiet der mäßig potenten »alternativen« Energiequellen technisch noch weitgehend Neuland war. Aber eine andere Möglichkeit drängte sich auf: Damals trug Atomenergie nur wenige Prozent zur amerikanischen Energieversorgung bei; sie steckte noch in den Kinderschuhen, waren doch Prototypen von Atomreaktoren erst in den späten 1950er Jahren in Betrieb genommen worden. Seitdem hatten immense staatliche Investitionen große Fortschritte in den ganzen 1960er und bis hinein in die 1970er Jahre erbracht, und so war 1973 ein Bauauftrag für ein neues Atomkraftwerk dem nächsten gefolgt – am Jahresende waren es 41, ein neuer Rekord. Aber selbst dieser verblaßte im Vergleich zu den ehrgeizigen Plänen der Atomenergiebehörde (*Atomic Energy Commission* – AEC): Danach sollte die Atomenergieerzeugung bis zum Jahrhundertende um das Achtzigfache gesteigert werden[21], wofür man 1000 arbeitende Atomkraftwerke im ganzen Land benötigte. Um dieses exponentielle Wachstum zu ermöglichen, beauftragte Nixon die AEC mit der Einführung von Schnellverfahren für die Zulassung und den Bau von Atomreaktoren. Alles in allem schien es damit, als könnten die Auswirkungen der »Ölkrise« hauptsächlich dem Aufschwung der Atomindustrie zugute kommen.[22] In Wirklichkeit jedoch sollte dieser wenig später in sich zusammenbrechen. Doch warum?

Der Ausbau der Kernenergie in den 1960er Jahren war einhergegangen mit wachsender Kritik in der Öffentlichkeit an Sicherheitsstandards und unzureichendem

Umweltschutz. Und rasch wurde die Ablehnung der Atomkraft *als solcher* zu einem der technikfeindlichen Leitthemen der sich in den 1970er Jahren formierenden Umweltschutzbewegung. Diese hatte in den USA durch das Spektakel des ersten *Earth Day* im April 1970, dem ein wochenlanger Riesenrummel im ganzen Lande vorausgegangen war, sichtbar an Stärke gewonnen: Schulen, Kirchen, Politiker, Wirtschaftsverbände und Konzerne verkündeten ihre Unterstützung, die Presse berichtete fortlaufend und meist voll Lobes über die Vorbereitungen. Am Tage selbst sah man im Fernsehen lächelnde Schulkinder, die an einem Nachmittag mitten in der Woche Abfall aufpickten, und aus New York übertrug das Fernsehen Bilder eines Umzugs von 100 000 Menschen, die durch die Fifth Avenue in den Central Park zogen. In jenen Wochen wurde als eine der ersten Organisationen der neuen »Bewegung« von David Brower die *Friends of the Earth* aus der Taufe gehoben, und eine ihrer beiden Gründungskampagnen war – der Kampf gegen die Atomenergie (die andere der gegen Überschall-Passagierflugzeuge). 1974 wurde die vielkritisierte Atomaufsichtsbehörde aufgelöst, aber die Widrigkeiten sollten für die Atomindustrie nur noch größer werden. Für viele der 1973 georderten Atomkraftwerke waren die festgelegten Bauzeiten und -kosten bald überschritten; andere Bauvorhaben wurden storniert, weil Energieversorgungsunternehmen auf Kohle oder Gas umsattelten, die billiger und sicherer seien. Die Lage der Branche wurde nicht besser, als die Anti-AKW-Bewegung durch die breite Berichterstattung über den Zwischenfall im Atomkraftwerk Three Mile Island Anfang 1979 neuen Auftrieb erhielt. Wie sich nach 1973 herausstellen sollte, wurde keines der georderten Atomkraftwerke je in Betrieb genommen.

Der Unfall von Three Mile Island, der mit Khomeinis Machtübernahme im Iran zusammenfiel, machte nur noch deutlicher, was bereits ein Jahr vorher offenbar geworden war: **das »Umdenken« in der Energiepolitik in den Jahren der »Ölkrise« richtete sich gegen die Atomenergie genauso wie gegen das Öl**. Die nukleare Stromerzeugung wuchs zwar weiter, aber viel langsamer als erwartet. Erst schien es noch, als könnte durch den Lärm um Ölkrise und Atomkraftwerke ein altes Arbeitspferd zu neuen Ehren gelangen, nämlich Kohle. Nach dem Krieg war der Kohleverbrauch in den USA durch den Niedergang von Kohleheizungen und Dampflokomotiven stetig gesunken, aber durch die rasch steigende Stromnachfrage erhöhte er sich seit den 1960er Jahren wieder. Billig und im eigenen Boden reichlich vorhanden, war Kohle immer eine ernste Konkurrenz für den Ausbau der Kernenergie gewesen.

Aber im Wettstreit zwischen Atomkraft und Kohle erlangten die Befürworter der nuklearen Alternative einen Trumpf, der aus der Neuausrichtung des riesigen Netzwerkes von Forschungslabors der Washingtoner hervorging. Es war in diesen *National Laboratories*, in denen zu jener Zeit das Kohlendioxyd-Programm entstand.

Die *National Laboratories*

Als die Atomenergiebehörde AEC 1974 aufgelöst wurde, verlieh man ihre Regelungsbefugnisse einer neuen Bundesagentur, aber zu vergeben blieben noch ihre Aufgaben im Bereich Forschung und Entwicklung. Diese übertrug man einer neuen Behörde mit der Bezeichnung »Amt für Energieforschung und -entwicklung« (*Energy Research and Development Administration* – ERDA), die damit das Netz von Forschungslaboren erbte, das für das geheime Atomprogramm des Zweiten Weltkriegs aufgebaut worden war.

Nachdem das Projekt Manhattan hinter den Krieg einen grauenvollen Schlußpunkt gesetzt hatte, war dieser Laborverbund unter der nunmehr zivilen Leitung der AEC weiterbetrieben und sogar im ganzen Land ausgebaut worden. Dem lag der Gedanke zugrunde, daß es, abgekoppelt von den Universitäten, ein ihm gesetztes Forschungsziel durch die Zusammenführung der nötigen Expertise in dafür maßgeschneiderten Programmen in kürzestmöglicher Zeit erreichen könnte. Die Entwicklung der Atomenergie hatte in Friedenszeiten Priorität erlangt, auch wenn man die immensen Staatsausgaben hierfür zusätzlich mit lautstark gefeierten Fortschritten in der (atomaren) Grundlagenforschung der Physik oder mit erfreulichen Nebenprodukten wie der Nuklearmedizin rechtfertigte. Nun also hatte die ERDA eine erweiterte Zuständigkeit für Energiegewinnung in allen ihren Formen erhalten, und damit eröffneten sich plötzlich für die Tausende von Wissenschaftlern, die in diesem Labyrinth staatlicher Labors beschäftigt waren, potentiell neue Arbeitsfelder in Gestalt der Erforschung anderer Formen der Energieerzeugung*.

Ein Forschungslabor, das in der Geschichte der Atombombe und zivilen Atomenergie eine wichtige Rolle spielte, hatte man auf die grüne Wiese nahe Knoxville (Tennessee) gebaut. In diesem *Oak Ridge Laboratory* stand die Atomenergieforschung 18 Jahre lang, bis 1973, unter der Leitung von Alvin Weinberg, den wir bereits als Bankettredner auf der späteren Konferenz (1980 in Washington) zur Ausweitung des Kohlendioxyd-Programms kennengelernt haben. Aber zurück zu den Vorjahren: 1973 setzte ihn die Nixon-Administration wegen eines Streits um Fragen des Reaktorbaus vor die Tür, nach Nixons Abgang aber berief man ihn nach Washington, wo er 1974 für eine kurze Zeit eine Art Übergangsbehörde für Energieforschung und -entwicklung (das sog. *Office of Energy Research and Development*) leitete und die Gründung von ERDA vorbereitete. Danach kehrte er nach *Atomic City* zurück, wie die Heimatstadt seiner alten Forschungsstätte oft genannt wurde, um sein (oben auch schon erwähntes) Institut für Energiestudien

* Bekanntlich sind Wissenschaftler in den USA so gut wie nie Beamte, sondern können bei nachlassendem Bedarf oder anderen Anlässen sehr leicht gekündigt werden. (Anm. d. Übers.)

(*Institute for Energy Analysis*) zu gründen. Als erster Leiter dieses energiepolitischen Thinktanks war er frei darin, sich stärker in die Diskussion über die jeweiligen Vorzüge fossiler und nuklearer Brennstoffe einzuschalten.

In dieser Debatte war, wie angedeutet, bereits viel Tinte über nachteilige Umweltfolgen beider Alternativen geflossen. Bei der Option Atomenergie ging es dabei stets um Schäden durch radioaktive Strahlung, die die Öffentlichkeit zunehmend beunruhigten. Fossile Brennstoffe hingegen verband man seit den Anfängen der Kohleheizung mit verdüsternder örtlicher Luftverschmutzung, besonders durch Ruß und Sulfat-Aerosole. Als in der Nachkriegszeit der Autoverkehr dichter wurde, kamen über den Städten Glocken von »Sommersmog« hinzu. Ab Anfang der 1970er Jahre wurde der Schwefeldioxyd-Ausstoß von Industrieanlagen als Ursache des »sauren Regens« erkannt und angeprangert, der Hunderte von Kilometern entfernt von den qualmenden Fabrikschornsteinen in ganz anderen Landstrichen niedergehen konnte, was alsbald durch den Einbau von teuren, aber wirksamen Filtern beendet wurde. Kurzum, in den »umweltbewußten« 1970er Jahren gerieten auch fossile Brennstoffe in schlechten Ruf.

Aber wuchs nicht mit der öffentlichen Besorgnis auch die Bandbreite technischer Lösungen? »Saubere Energie« erschien durch entsprechende Vorschriften erreichbar, und manche davon waren bereits erfolgreich umgesetzt worden. Wo Umweltkampagnen die Kohle ins Visier nahmen, ging es demgemäß eher um verschärfte Auflagen für »saubere Luft« und viel seltener um die Verhinderung neuer Kraftwerke oder gar die Stillegung bestehender.* *Aber das galt nicht für Atomenergie.* Die Forderung nach sofortiger Abschaltung sämtlicher Atomkraftwerke mag politisch randständig geblieben sein, aber als der »Kampf gegen AKWs« Fahrt aufnahm, fand die protrahierte eines Moratoriums für neue Atomkraftwerke breite Unterstützung, und der US-Senat wurde mit entsprechenden Petitionen eingedeckt. Der wachsenden Feindseligkeit gegenüber Atomenergie hielten deren Befürworter entgegen, daß sie sicher und zugleich sauber sein könne, sauberer als Kohle.

Das war jedenfalls Weinbergs Meinung. Schon als Leiter des *Oak Ridge Laboratory*, noch vor der »Ölkrise«, war er ein prominenter Verfechter der nuklearen Option gewesen, in der er die Lösung für die sich abzeichnende Energieverknappung erblickte. Die Entwicklung von Atomenergie, erklärte er, verlange von der Gesellschaft eine konzentrierte und langfristige Kraftanstrengung – dies war sein vielzitierter und manchmal belächelter »Faustischer Pakt« –, aber sei diese Kraftanstrengung einmal geleistet, so könnten Atomkraftwerke »eine unerschöpfliche Energiequelle« sein, billiger als Kohle und Öl, und außerdem, »wenn richtig gehandhabt (...),

* Selbst in der anschließenden »Klimaschutz-Bewegung« tauchten Kampagnen für Kohlekraftwerk-Moratorien (oder -Stillegungen) spät auf, und Durchschlagskraft erlangten sie erst in jüngster Zeit.

fast verschmutzungsfrei«. Während fossile Brennstoffe »Kohlenstoff- und Stickstoffoxyde sowie Schwefeldioxyd freisetzen«, sah er »keinen sachlichen Grund, warum nukleare Anlagen irgendeinen Schadstoff außer Wärme und Spuren von Radioaktivität emittieren« müßten.[23] Natürlich erzürnte dieses »saubere« Bild von Atomenergie deren Gegner nur noch mehr, und in den Jahren der »Ölkrise« gab Weinberg diese Argumentationslinie darum auf und thematisierte lieber die Mängel der Konkurrenz, zumal der Streit um die jeweiligen Umweltfolgen zunehmend unter einem ganz neuen Blickwinkel ausgetragen wurde.

Denn ab 1974 begann sich die Debatte auf die Folgen der Energieerzeugung für das Klima zu verlagern. Ob Weinberg diese Diskussion selbst ausgelöst hatte oder nicht, jedenfalls förderte er sie nach Kräften. Im Oktober 1974 veröffentlichte er in der Zeitschrift *Science* eine Kolumne über »Die weltweiten Auswirkungen der menschlichen Energieerzeugung«[24] – und alle diese »weltweiten Auswirkungen« betrafen das Klima. Eine davon war die unmittelbare Abwärme als Folge jeglicher, auch nuklearer Energiegewinnung. Sie könnte, so warnte Weinberg, letztlich globale Folgen haben, wenn sich der Nachkriegstrend in der Energieerzeugung im nächsten Jahrhundert und danach fortsetzen sollte. Dann ging er zu einer möglichen Beeinflussung des Klimas durch Aerosole und Kohlendioxyd über, die beim Verbrauch fossiler Brennstoffe freigesetzt werden. Irgendwann in den nächsten beiden Jahrhunderten, so Weinberg, könnten diese diversen klimatischen Folgen der weltweiten Energieerzeugung Grenzen auferlegen, und schon in den nächsten 30 bis 50 Jahren werde vielleicht, um ihnen Rechnung zu tragen, ein grundlegender, globaler Kurswechsel in der Energiepolitik erforderlich werden. Weinberg fuhr fort:

> Leider vermag die Klimawissenschaft nicht vorherzusagen, welche Folgen die menschliche Energieerzeugung letztlich für das Erdklima haben wird. Ab welcher Größenordnung der Energieerzeugung werden die Eiskappen abschmelzen? Werden Kohlendioxyd oder die Schwebstoffe, die durch das Verbrennen fossiler Energieträger in die Atmosphäre freigesetzt werden, die Stabilität des Wettersystems bedrohen? Wie wirkt sich die geographische Verteilung der menschlichen Energieerzeugung auf das Wetter in verschiedenen Teilen der Welt aus?[25]

Zwar befasse sich die Forschung schon mit diesen Fragen, Weinberg aber ließ keinen Zweifel daran, daß hierfür seiner Meinung nach ein ganz anderer Aufwand geboten war, weil die »Antworten auf diese Fragen (...) letztlich weichenstellend für die langfristige Energiepolitik« sein würden. Es gelte, diese Folgen besser zu verstehen und unser allgemeines Wissen über das Erdklima zu vergrößern, so daß »wir in, sagen wir, 20 Jahren die Energiepolitik auf ein viel gründlicheres Verständnis der [klimabedingten Grenzen der Energieerzeugung] stützen können«. Darum befürwortete Weinberg

> die Gründung eines Instituts (oder sogar mehrerer Institute) für Klimawissenschaft mit dem langfristigen Auftrag, die weltweiten Auswirkungen der menschlichen Energieerzeugung zu erforschen. Ein solches Institut sollte über eine langfristige finanzielle Grundlage verfügen, denn die Fragestellung ist komplex und wird nicht einfach wieder verschwinden. Ein solches Institut würde natürlich die Arbeit kleinerer Klimatologen-Teams zusammenführen, die sich mit allgemeineren, grundlegenden Aspekten der Klimawissenschaft befassen, aber auch selbst zu unserem Grundlagenwissen über die Dynamik des Erdklimas beitragen.[26]

Das Institut für Energiestudien, das Weinberg damals gerade gründete, war nicht das vorgeschlagene »Institut für Klimawissenschaft«, dennoch sollte es bald – nach außen in Gestalt eines Plädoyers für Atomenergie – eine bestimmte Auswirkung auf das Klima in den Vordergrund stellen, die nur der Verbrauch fossiler Brennstoffe hat. 1976 präsentierte sein Institut einen umfangreichen Bericht zu der Frage, wie sich ein Baustopp für Atomkraftwerke in den USA auf Wirtschaft und Umwelt auswirken würde*, und gelangte darin zu dem wenig überraschenden Befund, daß eines der wahrscheinlichsten Resultate eine stetig steigende Abhängigkeit von Kohle wäre, um mit dem expandierenden Energiemarkt Schritt zu halten. Unter den Umweltfolgen von Energieerzeugung im allgemeinen diskutierte der Bericht auch die potentiellen klimatischen Folgen unmittelbarer Wärmeabgabe und freigesetzter Aerosole, erachtete jedoch erstere im Weltmaßstab für unbedeutend (*sic*) und letztere für beherrschbar. Der Report plädierte dafür, das Augenmerk auf die Folgen des CO_2-Ausstoßes durch den Verbrauch fossiler Brennstoffe zu richten, und zwar speziell von Kohle, deren Verbrennung am meisten CO_2 freisetzt.[28] Obgleich es unwahrscheinlich sei, daß die klimatischen Auswirkungen von Kohlendioxyd vor Ende des 20. Jahrhunderts spürbar würden, sah Weinbergs Institut darin keinen Grund zur Entwarnung, weil dieser Zeitpunkt angesichts des nötigen zeitlichen Vorlaufs für jede Planung von Energieerzeugung nicht mehr sehr fern sei. So mündete der Bericht in die Empfehlung, mit der Untersuchung der Kohlendioxyd-Frage unverzüglich zu beginnen, weil die Folgen heute getroffener Entscheidungen über die Alternative »atomar/nichtatomar« für viele Jahre in die Zukunft reichten.[29]

Dieser Bericht des Instituts für Energiestudien und Weinbergs vorherige Kolumne zeugen davon, daß es damals durchaus Versuche der Atomenergielobby gab, die wissenschaftliche Beschäftigung mit schädlichen klimatischen Folgen fossiler Energieträger zu fördern, vor allem mit solchen durch freigesetztes CO_2.

---

* Wie aus diesem Bericht hervorging[27], war einer seiner Autoren, Ralph Rotty, auch der Verfasser zweier kurz vorher erschienener Papiere von Weinbergs Institut zu den Themen »Umweltfolgen eines US-Atommoratoriums« sowie »Energie und Klima«, die den Hauptbericht ergänzten. Rotty, ein Experte für Emissionen aus Energieerzeugungsanlagen, nahm später auch als »Berater« des Instituts für Energiestudien an der Villacher Konferenz von 1980 teil (vgl. S. 88).

Vielleicht wird einmal geklärt werden, in welchem Ausmaß die Atomlobby damals (förmlich oder formlos) noch stärker als bekannt auf eine systematische Forschung über die Kohlendioxyd-Frage drängte. Wie immer es sich damit verhielt, wir wissen jedenfalls, daß zu dem Zeitpunkt, zu dem dieser Bericht von Weinbergs Thinktank veröffentlicht wurde, unabhängig von der Atomlobby entsprechende Schritte in den *National Laboratories* schon eingeleitet waren. Tatsächlich war 1976 eine vorläufige Entscheidung in diesem Sinne bereits getroffen worden.

Das amerikanische Kohlendioxyd-Programm wird geschaffen

Die Abteilung für »Biomedizin und Umweltforschung« der früheren Atomaufsicht AEC hatte sich hauptsächlich mit den potentiellen Folgen radioaktiver Strahlung für die Umwelt und die menschliche Gesundheit befaßt. Unter dem neuen Dach der ERDA mit ihrer erweiterten Zuständigkeit für »Energie« allgemein lag es nahe, daß sich diese Abteilung nun auch den Nebenfolgen der wichtigsten Energiequellen, also fossilen Brennstoffen, für Umwelt und Gesundheit widmete.

Die Jahreskonferenz, die die Abteilung immer gegen Ende des Winters abzuhalten pflegte, behandelte im März 1975 hauptsächlich Umweltschäden durch Sulfat und Säuren und sollte den Auftakt für ein Forschungsprogramm bilden, wie sich deren Freisetzung durch das Verbrennen von Kohle, Öl und Gas auswirke. Ein Konferenzteilnehmer jedoch, der als Experte für Atmosphärenmodelle an den *Lawrence Livermore Laboratories* tätige Mike MacCracken, erklärte bei diesem Treffen dessen Leiter, daß noch ein anderes Problem dränge und in die Forschung der Abteilung einbezogen werden sollte, nämlich die Auswirkungen von Kohlendioxyd auf das Klima. Man schlug MacCracken vor, sein Anliegen in einem Schreiben an den stellvertretenden Abteilungsleiter Rudy Engelmann, der für Umweltprogramme zuständig war, näher darzulegen. MacCrackens zweiseitiges Schreiben traf postwendend ein, Engelmann versah es mit einem Anschreiben und leitete es an acht führende Experten mit der Bitte um Stellungnahme weiter. Ihre Antworten fielen, was die Relevanz von MacCrackens Problem anging, unterschiedlich aus, mehrheitlich aber befürworteten sie ein entsprechendes Forschungsvorhaben der ERDA.[30] Also wurde ein Symposium vorgeschlagen, das die ERDA-Leitung auch bewilligte, und man richtete eine ständige Arbeitsgruppe ein. Zu deren Vorsitzendem wurde Weinberg gewählt, wodurch sein Institut für Energiestudien zur logistischen Basis für die Gruppe wurde; es bereitete auch das Symposium vor, das Anfang 1977 in Miami in Florida stattfand.[31]

Auf dieser fünftägigen Studientagung über »Die weltweiten Auswirkungen von Kohlendioxyd aus fossilen Brennstoffen« waren das *Oak Ridge Laboratory* und andere nationale Laboratorien stark vertreten, daneben nahmen Fachleute der NASA, des Nationalen Zentrums für Atmosphärenforschung (*National Center for Atmospheric Research* – NCAR) und der Bundesbehörde für Meer und Atmosphäre (*National Oceanic and Atmospheric Research Administration* – NOAA) teil. Auch einige ausländische Experten waren aus Australien, Kanada, Schweden und Westdeutschland angereist, aber die große Mehrheit der 70 Wissenschaftler, die erstmals eigens zur Erörterung der weltweiten Auswirkungen von freigesetztem Kohlendioxyd zusammentrafen, kamen von amerikanischen Universitäten.

Von den vier Panel-Diskussionen sollte nur die letzte »die Folgen für das Klima« behandeln; andere hatten die Auswirkungen von Kohlenstoff in der Biosphäre und den Meeren zum Gegenstand. Aber diese Aufteilung gibt ein falsches Bild, denn beherrschend war die Fragestellung, wie alle diese Einflüsse auf das Klima wirken, etwa unter dem Aspekt, wie weit der Verbrauch von CO_2 durch die Pflanzen und seine Absorption durch die Ozeane sie vermindern oder ganz ausgleichen würde. In den Vorträgen und Debatten wurde immer wieder betont, daß man für eine tragfähige Gefahreneinschätzung wesentlich mehr Forschung brauche, und diese wichtigste Empfehlung der Tagung verlieh dem Vorschlag, ein umfangreiches neues Forschungsprogramm einzurichten, zusätzlich Gewicht.[32]

So startete das Kohlendioxyd-Programm mit einer ersten Mittelzuweisung von 1,5 Millionen Dollar für das Haushaltsjahr 1978, die nach dem Symposium in Miami flugs bewilligt wurden. Es war noch die Anfangszeit von Carters Präsidentschaft, als die ERDA gerade zu dem neugegründeten – und noch üppiger ausgestatteten – Energieministerium (*Department of Energy* – DoE) erhoben wurde. 1979 wurden die umfassenden Pläne für das neue nationale Forschungsprogramm herumgeschickt, die dann durch die oben geschilderte Washingtoner Konferenz von 1980 begutachtet wurden.

Im Laufe von vier Jahren war damit aus Weinbergs anfänglicher Arbeitsgruppe etwas viel Bedeutenderes geworden. Weinberg und sein Institut für Energiestudien in Oak Ridge spielten im Kohlendioxyd-Programm weiter eine wichtige Rolle, indem sie Programmberichte ausarbeiteten und als Anlaufstelle für den Informationsaustausch und die verschiedenen Forschungsaktivitäten fungierten, die landesweit von dem Verwaltungs- und wissenschaftlichen Personal der *National Laboratories* koordiniert wurden. In dieses Organisationsgerüst wurden alle wichtigen Forschungsgruppen der betroffenen Disziplinen auch außerhalb des nationalen Laborverbunds eingebunden, wobei fast Dreiviertel der Forschungsgelder an amerikanische Universitäten flossen.*

* In seiner Eröffnungsrede auf der Washingtoner Konferenz von 1980 betonte der Programmleiter David Slade, daß von den 12 Millionen Dollar, die in den ersten drei Jahren schon angewiesen worden waren, nahezu Dreiviertel an Universitäten vergeben worden waren.[33]

LAWRENCE LIVERMORE LABORATORY

March 27, 1975

Dr. Rudolf J. Engelmann
Division of Biomedical and
Environmental Research (DBER)
U. S. Energy Research and
Development Administration
Washington, D.C. 20545

Dear Rudy:

With the increasing pressures for greater domestic energy production, ERDA is proposing and many utility executives are urging that this country's coal reserves be rapidly developed to serve as the backbone of United States' energy resources for at least the next hundred years. In the atmospheric sciences, these plans have prompted formation of a research program to investigate the potential sulfur/sulfate concentrations which may result. But at this crucial juncture in energy planning, there seems to have been no critical assessment similar to the CIAP weighing the relative merits of fossil fuel usage and, for example, nuclear or solar energy generation in which the implications and consequences of continuing reliance on combustion of fossil fuels and the resulting increase in atmospheric carbon dioxide concentrations have been carefully considered. Rather, an implicit assumption has apparently been made that increasing atmospheric carbon dioxide is of no significance; a decision made without assessing the current indications that small changes can cause large effects (e.g., Grobecker, Coroniti, and Cannon, 1974).

Carbon dioxide is the one atmospheric constituent for which there is a very good evidence that it has been increasing from about 290 ppm in the mid 1800's to more then 325 ppm at present (see, for example, Callendar, 1958; Revelle, 1965; SCEP, 1970; SMIC, 1971). And based on extensive studies of the carbon cycle, it seems quite clear that the approximately

Abb. 2.1: MacCrackens Vorschlag für ein Kohlendioxyd-Programm

Übersetzung:

Lieber Rudy,

da eine größere inländische Energieerzeugung immer dringlicher erscheint, befürwortet ERDA und drängen viele Vertreter der Stromindustrie darauf, die Kohlereserven des Landes rascher zu erschließen, um sie für mindestens die nächsten hundert Jahre zum Rückgrat der amerikanischen

> Energieversorgung zu machen. In den Atmosphärenwissenschaften ist aus diesen Plänen ein Forschungsprogramm zur Ermittlung der dadurch möglicherweise verursachten Schwefel/Sulfat-Konzentrationen entstanden. Aber offenbar hat es an diesem wichtigen Scheideweg der Energieplanung keine kritische Begutachtung wie das CIAP* gegeben, um die jeweiligen Vorzüge fossilen Brennstoffverbrauchs und z. B. nuklearer oder solarer Energieerzeugung gegeneinander abzuwägen, mit der die Begleiterscheinungen und Folgen einer fortdauernden Abhängigkeit von der Verbrennung fossiler Energieträger und des daraus resultierenden Anstiegs des atmosphärischen CO_2-Gehalts sorgfältig untersucht worden wären. Vielmehr scheint man stillschweigend davon auszugehen, daß vermehrtes atmosphärisches Kohlendioxyd ohne Bedeutung sei; so wird eine Entscheidung getroffen, ohne den vorliegenden Indizien nachzugehen, daß kleine Veränderungen große Folgen haben können (z. B. Grobecker, Coroniti und Cannon 1974).
>
> Kohlendioxyd ist derjenige Bestandteil der Atmosphäre, für den sehr gut belegt ist, daß er von 290 ppm** Mitte des 19. Jahrhunderts auf heute 325 ppm gestiegen ist (vgl. z. B. Callendar 1958, Revelle 1965, SCEP 1970, SMIC 1971). Und aufgrund umfassender Studien über den Kohlenstoffzyklus scheint recht klar, daß der ungefähre (…)

Diese Flut neuer Fördergelder bedeutete, daß die Erforschung *eines speziellen* möglichen menschlichen Einflusses auf das Klima zu einem Hauptgebiet der Klimaforschung *generell* gemacht wurde. Sie bedeutete eine gezielte Einmischung durch ein Ministerium, das mit Atmosphärenwissenschaft unmittelbar nichts zu tun hatte, und sie begann, die Forschungsziele und -prioritäten der wissenschaftlichen Einrichtungen zu beeinflussen, die sich mit Atmosphärenforschung und anderen für die Frage von Klimaänderungen relevanten Gebieten der Geophysik befaßten.

Der Strom neuer Fördergelder aus dem Energieministerium war in der Klimaforschung natürlich willkommen, aber er brachte auch neue Kontrollen und Zwänge mit sich. *Vielleicht war das der »Faustische« Pakt der Wissenschaftler.* Nicht allen Fachleuten und Leitern von Forschungseinrichtungen war angesichts dieser anmaßenden Bevormundung durch das Energieministerium und seine *National Laboratories* ganz wohl zumute. Das Vorhaben eines umfassenden nationalen Programms zur Erkundung des CO_2-Einflusses auf das Klima, das im Stil einer

* Das oben schon erwähnte *Climatic Impact Assessment Program* wurde 1971 vom US-Senat bewilligt, um die behaupteten schädlichen Folgen von Überschall-Passagierflugzeugen für das Klima zu untersuchen, von denen man nie wieder etwas hörte, und lief bis 1974. (Anm. d. Übers.)

** *parts per million* (Teile pro Million).

militärischen Mission angelegt war, wurde auf den anberaumten Sitzungen oder bei anderen Gelegenheiten manchmal offen kritisiert. Spencer Weart* schreibt hierüber:

> Andere Regierungsbehörden jedoch lehnten den Plan des Energieministeriums ab, und ihre Einwände gingen über die üblichen bürokratischen Grabenkämpfe hinaus. Angesehene Fachleute eines von der Nationalen Wissenschaftsakademie gerade geschaffenen Klimaforschungsausschusses kritisierten das Vorhaben als schlecht konzipiert und überdimensioniert. Derweil entwickelten eine interministerielle Arbeitsgruppe für Klimawissenschaft ebenso wie NASA, NOAA und das Pentagon alle eigene Forschungspläne. Die Fachvertreter der Meteorologie und ihre Freunde im Regierungsapparat waren entschlossen, sich für eine bessere Fortentwicklung der Klimaforschung einzusetzen.[37]

Weart kennzeichnet diese Kritik am treffendsten mit seiner Formulierung, daß sich andere Stellen »für eine bessere *Fortentwicklung der Klimaforschung*« einsetzen wollten. Das mochten sie tun, *aber warum lief das geplante Kohlendioxyd-Programm dem überhaupt zuwider?* In Wirklichkeit geht Weart stillschweigend davon aus, daß der Plan des Energieministeriums ein Versuch war, die Klimaforschung insgesamt unter seine Kontrolle zu bringen. Heute sieht man darüber leicht hinweg, einfach weil die »Kohlendioxyd-Frage« die gesamte Klimaforschung sowieso schon seit langem beherrscht – und zwar in jenem speziellen Sinne, der dem Schlagwort »Klimawandel« inzwischen unablöslich anhaftet. Das war jedoch noch nicht eingetreten, als sich das US-Energieministerium einschaltete. Und das dürfte der springende Punkt gewesen sein: Wenn nicht der *Absicht*, dann jedenfalls der *Wirkung* nach war genau das das Ergebnis des großangelegten Plans des US-Energieministeriums – es verhalf der Kohlendioxyd-Frage in der Klimaforschung zu einer beherrschenden Stellung. Möglicherweise verfolgten einige der damaligen Akteure eine solche Übernahme sogar *absichtlich*, und ihre Kritiker wußten dies. Daß diese Dominanz tatsächlich hergestellt wurde, hat seinen Grund im Programm des *Department of Energy*, weshalb jeder Anhaltspunkt für eine entsprechende *Intention* um so größere Aufmerksamkeit verdient.**

* Spencer Weart, der 1968 in Physik promovierte, verfaßte als Wissenschaftshistoriker am Amerikanischen Institut für Physik eine Geschichte der wissenschaftlichen Beschäftigung mit Erderwärmung. Seine Darstellung basiert weitgehend auf Gesprächen mit US-amerikanischen Wissenschaftlern, die als Physiker an dieser Forschung beteiligt waren, darunter viele in den Jahren, in denen diese durch die Gelder des US-Energieministeriums beherrscht wurde. Die Sichtweise eines von ihnen, Wallace Broecker, hat in Wearts einflußreicher Wissenschaftsgeschichte *The Discovery of Global Warming*[34] breiten Raum gefunden. Broecker war ein hartnäckiger Kritiker des Programms des Energieministeriums, aber nur, weil es ihm zu *langsam* ging; unermüdlich versuchte er auf verschiedenen Wegen, für größere Dringlichkeit Stimmung zu machen.[35, 36]

** Bei den Recherchen für dieses Buch schälte sich heraus, daß die Beteiligten in ihren Berichten oft das damals entstehende Interesse an drei verschiedenen Aspekten miteinander vermischen,

Schon in den ersten drei Jahren prägten die Dollarmillionen, die aus dem Ministerium an die verschiedenen Forschungseinrichtungen flossen, die materielle Grundlage dieses sich herausbildenden Fachgebiets. Ein anschauliches Beispiel für diesen Effekt ist die *Climatic Research Unit* (CRU) der East Anglia University in Großbritannien, wo er mit einem Wechsel in ihrer Leitung einherging. Gegründet 1972 als weltweit erst zweites Institut speziell für Klimaforschung, hatte die CRU niemals über eine gesicherte finanzielle Grundlage verfügt, und für ihren ersten Leiter, Hubert Lamb, war es immer ein zähes Ringen gewesen, seine Handvoll Wissenschaftler, da die CRU nicht einmal Planstellen besaß, auch nur weiterbeschäftigen zu können – diese Geldnöte sollten ihn bis zum Tag seiner Pensionierung im Jahr 1978 begleiten. Im folgenden Jahr jedoch errang sein Nachfolger Tom Wigley eine bedeutende Mittelzusage aus dem neuen Forschungsprogramm des US-Energieministeriums. Sie wurde in den folgenden Jahren erneuert und erhöht, so daß das Kohlendioxyd-Programm 1983 zum Hauptgeldgeber der CRU geworden war, womit sie erstmals über eine finanzielle Stabilität verfügte.*

Während Lamb aus seiner Skepsis gegenüber der Motivation oder Berechtigung des wachsenden Interesses an einem möglichen Treibhauseffekt nie ein Hehl gemacht hatte, richtete Wigley die Schwerpunkte der Forschungsstätte rasch und gründlich auf die neue Geldquelle aus. Aus diesem Grunde war die CRU für eine führende Rolle prädestiniert, als das neue Fachgebiet Ende der 1980er Jahre weltberühmt wurde und Wigley für ein Wochenende auf dem Landsitz des Premierministers in Chequers zu Gast sein durfte, um Margaret Thatcher bei ihrer theatralischen Kehrtwende zur neuen »Klimapolitik« zu beraten. Von jenem Tag an strömten die Fördergelder noch reichlicher, und als Wigley 1993 seinen Abschied nahm, hatte sich das Personal seiner CRU vervierfacht. Ohne Zweifel wäre die führende Rolle in der »Klimawandel«-Forschung, die sich das britische Institut Anfang der 1980er Jahre aufgebaut hatte – und die bis heute fortbesteht –, ohne

nämlich an (1) Klimaänderungen und ihren Folgen für den Menschen, an (2) menschengemachten Klimaänderungen und an (3) Erderwärmung durch Freisetzung von Kohlendioxyd und anderen Treibhausgasen, d.h. einer tendenziösen und schrittweisen thematischen Verengung. In ihren Schilderungen werden diese drei Aspekte manchmal, genauso wie in Wearts Wissenschaftsgeschichte, so dargestellt, als ergäbe sich der eine aus dem anderen. Das ist aber eindeutig nicht der Fall. Diese Verwirrung und Vermengung ist für uns nur insofern von Interesse, als sie auf eine typische Geschichtsschreibung aus der Sicht des Siegers hinausläuft. Für unsere Zwecke ist hingegen von großer Bedeutung, in welcher Weise sich der eine Aspekt aus dem anderen entwickelte, und dafür sollten wir sorgsam jeden von ihnen sondern und nachverfolgen, wie einer aus dem anderen hervorging.

* Laut den CRU-Jahresberichten belief sich der erste Förderbetrag 1979 auf 37 000 Dollar.[38] Bis 1982 wurden aus dem Kohlendioxyd-Programm insgesamt 205 000 Dollar an die CRU ausgezahlt, womit es schon zu diesem Zeitpunkt zu deren wichtigster Geldquelle geworden war[39], und bis Ende 1984 fast eine halbe Million.[40]

seine frühe und fortwährende Förderung durch das amerikanische Ministerium nicht möglich gewesen.[41]

Wigley gehörte zu denen, die 1980 nach Washington eingeladen wurden, um über die Aufstockung des Kohlendioxyd-Forschungsprogramms zu beraten, dem er damals schon verbunden war, und die Perspektive, die man ihm und seinen Kollegen dort eröffnete, reichte bis mindestens Ende des Jahrzehnts. Das entsprach recht genau Weinbergs schon 1974 lanciertem Vorschlag einer Forschungsinitiative mit »langfristiger finanzieller Grundlage«, die nicht nur das spezielle Problem der Energieerzeugung untersuchen, sondern auch »unser Grundlagenwissen über die Dynamik des Erdklimas« vergrößern sollte. Ob es den außerhalb der *National Laboratories* tätigen Atmosphärenwissenschaftlern gefiel oder nicht, damit war unbestreitbar ein Projekt Wirklichkeit geworden, das der Vision dieses Kernphysikers sehr nahe kam. Auch wenn im Zuge dieser Entwicklung das neue Forschungsgebiet Metamorphosen unterlag, über die man in der Fachwelt nicht immer glücklich war, bot nichtsdestotrotz die Quelle stetig fließender Fördergelder, die die *National Laboratories* eröffnet hatten, den verschiedenen Disziplinen der Atmosphären- und Meereswissenschaften fortan eine substantielle und sichere existentielle Basis. Dieser pekuniäre Erfolg war um so bemerkenswerter, als viele vorherige Versuche, für eine systematische Erforschung des Erdklimas ausreichende Fördermittel zu erlangen, erfolglos geblieben waren.

Das Nationale Klimaprogramm der Vereinigten Staaten

Seit dem Internationalen Jahr der Geophysik (1957/58) hatte sich unter Fachleuten die Überzeugung gefestigt, daß ein umfassendes und koordiniertes Klimaforschungsprogramm nötig wäre, aber alle Versuche, hierfür ein größeres und langfristiges Budget zu beschaffen, waren gescheitert. Wie spärlich die Forschungsgelder in all dieser Zeit flossen, veranschaulicht das Hin und Her um die Finanzierung einer Überwachung der Konzentration von CO_2 in der Atmosphäre. Roger Revelle vom Scripps-Institut für Ozeanographie war ein Meister in der Einwerbung von Fördergeldern, und dank Mitteln, die der US-amerikanische staatliche Wetterdienst zur Feier des Internationalen Jahrs der Geophysik bereitstellte, konnte er die Einrichtung einer Meßstation in den Bergen von Hawaii finanzieren.* Als das Internationale Jahr der Geophysik endete, lief

* Damals prägte Revelle in einem Artikel, den er zusammen mit Hans Suess über den Austausch von Kohlendioxyd zwischen Atmosphäre und Ozean veröffentlichte, die bekannte Formulierung, industrielle Emissionen seien ein »großangelegtes geophysikalisches Experiment«. Daraus machte man später, so im ersten Satz der 1988 weltweit verbreiteten »Erklärung von Toronto« (siehe S. 119–122), einen Klimaalarm, aber in Wirklichkeit äußerte sich Revelle, als in den 1980er Jahren der Abschluß eines Klimaabkommens forciert wurde, besorgt über die voreilige Ergreifung einschnei-

die Finanzierung des CO_2-Forschungsprogramms des Scripps-Instituts durch das amerikanische *Weather Bureau* zunächst weiter, so daß der für diese Meßreihe zuständige Wissenschaftler, Charles David Keeling, 1960 erste Daten über die steigende Tendenz atmosphärischen Kohlendioxyds veröffentlichen konnte.[44] Aber schon 1963 wurden dem US-Wetterdienst die Gelder für sämtliche Forschungsvorhaben gestrichen, die sich nicht unmittelbar auf Wettervorhersage bezogen, und so mußte die Meßreihe ausgesetzt werden, bis eine andere Geldquelle aufgetan werden konnte.[45] Aus diesem Grunde enthielt die heute berühmte »Keeling-Kurve«, als sie 1971 im Tagungsbericht über die sogenannte SMIC-Konferenz (*Study of Man's Impact on Climate*) veröffentlicht wurde, für diesen Zeitraum eine Lücke (siehe Abb. 2.2).*

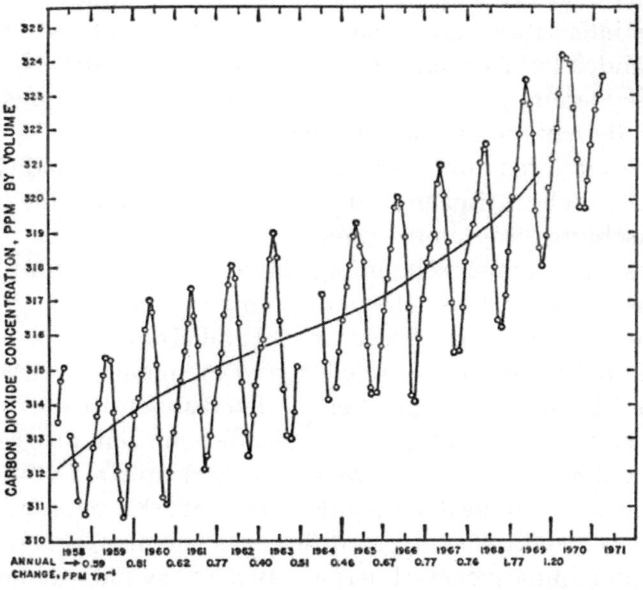

Abb. 2.2: Die »Keeling-Kurve« über den atmosphärischen Kohlendioxyd-Gehalt[46]
In dieser Fassung wurde das Schaubild im Tagungsbericht der SMIC-Konferenz von 1971 wiedergegeben.

---

dender Maßnahmen. Nach seinem Tod 1991 wurde die ambivalente Haltung, die er zur *Global Warming*-Kampagne einnahm, zu deren uneingeschränkter Unterstützung umgefälscht und seine Wortprägung eines »geophysikalischen Experiments« häufig als ein früher Kassandraruf präsentiert, was sie eindeutig nicht gewesen war.[42, 43]

* Die Lücke wurde später mit Meßdaten von anderen Standorten geschlossen. Kurz nach diesem finanziellen Engpaß verfaßte Revelle eine Beurteilung der durch Kohlendioxyd drohenden Gefahren, die 1965 veröffentlicht wurde und eine überaus alarmierende Vorhersage über den Anstieg des Meeresspiegels enthielt (siehe S. 43).

Im Verlauf der 1960er Jahre entstand nochmals die Hoffnung auf eine langfristige Bezuschussung von Klimaforschung, als der *International Council of Scientific Unions* (ICSU)* und die WMO aufgrund von Resolutionen der UN-Generalversammlung, die zu internationaler Zusammenarbeit bei der Erforschung der Erdatmosphäre aufriefen, aktiv wurden und 1967 das sogenannte *Global Atmospheric Research Program* (GARP) aus der Taufe hoben, für das erstmals die neue Satellitentechnologie genutzt werden sollte. Für eine weltweit koordinierte Atmosphärenforschung bedeutete dies einen großen Schritt nach vorn, aber letztlich flossen die meisten Programmgelder in die kurzfristige Wettervorhersage statt in sogenannte »Sekundärziele«, d.h. die Erforschung der physikalischen Grundlagen des Klimas.

Seinen Höhepunkt erreichte das Interesse an Klimafragen im Rahmen des GARP mit einer internationalen Klimakonferenz 1974 ebenfalls in Stockholm und einer 1975 folgenden Publikation des »US-Komitees für GARP«; beides gedieh jedoch über bloße Planungen für ein umfassendes Klimaforschungsprogramm nie hinaus. Der US-Bericht zum GARP erschien unter dem Titel »Den Klimawandel verstehen: ein Programm zum Handeln«, aber darin bezog sich das Wort »Klimawandel« auf **natürliche Klimaänderungen**, und das »Handeln« sollte in einem ambitiösen **Forschungsprogramm** bestehen.[47]

Zu etwa dieser Zeit entwickelte infolge öffentlicher Alarmrufe, daß ganz bald eine neue Eiszeit komme, die US-Regierung Interesse an einem größeren »nationalen« Klimaprogramm (mehr dazu unten).** Parallel dazu begann das Energieministerium, für sein Kohlendioxyd-Projekt als ein »nationales Programm« Reklame zu machen. Das Ministerium hegte offenbar den Plan, dieses spezielle Programm unter dem weiten Schirm des allgemeinen staatlichen Klimaprogramms unterzubringen, den die Bundesbehörde für Meer und Atmosphäre (NOAA) koordinierte.[48] Aber es kam nicht nur nie dazu, sondern das ganze Klimaprogramm blieb hinter den hochgesteckten Erwartungen zurück, weshalb man, genau wie von Weart geschildert, in der Initiative des Energieministeriums zur Kohlendioxyd-Frage

* Der *International Council of Scientific Unions* (ICSU, später *International Council for Science*) ist eine internationale, formal nichtstaatliche Vereinigung, der vor allem nationale Wissenschaftsakademien, aber auch internationale wissenschaftliche Verbände verschiedener Fachgebiete angehören. Der ICSU beschäftigte sich, seit er sich in die Vorbereitungen für die 1972 in Stockholm abgehaltene UN-Konferenz »über die menschliche Umwelt« eingeschaltet hatte, auch mit Fragen des internationalen Umweltschutzes.

** Geschaffen wurde dieses nationale Klimaprogramm letztlich erst Ende 1978, als die Verabschiedung eines »Nationalen Klimagesetzes« die Gründung diverser neuer Einrichtungen nach sich zog: eines Klimaforschungsausschusses bei der Nationalen Wissenschaftsakademie, eines Büros für das Nationale Klimaprogramm bei der Bundesbehörde für Meer und Atmosphäre (NOAA) und, für die Abstimmung der Planung zwischen den verschiedenen beteiligten Behörden, eines Lenkungsausschusses für das Klimaprogramm.

eher eine Konkurrenz als eine bescheidene Bitte sah. So hatte das neue Büro für das nationale Klimaprogramm

> nur geringe Befugnisse und einen Etat von nur wenigen Millionen Dollar. Den betroffenen Wissenschaftlern wurde nicht das gut koordinierte Forschungsprogramm geboten, das sie sich erhofft hatten. Da sie keinen Rückhalt durch eine einheitliche Vertretung oder Organisation hatten, wurde die Durchsetzung ihrer Interessen gerade durch die Zersplitterung behindert, der sie hatten abhelfen wollen.[49]

Während hohe Arbeitslosigkeit und Sparhaushalte die Forschungsetats schrumpfen ließen, waren jene Jahre durch die oben besprochene Energiekrise geprägt. Daher zeigte sich in Washington eine Administration nach der anderen nur zu bereit, mit vollen Händen Gelder zu vergeben, sobald es darum ging, diese »Krise« zu überwinden. Konnte man also zu ihrer Bewältigung durch Erkenntnisse der Geophysik beitragen, schienen üppige Forschungsgelder gesichert. Unter diesen Umständen wäre es überraschend gewesen, wenn es außerhalb der *National Laboratories* keine Versuche gegeben hätte, dadurch Mittel für Klimaforschung zu ergattern, daß man einen Zusammenhang zwischen Energieerzeugung und Klima herstellte. Tatsächlich gab es mehrere solche Versuche.

Im Dezember 1974, nur wenige Monate nach Weinbergs in *Science* veröffentlichtem Vorschlag zur Schaffung eines neuen Instituts für Energie und Klima, veranstaltete die Amerikanische Geophysikalische Union (AGU) eine Tagung zu der Frage, ob sich aus der Entwicklung des Klimas Beschränkungen für den Energieverbrauch ergeben könnten. Der staatliche Nationale Forschungsrat hatte bereits einen Ausschuß für Geophysik eingerichtet, der seinerseits eine »Arbeitsgruppe für Energie und Klima« einberufen hatte. In diesen Schritten wurde eine auffällige Änderung der Einstellung deutlich, mit der die wichtigsten amerikanischen Instanzen für Wissenschaftspolitik und -finanzierung an Fragen des Klimas herangingen. Vorher hatte man Klimaänderungen vor allem unter den Aspekten natürlicher Schwankungen, einer weltweiten Abkühlung oder auch geplanter Eingriffe in Wetter und Klima betrachtet.* Nun hingegen hatte das Interesse am

---

* Die Angst vor absichtlich herbeigeführten Wetter- und Klimaveränderungen hatte Mitte der 1970er Jahre in den USA ihren Höhepunkt erreicht und ging danach zurück. Diesen Höhepunkt markierten Debatten über die Umweltfolgen von Plänen, die nach Norden fließenden arktischen Flüsse umzulenken oder einen Damm quer durch die Beringstraße zu ziehen. Die Furcht vor Wettermanipulationen als Kriegswaffe wurde durch die Enthüllung in den Pentagon-Papieren angefacht, daß die USA im Vietnamkrieg mit künstlicher Wolkenbildung operiert hatten; dies wurde im Mai 1974 im US-Senat öffentlich zugegeben. Zwei Monate später unterzeichneten Nixon und Breschnew eine »Gemeinsame Erklärung zu künftigen Gesprächen über die Gefahren eines Umweltkriegs«, mit der sie ihren Willen bekundeten, eine militärische Herbeiführung von Umweltveränderungen zu vermeiden, wenn deren Folgen »großflächig, langfristig und schwerwiegend« wären. Obgleich es angesichts dieses Zusatzes wenig wahrscheinlich war, daß darunter künstliche

neuen Duo »Energie und Klima« zur Folge, daß die Erwärmungswirkung von Kohlendioxyd allmählich zum beherrschenden Thema in diesen Instanzen wurde. Aber noch war es nicht so weit. Zunächst geschah nicht viel bis 1977. Das war das Jahr, in dem Jimmy Carter ins Weiße Haus einzog und die Energiekrise, für die er drastische Lösungen wie die Herstellung von Öl aus Kohle in großem Stile erwog, zum »moralischen Äquivalent zum Krieg« erklärte. 1977 war zugleich das Jahr, in dem das Amt für Energieforschung und -entwicklung (ERDA) das oben erwähnte Symposium über das Kohlendioxyd-Problem in Miami finanzierte. Auch erst in diesem Jahr wurden die Papiere der AGU-Tagung veröffentlicht, die schon 1974, also ganze drei Jahre vorher, stattgefunden hatte. Sie dienten als Grundlage für einen Bericht der neuen »Arbeitsgruppe für Energie und Klima«, den die Nationale Wissenschaftsakademie veröffentlichte.*

In diesen Tagungspapieren, die den Hauptteil dieses Berichts »Energie und Klima« der Wissenschaftsakademie bildeten, wurden zwar auch die Probleme direkter Wärmeabgabe und der Emission von Aerosolen diskutiert, aber im Vorwort hieß es:

> Es ist das Hauptergebnis dieser Studie, daß sich die klimatischen Folgen der Freisetzung von Kohlendioxyd als der Faktor erweisen könnten, der die Energieerzeugung aus fossilen Brennstoffen in den nächsten Jahrhunderten in erster Linie beschränken wird.[52]

Das Vorwort fuhr fort, angesichts »des absehbaren Endes des Ölzeitalters müssen wir langfristige Entscheidungen über die künftige Energiepolitik treffen«, und bezeichnete es als den Zweck des Reports,

> als vorbereitenden Schritt in einem Entscheidungsprozeß, der mehrere Jahre in Anspruch nehmen wird, den politischen Entscheidungsträgern verläßliche Informationen

---

Wolkenbildung oder selbst Entlaubung durch *Agent Orange* fiele, beschwichtigte diese Einigung offenbar die in der Öffentlichkeit entstandene Bestürzung, ebenso wie die im Mai 1977 in der UNO unterzeichnete ENMOD-Konvention (Übereinkommen über das Verbot der militärischen oder einer sonstigen feindseligen Nutzung umweltverändernder Techniken), die die USA aber erst 1980 als verbindlich anerkannten.[50]

* Es gab Mitte der 1970er Jahre auch Initiativen in anderen US-nahen Ländern, die Energie und Klima zu verknüpfen suchten. Das Beispiel des deutschen Bundeskanzlers Helmut Schmidt haben wir bereits erwähnt (vgl. S. 9f.). Als ein anderes schildert der schwedische Meteorologe Bert Bolin, der uns im weiteren noch öfters begegnen wird, in seinen Memoiren, daß die schwedische Regierung ihn 1976 mit der Abfassung eines Berichts über »Energie und Klima« beauftragte und anschließend einen Entwurf für ein Gesetz »über die künftige schwedische Energiepolitik« vorlegte, demzufolge »befürchtete Beeinträchtigungen des Klimas wahrscheinlich den Verbrauch fossiler Brennstoffe stärker einschränken werden als der Umfang der natürlichen Ressourcen«.[51] Im folgenden Jahr wurde in Stockholm das privat finanzierte Beijer-Institut gegründet, das diese drohenden Folgen für das Klima näher untersuchen sollte.

> über die wahrscheinlichsten klimatischen Auswirkungen an die Hand zu geben, die eine größere Abhängigkeit von fossilen Brennstoffen mit sich brächte (...).[53]

Weiter hieß es, daß »selbst in diesem frühen und noch ungewissen Stadium die Auswirkungen sofortige Beachtung« verdienten. Der Band wurde in einer Pressekonferenz vorgestellt, in der der Vorsitzende der Arbeitsgruppe, Roger Revelle, den Akzent noch stärker auf freigesetztes Kohlendioxyd legte, besonders durch Verbrennung von Kohle, und die *New York Times* machte daraus auf ihrer Titelseite die Schlagzeile:

> Wissenschaftler befürchten: Massive Kohlenutzung könnte Klima schädlich verändern

In dem Artikel schrieb der Wissenschaftsredakteur der *New York Times*, Walter Sullivan, zum Hintergrund, daß jüngste Warnungen vor den »verheerenden Folgen« einer »steigenden, langfristigen Abhängigkeit von fossilen Brennstoffen, vor allem Kohle, für das Klima« von »Verfechtern der Atomenergie ausgenutzt« worden seien[54] – das mochte eine Übertreibung sein, aber die Quintessenz des Berichts der Arbeitsgruppe lag ohne Zweifel auf der Linie der Atomlobby, denn darin wurde betont, daß die möglichen Klimafolgen des Verbrauchs fossiler Brennstoffe »ernster und sofortiger Aufmerksamkeit« bedürften. Allerdings war damit nicht ein spezielles Forschungsprogramm über Kohlendioxyd gemeint, sondern der Report plädierte für ein umfassenderes Klimaforschungsprogramm und die Schaffung neuer Einrichtungen, darunter eines auf Spitzenebene zu bildenden »Klimarats«. Die Kohlendioxyd-Frage diente also explizit als Aufhänger, um für eine koordinierte Klimaforschung Unterstützung zu gewinnen.[55]

Zwar wurde dies durch das Nationale Klimaprogramm in gewissem Maße erreicht. Aber es war, wie wir gesehen haben, ein Pyrrhussieg, da ohne finanzielles Fundament. Überdies erschienen die damals genannten Gefahren durch die Folgen der Energieerzeugung wenig geeignet, durchschlagend für systematische Klimaforschung zu werben (wie wir unten noch näher betrachten werden, war das wichtigste Mittel dafür die Furcht vor natürlicher Erdabkühlung), denn was einfach noch fehlte, waren schrille Warnungen vor einer Katastrophe. So erschöpfte sich der Bericht »Energie und Klima« der Wissenschaftsakademie in der Behauptung, daß sich gewisse Klimafolgen »in den nächsten Jahrhunderten« als wichtig »erweisen könnten«.[56] Ein so nüchternes und farbloses Fazit, das sichtlich nur eine Aufstockung des allgemeinen Forschungsetats bezweckte, konnte nicht zünden – daraus konnte auch ein Walter Sullivan nicht viel machen.

Niemand indessen – weder die Nationale Wissenschaftsakademie noch NOAA, NCAR* oder NASA, noch irgendein Meteorologenteam – erklärte es damals

* *National Center for Atmospheric Research* (Nationales Zentrum für Atmosphärenforschung).

jedenfalls für dringend, eine durch CO_2-Emissionen drohende und ernste Katastrophe zu untersuchen. Und selbst wenn ein verantwortungsloser Insider dies getan *hätte,* wäre er auf massiven Widerstand gestoßen. Denn die meisten führenden Atmosphärenwissenschaftler – in den USA wie in der übrigen Welt – vermochten der Kohlendioxyd-Frage in den 1970er Jahren schlichtweg nicht die geringste Dringlichkeit beizumessen. Ausnahmslos sollte sich darum, als später die Erderwärmungshysterie entfacht wurde, die frühere Vorsicht dieser Forscher zu dezidierter Skepsis wandeln.[57] Ein Beispiel dafür ist Robert White, der erst den amerikanischen staatlichen Wetterdienst leitete, dann 1970 zum Gründungsdirektor der neuen Bundesbehörde für Meer und Atmosphäre (NOAA) ernannt wurde und 1979 zum ersten Vorsitzenden des Klimaforschungsausschusses der Wissenschaftsakademie gewählt wurde. Kraft dieser Ämter spielte er in der US-amerikanischen Diskussion der 1970er Jahre über die künftige Ausrichtung der Klimaforschung eine zentrale Rolle, wobei er auch Untersuchungen etwaiger menschlicher Einflüsse auf das Klima förderte, um die Größe bestehender Gefahren richtig beurteilen zu können. Aber je weiter diese Forschungen voranschritten – oder besser gesagt, nicht voranschritten –, desto weniger war er davon überzeugt, daß es hier irgendeine Dringlichkeit gab. Als im Frühjahr 1989 auf höchster weltpolitischer Ebene die Notwendigkeit einer weltweiten Klimakonvention heraustrompetet wurde, gehörte der erfahrene White zu den führenden Wissenschaftlern, die dagegen Einwände erhoben. In einer Ansprache vor der Jahresversammlung der amerikanischen Wissenschaftsakademie warnte er, daß es für ein solches Abkommen nur eine geringe und unsichere wissenschaftliche Grundlage gebe; die Vorschläge zur Bremsung des behaupteten Klimawandels, sagte er, ruhten auf »einer auf den Kopf gestellten Pyramide des Kenntnisstands«.[58, *]

Gleichwohl verhielt es sich in den 1970er Jahren nicht so, daß White und andere führende Wissenschaftler grundsätzlich etwas gegen eine Untersuchung menschengemachter Klimaänderungen gehabt hätten – warum auch? Niemals lehnten sie Forschungsgelder ab, die ihnen dafür angeboten wurden. Sie unterließen es nur, Angst vor etwaigen menschlichen Einflüssen zu schüren, und manche von ihnen wirkten solchen Verunsicherungen sogar aktiv entgegen. Es ist daher nicht überraschend, daß *sie* über die Energie-Klima-Schiene (allgemein oder durch ein Spezialthema) keine nennenswerten Forschungsgelder erlangten.

* Im selben Jahr begründete er seine skeptische Haltung eingehender in einem Artikel, der zusammen mit ähnlich skeptischen Aufsätzen einer illustren Auswahl führender amerikanischer Physiker publiziert wurde, von denen wir manchen im folgenden noch begegnen werden, so William Nierenberg, dem Direktor des Scripps-Instituts, der die umfassende Untersuchung der US-Wissenschaftsakademie zum Klimawandel im Jahr 1983 leitete, oder Frederick Seitz, der 1996 den »Streit um Kapitel 8« auslösen sollte.[59]

Die Wissenschaftler der *National Laboratories* jedoch bekamen solche Fördermittel. Sie benötigten für die Millionen von Dollars, um ihr Kohlendioxyd-Programm zu finanzieren, keine wissenschaftliche Kassandra. Es wurde keine Angst in der Öffentlichkeit geschürt, und die *National Laboratories* brauchten sie auch nicht. Mit geringem Aufwand konnten Weinberg und MacCracken ein riesiges Forschungsprogramm eigens zu Kohlendioxyd anstoßen. Das Ergebnis war, daß seit Ende der 1970er Jahre dieses »umfassende« Kohlendioxyd-Programm die gesamte Klimaforschung mit millionenschweren, nie versiegenden Fördergeldern überflutete und ab Anfang der 1980er Jahre die Kohlendioxyd-Frage zur Triebkraft für eine Ausweitung der Klimaforschung wurde. Als danach neue Forschungsprojekte folgten, war CO_2 schon das alles dominierende Thema. Dann erst begann die Angstmacherei in der Öffentlichkeit, und immer neue Kampagnen sorgten dafür, daß sie nie wieder aufhörte. Aber wenn man sich in die Zeit *vor* den 1980er Jahren zurückversetzt, ist schwer vorstellbar, wie auf anderem Wege die nötige Schubkraft hätte erreicht werden können, um öffentlich Angst auszusäen. Ob das sonst später in anderer Weise geschehen wäre, bleibt ungewiß.

So jedenfalls hat es sich tatsächlich abgespielt. Die Angst vor Klimaerwärmung, die letztlich alle vorausgegangenen Befürchtungen globaler Umweltschäden übertrumpfte, insbesondere die durch den unvermeidlichen Versorgungsbedarf einer riesig angeschwollenen Menschheit herbeigeführten, und die die allermeisten Gelder für Klimawissenschaft auf sich zog, begann mit einem koordinierten und großzügig finanzierten Forschungsprogramm zu, wie es immer lauter hieß, katastrophalen Folgen für das Klima. Dies geschah wohlgemerkt, bevor diese Folgen in der Meteorologie irgendeine besondere Besorgnis erweckt hatten und bevor eine nennenswerte Beunruhigung in der Öffentlichkeit oder Politik dazu den Anstoß hätte geben können. Alles begann, wie erinnerlich, inmitten einer Kontroverse über die jeweiligen Vor- und Nachteile von Kohle- oder Kernenergie. Diese Entwicklung wurde zwar zunächst von Wissenschaftlern und Managern gefördert, die Interesse am Ausbau der Kernenergie hatten, aber sie spielte sich fern von dem Gros der Wissenschaftler ab, die sich mit dem Einsatz fossiler Brennstoffe befaßten, zumeist als Angestellte der weltweit tätigen Kohle- und Ölkonzerne. Auf politische oder öffentliche Alarmstimmung gingen die Fördergelder für das Kohlendioxyd-Programm allenfalls mittelbar zurück, soweit Gelder, die aus der Befürchtung mangelnder Sicherheit der Energieversorgung bewilligt worden waren, in die Untersuchung möglicher Schäden durch Kohlekraftwerke umgeleitet wurden, um die Alternative »Atomenergie« wieder populärer zu machen.

Das Institut für Energiestudien wurde zwar bald nach Weinbergs Abschied 1984 aufgelöst, die Fördergelder aus dem Energieministerium jedoch behielten ihre alles beherrschende Bedeutung. Zwar wurde das Kohlendioxyd-Programm nach Reagans Einzug ins Weiße Haus gekürzt; so wurden die Programmteile, die

die Auswirkungen für die Umwelt generell, Gesellschaft und Wirtschaft sowie mögliche politische Maßnahmen betrafen, gestrichen*. Dennoch bestimmte dieses Programm auch weiterhin großteils die Arbeit mit Klimamodellen und die empirische Forschung im Zusammenhang mit der Kohlendioxyd-Frage. Eine ganze Reihe von 1985 veröffentlichten Berichten, allesamt *peer-reviewed* und wissenschaftlich auf dem neuesten Stand, legen Zeugnis davon ab, daß Weinbergs »CO_2-Wissenschaftsgemeinde« nach wie vor wuchs und gedieh.[61, 62, 63, 64]

Ebenfalls im Jahr 1985 wurden einige der wichtigsten Wissenschaftler dieser »Gemeinde« in eine österreichische Alpenstadt zu einer Konferenz eingeladen, die zu einem der Schlüsselereignisse werden sollte, durch die eine wissenschaftsinterne Fachdiskussion in eine weltweite politische Kampagne der UNO verwandelt wurde. Als das Jahr 1985 zu Ende ging, waren die Fundamente dafür gelegt. Auf diesen baute man sodann in den Vereinigten Staaten, in anderen Ländern und vor allem über die UNO eine monumentale publizistisch-politische Kampagne auf, die weltweit die Angst vor Erderwärmung heranzüchtete. Hierfür mußte man die CO_2-Frage freilich zunächst zum dominierenden Thema der innerhalb der UNO schon länger geführten Diskussionen über Klimaänderungen machen. Dabei war es, wie wir sehen werden, ursprünglich die weltweite Angst vor Erd*abkühlung*, die der Frage des Klimas in Amerika und in der UNO erstmals Aufmerksamkeit verschaffte. Erst die Aufregung um diese Aussicht ebnete den Weg für den anschließenden Aufstieg der Erd*erwärmung* zu einem Angstthema, das die Weltöffentlichkeit bis heute umtreibt.

* Bevor der untersuchte Themenkreis eingeschränkt wurde, fand im April 1979 ein größeres Symposium über die Folgen möglicher CO_2-bedingter Klimaänderungen für Umwelt und Gesellschaft in Annapolis (Maryland) statt.[60]

Kapitel 3

Die Meteorologie interessiert sich für Klimaänderungen

Die Meteorologie behandelt das Klima traditionell in einer Art und Weise, die die Belege für seine Veränderung unkenntlich macht. Denn ihre statistische Standardmethode, mit der das Klima eines Ortes bestimmt wird, eliminiert durch die Mittelung von dessen Meßwerten gerade alle zeitlichen Schwankungen. Versteht man nämlich unter Klima das durchschnittliche Wetter, ist genau das erforderlich. Geht man weiter davon aus, daß das Wetter zufällige Schwankungen um einen Klima-Normwert aufweist, lassen sich aus deren statistischer Analyse die Variabilität und die Extremwetterhäufigkeit errechnen.

Eine Hauptanwendung dieser Art von Klimakunde besteht darin, die Wahrscheinlichkeit bestimmter Wetterlagen zu ermitteln. Dabei mag es um die Chance für Sonnenschein an einem großen Festtag gehen, um die Wahrscheinlichkeit ernteschädigender Dürre in einer bestimmten Landwirtschaftsregion oder um die Abschätzung des Risikos, daß während der Lebensdauer einer Brücke eine bestimmte Flutmarke überschritten wird. Auch die Klimate verschiedener Orte kann man miteinander vergleichen. Das Problem dabei ist nur, daß Wetterdaten für verschiedene Orte über verschiedene Zeiträume aufgezeichnet wurden. Und da regionale und weltweite Klimakarten aufgrund der Aufzeichnungen bestimmter standardisierter Wetterstationen ausgearbeitet wurden, wurden die statistischen Ergebnisse bekanntermaßen durch die verschiedenen Zeiträume dieser Aufzeichnungen beeinflußt. Darum benötigte man auch einen Standardzeitraum, und aus diesem Grunde stellte man dem Ausschuß für Klimatologie der Internationalen Organisation für Meteorologie (der Vorläuferin der Weltorganisation für Meteorologie [WMO]) die Aufgabe, einen »klimatologischen Referenzzeitraum« festzulegen. 1935 erklärte man die ersten drei Jahrzehnte des 20. Jahrhunderts zum ersten Referenzzeitraum.[65] Diese Referenzzeiträume von drei Jahrzehnten behielt man im ganzen 20. Jahrhundert bei, indem man diesem ersten einfach weitere 30-Jahre-Zeiträume anfügte. Auch wenn man in dieser Festlegung eine stillschweigende Anerkennung von Klimaänderungen sehen kann, verstärkte sie lediglich den durch die meteorologische Arbeitsmethode hervorgerufenen Eindruck, daß das Klima unveränderlich sei, und so gelangte die Klimatologie in den Ruf, nur die »Buchhaltungsabteilung« der Meteorologie zu sein.

Aber das war nicht immer so gewesen. Der Siegeszug dieser Methode in der meteorologischen Zunft ließ eine lange und lebhafte Wissenschaftsdebatte in der Neuen Welt über die Frage in Vergessenheit geraten, ob lokale Klimatrends, die sich aus den örtlichen Wetteraufzeichnungen ergaben, Einflüsse von Entwaldung und Besiedlung erkennen ließen.[66, 67] Aber kaum war die Unveränderlichkeit des Klimas an den sich entwickelnden nationalen und internationalen Einrichtungen der Meteorologie zum stillschweigend anerkannten Lehrsatz geworden, wurde sie schon wieder in Frage gestellt, und zwar von einer Wissenschaftsdisziplin, die sich nicht damit beschäftigte, was sich im Himmel tat, sondern welche Geheimnisse der Boden barg.

Tatsächlich nähert sich die Geologie dem Problem des Klimawandels sozusagen von entgegengesetzter Seite her, am auffälligsten in der zeitlichen Dimension: Während statistisch arbeitende Meteorologen aus ihren täglichen Aufzeichnungen Klima-Normwerte herausarbeiteten, fanden Wissenschaftler, die die Geschichte der Erde anhand ihrer Gesteine und Bodenschichten erforschen, darin zwingende Beweise für dramatische Veränderungen in Zeiträumen von Zehntausenden bis Millionen von Jahren. Manche dieser epochalen Veränderungen hatten in erster Linie das Klima betroffen, und zumindest für die jüngste geologische Vergangenheit bilden Klimaänderungen sogar die Grundlage ihrer Gliederung in verschiedene Zeitabschnitte, denen die geologischen, biologischen und archäologischen Funde zugeordnet werden. So wird die gegenwärtige geologische Epoche, das Holozän, als der Zeitraum seit dem Ende der letzten Eiszeit definiert, in der ein niedrigerer Meeresspiegel Landbrücken geschaffen hatte, die von Pflanzen, Tieren und Menschen überquert wurden. Zugleich ist das Holozän auch archäologisch von Bedeutung, denn es ist die stabile Warmzeit, in der auf der Grundlage der Landwirtschaft die Zivilisation entstand, von welcher in der weitaus längeren Menschheitsgeschichte davor nichts zu bemerken gewesen war.

Daß es eine Abfolge mehrerer Eiszeiten gab, hatte gegen Ende des 19. Jahrhunderts allgemeine Anerkennung gefunden. Bald darauf entdeckte man Hinweise auf kleinere Klimazyklen und -schwankungen innerhalb des Holozäns. Diese wurden nicht nur durch sehr rezente geologische Daten belegt (wie beispielsweise sich ändernde Wasserspiegel der Meere und Binnenseen oder die Dicke und Zusammensetzung von Sedimentschichten), sondern auch durch die Paläontologie (Aufstieg oder Niedergang klimaabhängiger Pflanzen- und Tierarten) und Archäologie (z.B. blühende Zivilisationen in heutigen Wüstengegenden). Als das Interesse an jüngeren Klimaänderungen wuchs, fand man neben den geologischen noch weitere indirekte Hinweise auf das Klima, sogenannte Klima-Proxys (von *proxy* = [Stell-]Vertretung, Ersatz), etwa botanische (wie unterschiedlich starke Baumringe) und historiographische (wie unterschiedliche Ernteerträge oder Spitzenwerte der Meeresvereisung). Solche Forschungen wurden zumeist außerhalb der Meteorologie geleistet, aber schrieben bald die von der »Paläoklimatologie« erkundete Geschichte der Klimaänderungen bis in die Zeit der meteorologischen Wetteraufzeichnungen fort. Auf diese Weise untergruben die Geologen Lehrsatz und Methode der herkömmlichen Klimatologie durch die immer besser fundierte Erkenntnis, daß sich das Klima ständig und in allen Zeitskalen geändert hatte und wir darum die Erwartung hegen sollten, daß es dies auch gegenwärtig tut und künftig tun wird. Statt Hinweise auf Klimaschwankungen in den instrumentellen Meßwerten statistisch auszumerzen oder zu übergehen, sollten wir nach ihnen suchen. Für die Wettervorhersage bedeutete das, daß ihre Verläßlichkeit durch ein besseres Verständnis dieser Änderungen und ihrer Ursachen erhöht werden könnte.[68, 69, 70]

Erst in den 1950er Jahren gewann das Interesse an generellen Klimatrends in der Meteorologie an Boden. Anhand der Meßwerte stellte man insbesondere fest, daß es seit dem späten 19. Jahrhundert eine allgemeine Erwärmung gegeben hatte. Aber gerade als hierüber ein Konsens entstand, deuteten die Aufzeichnungen des vorangegangenen Jahrzehnts darauf hin, daß dieser Trend zu Ende war oder sich sogar umgekehrt hatte. Anfang der 1980er Jahre war man sich weitgehend darüber einig, daß diese Umkehr um 1940 stattgefunden hatte.

Daß man sich dem Problem der Klimaschwankungen zuwenden müsse, wurde derweil auch von einer ganz anderen Seite gefordert: aus Kreisen, die sich mit der Sorge trugen, daß Klimaänderungen das Menschheitswohl bedrohen könnten. Dürreperioden sind eine kurzfristige Klimaänderung, die unstreitig ist. In der jüngsten Vergangenheit und früheren historischen Epochen, die bis zur Antike zurückreichen, lösten langjährige Dürrezeiten in riesigen Halbtrockenregionen Hungersnöte, gesellschaftlichen Niedergang, Kriege und Massenwanderungen aus.

Man hat oft zu ergründen versucht, mit welcher Frequenz Dürren auftreten, ob zufällig oder vorhersehbar, ob seltener oder häufiger als früher und, wenn ja, warum. In den 1950er Jahren begann die UNESCO, sich dem Problem der Armut in sehr dünn besiedelten Weltgegenden zuzuwenden. 1957 bildete sie einen »Beratenden Ausschuß für Forschung über Trockenzonen«, der bald Kontakte zur WMO knüpfte, um ein gemeinsames Symposium über »Klimaänderungen unter besonderer Berücksichtigung von Trockenzonen« zu organisieren. Dieses »Klimawandel-Symposium« der UNESCO und WMO fand 1961 in Rom statt, und auf dieses Jahr läßt sich etwa der Beginn des Interesses datieren, den Regierungen und internationale Organisationen an Klimaänderungen, -prognosen und -kontrolle entwickelten. Tatsächlich ermöglichte es die Konferenz in Rom, an der 115 Wissenschaftler aus 36 Ländern teilnahmen, all die unterschiedlichen Einzelforschungen, die es in Westeuropa, der UdSSR und den USA bereits gab, zu einem Austausch zusammenzubringen. Von den 45 vorgelegten Papieren behandelte mindestens ein Viertel das Thema aus geologischer Sicht; weitere berücksichtigten diese zumindest. In den meisten dieser Abhandlungen zeigten sich die Meteorologen offen für den Gedanken jüngerer Klimaänderungen, die bis in die Zeit instrumenteller Meßreihen reichen.[71]

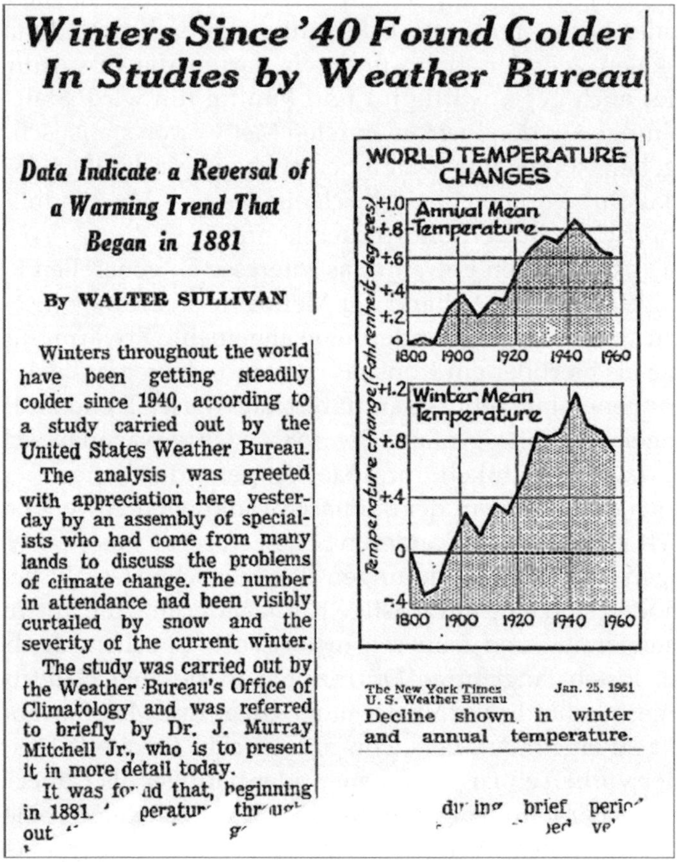

Winters Since '40 Found Colder In Studies by Weather Bureau

Data Indicate a Reversal of a Warming Trend That Began in 1881

By WALTER SULLIVAN

Winters throughout the world have been getting steadily colder since 1940, according to a study carried out by the United States Weather Bureau.

The analysis was greeted with appreciation here yesterday by an assembly of specialists who had come from many lands to discuss the problems of climate change. The number in attendance had been visibly curtailed by snow and the severity of the current winter.

The study was carried out by the Weather Bureau's Office of Climatology and was referred to briefly by Dr. J. Murray Mitchell Jr., who is to present it in more detail today.

It was fo[illegible]d that, beginning in 1881 [illegible]

The New York Times — U. S. Weather Bureau — Jan. 25, 1961

Decline shown in winter and annual temperature.

Abb. 3.1: Die Presse berichtet über den Abkühlungstrend

1961 war ein Jahr, in dem außerhalb wie innerhalb der meteorologischen Fachkreise ein Interesse an jüngeren Klimaänderungen entstand. Die Klimakonferenz, über die dieser Artikel der *New York Times* (vom 25. Januar 1961) berichtete, fand in einer besonders kalten Woche eines besonders kalten Winters in New York statt.

Dieses wachsende Interesse an den Auswirkungen von Klimaänderungen konnten die führenden Vertreter der Meteorologie schlecht ignorieren, und so ergriff man mancherlei neue Initiativen. Schon während der Vorbereitungen für die UNESCO/WMO-Tagung in Rom über Klimaänderungen hatte der Ausschuß für Klimatologie der WMO die Einrichtung einer Arbeitsgruppe zu der Frage beschlossen, wie »Klimaschwankungen« erkannt und erforscht werden könnten. Die sieben letztlich in diese Arbeitsgruppe gewählten Meteorologen, allesamt auf dem neuen Gebiet führend, hatten sowohl in Rom als auch auf anderen Klimakonferenzen in den frühen 1960er Jahren Papiere vorgelegt. Als die Arbeitsgruppe ihren Bericht präsentierte, fand er so großen Anklang, daß der Klimatologie-Ausschuß seine ungekürzte Veröffentlichung beschloß, mit der 1966 erstmals Standardbegriffe und -definitionen für das neue Forschungsgebiet eingeführt wurden. Vor allem aber stellte der Bericht unmittelbar die herkömmliche statistische Vorgehensweise der Klimawissenschaft in Frage, denn zum größten Teil befaßte er sich mit verschiedenen statistischen Methoden, mit denen sich *tendenzielle* Klimaschwankungen in den Wetteraufzeichnungen ermitteln lassen.[72]

Obwohl in der meteorologischen Klimakunde der Widerstand gegen jüngere (natürliche) Klimaänderungen selbst bis in die Zeit der Ängste vor (menschengemachter) Erderwärmung hinein stark blieb, hatte die Befassung mit solchen Änderungen Mitte der 1960er Jahre eine gewisse Anerkennung gefunden. Schon damals begann man, sich mit ihren möglichen Mechanismen und Ursachen zu beschäftigen, darunter auch mit einer möglichen menschlichen Einflußnahme auf das Weltklima.

Daß Menschen *lokale* Klimaänderungen bewirken können, war niemals strittig gewesen. Die Beeinflussung des örtlichen Klimas durch die Trockenlegung von Sümpfen, Abholzung von Wäldern oder Anpflanzungen zum Windschutz mag kontrovers diskutiert worden sein, aber dabei ging es stets nur darum, wie groß dieser Einfluß war und in welcher Weise er wirkte. Daß Städte eine lokale Erwärmung verursachen, war immer klar gewesen. Im 20. Jahrhundert jedoch kamen dann Spekulationen auf, wonach bestimmte örtliche Auswirkungen so ausgedehnt werden könnten, daß sie sich zu einem generellen Ergebnis verbänden – beispielsweise könnte die Freisetzung von Staub durch die Landwirtschaft die Atmosphäre über weitläufigen Regionen abkühlen und dadurch das Weltklima verändern. Oder die direkte Abwärme der Energieerzeugung könnte eines Tages eine solche Intensität erreichen, daß der ganze Globus erwärmt würde. Mutmaßungen sowjetischer Wissenschaftler über diesen Effekt führten in den frühen 1960er Jahren zu dem Vorschlag, ihn durch »Geoengineering« abzumildern, etwa durch Flugzeuge, die in der Stratosphäre einen Schleier von Sulfat-Aerosolen aussprühen sollten.[73] Mitte der 1960er Jahre spekulierte Revelle bereits darüber, ob eine Ausbringung reflektierender Partikel über den Meeren oder künstliche Wolkenbildung sinnvoll wäre, um die mögliche Erwärmungswirkung von Kohlendioxyd abzumildern.[74] Daneben führte, wie erwähnt, auch die Fachdiskussion über Projekte der gezielten Kontrolle von Wetter und Klima – einschließlich ihrer etwaigen Nebenwirkungen – zu weiteren Debatten über Eingriffe in das Klima, die gänzlich unbeabsichtigt waren. Meistens dachte man dabei an unvorhergesehene Resultate lokaler und regionaler Art, wie die Folgewirkungen künstlicher Seen oder der Kondensstreifen von (Unterschall-)Flugzeugen oder die – auf der UNESCO/WMO-Tagung von 1961 erörterte – Wüstenbildung durch Überweidung.

Daß man sich erstmals, sogar schon vor den 1960er Jahren, mit möglichen *weltweiten* Einflüssen des Menschen auf das Klima beschäftigte, war ein Nebengleis des wissenschaftlichen Wettstreits um die Lösung des Geheimnisses, warum es Eiszeiten gab, an denen Menschen nun einmal keinen Anteil gehabt haben können. Das galt für zwei Auswirkungen vulkanischer Emissionen. Die eine war die abkühlende Wirkung vulkanischer »Nebel« oder Aerosole. Hier richtete sich das Interesse bald auf Sulfat-Aerosole, vor allem soweit sie durch schwere Explosionen über die Wolken hinaus geschleudert wurden, so daß sie nicht mehr durch Regen ausgewaschen werden konnten. Für den analogen menschlichen Einfluß – ein gleichmäßigeres Aufsteigen landwirtschaftlichen Staubs und industrieller Sulfate in die Troposphäre – prägte man den Begriff des »menschlichen Vulkans«. Die andere Auswirkung vulkanischer Emissionen, die im wissenschaftlichen Disput um das Eiszeitalter eine Rolle spielte, war Erwärmung durch Kohlendioxyd. Im späten 19. Jahrhundert war erstmals der Gedanke geäußert worden, daß ein *Rückgang* des atmosphärischen CO_2-Gehalts in Zeiten geringer Vulkanaktivität den (natürlichen) Treibhauseffekt mildern und dadurch den Umschwung zu einer Eiszeit auslösen könnte.[75] Der menschliche Einfluß ist natürlich der umgekehrte einer *Erhöhung* des CO_2-Gehalts mit erwärmender Wirkung. Diese beiden menschlichen Einflüsse, der eine abkühlend und der andere erwärmend, sollten bald die Diskussion über globale Folgen menschlichen Handelns dominieren und sich darin mit zwei gegensätzlichen Prognosen über das künftige Weltklima verbinden.

So waren Ende der 1960er Jahre denkbare menschliche Einwirkungen Teil einer eher akademischen Debatte über die Ursachen und Mechanismen jüngerer Klimaänderungen geworden. Außerhalb dieser Debatte – nämlich seitens der an den praktischen Folgen von Klimaänderungen Interessierten, wie UNO, Regierungen, Öffentlichkeit und Presse – wurde inzwischen mehr und mehr die Beantwortung einer Grundfrage erwartet: *Haben wir uns auf eine weitere Abkühlung oder Erwärmung einzustellen?* Da das Klima durch eine Vielzahl von Faktoren bestimmt wird und man über deren relative Bedeutung kaum etwas wußte, wagten nur wenige Wissenschaftler eine Antwort hierauf. Einige entschieden sich für eine mäßige Erwärmung oder Abkühlung in der nahen Zukunft, und nur sehr wenige brachten mögliche Katastrophen ins Spiel, gewöhnlich jedoch in irgendeiner fernen Zukunft. Dabei hatte jede Katastrophenwarnung gute Aussichten, Schlagzeilen in der Presse zu machen, die an apokalyptischen Szenarien stets interessiert schien. Ein Problem war jedoch, daß es zwei diametral entgegengesetzte

Schreckensprognosen gab. Dieses Dilemma illustriert beispielsweise ein 1968 erschienener Artikel in der Zeitschrift *Time*, der sich erst in philosophischen Betrachtungen zum Thema Umweltverschmutzung verlor und dann folgenden Schwenk zu »systemischen« Folgen vollzog:

> Es scheint unbestreitbar, daß in all diesem ein Verhängnis lauern kann, aber der Laie weiß kaum, welchem Wissenschaftler er glauben soll. Durch die Verbrennung fossiler Energieträger ist beispielsweise Kohlendioxyd in der Atmosphäre seit 1860 um 14% gestiegen (…) Wissenschaftler sind besorgt, daß vermehrtes Kohlendioxyd die Abstrahlung von Wärme ins All verhindern wird. Sie prognostizieren eine wärmere Erde, auf der die polaren Eiskappen abschmelzen, der Meeresspiegel um nicht weniger als 130 Meter steigen und viele Städte überflutet werden könnten. Andere Wissenschaftler wiederum sagen eine kühlere Erde (so der jüngste Trend) voraus, weil der Mensch mit immer mehr Staub, Smog und den Kondensstreifen von Düsenjets das Sonnenlicht fernhalte. Abkühlung bedeutet mehr Regen und Hagel, sogar einen möglichen Einbruch in der Welternährung.[76]

Die Vorstellung, daß der Meeresspiegel um 130 Meter ansteigen könnte, stammte vermutlich aus einer obskuren Kurzprognose von Roger Revelle, die sich irgendwo in einem längeren Bericht an den Präsidenten (Lyndon Johnson) von Anfang 1965 fand, der im November 1965 veröffentlicht worden war. Dieser Abschnitt, der in einem Anhang dieser allgemeinen Umweltstudie versteckt war, enthielt die vielleicht alarmierendsten Behauptungen über die Folgen einer CO_2-bedingten Erwärmung, die jemals ein Wissenschaftler aufgestellt hat. Revelle hatte zunächst eingeräumt, daß die Welt seit 1940 kühler geworden war, also in einem Zeitraum, in den 40% sämtlicher CO_2-Emissionen fielen. Aber, so Revelle weiter, »wir müssen den Schluß ziehen«, daß das klimatische Rauschen aus anderen Prozessen die Erwärmungswirkung zumindest teilweise verdeckt habe. Unter Hinweis auf eine (ohne Belegstelle angeführte) Schätzung, daß infolge dieser Erwärmung die gesamte antarktische Eiskappe schmelzen könnte, errechnete Revelle (ziemlich schematisch!), daß sich hierdurch der Meeresspiegel um gut 1,3 Meter pro Jahrzehnt erhöhe, bis diese Abschmelzung nach 1000 Jahren einen Anstieg um gut 130 Meter bewirkt haben würde.[77, *]

---

* Der Bericht diente der Vorbereitung einer »Sonderansprache vor dem Kongreß über die Erhaltung und Wiederherstellung der landschaftlichen Schönheit«, die Lyndon Johnson am 8. Februar 1965 drei Wochen nach seiner Amtseinführung als wiedergewählter Präsident hielt. In dieser thematisch breiten Rede wurde Kohlendioxyd als weltweit verbreiteter Schadstoff in der Atmosphäre erwähnt: »Die großräumige Verschmutzung von Luft und Gewässern beachtet keine Staatsgrenzen, und ihre Auswirkungen reichen weit über ihre Verursacher hinaus. Luftverschmutzung ist nicht länger beschränkt auf isolierte Orte. Unsere Generation hat die Zusammensetzung der Atmosphäre durch radioaktives Material und stetig steigendes Kohlendioxyd aus der Verbrennung fossiler Energieträger im weltweiten Maßstab verändert.«

Revelles Prophezeiung einer modernen Sintflut war in der Presseberichterstattung über diesen Umweltbericht seinerzeit übersehen (oder vielleicht gemieden) worden, aber ein fleißiger Schreiberling hatte sie offenbar doch gelesen. 1969 schlug auch ein Berater Nixons mit Zahlen Alarm, die aus Revelles Berechnungen zu stammen schienen:

> Inzwischen ist ziemlich klar, daß der CO_2-Gehalt bis zum Jahr 2000 um 25% steigen wird. Das könnte die bodennahe Mitteltemperatur um fast 4°C erhöhen. Dadurch wiederum könnte der Meeresspiegel um mehr als 3 Meter steigen. Das heißt: Good Bye New York. Good Bye Washington.[78]

Hubert Heffner, der stellvertretende Leiter des Büros des Präsidenten für Wissenschaft und Technologie, erwiderte hierauf im Januar 1970:

> Je mehr ich mir die Sache anschaue, desto mehr sehe ich zwei Gruppen von Unheilspropheten, und dazwischen natürlich die schweigende Mehrheit. Die eine Gruppe behauptet, daß wir uns wegen des atmosphärischen Staubs in durch den Schnee stapfende Mammuts verwandeln werden, und die andere, daß wir Kiemen entwickeln müssen, um den durch die höheren Temperaturen steigenden Meeresspiegel zu überleben.[79]

Heffner hatte recht darin, daß die meisten Experten auf Fragen mehr oder minder zweideutig antworteten, während sich die wenigen »Unheilspropheten« auf die beiden Extreme verteilten. Dennoch war das Wort »Unheilsprophet« vielleicht übertrieben, denn meistens handelte es sich bei solchen Mutmaßungen nur um vage Prognosen möglicher negativer (oder auch positiver) Folgen in ferner Zukunft.

Daß diese Situation bis mindestens 1971 fortbestand, wird durch eine Erinnerung von William Kellogg an die sogenannte SMIC-Konferenz 1971 in Stockholm bezeugt. Diese – von Kellogg mitveranstaltete – Stockholmer Konferenz mit der offiziellen Bezeichnung *Study of Man's Impact on Climate* (SMIC) folgte einer ähnlichen, im Vorjahr in Williamstown (Massachusetts, USA) abgehaltenen Umweltkonferenz (mit dem Kurznamen SCEP, für *Study of Critical Environmental Problems*), war aber stärker als die SCEP-Konferenz auf Fragen der Atmosphäre ausgerichtet und noch internationaler besetzt; beide Treffen, SCEP und SMIC, sollten die dann 1972 ebenfalls in Stockholm veranstaltete erste große UN-Konferenz über die »menschliche Umwelt« vorbereiten. Kellogg entsann sich später, wie die Veranstalter gegen Ende der dreiwöchigen SMIC-Studientagung versuchten, unter den Teilnehmern einen gewissen Konsens darüber herzustellen, worin die überragende Klimagefahr bestehe:

> (...) wir beschlossen, eine Abendsitzung einzuberufen und (wenn wir könnten) zu entscheiden, ob wir für die nächsten Jahrzehnte eine Abkühlung oder eine Erwärmung durch menschliche Aktivitäten vorhersagen sollten. Es erschien uns klar von Vorteil, wenn wir eine solche Vorhersage mit einer gewissen Überzeugung abgeben könnten. Aber wir landeten in einer Sackgasse, zu meiner großen Enttäuschung.[80]

Fünf Jahre später sollte Kellogg selbst Warnungen vor Erderwärmung verbreiten, aber noch war es nicht soweit. Er schrieb rückblickend, daß sich der unentschlossene Tenor der SMIC-Schlußerklärung aus dieser »Sackgasse« erkläre, in Wirklichkeit aber ließ deren Ton festen Widerstand gegen das Drängen erkennen, überhaupt einen menschlichen Einfluß gleich welcher Art auf das Weltklima zu konstatieren, so in folgendem Passus (Hervorhebung hinzugefügt):

> Während denkbar ist, daß der Mensch einen *geringen Anteil* an den oben beschriebenen jüngsten Klimaänderungen haben *könnte*, ist klar, daß dafür natürliche Ursachen gesucht werden *müssen*. Tatsächlich wird sich, *wie häufig dargelegt worden ist*, jedweder menschliche Einfluß nur *schwer identifizieren* lassen, weil wir erstens bei unserem jetzigen Kenntnisstand *nicht wissen*, wie sich *in einem derart komplexen System* Ursache und Wirkung zueinander verhalten, und weil zweitens menschliche Einflüsse durch die natürlichen Veränderungen *verdeckt* werden, von denen wir wissen, daß sie *auftreten müssen*.[81]

Die Folge dieses Widerstands war, daß weder dieser noch ein anderer Kreis von Wissenschaftlern einen Klimaalarm für das politische Spektakel der UN-Konferenz im nächsten Jahr lieferte. Zugleich bestand damals auf der politischen Seite kein sonderliches Interesse an den Folgen natürlichen Klimawandels. Aber das sollte sich schnell ändern. Diverse Ereignisse noch im selben Jahr sollten dem Warnruf vor weltweiter Abkühlung einen solchen Widerhall geben, daß es beträchtlicher Anstrengungen bedurfte, um ihn wieder ins rechte Gleis zu bringen.

Kapitel 4

Das Menetekel der Erdabkühlung (1972–76)

Die Kleine Eiszeit kehrt zurück

Gegen Ende der 1960er Jahre war die historische Klimatologie seit ihren Anfängen im Schoß der Geologie zu einer eigenen Forschungsdisziplin herangewachsen, die in Europas gut dokumentiertem Klima des letzten Jahrtausends zwei große Fluktuationen nachgewiesen hatte, welche jeweils Jahrhunderte umspannten. So hatte es im Hochmittelalter eine relativ stabile Warmzeit gegeben, die die Saat- und Erntezeiten verlängerte und die Anbaugrenze nach Norden vorschob. Dieser »mittelalterlichen Warmzeit« hatte sich eine generell kältere Periode angeschlossen, in der in weiten Landstrichen ein strenger Winter auf den anderen folgte. In dieser »Kleinen Eiszeit« wuchsen Gletscher über Bergwiesen, die Anbauzeiten verkürzten sich, und Zeiten »schlechten« Wetters brachten Hungersnöte hervor.

Die allgemeine »Erholung« des Klimas im ausgehenden 19. Jahrhundert betrachtete man als Ende der Kleinen Eiszeit. Aber gerade als diese Abfolge »Warmzeit–Kaltzeit–Warmzeit« zunehmend Anerkennung fand, begann mit einer Serie eisiger Winter Anfang der 1960er Jahre eine neue allgemeine Abkühlungstendenz, die die Erwartung, Europa stehe am Anfang einer neuen längeren Warmzeit, als definitiv voreilig erscheinen ließ. Dieser beobachtete neue Wechsel führte zu Mutmaßungen, daß die jüngste, kurze Erwärmungsperiode nur ein kleiner Aufschub in der Abkühlung der letzten Jahrhunderte gewesen sein könnte, anders gesagt, *daß die Kleine Eiszeit noch nicht vorbei war.*

Damit stand die Besorgnis im Raum, daß die immense Bevölkerungszunahme und Wirtschaftsentwicklung seit Ausgang des 19. Jahrhunderts durch ein zunehmend freundliches Klima begünstigt worden war, jetzt aber die unheilvolle Rückkehr eines kälteren Klimas bevorstehen könnte. Hubert Lamb, der bedeutendste Vertreter der damaligen historischen Klimatologie, äußerte sich oft in diesem Sinne und warnte vor strengen Wintern in den kommenden Jahren. Im Laufe der 1970er Jahre jedoch änderte er seine Prognose. Der Grund dafür lag in seiner frühen Erforschung einer klimatischen Oszillation über dem nördlichen Nordatlantik. Lamb hatte umfangreiche historische Wetteraufzeichnungen ausgewertet, um die instrumentellen Meßwerte zu ergänzen, und hierdurch eine

Klima-Oszillation mit einer Zeitdauer von etwa hundert Jahren ermittelt. Das Minimum der Oszillation bewirkte oft strenge Winter in Großbritannien, und Anfang der 1970er Jahre kam Lamb zu dem Schluß, daß ein solcher Tiefpunkt in den 1960er Jahren gerade durchschritten worden war. 1975 war er sich dieses »klimatischen Umschwungs« hinreichend sicher, um seine Ergebnisse zu veröffentlichen. Auch wenn er eine Rückkehr zur Kleinen Eiszeit in fernerer Zukunft weiter für möglich hielt, lautete seine Vorhersage jetzt, daß die jüngste Serie milder Winter in Westeuropa wahrscheinlich andauern werde.[82, *]

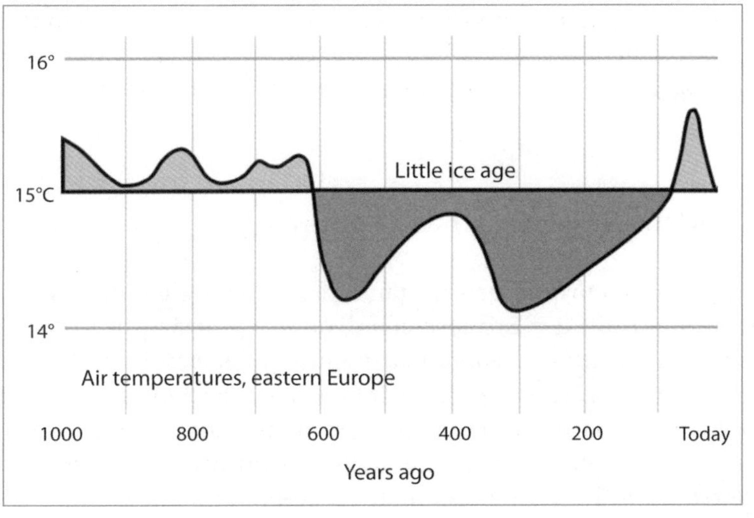

Abb. 4.1: Temperaturen in den letzten 1000 Jahren

Dies ist eine der Fassungen eines Temperaturtrend-Diagramms, die die Forschungsergebnisse Hubert Lambs, welche er erstmals auf dem UNESCO/WMO-Symposium über Klimaänderungen im Jahr 1961 vorstellte, verzerrt wiedergeben.[85] Mitte der 1970er Jahre wurden solche Versionen in Gutachten zum Klimawandel häufig verwendet, um den allgemeinen Trend darzustellen. Damals wurde häufig darüber debattiert, daß die jüngste Abkühlungstendenz eine Rückkehr zur Kleinen Eiszeit bedeuten könnte. Das Diagramm beruht auf Daten über die »Strenge des Winters« im Raum Moskau. Vergleicht man es mit Lambs entsprechenden Diagrammen für Westeuropa, so ist festzustellen, daß die Temperaturerhöhung in der mittelalterlichen Warmzeit flacher verläuft, die Temperatursenkung in der Kleinen Eiszeit hingegen tiefer ausgebuchtet. Näheres zu diesem Diagramm findet der Interessierte in meinem Beitrag *Hubert Lamb and the assimilation of legendary ancient Russian winters.*[86]

Wenn sich Hubert Lamb öffentlich in Mutmaßungen darüber erging, daß die schneereichen Winter aus Charles Dickens' Jugendzeit zurückkehren könnten,

* Daß Lamb seine Vorhersage änderte, haben Sanderson[83] und Walker[84] unzutreffend so dargestellt, als hätte er erst vor einer neuen Eiszeit gewarnt, um anschließend wegen drohender Klimaerwärmung Alarm zu schlagen.

war dies eine Sache.[87] Eine andere war es freilich, wenn Naturwissenschaftler seine Abkühlungsprognose in eine viel größere Dimension übertrugen. Denn während Lamb und andere Klimahistoriker mit der Vorstellung umgingen, daß die Kleine Eiszeit fortdauern könnte, wurden auch Spekulationen in Umlauf gebracht, wonach diese Kälteperiode im Jahrhundertmaßstab nur der Anfang einer noch viel größeren sein könnte. Prophezeiungen, wonach die nächste (große) Eiszeit dicht bevorstehe, sind zwar fast so alt wie die Entdeckung des Eiszeitalters selbst. Daß sie Anfang der 1970er Jahre wiederbelebt wurden, lag aber nicht nur am kalten Wetter jener Zeit. Das war nur der begünstigende Rahmen für Spekulationen, die man aus bahnbrechenden neuen Erkenntnissen über die Klimaänderungen der jüngeren geologischen Vergangenheit herleitete. Abermals entstand unter europäischen Geologen eine Bewegung, die in der offiziellen Meteorologie für Unruhe sorgte.

Ein Durchbruch in der geologischen Zeitmessung

Am Ausgang des 19. Jahrhunderts bestand in der Geologie Einigkeit darüber, daß es im jetzigen Abschnitt der Erdgeschichte, dem »Quartär«, bereits vier Eiszeiten gegeben hatte. Dies blieb einhellige Lehrmeinung bis weit in das 20. Jahrhundert hinein, auch wenn die Datierung der vier Glaziale unsicher blieb. Ein junger Geologe aus Bologna, Cesare Emiliani, sollte in den 1950er Jahren einer der ersten werden, die diesen Konsens in Frage stellten, und zwar vor allem dank seiner Pionierarbeiten an Bohrkernen aus dem Tiefseeboden. Als er eine Stelle an der Universität Chicago bekam, bot sich ihm die Chance, neue und sehr lange Kerne aus Sedimentschichten des Meeresbodens zu untersuchen, die sich im Laufe von Jahrhunderttausenden abgelagert hatten und damit weit in das Quartär zurückreichten. Isotopenanalysen der Schalen mikroskopisch kleiner Foraminiferen in diesem Gesteinsmaterial überzeugten ihn ohne jeden Zweifel davon, daß es weit mehr als nur vier große Kalt-Warm-Umschwünge gegeben hatte. Eindeutige Beweise für eine deutlich höhere Zahl von Eiszeiten förderte später auch George Kukla im Sedimentprofil von Tongruben seiner tschechoslowakischen Heimat zutage. Die Untersuchung grönländischer Eisbohrkerne erbrachte ebenfalls weitere Bestätigungen hierfür. Und zusätzlich erhärtet wurden all diese neuen Erkenntnisse durch neue Datierungstechniken, mit denen sich Klimaänderungen viel exakter erfassen ließen.

So fand man in den Sedimenten des Meeresbodens und andernorts Belege für die letzte Umpolung des Erdmagnetfelds, die vor etwas über 700 000 Jahren stattfand. Seit dieser Umpolung gab es acht große Oszillationen. Mittels weiterer Techniken ließ sich ihre Chronologie präzisieren und erweisen, daß sich das

Eis in einem klar erkennbaren 100 000-Jahres-Zyklus vorgeschoben und zurückgezogen hatte. Aber mehr noch, die neue Datierung widerlegte die Annahme, daß Warmzeiten vorherrschend gewesen wären. Vielmehr ließ sich das ganze Quartär – also der Zeitraum der letzten 2,5 Millionen Jahre – jetzt besser beschreiben als eine einzige große »Eiszeit«, die nur alle 100 000 Jahre durch kurze, warme Zwischeneiszeiten unterbrochen worden war, deren jüngste unser heutiges Holozän ist. Damit mußte nicht nur die geologische Zeitskala des Quartärs völlig neu gefaßt werden, sondern die Entdeckung dieser Zyklen führte zu der ernüchternden Einsicht, daß sich die menschliche Zivilisation in einem relativ kurzen und ungewöhnlich warmen geologischen Zeitabschnitt entwickelt hatte. Und dieser neigte sich dem Ende zu.

Die Erkenntnis, daß das Ende des Holozäns naht, ist für sich genommen kein Grund zu Alarm. In geologischen Zeitbegriffen beliefe sich ein rascher Wandel auf 1°C pro Jahrtausend. Solche allmählichen Veränderungen blieben unauffällig inmitten all der viel dramatischeren lokalen, regionalen und selbst weltweiten Fluktuationen binnen Jahrzehnten und Jahrhunderten, wie die mittelalterliche Warmzeit oder die spätere Kleine Eiszeit. Darum werden, wo es um Vorhersagen für eine oder selbst mehrere menschliche Generationen geht, Klimaänderungen der geologischen Dimension im allgemeinen als irrelevant betrachtet. Aber: *was wäre, wenn mit diesem übergreifenden Klimawechsel kurzfristige »Schübe« und »Ausreißer« einhergingen?* Diese Möglichkeit ließ sich nicht ausschließen, da die meisten Proxy-Daten der fernen Vergangenheit nur millenare Änderungen messen können. Bei einer so groben »Auflösung« mußten sogar Fluktuationen im Bereich von Jahrhunderten unbemerkt bleiben.

Nun aber erhoben erste Wissenschaftler den Anspruch, daß ihre Klima-Proxys feinere Auflösungen böten, herunter bis zu zweihundert Jahren oder noch weniger. Ihre Ergebnisse waren es, mit denen man nun Alarmstimmung verbreitete: Ihre Funde offenbarten nämlich klimatische »Zacken«, »Sprünge« und »Qualitätswechsel« in der fernen Vergangenheit, insbesondere Anzeichen für Instabilität am Ende der früheren Warmzeiten. *Würde also mit solchen abrupten Phänomenen nicht auch beim »Zusammenbruch« des Holozäns zu rechnen sein?* Genau das war die Ansicht des dänischen Geologen Willi Dansgaard. Ließen sich, so Dansgaard, aus der fernen Vergangenheit überhaupt Schlußfolgerungen ziehen, dann die, daß »die Voraussetzungen für ein katastrophales Ereignis heute gegeben« seien.[88]

Einige Geologen gingen noch einen Schritt weiter, womit sie auf die gleiche Linie einschwenkten wie Meteorologen, die ihrerseits vor unmittelbar bevorstehender klimatischer Abkühlung und Instabilität warnten. Sie hatten ihren Theorien bereits die meteorologischen Mutmaßungen über die Abkühlungswirkung freigesetzter Aerosole einverleibt: hierdurch würde die geologisch vorhergesagte natürliche

Abkühlung nur beschleunigt werden. Bald aber gründeten Meteorologen auch Spekulationen auf den schwankenden Boden einer behaupteten inhärenten Klimainstabilität, einer Art »zerbrechlichen Gleichgewichts der Natur«, das nur allzu leicht durch menschliche Eingriffe zerstört werden könne. Der geologische Beitrag zu dieser Version war, daß die Vermeidung solcher Eingriffe um so wichtiger sei, als das natürliche Klimagleichgewicht gegen Ende einer Warmzeit besonders instabil sei.

Die Art der menschlichen Eingriffe, die angeblich Klimaänderungen auslösen könnten, wurde nicht einmal immer benannt: *jede* Störung der Atmosphäre, verkündete man vielmehr, könne dramatische Änderungen zur Folge haben, die sonst nicht eintreten würden, jedenfalls nicht so massiv oder so schnell. Nicht einmal Erwärmung (*sic*) durch freigesetztes Kohlendioxyd wurde als möglicher Auslöser einer Kältezeit ausgeschlossen. Dabei war die Vorstellung, daß die Richtung einer Änderung der durch sie ausgelösten Störung entgegengesetzt sein kann, nichts Neues. Schon 1956 hatte ein namhafter Geophysiker Aufsehen mit der Behauptung erregt, daß ein höherer Meeresspiegel und eine – damals mehrteils erwartete – eisfreie Arktis *infolge natürlicher Erwärmung* mehr Schneefall in den umliegenden Landgegenden und hierdurch *die nächste Eiszeit* bewirken könnten.* Logischerweise konnte dann das gleiche Ergebnis durch einen versehentlichen oder absichtlichen Eingriff des Menschen in das Klima bewirkt werden, sei es durch eine allgemeine Erwärmung oder durch geplantes oder versehentliches Abschmelzen des arktischen Eises.

Auch die Arbeiten von Edward Lorenz über dynamische Systeme brachte man ins Spiel. Demnach konnte eine anthropogene Störung das System über den »Kippunkt« eines Attraktors hinaus treiben, ab dem sich das Klima in eine ganz andere und lebensfeindliche Witterung verwandeln könnte. Dabei legten sich die Wissenschaftler, die solche Alarmmeldungen verbreiteten, keineswegs immer fest, wohin die Reise gehen würde: es könnte kalt werden, es könnte warm werden, oder es könnte ein wildes Hin und Her zwischen beidem geben. Einig war man sich nur darin, daß *jede* Störung hochgradig gefahrenträchtig wäre.[90] So zog etwa Emiliani aus den neuen geologischen Erkenntnissen den Schluß, die ungewöhnliche Wärme der gegenwärtigen Epoche beruhe auf »einem prekären natürlichen Gleichgewicht, einem Zustand, in dem menschliche Eingriffe in die Umwelt (...) äußerst kritisch« seien.[91]

Einer der amerikanischen Meteorologen, die in solche Spekulationen von Geologen einstimmten, war Reid Bryson. Der Ausbildung nach selbst Geologe, wurde Bryson Gründungsdirektor des Zentrums für Klimaforschung an der Universität

* Diese Theorie vertraten Maurice Ewing und William L. Donn. Ewing war ein führender Ozeanograph, Präsident der Amerikanischen Geophysikalischen Union und Direktor des *Lamont Geological Observatory* der Columbia University.[89]

von Wisconsin, der weltweit einzigen Einrichtung dieser Art, bis Lamb 1972 die *Climatic Research Unit* (CRU) an der East Anglia University gründete. Zu einer Zeit, in der Quartärgeologen vor einer natürlichen Kältezeit warnten, erklärte Bryson bereits, daß die Abkühlungstendenz des späten 20. Jahrhunderts zu einem nicht geringen Teil auf zunehmendem landwirtschaftlichem Staub in der unteren Atmosphäre beruhen könnte.[92,93]

Ein anderer für solche Themen empfänglicher Wissenschaftler war ein Ozeanograph, der ebenfalls ausgebildeter Geologe war. Wally Broecker drängte schon früh auf mehr Forschung und »Handeln« in Sachen Erd*erwärmung*, und mit den Quartärgeologen verband ihn, daß er Belege für abrupte Klimaschwankungen in der Erdvergangenheit verwendete, um unermüdlich davor zu warnen, wie empfindlich das Klimasystem auf menschliche Einwirkungen reagiere.[94,95,*]

Und dann gab es noch den jungen Stephen Schneider. Er erwarb sich frühe Prominenz durch die Mitteilung, daß in seinem einfachen Klimamodell eine Simulation erhöhter Aerosolemissionen eine dramatische Erdabkühlung bewirke. Es stellte sich bald heraus, daß er die Wirkung der Aerosole fehlerhaft überschätzt hatte, und als die Warnungen vor Klimaerwärmung in Mode kamen, sattelte er natürlich rasch auf die Modellierung eines erhöhten Treibhauseffekts um.[97,98] Nichts zu ändern brauchte er an seinem sorgenschweren Grundtenor, daß ein Klimasystem, wenn man sich an den empirischen Daten der Geologie orientiere, ein derart empfindliches Gleichgewicht besitze, daß jede Störung alle möglichen dramatischen Veränderungen auszulösen drohe.

Kurzum, aus jener Wissenschaftssparte, die die unvorstellbaren Tiefen der Erdvergangenheit nach unvorstellbar langsamen Veränderungen auslotete, erschollen in jenen Jahren Alarmrufe, daß auf einmal die Zeit dränge. Sie drangen rasch an die Ohren dafür zugänglicher Meteorologen und paßten bestens zu deren eigenen Warnungen vor einer nahenden Klimakatastrophe. Die Botschaft war: *Die lebensfreundliche Epoche, in der sich die Zivilisation entwickelt hat, geht jetzt zu Ende, und zwar mit der Gefahr katastrophaler Klimafluktuationen.*

Diese Vision unserer Klimazukunft wurde erstmals auf einer kleinen Konferenz festgeklopft, die im Januar 1972 an der Brown University auf Rhode Island stattfand. Die Idee dafür hatte George Kukla zusammen mit Lincoln Washburn, dem Herausgeber der Fachzeitschrift *Quaternary Research*, und Robert Matthews, der als Mitglied der Geologischen Fakultät der Brown University die Rolle des

* Für Broecker war inhärente Systemstabilität niemals ein Trost. Eine seiner späteren Befürchtungen war, daß das derzeitige »globale Förderband« der Ozeane, an dessen Erstbeschreibung er beteiligt gewesen war, zusammenbrechen und dadurch der nördliche Nordatlantik dramatisch abkühlen könnte. Dazu schrieb er: »Die Zeugnisse der Vorgänge, die sich während der letzten Eiszeit abspielten, signalisieren uns die eindeutige Warnung, daß wir mit der Einbringung von Treibhausgasen in die Atmosphäre ein fauchendes Raubtier reizen.«[96]

Gastgebers übernahm. Meteorologen wurden ebenso eingeladen wie Geologen. Schließlich kamen zwar nur 22 Wissenschaftler zumeist aus Nordamerika, aber es gab noch mal so viele »nichtanwesende Teilnehmer«, darunter etliche europäische Geologen, die Papiere oder *Abstracts* einsandten, welche den Konferenzteilnehmern auf Rhode Island unter verschiedenen Blickwinkeln bei der Beantwortung einer einzigen höchst sinnvollen Frage helfen sollten:

> Wie und wann wird das gegenwärtige Interglazial enden?

Noch im selben Jahr füllte Washburn mit den aus der Konferenz hervorgegangenen Artikeln ein ganzes Heft seiner *Quaternary Research*, darunter auch Einsendungen der ferngebliebenen Europäer; ein Resümee der Konferenzergebnisse erschien außerdem in *Science*. Dazu gehörte ein Statement, das von allen 46 Teilnehmern gemeinsam entworfen, unter ihnen herumgeschickt und von ihnen gebilligt worden war. Es brachte folgende Warnung:

> Für das Streben des Menschen, sich die weltweiten Ressourcen zunutze zu machen und eine hinreichende Lebensmittelversorgung sicherzustellen, bildet der weltweite Klimawandel eine Umweltgefahr ersten Ranges, die gründlich erforscht werden muß, lange bevor die ersten weltweiten Anzeichen für eine Klimaverschlechterung auftreten.[99]

Die Dringlichkeit einer Reaktion, »lange bevor« es eine empirische Bestätigung gibt, ist eine bewährte Zutat jeder guten Panikmache. In diesem Fall freilich sprang in den Monaten zwischen der Konferenz und der Publizierung ihrer Papiere auch die Natur selber ein, um der Menschheit drastisch vor Augen zu führen, was ihrer harren mochte.

So gab es in jenem Jahr eines der heftigsten El-Niño-Ereignisse seit Beginn der wissenschaftlichen Wetterbeobachtung. Während heute das El-Niño/La-Niña-Zirkulationssystem die besterforschte aller klimatischen Oszillationen ist, war 1972 seine Funktionsweise noch kaum bekannt. Typischerweise schädigt El Niño die peruanische Sardellenfischerei. Ende 1972 jedoch brach diese, allerdings nach der vorherigen Überfischung, komplett zusammen und benötigte einige Jahre, um sich minimal zu erholen. Nichts mit der südpazifischen Oszillation hatten andere Wetterextreme in diesem Jahr – und bis in die ersten Monate des nächsten hinein – zu tun, die 1972 zu einem der unbeständigsten Jahre in den Annalen der Meteorologie machen sollten: In Westeuropa war es ungewöhnlich kalt, und Teile Italiens und der Balkanländer verzeichneten das Doppelte ihres normalen jährlichen Regenfalls. Dagegen waren die weitflächigen Kornkammern der Sowjetunion von einer Dürre geplagt, die eine solche Mißernte hervorbrachte, daß Hungersnöte nur durch große Getreidezukäufe aus den USA und anderen Ländern des Westblocks abgewendet werden konnten. Unter dieser Trockenperiode litt auch

China, während in Indien ein ungewöhnlich später Monsun vielerorts ernsthaft zu Unterernährung führte. Am furchtbarsten aber waren die Geschehnisse in der Sahelzone, wo ein viertes Dürrejahr auf übernutzten und überweideten Böden Hunderttausende von Menschen verhungern ließ und die Überlebenden in Massen wegwanderten. Als sich die afrikanische Dürrekatastrophe in das Jahr 1973 hinein fortsetzte, flimmerten erschütternde Bilder davon über die Mattscheiben in westlichen Wohnzimmern, während die Fernsehexperten raunten, daß die Sahara wachse. Als indirekte Folge dieser Wetterereignisse schrumpften weltweit die Getreidevorräte alarmierend, während die Nahrungsmittelpreise stiegen.[100] Dies fachte nur noch mehr die Besorgnis an, ob die unverdrossen weiter explodierende Weltbevölkerung künftig ernährt werden könne, und war unmittelbarer Anstoß für die erste UN-Welternährungskonferenz im November 1974, auf der man ausgiebig über mögliche Klimaänderungen debattierte.

Der Medienrummel um diese Geschehnisse erzeugte ein vorher ungekanntes öffentliches Interesse am Klimawandel, was zeitlich nicht hätte besser fallen können, um der Konferenzerklärung von der Brown University Resonanz zu verschaffen. Das Editorial des *Quaternary Research*-Sonderhefts vom November 1972 begann mit den dräuenden Worten:

> Das Jahr 1972 hat erneut gezeigt, wie verletzlich unsere Gesellschaft für schwere Wetteranomalien ist (…).[101]

George Kukla war in jenem Jahr gerade mit der Auswanderung aus seinem krisengeschüttelten Heimatland beschäftigt, aber er hatte schon einen Forschungsauftrag am *Lamont-Doherty Geological Observatory* in der Tasche, und noch bevor das Jahr endete, hatte er die Dringlichkeit der Klimafrage genügend in seinem Kopf hin und her gewälzt, um einen Brief an sein neues Staatsoberhaupt zu richten, den Präsidenten der Vereinigten Staaten. In dem Schreiben an Nixon, das die Unterschriften von Kukla und Matthews trug, zitierten diese aus dem Statement des Treffens auf Rhode Island, um ihre Warnung zu unterstreichen, daß

> eine weltweite Klimaverschlechterung, deren Größenordnung jede bisherige seit den Anfängen der menschlichen Zivilisation überstiege, durchaus im Bereich des Möglichen liegt und tatsächlich sehr bald eintreten könnte.[102]

In dem Brief hieß es – *ohne* Erwähnung eines etwaigen menschlichen Einflusses auf das Klima – weiter, daß schon »die jetzige Abkühlung in der nördlichen Hemisphäre der Anfang dieses erwarteten Umschwungs sein könnte«. Sollte sich der Kältetrend im selben Tempo fortsetzen, könne er »eiszeitliche Temperaturen in etwa einem Jahrhundert« heraufführen. Die Folgen wären Lebensmittelverknappungen sowie häufigere und schwerere Extremwetterereignisse wie »Überflutungen, Schneestürme und todbringender Frost«. Die Unterzeichner empfahlen systematische

Forschung, um »möglicherweise eine Antwort auf diese Bedrohung« zu finden, während bis dahin Vorsorgemaßnahmen, einschließlich der Anlegung von Lebensmittelvorräten, ergriffen werden sollten.[103]

Die Eiszeitangst in den USA: Die Regierung schaltet sich ein

Die Nixon-Administration behandelte den willkommenen Brief mit feierlichem Ernst und bildete sogleich einen behördlichen »Sonderausschuß für das gegenwärtige Interglazial«. 1974 legte dieser nicht nur seine Ergebnisse vor, sondern unterbreitete den vielleicht ersten amtlichen Vorschlag für ein Nationales Klimaprogramm.[104, *] Über die nächsten Jahre wurde der Handlungsdruck für ein solches Programm durch die »*Politikberatung*« der Quartärgeologen sowie anderer Experten aufrechterhalten, die dann alle möglichen Wetterextreme mit einer drohenden neuen Kaltzeit in Verbindung brachten. In diesem Kontext stand auch die 1974 getroffene Entscheidung des Ausschusses für Umweltressourcen im Weißen Haus, sich einen Unterausschuß für Klimawandel zuzulegen, was der Ausschußvorsitzende mit den Worten begründete:

> Klimaänderungen in den letzten Jahren haben sich unerwartet auf die nationale Politik und ihre Schlüsselprogramme ausgewirkt. Es ist die Besorgnis geäußert worden, daß diese jüngsten Änderungen nur künftige ankündigen könnten.[105]

Man achte auf die Sprache, derer man sich hier und bei anderen Gelegenheiten bediente. Es waren nicht *Wetterextremereignisse*, die mögliche Klimaänderungen auf die Tagesordnungen von Politikern und Planungsstäben gesetzt hatten, sondern über das Wetter war man in der Debatte schon hinaus. Schon gründete man die Erwartung weiteren Klimawandels auf die Prämisse, daß Änderungen des Klimas bereits eingesetzt hätten und sich tiefgreifend auf die Gesellschaft auswirkten.

NOAA-Chef Robert White** wurde Vorsitzender des neuen Unterausschusses, der noch vor Jahresende eine Denkschrift vorlegte, in der ein weiteres Mal nichts Geringeres vorgeschlagen wurde als, wie ihr Titel besagte, ein »Klimaprogramm der Vereinigten Staaten«. Derweil hatte White seine eigene Behörde angewiesen, eine Reihe interministerieller Sitzungen zur Ausarbeitung dieses Nationalen Klimaprogramms zu organisieren. Und dann steuerte, wie zur Amtseinführung

* In dem Sonderausschuß saßen Vertreter des Landwirtschaftsministeriums, des Verteidigungsministeriums und der Nationalen Wissenschaftsstiftung sowie John Murray Mitchell von der Bundesbehörde für Meer und Atmosphäre (NOAA). Die Reaktion der US-Regierung auf das Schreckensszenario einer neuen Eiszeit stieß außerdem – wie wir unten noch sehen werden – die Vorgänge in der WMO an, die letztlich zur Schaffung des Weltklimaprogramms führten.

** Zu seinem Werdegang vgl. S. 34.

von Jimmy Carter herbeigerufen, nochmals die Natur selbst ein Memento der Mißgeschicke bei, die auf eine kälter werdende Welt zukamen.

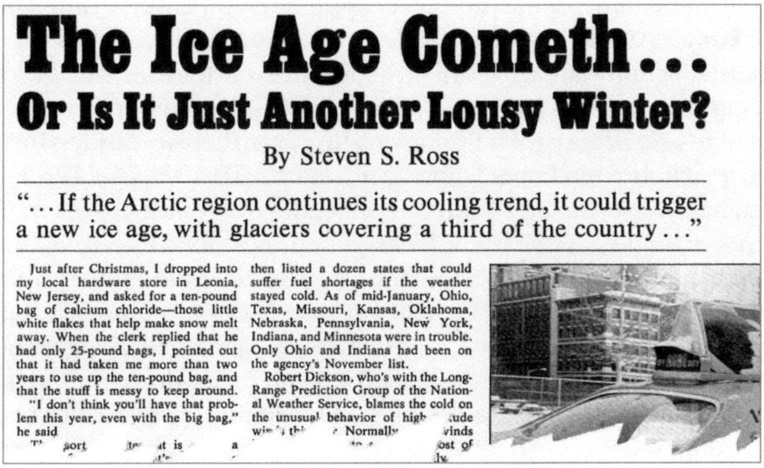

The Ice Age Cometh... Or Is It Just Another Lousy Winter?

By Steven S. Ross

"...If the Arctic region continues its cooling trend, it could trigger a new ice age, with glaciers covering a third of the country..."

Just after Christmas, I dropped into my local hardware store in Leonia, New Jersey, and asked for a ten-pound bag of calcium chloride—those little white flakes that help make snow melt away. When the clerk replied that he had only 25-pound bags, I pointed out that it had taken me more than two years to use up the ten-pound bag, and that the stuff is messy to keep around.

"I don't think you'll have that problem this year, even with the big bag," he said

then listed a dozen states that could suffer fuel shortages if the weather stayed cold. As of mid-January, Ohio, Texas, Missouri, Kansas, Oklahoma, Nebraska, Pennsylvania, New York, Indiana, and Minnesota were in trouble. Only Ohio and Indiana had been on the agency's November list.

Robert Dickson, who's with the Long-Range Prediction Group of the National Weather Service, blames the cold on the unusual behavior of high ... winds ...

Abb. 4.2: Neue Eiszeit-Spekulationen

Der strenge nordamerikanische Winter 1976/77 bot Gelegenheit zu neuen Spekulationen über eine kommende Eiszeit, die oft mit der Energiekrise in Verbindung gebracht wurde. Es war kein Zufall, daß diese Reportage im *New York Magazine* vom 31. Januar 1977 unmittelbar auf eine andere mit dem Titel folgte: »Wie können wir die Energiekrise meistern?«

Der Januar 1977 war in vielen dichtbesiedelten Regionen des nordamerikanischen Kontinents einer der kältesten Monate, die je verzeichnet wurden. Die eisige Witterung setzte die Energieversorgung unter äußersten Druck, man befürchtete Heizstoff-Engpässe und Erfrierungsopfer. Meterhohe Schneedecken in vielen Bundesstaaten lähmten den Verkehr und brachten in manchen Großstädten das Geschäftsleben für eine Woche und länger zum Erliegen. Es gab nicht einmal ein Entkommen ins sonnige Florida, denn selbst dort hatte sich der Regen in Schnee verwandelt, der erstmals an so südlichen Orten wie Miami auf dem Rasen liegenblieb. Am Ende des Monats fegte ein gewaltiger Schneesturm fünf Tage lang durch den Bundesstaat New York; er legte ganze Städte still und löste eine erklärte nationale Katastrophe aus. Die Schneegestöber wirbelten weiter bis in den Februar hinein, und im Zeichen eines von Carter so betitelten »Energienotstands« rationierte man die Brennstoffe. All das ereignete sich gerade zwei Monate, bevor Carter die Nation im Fernsehen zum Kampf gegen die Energiekrise aufrief, das den Lesern inzwischen bekannte »moralische Äquivalent zum Krieg«. Eine später erstellte »Klima-Schadensbilanz« für den gesamten Winter bezifferte die unmittelbaren Verluste auf 27 Milliarden Dollar.[106]

Vor allem bei dieser Bilanzierung der 1977 zu beklagenden Wetterschäden verlöteten die Medien fest zwei ihrer damaligen Hauptthemen miteinander, nämlich die Energiekrise einerseits und eine befürchtete neue Eiszeit andererseits. Allerdings bewerkstelligten sie diese Verkoppelung von Energie und Klima mittels der Auswirkungen des Klimas auf den Energiebedarf und nicht, wie sich mancher Wissenschaftler schon damals sehnlich wünschte, mittels der Auswirkungen der Energieerzeugung auf das Klima. Warnungen aus der Wissenschaft, vermehrter Rückgriff auf fossile Brennstoffe könne das Klima aufheizen, fanden in politischen Kreisen diesmal kaum ein Echo. Selbst wenn sie von den *National Laboratories* oder der Nationalen Wissenschaftsakademie ausgingen, Öffentlichkeit und Politiker gingen darüber hinweg. Gleichwohl war genau dies der Zeitpunkt, zu dem, wie wir gesehen haben, die üppigen Forschungsmittel des Kohlendioxyd-Programms zu fließen begannen. Daß dieser Geldstrom gerade damals einsetzte, ist nicht nur deshalb bemerkenswert, weil die Öffentlichkeit davon nicht das geringste erfuhr und Politiker nicht das kleinste Aufheben machten, sondern auch deshalb, weil das öffentliche Interesse und die politische Debatte in punkto Klima anders und sogar entgegengesetzt ausgerichtet waren.

Eine Warnung vor Klimaerwärmung paßte einfach schlecht zu der Furcht vor weiteren verheerenden und todbringenden Wetterereignissen wie denen, die in den 1970er Jahren wieder und wieder aufgeregt durch Presse und Fernsehen gingen und sämtlich (zu Recht oder zu Unrecht) mit einem *kälter* werdenden Klima in Verbindung gebracht wurden. Gestützt wurde diese Darstellungsweise durch ein in den letzten Jahren der Dekade unter Klimatologen allgemein fortbestehendes Einvernehmen, daß die Meßwerte ein Andauern der Abkühlungstendenz belegten.[107, 108] Da der Erwärmungstrend des 20. Jahrhunderts inzwischen schon ein volles viertes Jahrzehnt lang auf Tauchstation gegangen war, konnte *ein bißchen menschengemachte Erwärmung sicherlich nicht schaden*. Wenn das Heizen von Innenräumen mit Öl und Kohle (durch, wie Bryson meinte, Ausstoß von Aerosolen) eine weitere Abkühlung im Freien bewirkte, mochte das ein Problem sein, aber gewiß nicht, wenn die Beheizung drinnen die von draußen andrängende Winterkälte *mildern* konnte. Vor diesem Hintergrund ist verständlich, warum sich ganz und gar kein Alarmgeschrei über einen bösen Klimawandel erhob, als Carter erwog, die akute »Ölkrise« durch die Großherstellung »synthetischen Öls« aus den reichlich vorhandenen Kohlereserven zu beheben.

Weinbergs Einwände gegen eine Abhängigkeit von Kohle blieben weitgehend unbeachtet. Und wo solche Bedenken einmal Gehör fanden, wirkten sie auf Klimaängste nur besänftigend. Tatsächlich war dies schon 1972 die nüchterne Gegenrede von John Murray Mitchell auf dem Symposium an der Brown University gewesen. Er hatte nämlich auf die dortigen Ausführungen der Geologen erwidert, daß allenfalls mit einem mäßigen und allmählichen, sich über

Energy crisis shows U.S. horn of plenty can r

By Robert Signer
(Chicago Daily News)

WASHINGTON — It began with subtlety. Somewhere in the Pacific last fall, the temperature of the water rose a few degrees. In mid-ocean, it fell.

But in New York City, or Peoria, or Dayton, the people came and went about their daily pursuits. Changes in water temperature or shifts in jet-stream winds went unnoticed — except in the special government detecting units that exist to record such things.

From that moment when the first degree of change was recorded, say some meteorologists, the nation's winter of discontent may be traced. For many there is hardship. In New York City, in Peoria, in Dayton, record cold is felt. Even in Miami, the last refuge of the northern species of warm-weather seekers, snow comes.

And with the cold winter comes and energy crisis that rivals in intensity the great crisis of 1973, when an Arab oil embargo forced upon the United States and its 200 millions the recognition that the horn of plenty can yet run dry.

* * *

The new crisis will get worse before it gets better, if industry and government analysts are correct.

For evidence, they point not only to current shortages of fuel but to trends that began years ago, to warnings that went unheeded or that were greeted skeptically, to econolonomic facts that in or that we were greeted dkeptically, to economic facts that in no small way are inextricably tied in with assumptions about the American free enterprise system, its philosophy as well as its mechanics.

Jimmy Carter, a week after taking the presidency, sent Congress emergency legislation to ease the natural gas shortage and to prevent further curtailments in homes, schools or essential industries.

But emergency legislation has gone to Congress before. Until now, natural gas crises were the legislative equivalents of souffles: Lots of puffed-up prose but not much substance when it got down to nitty-gritty time.

The winner in this crisis, if there is one, is likely to be industry. For years the natural gas industry has been warning the nation there will always be shortages unless Congress removes price controls on natural gas travelling in interstate commerce.

For just as many years Congress has refused to do so on the grounds that deregulation, as it is called, would merely grant industry a windfall while guaranteeing the public nothing.

* * *

In a larger sense, the crisis of 1976-77 stems from another failure — the inability of past administrations to conceive on of and fulfill a comprehensive energy plan for the United States. Former President Nixon went before the nation on Nov. 7, 1973, to make a dramatic television address about the energy crisis that was ensuing from the Arab oil embargo.

"Let's set as our national goal, in the spirit of Apollo and with the determination of the Manhattan Project, that by the end of the decade we will have developed the potential to meet our own energy needs without depending on any foreign energy sources," Nixon said.

It was his own recipe for executive souffle, for since then the nation hasn't advanced toward Nixon's ambitious goal, a fact that Carter noted during his presidential campaign.

But now Carter has acted, although he is the first to admit that his proposal is temporary and inadequate for long-range improvement in the nation's energy situation.

"I want to emphasize that this legislation is not submitted as a substitute for developing a natural gas policy as a part of an over-all energy policy, which our country so obviously lacks," the president said in his letter to Congress outlining the emergency natural gas legislation.

Woman, 80, froz
after oil burner f

NEW YORK (AP) — "Everyone she was close with was dead," said Lola Valli, after learning that the body of her 80-year-old neighbor had been found encased in five inches of ice on her kitchen floor.

The bodies of Margaret Shotter and her mother, Walter, 77, were discovered Monday by police after a relative was unable to reach the pair.

Walter's body was found fully clothed, including a sweater, on a bed in a second-floor room in the rundown 75-year-old frame structure in the Sheepshead Bay section of Brooklyn.

Authorities said the oil burner had failed, bursting water pipes in the kit… Neighbors said a full … ply of fuel had been d… ered last week.

Police said there wa… evidence of violence. … they refused to rule … foul play pending an au… sy today.

Neighbors said they … saw the victims last T… day, but that none of t… checked on them. "… didn't see them, so we … ured they were all rig… one woman said.

"She used to have a … of friends in the ar… Mrs. Valli said of M… Shotter, a retired teleph… company worker. "… there was no one left. T… were all gone."

Miss Shotter's par…

BEST WAY TO GET AROUND. Jim Harrington, a lawyer, uses his cross-country skis to travel on a downtown street in Buffalo, N.Y. Sub-zero temperatures combined with blizzard conditions and a shortage of natural gas caused most Buffalo businesses to close down Monday.

(AP Wirephoto)

IF YOU WANT TO KEEP IT — T…

Has the Ice Age cometh again?

By Bruce Ingersoll
(Chicago Sun-Times)

MADISON, Wis. — Reid Bryson, an eminent climatologist at the University of Wisconsin, stops short of saying another glacial period is upon us, but he readily asserts that it is quite possible.

There is little doubt that the Northern Hemisphere …

"I catch hell from my colleagues for being a doomsayer," he said. "I think of myself as being a realist, instead of a pessimist."

Outside his office, however, anybody walking the University of Wisconsin campus would think another ice age was coming. The …

"Interesting, isn't it? These are all places where glaciers begin to grow. I don't know if it presages anything."

Contrary to what his critics say, Bryson believes he is being entirely realistic in discussing the inevitability of another ice age.

After all, he pointed out, … short-lived.

"These interglacials tend to last 10,000 years, give or take 1,000," he said.

Since the last ice age — called the Wisconsin — ended 10,800 years ago, it seems probable, judging from the past, that the current interglacial respite is due to end …

… cious result of the cooling trend and the attendant disruption in weather circulation, Bryson said.

His conclusion that the world is facing more climatic chaos is based on calculations made with a mathematical model that he devised for projecting the Northern Hemisphere's temperature pattern.

Abb. 4.3: Das Eiszeit-Menetekel und die Energiekrise

Wie die Presse seinerzeit die ausgerufene Energiekrise mit Eiszeitfurcht amalgamierte, illustriert die Aufmachung dieses Artikels im *Calgary Herald* vom 1. Februar 1977.

Jahrhunderte erstreckenden Abkühlungstrend zu rechnen sei, während ein künftiger menschlicher Einfluß auf das Klima (durch Aerosole und Kohlendioxyd) insgesamt mutmaßlich ein erwärmender sein würde. Sollte er eintreten, würde er einem Abkühlungstrend, den die Geologen nach Mitchells Meinung übertrieben, nur wohltuend entgegenwirken.[109] Nach alledem wurden, sogar als sich etwas später ein wissenschaftlicher Konsens darüber herauszubilden begann, daß jeglicher menschliche Einfluß auf das Klima im nächsten Jahrhundert im Ergebnis erwärmend sein würde, dadurch Klimawandelängste nur gelindert. In den späten 1970er Jahren wirkte die Botschaft derer, die eine Erwärmung vorhersagten, keineswegs alarmierend.

Zumindest meistens nicht. Und wo sie einmal auf Alarm angelegt war, löste sie trotzdem keinen aus. So erging es etwa Wally Broecker, der gegen Selbstgefälligkeit in Sachen Klima mit der Behauptung anpredigte, die menschengemachte Erwärmung werde nur vorübergehend durch einen natürlichen Abkühlungszyklus verdeckt, der sich in den 1980er Jahren umkehren und dann der Menschheit ein böses Erwachen bereiten würde. Aber diese Meinung blieb randständig und stieß, zu Broeckers größter Frustration, in der akademischen und politischen Auseinandersetzung der 1970er (und selbst noch 1980er) Jahre kaum auf Interesse. Was statt dessen in Memoranden und in Hearings vor Kongreßausschüssen verfing, um für Forschung über Klimawandel zu werben, waren die gesellschaftlichen und wirtschaftlichen Auswirkungen *abkühlungs*bedingter Wetterextreme, die man als *Klimaänderungen* darstellte, welche ein *Vorzeichen für weitere* sein könnten. Solche Präsentationen aktueller Wetterereignisse fanden bei der US-Regierung immer ein offenes Ohr, vor allem bei der Carter-Administration, die daraus den von Carter 1978 unterzeichneten *National Climate Act* schmiedete.

Abb. 4.4: Climates of Hunger

Dieser auf Buchlänge ausgewalzte Klimaalarm von Reid Bryson erschien sozusagen genau zur richtigen Zeit. Der Klappentext begann wie folgt: »Das Klima wandelt sich. Teile unserer Welt sind kälter geworden. Regengürtel und Anbaugebiete haben sich verlagert. Menschen hungern. Und wir haben zu spät begriffen, was geschieht und warum (…)«

Die Angst vor Erdabkühlung in der übrigen Welt

In Amerika war es die Schreckensvision einer neuen Kaltzeit – und des Ausgeliefertseins durch die »Energiekrise« –, die die Regierung auf den Plan rief. Sie war der entscheidende Anstoß dafür, daß man staatlich koordinierte Klimaforschung, wenngleich erst zögerlich und unzulänglich, zu einer nationalen Priorität der Vereinigten Staaten machte.[110, 111]

Auch außerhalb der USA wurde diese Angst verbreitet, nahm aber andere Verlaufsformen an. Dort ging es weniger um irgendeine Energiekrise als um die Folgen für Landwirtschaft und Nahrungsmittelversorgung. In Afrika waren Dürren das dominierende Thema; besonders die Sahelzone litt das ganze Jahrzehnt hindurch unter extremer Regenarmut. Schon 1973 hatten die meisten der betroffenen Staaten, um angesichts des chronischen Problems dauerhaft über ihre Grenzen hinweg zusammenzuarbeiten, das *Comité Permanent Inter-Etats de Lutte contre la Sécheresse dans le Sahel* (Ständiges zwischenstaatliches Komitee zur Bekämpfung der Dürre im Sahel) geschaffen. Einige Jahre später lud das UNEP – das 1972 direkt im Anschluß an die Stockholmer UN-Umweltkonferenz gegründete »Umweltprogramm der Vereinten Nationen« – zu einer großen Tagung über Wüstenbildung an seinem Sitz in Nairobi ein. Auch dort rückte die Frage nach einer möglichen klimatischen Ursache in den Vordergrund langer Diskussionen, die sich um Fragen drehten wie »Ist die Sahel-Dürre ein Beleg für größere Veränderungen des Weltklimas?« oder »Breitet sich die Sahara nach Süden aus?«.[112]

Einige Hundert Kilometer nordwärts, in Europa, blieb hingegen die drohende Erdabkühlung noch bis Ende des Jahrzehnts die Frage, die Wissenschaftler beschäftigte. Jedoch reagierten Europas Regierungen darauf im allgemeinen ruhiger und skeptischer.

Nachdem die politische Kampagne 1972 von Geologen wie Kukla und Matthews in Gang gesetzt worden war, veranstaltete man kreuz und quer auf dem Alten Kontinent diverse Symposien und Seminare für Wissenschaftler über die Folgen der kommenden Kälte. Viele dieser Treffen wurden (ebenso wie die sie bald unterfütternden Forschungsaktivitäten) von privaten Stiftungen finanziert, die bereits Welternährung und Rohstofferschöpfung zu ihren Themen gemacht hatten. Mit diesem Setting, die Menschheit durch internationale Kooperation von ihren großen Geißeln zu befreien, gründete die Rockefeller-Stiftung zusammen mit der Nobel-Stiftung und dem schwedischen König die *International Federation of Institutes for Advanced Study* (IFIAS), die ihren Wirkungskreis freilich bald vom Hunger in der Welt zu deren Klima hin verlagerte. Einer der zentralen Akteure, die dies bewerkstelligten, war Walter Orr Roberts, der Gründungsdirektor des amerikanischen Nationalen Zentrums für Atmosphärenforschung (*National Center for Atmospheric Research*) in Boulder (Colorado). Vor Gefahren für das Klima hatte er schon in den

1960er Jahren gewarnt, damals wegen der sich häufenden Kondensstreifen von Flugzeugen am Himmel, und Mitte der 1970er Jahre – und bis zu deren Ende – nun verschaffte er, vor allem mittels seiner Leitung des Klimaprogramms der IFIAS, der Besorgnis einer Erdabkühlung Resonanz.

Ab 1974 sponserte die IFIAS als kollektive Kassandra einer neuen Kaltzeit eine Reihe von Wissenschaftlertreffen zum Thema in Europa und Amerika, die erheblichen Einfluß auf die Diskussionen in politischen Kreisen rund um den Globus ausübten. Das vielleicht bedeutendste dieser Treffen war ein im Mai 1974 in Bonn unter Vorsitz des deutschen Klimatologen Hermann Flohn abgehaltenes Symposium über die »Folgen des Klimawandels für den Menschen«, das eine anschließend von der IFIAS unter Meteorologen weit gestreute »Bonner Erklärung« mit folgender Warnung verfaßte:

> Angesichts der Art des Klimawandels gehen selbst die optimistischsten Experten davon aus, daß größere Mißernten in den nächsten zehn Jahren hochgradig wahrscheinlich sind. Wenn die nationale und internationale Politik solche Ernteausfälle nicht in Rechnung stellt, könnte ein Massensterben durch Hungersnöte das Ergebnis sein, und vielleicht Anarchie und Gewalt, die einen noch schrecklicheren Tribut fordern könnten.[113]

Auf der Welternährungskonferenz ein halbes Jahr später in Rom verbreitete man den gleichen Klimaalarm. Im Juni 1975 finanzierte die Rockefeller-Stiftung im Alleingang ein weiteres Symposium über »Klimawandel, Nahrungsmittelerzeugung und zwischenstaatliche Konflikte« in ihrem Tagungszentrum im norditalienischen Bellagio, in dessen einvernehmlicher Schlußerklärung behauptet wurde, es bestehe

> einiger Grund zu der Annahme – auch wenn dies keineswegs sicher ist –, daß Klimafluktuationen in den verbleibenden Jahren dieses Jahrhunderts sogar noch größer ausfallen könnten als im Zeitraum 1940–70.[114]

Diese größeren Klimaschwankungen, so die Erklärung weiter, »könnten beträchtliche Ernteausfälle verursachen, deren Beherrschung oder Begrenzung weit über die derzeitigen Kenntnisse und Möglichkeiten der agronomischen Wissenschaft und Technik hinausgingen«.[115] Ein ähnliches Symposium hatte die Rockefeller-Stiftung bereits im Januar 1974 in New York veranstaltet.

Europas Regierungen reagierten auf all diese Aktivitäten meist verhalten. Ein gewisses politisches Interesse weckten nur Wetterextreme, so besonders eine schwere Dürre in Wales, England und anderen Teilen Westeuropas im Sommer 1976*, die in einer zweijährigen Untersuchung der EWG-Kommission zum Thema

* Über die Reaktion der britischen Regierung auf die Trockenperiode berichtet Malcolm Walker in seiner Geschichte des britischen *Met Office*: »Der Wassermangel in England und Wales wurde 1976 so gravierend, daß das Parlament (am 5. August) ein ›Gesetz für Dürrezeiten‹ erließ und

Klimawandel Beachtung fand, deren 1978 vorgelegter Abschlußbericht der EWG ein eigenes und großzügig finanziertes »klimatologisches Forschungsprogramm« empfahl. »Bei der Bekanntgabe dieser Empfehlung«, meldete der *New Scientist*,

> verwies die Kommission auf die jüngste, auffällige Abfolge von Klimaextremen in Europa – in einer Spanne von nur 15 Jahren hatten wir den kältesten Winter seit 1740, den trockensten Winter seit 1743, den mildesten Winter seit 1834, die schwerste Dürre seit 1727 und den heißesten Monat (Juli 1976) seit Beginn der Wetteraufzeichnungen vor 300 Jahren.[117]

Dieser Warnruf genügte jedoch nicht, um etwas an der Unaufgeregtheit der europäischen Regierungen in Klimafragen zu ändern. Zwar investierte man beträchtliche Mittel in die langfristige Wettervorhersage, aber ein Klimaforschungsprogramm gab es nie.

Am Thema Klima interessiert (wenngleich gewöhnlich im abwehrenden Sinne) zeigten sich Europas Regierungen in der Regel nur dann, wenn dramatische Spekulationen aus dem Munde von Wissenschaftlern von den Medien verbreitet wurden – unter alarmierenden Schlagzeilen präsentiert als »Expertenäußerungen«, denn für apokalyptische Klimavisionen war die Presse immer zuständig. Eine Ausnahme von diesem Muster gab es einmal in Großbritannien, wo die Massenmedien die vielleicht größte öffentliche Kontroverse lostraten, die es zum Thema gab. Dort wurde die Furcht vor einer neuen Eiszeit Ende 1974 durch den sorgsam orchestrierten Auftritt eines gefeierten Wissenschaftsjournalisten geschürt.

Der Fernsehstreifen *The Weather Machine* und der drohende »Schneeblitz«

Im November 1974 strahlte die BBC einen zweistündigen Dokumentarfilm über Wetter und Klima aus. Dieser Streifen *The Weather Machine*, den der britische Wissenschaftsjournalist Nigel Calder begleitend zu seinem zeitgleich erschienenen Buch gedreht hatte, brachte dem allgemeinen Publikum wissenschaftliche Grundkenntnisse über Wetter, Klima und natürlichen Klimawandel nahe. Menschliche Einflüsse auf das lokale Klima wurden erwähnt, solche auf das *globale* Klima hingegen nur ganz flüchtig und skeptisch. Am durchschlagendsten jedoch wirkte der Film durch seine Behauptung, daß ein drohender weiterer Trend zu kälterem Wetter den Beginn einer neuen Eiszeit bedeuten könnte.[118] Er wurde bald auch in anderen Ländern gesendet, darunter im folgenden Jahr, in

(am 24. August) ein ›Minister für Dürrezeiten‹ ernannt wurde. (…) Aber nur wenige Tage später öffnete der Himmel seine Schleusen.«[116]

adaptierter Fassung mit amerikanischem Sprecher, den Vereinigten Staaten. Die heftigste Auseinandersetzung aber löste der Film in Großbritannien selbst aus.

Abb. 4.5: *The Weather Machine* im BBC-Fernsehprogramm

Die *Radio Times* vom 14. November 1974 kündigte die Erstausstrahlung von *The Weather Machine* mit diesem Titel an, der die Erde unter einer fast ganz Großbritannien bedeckenden Eiskappe zeigte.

In dem Dokumentarfilm selbst wurde »die Gefahr einer großen Kälte« nur kurz und eher schlicht präsentiert, aber dafür malte das Buch die erwartete »Rückkehr des Eises« in allen Einzelheiten aus, und am Morgen vor der ersten Ausstrahlung brachte der *Guardian* einen großen Artikel von Calder, in dem er sein eisiges Schreckensszenario mit großem Brimborium ausbreiten durfte.[119] Im Gewande populärwissenschaftlicher Information war sein Beitrag eine einzige Panikmache: nichts würde die Rückkehr der Eiszeit aufhalten können.

Calder begründete seine Spekulationen über eine neue Eiszeit vor allem mit der jüngsten Revolution in der Quartärgeologie, aber seine Darstellung, wonach eine Eiszeit abrupt einsetzen werde, war ein deliranter Pinguinstraum bzw. eine obskure Phantasie: Nach seiner sogenannten »Schneeblitz«-Theorie sollten sich die kontinentalen Eisschilde nicht allmählich von den Polen her ausbreiten, sondern schlagartig riesige Landstriche bedecken, sobald nur die Schneeschicht eines einzigen Winters über einen besonders kühlen Sommer hinweg ein ganzes Jahr liegenbliebe. Da Schnee das Sonnenlicht reflektiert, würde dadurch örtlich die weltweite Abkühlung verstärkt, dann im nächsten Winter der neue Schnee auf alten fallen, desgleichen im darauffolgenden Winter usw., womit die Schneedecken dicker und dicker, ihre unteren Schichten komprimiert und schließlich Eisschilde wie über Grönland und der Antarktis entstehen würden.

Daß die Bildung einer Eiskappe durch den Rückkoppelungseffekt ihrer eigenen Kühlwirkung verstärkt wird, war nichts Neues und nur eine von mehreren positiven Rückkoppelungsschleifen, die als frühe Erklärungen für die Entstehung von Eiszeiten herangezogen worden waren. Das Neue an Calders Botschaft für das britische Publikum jedoch war die aus dem Zylinder gezauberte erschrekkende Geschwindigkeit des Vorgangs: *ein einziger Winter in naher Zukunft, ein einziger Schneesturm könnte der »Schneeblitz« sein, der Ihr Haus oder Gehöft auf Nimmerwiedersehen unter sich begraben würde.* Es bliebe kein anderer Ausweg als die Flucht aus der Eiswüste in Richtung Äquator, freilich ohne große Hoffnung, denn die äquatornahen Gebiete wären dann zu Trockenzonen verödet. Calder rechnete mit »einer sehr großen Gefahr« eines Klimaereignisses in den nächsten einhundert Jahren, »das ohne weiteres zwei Milliarden Menschen verhungern lassen und Dutzende von Ländern von der Weltkarte ausradieren könnte«:

> Das Datenmaterial (...) über den Vorgang einer plötzlichen Abkühlung und den Schneeblitz-Mechanismus legt eine katastrophale Einschätzung der Vereisungsgefahr nahe.[120]

Die BBC-Programmwerbung (vgl. Abb. 4.5) und die Presseberichterstattung über den Dokumentarfilm kreisten fast ausschließlich um diese drohende Eiszeit, ohne damit Calders Werk zu überzeichnen, denn genau das war dessen eigenes Fazit, prophezeite doch sein Buch, daß wahrscheinlich mehr als die Hälfte der Weltbevölkerung in einem Rutsch verhungern würde, und trug auf dem Schutzumschlag den unheilkündenden Titel: »Die Wettermaschine und die Gefahr durch Eis«. Ähnlich prangte über seinem furchteinflößenden *Guardian*-Artikel als Titel in fetten Lettern »Schneeblitz«, und dort behauptete er, aufgrund neuer wissenschaftlicher Funde müsse »heute die Gefahr einer neuen Eiszeit als wahrscheinliche Quelle für Massensterben und Menschheitselend dem Atomkrieg zur Seite gestellt werden«.[121]

Die Meteorologen der Welt bleiben zunächst gelassen

Im britischen Parlament rief Calders Medien-Blitz* wenig Begeisterung hervor. Es wurde mit Befremden aufgenommen, daß die *British Broadcasting Corporation* eine meteorologische Angstkampagne vom Zaun gebrochen hatte, ohne ein einziges Mal den *britischen* Wetterdienst zu konsultieren. Dieser versicherte dem verärgerten Parlament, daß die Behauptung einer kürzeren Zwischeneiszeit »ohne jede Grundlage« sei, ebenso die einer raschen Vereisung.[122, 123] Hätte Calder bei seinen Recherchen den Chef des *Met Office* persönlich befragt, wäre die Antwort genauso vernichtend ausgefallen, denn es war kein Geheimnis, daß John Mason allen Behauptungen tendenzieller Klimaänderungen mit größter Skepsis gegenüberstand.

Ebenso war allgemein bekannt, daß das *Met Office* Computermodellen des Wetters gegenüber dem Studium der Klimavergangenheit den Vorzug gab, und heftige Auseinandersetzungen über diese Ausrichtung der Forschung waren der Grund gewesen, warum Hubert Lamb den Wetterdienst verlassen und die CRU gegründet hatte. Das Verhältnis zwischen beiden Männern wurde nicht besser, als Lamb noch einmal das *Met Office* in Bracknell besuchte, um über eine Zusammenarbeit der CRU mit seiner früheren Behörde zu sprechen, aber Mason einfach nur darauf bestand, die CRU möge ihre saisonalen Wettervorhersagen einstellen, um »möglicher Verwirrung« bei Widersprüchen zu den monatlichen Vorhersagen des *Met Office* vorzubeugen.[124]

Das Buch *The Weather Machine* stellte alle Seiten in diesen vielschichtigen Konflikten dar, die sich nach Meinung Calders »nachteilig« auf die britische Klimaforschung auswirkten, ließ jedoch eine besondere Sympathie mit Lamb erkennen, dessen CRU damals von Schließung bedroht war, weil sie keine Forschungsgelder mehr bekam. Obgleich »in der ganzen Welt angesehen«, schrieb Calder in seinem Buch, würden der CRU »staatliche Gelder wegen des Widerstands des meteorologischen Establishment verweigert«.[125, **]

Mason schaltete sich bald selbst in die Kontroverse ein, die zunächst in Kommentaren im *Guardian* ausgetragen wurde. Dort äußerte er sich über Calders

* Im Original deutsch, zur Anspielung auf Hitlers »Blitzkrieg«, insbesondere auf seinen Bombenangriff auf Süd-England. (Anm. d. Übers.)

** 1975 erhielt Lamb nach seinen öffentlichen Appellen, die CRU zu retten, beträchtliche Forschungsgelder von der Rockefeller-Stiftung. Wie erwähnt, förderte die Stiftung damals Forschung über die Erdabkühlung und deren Auswirkungen. Auch wenn die CRU daraufhin noch andere private Zuwendungen erhielt, war es doch nach Lambs eigener Darstellung das Geld der Rockefellers, das die CRU rettete.[126] Damit wurde die CRU sozusagen zweimal gerettet: einmal im Jahr 1975 durch Gelder wegen angeblich befürchteter Erdabkühlung und ein weiteres Mal Ende der 1970er Jahre durch Gelder aus dem US-amerikanischen Kohlendioxyd-Programm wegen angeblich befürchteter Erderwärmung.

wissenschaftliche Qualifikation ebensowenig schmeichelhaft wie über dessen »Schneeblitz«-Theorie.[127] Rasch breitete sich die Debatte über den *Guardian* hinaus auf andere Blätter und Foren aus. Auch Hubert Lamb meldete sich zu Wort, um gut Wetter zu machen, wurde jedoch nur selbst der Parteilichkeit geziehen.[128, 129]

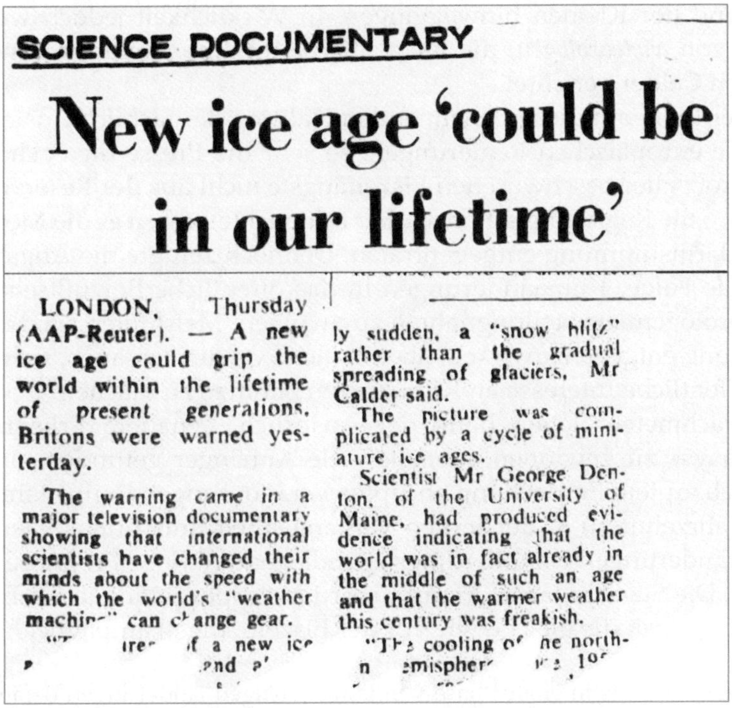

SCIENCE DOCUMENTARY

New ice age 'could be in our lifetime'

LONDON, Thursday (AAP-Reuter). — A new ice age could grip the world within the lifetime of present generations, Britons were warned yesterday.

The warning came in a major television documentary showing that international scientists have changed their minds about the speed with which the world's "weather machi[illegible]" can c[illegible]ange gear.

[illegible]

ly sudden, a "snow blitz" rather than the gradual spreading of glaciers, Mr Calder said.

The picture was complicated by a cycle of miniature ice ages.

Scientist Mr George Denton, of the University of Maine, had produced evidence indicating that the world was in fact already in the middle of such an age and that the warmer weather this century was freakish.

[illegible]

Abb. 4.6: Calders Schreckensszenario einer neuen Eiszeit

Vor der Ausstrahlung von *The Weather Machine* in Australien brachten mehrere australische Zeitungen wortgleich dramatisierende Agenturbeiträge über Calders Eiszeittheorie (*Canberra Times*, 22. November 1974).

Calder hatte für seinen Dokumentarfilm Lamb und andere Fachleute in Großbritannien, Kontinentaleuropa und den USA interviewt. Er verwendete ihre Forschungsergebnisse und Äußerungen zur Untermauerung seiner These, aber viele von ihnen vertraten in Wirklichkeit nur Abkühlungsprognosen, die nicht über eine Rückkehr der Kleinen Eiszeit hinausgingen. Das galt weitgehend auch für Reid Bryson, obwohl dieser mit seinen Horrorprognosen aus dem Rahmen fiel. Wenngleich »Eisschilde in unserer Zeit« in seinen Szenarien keine große Rolle spielten, war er doch während der 1970er Jahre der vielleicht meistzitierte Meteorologe, der eine unmittelbar bevorstehende Kältekatastrophe vorhersagte.

Apokalyptische Prophezeiungen kamen auch von ein paar Geologen – Kukla, Dansgaard und Emiliani –, die als einzige in ihrem Fach etwas Ähnliches wie Calders Version eines eisigen Weltuntergangs prophezeiten. Die *Presse* suggerierte dabei oft, es gebe unter Wissenschaftlern eine breitere Unterstützung für Calder, wofür ihre Schreiber sorglos über den Unterschied zwischen den großen Eiszeiten und der Kleinen hinweggingen. In Wirklichkeit jedoch war fast jede Äußerung von *Meteorologen*, die nicht überhaupt eine Stellungnahme vermied, direkt gegen Calder gerichtet.

Auf einer Linie mit dieser ablehnenden Haltung der fachlich Zuständigen ließen sich die europäischen Regierungen, so sehr die Presse die Sache auch aufbauschte, trotz aller beschworenen Eiszeitängste nicht aus der Reserve locken. In den USA, wo die Regierung schon stärker mitmachte, waren es die Meteorologen, die jeder Alarmstimmung entgegentraten. Dennoch zeitigte die Angstkampagne die generelle Folge, Klimaänderungen in das öffentliche Bewußtsein zu tragen und Meteorologen zur Stellungnahme zu zwingen. Meist taten sie das zwar, um der Aufregung entgegenzuwirken, aber manche versuchten auch, sich das aufgeputschte öffentliche Interesse an Klimafragen zunutze zu machen.

Unter Fachmeteorologen hatte der Anspruch, genauere Erkenntnisse aus »Klima-Proxys« zu gewinnen, niemals viele Anhänger gefunden, und deshalb blieb die behauptete Entdeckung abrupter Veränderungen in nur Jahrhunderten (oder gar Jahrzehnten) in der fernen Vergangenheit umstritten.* Der Nachweis solcher Veränderungen war allerdings grundlegend für jede Prognose drohender Instabilität. Die Standardantwort auf derartige Prophezeiungen blieb darum im großen und ganzen die gleiche wie vor der Eiszeit-Angstkampagne:

> Selbst wenn wir uns in einer Phase von längerfristigen Änderungen befänden, die zu einer Abkühlung des heutigen Klimas beitrügen, würden solche Fluktuationen zum Ausmaß heutiger Klimaänderungen nur so wenig beitragen, daß dies in den viel größeren Auswirkungen kurzfristiger (wenngleich flüchtigerer) historischer Schwankungen unterginge.[131]

* Sie ist auch heute noch umstritten. Neuere Proxy-Daten über abrupte Klimaänderungen zeigen tatsächlich rasche Übergänge *zu* warmen Zwischeneiszeiten *hin*, jedenfalls in der erreichbaren zeitlichen Auflösung mit kleinsten Einheiten von jeweils mehreren hundert Jahren. Auch eine ungewöhnliche Rückkehr zu einer Kaltzeit (der sog. Jüngeren Dryas) innerhalb der Erwärmung, die das Holozän einleitete, vollzog sich in solchen kurzen Zeiträumen. Für die Angst vor einer neuen Eiszeit aber waren natürlich die Geschwindigkeit und Schwankungen des Temperaturabfalls *am Ende* warmer Zwischeneiszeiten bedeutsamer. Fluktuationen binnen Jahrzehnten (oder gar Jahren) sind noch immer nicht sicher feststellbar. Auf der (gröberen) Zeitskala der Klima-Proxys weisen Wechsel hin zu Vereisungen tatsächlich größere Schwankungen auf als die Übergänge zu Warmzeiten, aber die Geschwindigkeiten bleiben mäßig, der Gesamttrend vollzieht sich schrittweise im Zeitraum von Jahrtausenden.[130]

Dieses Zitat stammt aus dem im Rahmen des *Global Atmospheric Research Program* (GARP) erstellten US-Bericht »Den Klimawandel verstehen«* aus dem Jahr 1975, der damit auf den Alarm, es drohe Erdabkühlung, ganz ähnlich reagierte wie John Murray Mitchell einige Jahre vorher, 1972, auf der Konferenz an der Brown University, allerdings in einer weitverbreiteten Regierungsbroschüre, die für ein Klimaforschungsprogramm warb. Es gab noch andere skeptische Stellungnahmen wie den amerikanischen GARP-Bericht, beispielsweise die eines Expertenausschusses der Australischen Wissenschaftsakademie, dessen Urteil eingeholt wurde, nachdem die australischen Delegierten von der Welternährungskonferenz zurückgekehrt waren und von der dortigen Aufregung um befürchtete Klimaänderungen berichtet hatten. Der Ausschuß (zu dem auch ein Geologe zählte) versuchte nicht nur, die Alarmstimmung zu besänftigen, sondern darüber hinaus, ihre Entstehung zu erklären: er befand höflich, daß »populärer gefaßte Darstellungen« wie die von Calder die Tendenz hätten, »übermäßig vereinfachten und überspitzten Sichtweisen« einen unangemessenen Stellenwert einzuräumen.[132]

Auf internationaler Ebene schenkte das Präsidium der WMO der Angst vor Erdabkühlung wenig Beachtung. Sein Ausschuß für Klimatologie hatte sich mit Klimaänderungen schon lange befaßt, ehe die Eiszeitfurcht aufkam, aber das Präsidium wandte sich dem speziellen Thema erst zu, als Washington es dazu regelrecht nötigte. Und seine erste Reaktion auf einen eindringlichen Appell der US-Regierung erschöpfte sich darin, die Ängste vor nahender Kälte zu beschwichtigen. Dennoch setzte es mit dieser biederen und einfachen Antwort eine Kette von Ereignissen in Gang, die Klimaänderungen ganz oben auf seine Tagesordnung katapultieren sollten. Noch vor Ende des Jahrzehnts sollte die WMO ihr erstes Weltklimaprogramm auf der ersten jemals abgehaltenen Weltklimakonferenz starten, die CO_2-Emissionen erstmals zu einem Schlüsselproblem der Meteorologie erklärte. Vielleicht hätte eine CO_2-bedingte Erderwärmung niemals zu einer Frage werden können, die die Weltöffentlichkeit beunruhigt, hätte die US-Regierung nicht das Thema Klima dadurch in den Fokus der Aufmerksamkeit geschoben, daß sie erst Eiszeitängste schürte und dann jeden hustenden Floh vor ein Hochleistungsmikrophon zwang.

* Siehe S. 30.

Kapitel 5

Die WMO reagiert auf den Erdabkühlungs-Alarmismus

1974: Kissinger warnt vor Klimaänderungen

Die amerikanische Regierung wurde auf der internationalen Bühne im April 1974 aktiv, weniger als ein Jahr nach Beginn der »Ölkrise« und nur wenige Monate vor Nixons Rücktritt. In einer Sondersitzung der Generalversammlung der Vereinten Nationen rief Nixons Außenminister Henry Kissinger die »Weltgemeinschaft« auf, sich zur Lösung gemeinsamer Probleme zusammenzuschließen. Es sei geboten,

> aus dem Bewußtsein unseres gemeinsamen Schicksals den Willen zum gemeinsamen Handeln zu schöpfen und fortgeschrittene ebenso wie sich entwickelnde Staaten anzuspornen, durch die Erkenntnis und Wahrnehmung ihrer nationalen Interessen zum Allgemeinwohl beizutragen.[133]

Die USA plädierten für die Ausarbeitung einer »globalen Agenda«, die in besonderem Maße den Problemen industriell unterentwickelter Länder wie Hunger, Arbeitslosigkeit, uferloses Bevölkerungswachstum und Bedarf an größerer Energieerzeugung Rechnung tragen solle. Eine hervorgehobene Rolle erkannte Kissinger der Wissenschaft zu, die er im Stile des kalten Krieges als eine janusköpfige Macht der Finsternis und des Lichts porträtierte: Die Wissenschaft solle eingesetzt werden zur Behebung der »Probleme, die zu schaffen die Wissenschaft geholfen hat«. Seiner Aufzählung gesellschaftlicher Mißstände fügte der Redner indessen eine Gefahr an, die nicht von der Wissenschaft, der Industrie oder der Menschheit überhaupt verursacht war:

> Den ärmsten Nationen, die bereits von menschengemachten Übelständen heimgesucht sind, droht ein natürliches Unglück: die Möglichkeit von Klimaänderungen im Monsungürtel und vielleicht in der ganzen Welt. Die Konsequenzen für die globale Ernährungs- und Bevölkerungs[?]politik wiegen schwer.[134]

Um dieser Gefahr natürlicher Klimaänderungen zu begegnen, schlugen die USA vor, »daß der *International Council of Scientific Unions* und die WMO das Problem mit größter Dringlichkeit untersuchen und Leitlinien für unverzügliches internationales Handeln ausarbeiten« sollten.[135]

Zu dieser Zeit koordinierte Robert White die verschiedenen Initiativen, in Anbetracht der kursierenden Erdabkühlungsängste ein amerikanisches Klimaforschungsprogramm einzurichten.* Für ihn war Kissingers Forderung nach weltweitem Handeln *das* Stichwort, hierfür auch die WMO in die Pflicht zu nehmen. Als Leiter der US-Delegation bei der WMO übermittelte White den Appell Kissingers förmlich an den WMO-Generalsekretär, den britischen Meteorologen David Arthur Davies, mit dem Wunsch, er möge »im Zusammenhang mit den laufenden und geplanten Aktivitäten der WMO berücksichtigt werden«. White schwebte vor, »möglicherweise die Ressourcen vieler Teile des UN-Institutionsgefüges« zu nutzen, um

> die meteorologischen Aspekte von Klimaänderungen besser zu erforschen und ihre Auswirkungen auf das Menschheitswohl zu klären.**

Davies und das WMO-Präsidium reagierten zwar umgehend auf das Ersuchen, aber die amerikanische Sorge um natürliche Klimaänderungen paßte in Wirklichkeit schlecht in ihre »laufenden und geplanten Aktivitäten«.

Das erwachende Interesse am Klima

Wir erinnern uns, daß sich der WMO-Ausschuß für Klimatologie schon in den 1960er Jahren mit natürlichen Klimaänderungen befaßt und 1966 einen Bericht über statistische Methoden zum Nachweis von natürlichem Klimawandel veröffentlicht hatte.*** Im selben Jahr hatte der Ausschuß beim Präsidium angeregt, die nationalen Wetterdienste dazu anzuhalten, ihre Klimadaten untereinander auszutauschen und weitere zu sammeln.

Etwa zur gleichen Zeit hatte das WMO-Präsidium zudem das *Global Atmospheric Research Program* (GARP) ins Leben gerufen, nachdem eine andere Verlautbarung eines anderen US-Präsidenten dazu den Anstoß gegeben hatte.****

* Die Initiierung nationaler und internationaler Forschungsprogramme war nicht der einzige Grund, warum das Jahr 1974 einen Wendepunkt der US-amerikanischen Politik im Hinblick auf Klimaänderungen markiert. Wie wir oben gesehen haben (vgl. S. 18–22), war es auch das Jahr, in dem die neue Energieforschungsbehörde ERDA unter Leitung des Kernphysikers Alvin Weinberg gegründet wurde, der gleichzeitig dafür zu werben begann, die klimatischen Auswirkungen der Nutzung fossiler Energieträger zu untersuchen. Ebenfalls in dieses Jahr fielen die amerikanisch-sowjetischen Verhandlungen zur Kontrolle militärischer Umweltveränderungen, infolge derer das Interesse an *absichtlichen* Veränderungen des Klimas stark zurückging.

** Der volle Wortlaut des Schreibens kann in den US-Archiven eingesehen werden[136]; der obige und weitere Auszüge daraus lassen sich WMO-Dokumenten entnehmen[137].

*** Vgl. S. 41.

**** Vgl. S. 30.

Das Programm war allerdings vor allem auf Wettervorhersage ausgerichtet und bewirkte in der Klimaforschung nur langsamen Fortschritt. Dennoch war schon ein so großes Interesse am Klima entstanden, daß das Präsidium das Thema in die Vorbereitungstreffen für die Stockholmer UN-Konferenz von 1972 über die »menschliche Umwelt« einbrachte – mit Erfolg, da sich die Konferenz in einer ihrer Empfehlungen dafür aussprach, die Klimaforschung über den Rahmen des GARP hinaus zu fördern. Die »Empfehlung Nr. 79« würdigte das GARP und plädierte für die Einrichtung »neuer Programme, um die allgemeine Zirkulation der Atmosphäre und die Gründe für Klimaänderungen, seien es natürliche Ursachen oder aus menschlichen Aktivitäten entstandene, besser zu erforschen«.[138] Bei solchen Bezugnahmen auf *menschengemachte* Klimaänderungen sollten wir uns nochmals vergegenwärtigen, daß damit seinerzeit sowohl beabsichtigte als auch unbeabsichtigte Einwirkungen gemeint waren. Sein Interesse an letzteren hatte das Präsidium der WMO bereits durch eine Initiative bekundet, die Überwachung der allgemeinen Umweltverschmutzung zu fördern. Dies war der Kontext, in dem die Diskussionen über Klimaänderungen nun wieder aufgegriffen werden sollten.

Die Befassung des Präsidiums mit weltweit verbreiteten Schadstoffen hatte in den späten 1960er Jahren begonnen, als es zwei Expertengruppen einsetzte, die die WMO-Aktivitäten zur Überwachung der allgemeinen Verschmutzung sowohl der Atmosphäre als auch der Meere koordinieren und leiten sollten. Schon 1970 betrachtete die für die Atmosphäre zuständige Gruppe es als vorrangig, »diejenigen Bestandteile zu überwachen, die sich am stärksten auf langfristige Klimaänderungen auswirken«, darunter Kohlendioxyd und Aerosole.[139] Als nach der Stockholmer Konferenz das Interesse an globaler Umweltverschmutzung wuchs, reagierte das Präsidium hierauf mit der Ablösung der beiden Expertengremien durch nur ein einziges, um die Koordinierung aller Aktivitäten zum Thema »Umweltverschmutzung« in eine Hand zu legen. Auch der neue Ausschuß zeigte besonderes Interesse an Bestandteilen der Atmosphäre, die das Klima beeinflussen.

Dies war der einzige Arbeitszusammenhang, in dem das Präsidium der WMO Klimaänderungen in seinen »laufenden und geplanten Aktivitäten« behandelte, als ihm 1974 das amerikanische Ersuchen ins Haus flatterte. Das erklärt, warum es der Aufforderung Washingtons, die WMO möge sich mit Gefahren durch *natürliche* Klimaänderungen befassen, unter der Überschrift »Umweltverschmutzung« nachkam (vgl. Abb. 5.1). Diese Ungereimtheit gab den Startschuß zu einem internen Gerangel zwischen Forschern, die mehr an physikalischer Grundlagenforschung über Klima interessiert waren, und denen, die speziell die unbeabsichtigten Folgen industrieller Umweltverschmutzung untersucht sehen wollten. Es sollte die ganzen nächsten Jahrzehnte über anhalten.

Distr.: RESTRICTED

WORLD METEOROLOGICAL ORGANIZATION

EC-XXVI/Doc. 70
(23.V.1974)

EXECUTIVE COMMITTEE

ITEM 5.6 (3)

TWENTY-SIXTH SESSION, GENEVA, 1974

Original: ENGLISH

ENVIRONMENTAL POLLUTION AND OTHER ENVIRONMENTAL QUESTIONS

Implications of possible climatic changes

(Presented by the Secretary-General)

Summary

This document conveys to the Executive Committee a request from the Government of the United States of America to consider the problem of the implications of possible climatic changes on the well-being of man. The present WMO activities in this field are reviewed and it is suggested that the Committee may wish to establish a Panel of Experts as the focal point within WMO on the subject of climatic changes.

References:

1. Resolution 7 (CAS-VI) - Working Group on Problems of Climatic Fluctuation
2. Resolution 15 (CoSAMC-VI) - Working Group on Climatic Fluctuations and Man
3. EC-XXVI/Doc. 14, Add. 1 - Report of the president of the Commission for Agricultural Meteorology
4. EC-XXVI/Doc. 51 - United Nations Environment Programme
5. EC-XXVI/Doc. 66 - WMO drought project.

Abb. 5.1: Die US-Regierung drängt die WMO zur Untersuchung von Klimaänderungen

Mit diesem Papier unterrichtete der WMO-Generalsekretär David Arthur Davies sein Präsidium über die Aufforderung der US-Regierung, mögliche natürliche Klimaänderungen und ihre Auswirkungen auf den Menschen zu untersuchen. Wie die Überschrift zeigt, wurde die Anfrage unter der einzigen Rubrik erörtert, unter der sich die WMO bereits mit Klimawandel befaßte: Klimaänderungen durch industrielle »Umweltverschmutzung«. Die in dem Vermerk vorgeschlagene Antwort auf das amerikanische Petitum sollte eine Ereignisfolge in der WMO in Gang setzen, die zu Forschungen über das natürliche Klimasystem im Rahmen des Weltklimaprogramms führte und, gesondert von diesem, letztlich zu den Begutachtungen der Auswirkungen von industriellem CO_2 durch das IPCC.

Auszugsweise Übersetzung:

Umweltverschmutzung und andere umweltbezogene Fragen
Auswirkungen möglicher Klimaänderungen
(vorgelegt vom Generalsekretär)

Zusammenfassung

Mit dem vorliegenden Vermerk wird das Präsidium über ein Ersuchen der Regierung der Vereinigten Staaten von Amerika unterrichtet, das Problem der Auswirkungen möglicher Klimaänderungen auf das Wohlergehen der Menschheit zu untersuchen. Die gegenwärtigen Aktivitäten der WMO in diesem Bereich werden dargelegt, und es wird vorgeschlagen, das Präsidium möge den Wunsch äußern, als Anlaufstelle in der WMO zu Fragen von Klimaänderungen einen Expertenausschuß einzurichten.

Das amerikanische Schreiben war 1974 gerade ein paar Wochen vor dem Jahrestreffen des Präsidiums eingegangen. Um es in der Sitzung zu diskutieren, entwarf Davies eine kurze Antwort, in der er die diversen klimabezogenen Aktivitäten der WMO herausstrich, besonders im Rahmen des GARP, in dem WMO und ICSU zur Koordinierung der Klimaforschung bereits zusammenarbeiteten. Davies räumte jedoch ein, daß dies angesichts der zunehmenden Besorgnisse nicht mehr genüge, und darum endete sein Entwurf mit der Empfehlung, einen neuen »Expertenausschuß für Klimaänderungen« einzusetzen, der künftige Untersuchungen über Klimaänderungen und ihre Auswirkungen überwachen, koordinieren und planen sollte. Das Präsidium billigte nicht nur diese Empfehlung, sondern beauftragte Davies zudem, in Einklang mit Kissingers Vorschlag, die Zusammenarbeit mit anderen UN-Einrichtungen zu suchen.

Als im nächsten Jahr der 7. Meteorologische Weltkongreß zusammenkam, schien es, als hätte die Angst vor Erdabkühlung inzwischen nicht nur unter den Amerikanern, sondern auch den Leitern der nationalen Wetterdienste um sich gegriffen.* Die Teilnehmer beschlossen, die WMO solle »die Führung übernehmen«, um Studien über Klimaänderungen zu fördern und an ihnen mitzuwirken, und hierfür eine Zusammenarbeit insbesondere mit dem UNEP und dem ICSU anstreben. Viele Delegationen drangen darauf, daß sich die WMO als fachliche Autorität in die öffentliche Diskussion einschalte, und so beauftragte der Kongreß das Präsidium, regelmäßig »autoritative Erklärungen« zum Thema abzugeben;

* Alle vier Jahre versammeln sich die Direktoren der nationalen Wetterdienste der WMO-Mitgliedstaaten zu einem »Kongreß«, um Fachfragen zu erörtern und das Präsidium der WMO zu wählen.

das erste dieser Statements sollte binnen eines Jahres verlautbart werden.[140] Das Präsidium reichte die Aufgabe, diese Erklärungen vorzubereiten, an seinen neuen Expertenausschuß für Klimaänderungen weiter.[141, *]

Das Gremium legte 1976 pflichtgemäß eine kurze Begutachtung vor, die das Präsidium zur Grundlage für seine erste »autoritative Erklärung« machte. Sie wurde am Vorabend des Mittsommertags veröffentlicht, und ihre Präambel erläuterte zunächst den Anlaß:

> In den letzten Jahren haben verschiedene Einrichtungen und Einzelpersonen eine Reihe umstrittener Stellungnahmen zu Klimaänderungen abgegeben, und mehrere Regierungen haben ihrer Besorgnis über die gravierenden Folgen eines möglichen Klimawandels für die Welternährungs- und Bevölkerungspolitik Ausdruck gegeben.[142]

Verblüffenderweise wurde weder in diesem Vorspann noch im Haupttext der »Erklärung der WMO zum Klimawandel« eine Eiszeit erwähnt, um die es doch die ganze Zeit dramatisch genug gegangen war. Trotzdem konnte es für den damaligen Leser keinen Zweifel geben, daß die genannten »gravierenden Folgen« in der Hauptsache die einer weltweiten Abkühlung waren. Die Gefahr einer neuen Eiszeit mußte sichtlich auch dort gemeint sein, wo es in der Erklärung hieß, durch extremes Wetter seien

> Spekulationen ausgelöst worden, daß sich weltweit eine größere Klimaänderung vollziehe, die einen Übergang zu dem einen oder anderen der völlig unterschiedlichen Klimate vergangener Zeitalter bedeuten könnte.[143]

Seinerzeit stand außer Frage, daß die Mutmaßungen über eine Klimaänderung, auf die hier angespielt wurde, einen raschen und dramatischen »Übergang« aus dem warmen Holozän heraus betrafen. Als Erwiderung auf diese Spekulationen wurde in der WMO-Erklärung, im Einklang mit dem erwähnten US-Bericht zum GARP** und ähnlichen Äußerungen von Meteorologen, ausgeführt, daß »ein solcher Wandel vermutlich so allmählich verliefe, daß er kaum wahrnehmbar wäre«. Aber die Erklärung beschwichtigte nicht nur die Eiszeitängste, sondern brachte zudem einen neuen Aspekt ins Spiel, der sich in den nächsten Jahren als bedeutsam erweisen sollte: Sie betonte, daß kurzfristige Schwankungen erhebliche Auswirkungen auf die Zivilisation hätten, und sprach in diesem Zusammenhang

---

* Dem Ausschuß gehörten damals Hermann Flohn, John Murray Mitchell und Bert Bolin sowie als Vorsitzender der Australier William James Gibbs an.

** Vgl. S. 66f.

vom »möglichen Klimawandel infolge menschlicher Aktivitäten«. Dazu wurde auf einmal gesagt, daß menschliche Einflüsse »mindestens ebenso Grund zu Besorgnis« gäben wie natürliche Änderungen. Auch die wahrscheinlichsten Ursachen dafür wurden benannt: *Erwärmung* durch Kohlendioxyd, industrielle *Abwärme* und Aerosole, letztere bezeichnenderweise ohne Erwähnung ihrer vermuteten *abkühlenden* Wirkung.[144]

In wenige Worte gefaßt, war die Hauptbotschaft der WMO-Klimaerklärung, daß kurzfristige Änderungen bedeutsamer seien als langfristige. In zweiter Linie jedoch zielte sie darauf, die Vertreter der Abkühlungsprognose zu diskreditieren und die Anhänger der Erwärmungstheorie zu stärken. Ersteren bescheinigte man einen Irrtum, weil sie unterschiedliche Zeitskalen durcheinandergebracht hätten – in anderen Worten, *die Geologen hatten die Grenzen ihrer Fachkompetenz überschritten*. Letzteren stärkte man den Rücken, indem man unter den erörterten kurzfristigen Klimaänderungen den Schwerpunkt auf anthropogene Einflüsse legte, besonders auf menschengemachte Erwärmung. Dabei sollten wir im Gedächtnis behalten, daß damals die meisten Meteorologen eine bedrohliche natürliche Klimaänderung – abgesehen von Zufallsschwankungen in unterschiedlichen Bandbreiten – insgesamt für recht unwahrscheinlich hielten, und noch viel skeptischer war man in ihren Reihen, was die Möglichkeit eines globalen menschlichen Einflusses anging. Anhänger der Abkühlungs- wie der Erwärmungshypothese waren in Meteorologenkreisen damals eher Außenseiter. Am Ende des Jahrzehnts sollte sich klar abzeichnen, in welche Richtung die WMO-Erklärung wies: sie unterstützte die Vertreter der Erwärmungstheorie.[145]

So sah es jedenfalls die Londoner *Times*. Sie untermauerte ihre Auslegung der WMO-Klimaerklärung mit Äußerungen des Planungsdirektors der Organisation, Oliver Ashford. Unter der Schlagzeile »Weltweite Temperaturen werden wahrscheinlich steigen« schrieb die Zeitung, die WMO habe gegen diejenigen Stellung bezogen, die »katastrophale Klimaänderungen durch eine Rückkehr zur Kleinen Eiszeit vorhersagen«. Wie die WMO klargestellt habe, seien solche auf die historische Klimatologie gestützten Prognosen »durch den Eintrag von Kohlendioxyd in die Atmosphäre und andere Auswirkungen menschlicher Aktivitäten vollständig entkräftet«.[146] Keine zwei Jahre nach der Ausstrahlung von *The Weather Machine* bezweckte diese Verzerrung der WMO-Erklärung offenbar weniger einen Angriff auf die extremen Ansichten von Calder und der Quartärgeologen als eine pauschale Kritik an der historischen Klimatologie und besonders deren Vertretern, die einer gemäßigteren Variante der Abkühlungsprognose anhingen. Allerdings bildete dieser *Times*-Artikel damals noch eine Ausnahme, und zwar nicht nur, soweit er die WMO-Erklärung als einen kaum verhüllten Seitenhieb gegen Hubert Lamb interpretierte, sondern vor allem, weil er über diese Verlautbarung überhaupt berichtete, die die sonstige Presse weitgehend überging.

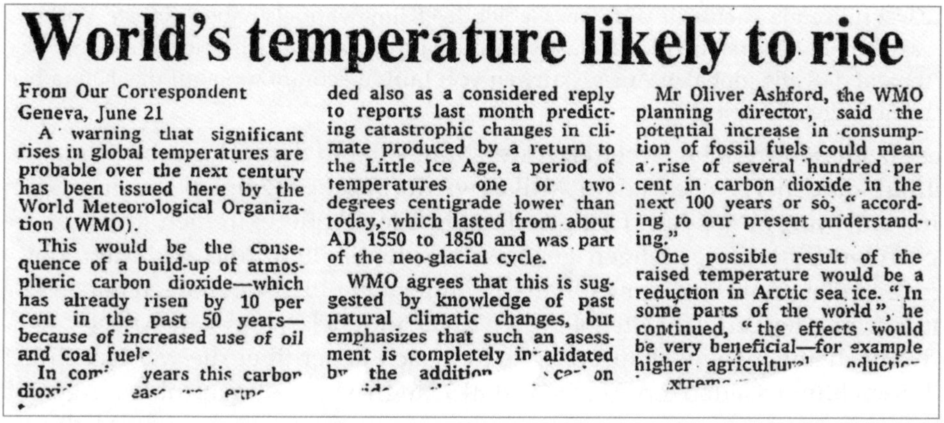

World's temperature likely to rise

From Our Correspondent
Geneva, June 21

A warning that significant rises in global temperatures are probable over the next century has been issued here by the World Meteorological Organization (WMO).

This would be the consequence of a build-up of atmospheric carbon dioxide—which has already risen by 10 per cent in the past 50 years—because of increased use of oil and coal fuel[illegible].

In com[illegible] years this carbo[illegible] diox[illegible]

[illegible]ded also as a considered reply to reports last month predicting catastrophic changes in climate produced by a return to the Little Ice Age, a period of temperatures one or two degrees centigrade lower than today, which lasted from about AD 1550 to 1850 and was part of the neo-glacial cycle.

WMO agrees that this is suggested by knowledge of past natural climatic changes, but emphasizes that such an assessment is completely in[illegible]alidated by the addition[illegible] on [illegible]

Mr Oliver Ashford, the WMO planning director, said the potential increase in consumption of fossil fuels could mean a rise of several hundred per cent in carbon dioxide in the next 100 years or so, "according to our present understanding."

One possible result of the raised temperature would be a reduction in Arctic sea ice. "In some parts of the world", he continued, "the effects would be very beneficial—for example higher agricultur[illegible] [illegible]ductio[illegible] [illegible]xtrem[illegible]

Abb. 5.2: »Weltweite Temperaturen werden wahrscheinlich steigen«

Die *Times* vom 22. Juni 1976 stellte damals in der Presse eine Ausnahme dar, als sie über die Klimaerklärung der WMO in einer Weise berichtete, die dem langsamen Wechsel von der Prognose einer gefährlichen Erdabkühlung aus natürlichen Gründen zu der einer gefährlichen Erderwärmung durch Umweltverschmutzung vorarbeitete.

Ende der 1970er Jahre hielten Warnungen vor einer natürlichen Erdabkühlung weiterhin Presse und Öffentlichkeit auf Trab, unter Meteorologen jedoch verlagerte sich das Interesse bereits in die entgegengesetzte Richtung einer menschengemachten Erwärmung. Diese Gegenströmung wurde von der Presse zwar öfters ebenfalls erwähnt, aber selten (wie im obigen *Times*-Artikel) zur Schlagzeile gemacht. Meist kam sie nur am Rande oder als selbstzufriedener Wink, wie »ausgewogen« der Journalist aus der wissenschaftlichen Fachwelt berichtete. Von der Presse kontaktierte Meteorologen widersprachen häufig beiden Prognosen, wie etwa John Mason, und manche gingen gelegentlich von sich aus an die Öffentlichkeit, um die Wogen der Aufregung zu glätten, so gut sie eben konnten.

Zu diesen gehörte auch John Murray Mitchell. Anders als Mason, der auf Distanz bedacht war, fand sich Mitchell immer zur wissenschaftlichen oder öffentlichen Diskussion bereit. Bei allen möglichen Veranstaltungen, die von Teach-ins am *Earth Day* bis zu Symposien in RGW-Staaten reichten, war er präsent, um seine wohldurchdachten Ansichten beizusteuern. Trotz dieser seiner Bemühungen ist seine mäßigende Stimme heute in zeitgeschichtlichen Rückblicken, die eher die extremen Prognosen in den Vordergrund rücken, nicht mehr leicht zu finden. Besonnene Stimmen wie die seine sollten bald von der immer größeren Erregung übertönt werden; noch aber war es nicht soweit. So erschien 1976 in der *New York Times* ein Artikel von Walter Sullivan unter dem Titel »Zwei Klimaexperten wenden sich gegen Katastrophenszenarien«, der wie folgt begann:

> Zwei führende Fachleute auf dem Gebiet des Klimawandels haben jüngste Vorhersagen einer bevorstehenden Katastrophe als »unverantwortlich« bezeichnet. Sie betonten, daß alle globalen Auswirkungen von Luftverschmutzung auf das Klima bis heute ungeklärt seien.[147]

Diese beiden führenden Experten waren Mitchell und der historische Klimatologe Helmut Landsberg. Wie in dem Artikel wiedergegeben, zeigten sie viele Gründe dafür auf, warum aus kurzfristigen Trends oder Wetterextremen keine zu weitreichenden Schlußfolgerungen gezogen werden sollten, und erklärten, daß diverse Schadstoffe in der Atmosphäre die unterschiedlichsten Folgen haben könnten. Extreme Folgen, so Mitchell, seien zwar möglich, aber statt Angst vor dem Unwahrscheinlichen zu schüren, solle man sich lieber über die wahrscheinlichere Entwicklung Gedanken machen, daß »langfristige Klimaprobleme gewöhnlich und beherrschbar sein werden, nicht aber ungewöhnlich und unbeherrschbar«. Mitchell wurde auch mit den Worten zitiert, daß die »Massenmedien viel Spaß« mit der Debatte zwischen den Vertretern der Erwärmungs- und denen der Abkühlungstheorie hätten:

> Immer wenn es eine Kältewelle gibt, suchen sie sich einen Vertreter der »Die-Eiszeit-kommt«-Schule heraus und hieven seine Theorien auf die erste Seite. Kommt hingegen eine Hitzewelle, wenden sie sich an einen Vertreter der Gegenschule, [der beispielsweise bereit ist,] eine Art Hitzetod der Erde vorherzusagen.[148]

In Wirklichkeit wäre es für einen Reporter damals nicht so einfach gewesen, eine derart apokalyptische Hitzevision aufzutreiben, wie Mitchell meinte, aber mit einiger rhetorischer Freiheit hatte er den Nagel auf den Kopf getroffen: wo immer die Presse über denkbare Wetterentwicklungen berichtete, schien es ihr »Spaß« zu machen, den wissenschaftlichen Streit zwischen den Vertretern der Erwärmungs- und denen der Abkühlungstheorie hochzuspielen.

Hinzu kam, womit wir uns des Pudels Kern nähern dürften, daß Versuche, die öffentliche Aufregung zu beruhigen – wie sie in verschiedener Weise Wissenschaftler wie Mason, Mitchell und Lamb, aber auch die WMO unternahmen –, dem allgemeinen Interesse von Meteorologen an der Vergabe von Forschungsgeldern zuwiderliefen. In gewissem Umfang ließ sich sogar beides miteinander verbinden, wie etwa die Reaktion der WMO auf Kissingers UN-Rede zeigt: Kissinger hatte erstens dazu aufgefordert, natürliche Klimaänderungen »mit größter Dringlichkeit [zu] untersuchen«, und zweitens dazu, »Leitlinien für unverzügliches internationales Handeln« auszuarbeiten. Die Stellungnahme, mit der die WMO in ihrer »Erklärung zum Klimawandel« auf den ersten Punkt reagierte, ließ sich so interpretieren, daß der zweite gleich miterledigt war: Da es keine bedrohliche Erdabkühlung gab, *war kein unverzügliches internationales Handeln erforderlich.* Gleichwohl nutzte das WMO-Präsidium das durch die Eiszeit-Prophezeiungen aufgeputschte Interesse, um für ein internationales Handeln spezieller Art zu werben, nämlich erst einmal für eine massive Ausweitung der Klimaforschung.

Dafür gab es auch Unterstützung von anderer Seite. Da die Aufmerksamkeit immer mehr auf die enormen gesellschaftlichen und wirtschaftlichen Unkosten durch Extremwetter gelenkt worden war, wollte man von meteorologischen Fachleuten Aufschluß über die zu erwartende Entwicklung erlangen. Solche Anfragen kamen aus dem wohlhabenden Norden, aber auch direkt aus dem ärmeren Süden. Mit seinem Hauptquartier in Nairobi befand sich das UNEP am richtigen Ort, um die Stimme des subsaharischen Afrikas zu hören. Auf seiner 1977 abgehaltenen Tagung über Wüstenbildung* diskutierte man über die evidenten Folgen von Überweidung, spekulierte aber auch fleißig über die Möglichkeit natürlicher Klimaänderungen. Eine der Empfehlungen der Konferenz sprach von der »offenkundigen« und »heiklen Rolle« des Klimawandels »bei den meisten Prozessen von Wüstenbildung« und betonte

> die Notwendigkeit, die Gründe für Klimaänderungen besser zu verstehen und geeignetere Methoden der Wettervorhersage zu entwickeln.[149]

Aber was konnte man tun? Das Treffen konnte sich wieder mal nur für mehr Forschung aussprechen. Mit diesem Appell unterstützte es indessen die soeben von der WMO angekündigten Pläne für ein international koordiniertes Forschungsprogramm über das Erdklima.

Daneben hatte das Präsidium der WMO eine weitere Empfehlung seines Expertenausschusses für Klimaänderungen aufgegriffen, nämlich die vorgeschlagene Vorbereitung einer internationalen Konferenz über Klimawandel. Der Ausschuß wurde erneut konsultiert und schlug nun selber förmlich vor, worauf die Amerikaner ohnehin drängten, nämlich eine umfassende internationale Reaktion auf die Gefahr eines Klimawandels: ein »Weltklimaprogramm«. Die geplante Tagung, die man jetzt »die Weltklimakonferenz« nannte, wurde bald als Auftakt für dieses Programm betrachtet und für Anfang 1979 angesetzt. Aber selbst das genügte nicht. Das Präsidium sah sich darüber hinaus in der Pflicht, politische Machtträger über alle etwaig neu entstehenden Klimagefahren zu unterrichten, und wies darum sein Expertengremium an, weitere »autoritative Erklärungen« zu (natürlichen wie menschengemachten) Klimaänderungen zu verfassen und zu verlautbaren. Schließlich sollte das Gremium gleich eine etwaige Ministerkonferenz im Anschluß an das Wissenschaftlertreffen der »Weltklimakonferenz« planen und dafür schon jetzt staatliche »Handlungsoptionen« entwerfen.[150]

Obwohl das Präsidium der WMO damit in der Klimafrage einen bemerkenswerten Aktivismus entfaltete und sich der öffentlichen Erregung bediente, um das

---

* Vgl. S. 59.

Interesse an Klimaforschung zu fördern, wäre es ein Irrtum, zu meinen, daß es sich selber um Erdabkühlung sonderlich gesorgt hätte. Der Kaltzeit-Alarmismus, der auf dem 7. WMO-Kongreß die Oberhand gewonnen hatte – daher ja dessen Auftrag, eine Erklärung der WMO zum Klimawandel abzufassen –, hinterließ beim Präsidium niemals einen großen Eindruck. Denn jetzt begann es, sein Augenmerk auf die Kohlendioxyd-Frage zu richten. Auf seiner Jahressitzung im Frühsommer 1977 behandelte es diese nahezu unabhängig von der allgemeinen Debatte über Klimawandel und den Vorbereitungen für das Weltklimaprogramm, und es verabschiedete dazu eine gesonderte Entschließung, mit der es den Generalsekretär beauftragte, »einen detaillierten Aktionsplan für die künftige Arbeit über das Problem des atmosphärischen CO_2 auszuarbeiten«.[151] Als das Präsidium im nächsten Jahr wieder über eine Gefährdung des Erdklimas diskutierte, ging es auf einmal nur noch um das Kohlendioxyd. In dieser Sitzung wurde den Präsidiumsmitgliedern mitgeteilt, daß sich ihr Ausschuß für Atmosphärenwissenschaft mit dem Problem bereits befaßte und dafür eine »Arbeitsgruppe über atmosphärisches Kohlendioxyd« eingerichtet hatte. Das Präsidium forderte daraufhin von diesem Gremium einen Bericht an, der die erwarteten Folgen verschiedener Szenarien von CO_2-Emissionen darlegen sollte. Darüber hinaus beschloß es, nach der Weltklimakonferenz eine weitere Tagung speziell über den CO_2-Kreislauf zu organisieren. Daß sich auf dem Jahrestreffen des WMO-Präsidiums im Jahr 1978 das Interesse (nach den vorangegangenen US-Initiativen*) in sozusagen plattentektonischer Weise auf menschengemachte Erderwärmung verlagerte, gab einen kleinen Vorgeschmack davon, was noch kommen sollte.

Im Februar 1979 erhoben auf der ersten jemals abgehaltenen »Weltklimakonferenz« Meteorologen erstmals vereint ihre Stimme, um jetzt vor einer drohenden Erd*erwärmung* zu warnen. Dazu gehörten nicht nur Amerikaner. Auch in Westeuropa und der Sowjetunion war gegen Ende der 1970er Jahre ein fachliches Interesse an Gefahren durch CO_2 entstanden, ohne daß es dafür einen besonderen Anlaß zu geben schien: Es lagen weder neue Erkenntnisse vor, die in diese Richtung wiesen, noch war eine nennenswerte weltweite Erwärmung zu beobachten – dem neuen Messer fehlten Griff wie Klinge. Die globalen Durchschnittstemperaturen blieben mäßig, und überdies ließ 1978 ein weiterer strenger Winter große Teile Nordamerikas im Schnee versinken. Auch die politischen Machtträger und -verwalter zeigten sich wenig interessiert. Energieversorgung und Erdabkühlung blieben die Hauptsorgen, während die Energienachfrage für Heizzwecke und Verkehr das Angebot unter einen Druck setzte, der nur noch größer wurde, als die iranische Revolution die »zweite Ölkrise« auslöste, vor deren Hintergrund die Weltklimakonferenz stattfand.

* Vgl. S. 54–58.

Einer der Gründe, weshalb sich damals unter Klimatologen der Fokus verschob, dürfte das Kohlendioxyd-Programm des US-amerikanischen Energieministeriums gewesen sein. Wie im vorigen Kapitel beschrieben, setzte diese Förderung von Untersuchungen über Erderwärmung in den späten 1970er Jahren ein, als viele andere Forschungsprogramme immer wieder neue Kürzungen hinnehmen mußten. Anfang 1978 hatte das US-Energieministerium beschlossen, den Klimaforschungsetat des laufenden Jahres in Höhe von 1,5 Millionen Dollar für das Haushaltsjahr 1979 zu verdoppeln. Als die Weltklimakonferenz tagte, waren bereits Hunderte von Wissenschaftlern am Thema Kohlendioxyd aus Karrieregründen interessiert, weil sie an Dutzenden neuer Forschungsprogramme mitarbeiteten, die in den USA und anderen Ländern bereits angelaufen waren. Dennoch trat der unmittelbare Einfluß der Wissenschaftler, die sich diesen Programmen schon verschrieben hatten, auf der ersten Weltklimakonferenz noch deutlich weniger hervor als in späteren Jahren. Was immer diese erste Woge der Aufregung um Erderwärmung auf der Weltklimakonferenz ausgelöst hatte, auch sie wurde bald wieder durch den Störfaktor in langen Forscherjahren eingefleischt gewordener wissenschaftlicher Sachlichkeit erfolgreich geglättet, und es sollte beharrlicher, jahrelanger Anstrengungen ab Anfang der neuen Dekade bedürfen, um eine neue in Gang zu setzen.

Kapitel 6

Die Angst vor Erderwärmung wird angefacht

Ein Aktionsaufruf der Weltklimakonferenz

Die Weltklimakonferenz war eine Haupt- und Staatsaktion mit 450 Experten aus 60 Ländern, die die WMO im wesentlichen zusammen mit dem UNEP organisiert hatte; auch weitere UN-Unterorganisationen wie die Welternährungsorganisation, die UNESCO und die WHO waren an der Vorbereitung beteiligt gewesen.

Wie breit die Konferenz angelegt war, spiegelte sich in Hintergrundbeiträgen von Fachleuten über die landwirtschaftlichen, gesellschaftlichen und wirtschaftlichen Auswirkungen von Klimaänderungen wider, aber was die Vorhersage des künftigen Klimas selbst anging, war sie vor allem eine Angelegenheit der Meteorologen. Die Geologen, die dazu beigetragen hatten, ein weltweites Interesse an Klimaänderungen zu erzeugen – Kukla, Matthews, Emiliani und Dansgaard –, waren nicht zugegen. Einer der wenigen teilnehmenden Geologen war der führende sowjetische Forscher I. P. Gerassimov, dessen Ausarbeitung zu »vergangenen geologischen Zeitaltern« auf der gleichen Linie lag wie sieben Jahre vorher Mitchells Papier für die Brown-University-Konferenz von 1972. Gerassimov führte aus, daß die Erwärmung durch Kohlendioxyd jeden langfristigen natürlichen Abkühlungstrend überlagern würde, merkwürdigerweise ohne die Beiträge der Geologen, die das Gegenteil behaupteten, auch nur zu erwähnen. Die meisten anwesenden Meteorologen teilten diesmal die Vorhersage einer Erderwärmung, und am Ende der Tagung beschloß man ein neues autoritatives Statement. Diese »Erklärung der Weltklimakonferenz« ließ keinen Zweifel daran, welcher Einfluß auf das Klima der nächsten Zukunft fortan die Debatte beherrschen sollte.[152]

Der erste Schritt zu diesem Ergebnis bestand darin, den Einfluß des Menschen zu betonen. Nach der Eröffnungszeremonie beschwor der Konferenzleiter Robert White in seiner Einführungsrede die verhängnisvollen Auswirkungen, die unbeabsichtigtes menschliches Eingreifen auf das Klima haben könnte.[153] In der ganzen ersten Sitzungswoche kamen die schriftlichen Zusammenfassungen zu verschiedenen Themen immer wieder auf die Einflüsse des Menschen zurück, besonders die Folgen der Energieerzeugung. Zugleich rückte in den Papieren und Diskussionen im Vergleich zu anderen anthropogenen Faktoren die Befürchtung einer CO_2-bedingten Erwärmung mehr und mehr in den Vordergrund. Redner mahnten die dringende weitere Klärung der Frage an, während die Rolle direkter Wärmeabgabe und der Abkühlung durch Aerosole, welche jahrzehntelang die Tagungen beherrscht hatte, heruntergespielt wurde. In der zweiten Woche sollten ausgewählte Fachleute in vier Arbeitsgruppen über die vier Komponenten des Weltklimaprogramms beraten: Klimadaten, Anwendung wissenschaftlicher Erkenntnisse, Auswirkungen des Klimas auf menschliche Aktivitäten und Forschung über Klimawandel und -variabilität. Aber kurz bevor die Gruppen starteten, nahm »die Konferenz eine zusätzliche Frage von besonderer Bedeutung zur Kenntnis«, und man einigte sich auf eine Änderung: Diese »bedeutsame Frage« war der mögliche klimatische Einfluß des Menschen, und sie reichte quer durch alle vier Programmkomponenten. Daher wurden alle Arbeitsgruppen in der zweiten Woche aufgefordert, diesem Thema besondere Aufmerksamkeit zu schenken.[154]

Am Ende der zweiten Woche entwarfen, berieten und beschlossen die Teilnehmer ihre Schlußerklärung: Im Abschnitt »Das Klima und die Zukunft« wurden die möglichen menschlichen Einwirkungen auf das Klima hervorgehoben, darunter direkte Wärmeabgabe durch Energieerzeugung, auch Atomkrieg und gezielte Eingriffe in das Wetter, aber das bei weitem größte Gewicht legte man auf die Bedrohung durch freigesetztes Kohlendioxyd. Die Erwärmungswirkung von CO_2-Emissionen, hieß es, erscheine »plausibel«, weil Kohlendioxyd »eine grundlegende Rolle« für die Bildung der Temperatur spiele. Auch wenn diese Wirkung noch nicht nachweisbar sei (!), werde sie »gegen Ende des Jahrhunderts« wahrnehmbar werden.[155]

Den plakativsten Teil der Erklärung bildete ihr einleitender »Appell an die Nationen«, in dem proklamiert wurde, es sei nun für alle Staaten dringend erforderlich, das Wissen über das Klima zu nutzen und zu verbessern, ebenso dringlich jedoch sei es,

> mögliche vom Menschen verursachte Klimaänderungen, die dem Menschheitswohl zuwiderlaufen könnten, vorherzusehen und zu verhindern.[156]

Der Aufruf, vorhersehbare Klimaänderungen zu *verhindern*, war von weittragender Bedeutung. Zum ersten Mal war in die Entschließung einer meteorologischen Fachtagung ein Passus aufgenommen worden, mit dem zu politischem Handeln gegen menschengemachte Klimaänderungen aufgerufen wurde. Und mehr noch, dies war die Kernaussage einer Deklaration, auf die sich die größte Versammlung von Klimaspezialisten geeinigt hatte, die der Planet je gesehen hatte.

Welche menschliche Einwirkung genau es war, die Grund zu größter Besorgnis gab, verriet der Konferenzbericht, der der Erklärung zugrunde lag. Er umfaßte die Resümees der vier Arbeitsgruppen und ein zusätzliches Statement zum menschlichen Faktor. Darin wurde behauptet, der anthropogene Einfluß auf das Klima könne in den kommenden Jahrzehnten tiefgreifende Folgen für die Menschheit haben, weshalb »eine besondere Dringlichkeit« für internationale Forschung über die Anreicherung von CO_2 bestehe, die »unverzügliches Interesse verdient«.[157] Das Statement schloß damit, daß unter den verschiedenen Formen potentieller menschlicher Beeinflussung des Klimas »die dringendste Aufmerksamkeit der Weltgemeinschaft der Nationen« der Wirkung angereicherten Kohlendioxyds zu widmen sei und eine »beschleunigte« Erforschung der »verschiedenen Aspekte des CO_2-Problems« geboten erscheine.[158]

Der Aktionsaufruf gegen CO_2 stößt auf Widerstand

Mit diesen dramatischen Worten hatte die Weltklimakonferenz wohl die Warnrufe übertönt, daß eine neue Kaltzeit komme, aber noch keine Angst vor steigenden Temperaturen entfacht; ihre unzweideutige Botschaft, wie dringlich das Kohlendioxyd-Problem sei, fand in der Presse nur mäßiges Interesse, und wo sie es fand, wiegelten führende Meteorologen eher ab. Nehmen wir den Leiter der Konferenz, Robert White. Schon bei Beginn der Debatten in der ersten Konferenzwoche war das Thema Kohlendioxyd in den Vordergrund getreten. Es sollte eindeutig Nachrichtenwert haben. So überrascht es nicht, daß White in seiner Pressekonferenz nach der ersten Sitzungswoche betonte, wie wichtig weitere Forschung zu dieser Frage sei. Aber was die Dringlichkeit politischen Handelns anging, bremste er. Dafür sei es noch zu früh. Welche Auswirkungen zu erwarten seien, ob gute oder schlechte, sei noch ungeklärt:

> Wir wissen nicht sicher, ob CO_2-bedingte Erwärmung günstig oder schädlich sein wird. Im Ergebnis könnte sie von Vorteil sein, weil sie die Anbausaison verlängert und wir mehr Nahrungsmittel erzeugen können, um die größere Bevölkerung des nächsten Jahrhunderts zu ernähren. Sollten wir zu dem Schluß gelangen, daß ihre Auswirkungen von Nutzen sein werden, lassen wir den Dingen vielleicht einfach ihren Lauf. Aber wenn wir zu dem Ergebnis kommen, daß die Auswirkungen schädlich sein werden, werden wir etwas tun müssen.[159]

Diese Art von Ambivalenz war nicht der Stoff, aus dem Journalisten sofort reißerische Schlagzeilen machen konnten, und so blieb das Interesse von Öffentlichkeit und Regierungen noch unter dem Siedepunkt.

Gering war auch das Interesse der Leiter der staatlichen Wetterdienste. Man hätte denken können, daß die Welle der Erregung, die die Weltklimakonferenz in der CO_2-Frage aufgepeitscht hatte, auch den kurz danach abgehaltenen 8. Meteorologischen Weltkongreß überrollt hätte – er hätte der Debatte, wie vier Jahre zuvor auch, ein viel größeres öffentliches Echo verschaffen können.

Statt dessen jedoch erklärte der Kongreß, auch wenn er sich geschäftig der Vorbereitung, Verabschiedung und Finanzierung des Weltklimaprogramms widmete, die Einberufung einer Ministerkonferenz für »verfrüht« und brachte menschengemachten Klimaänderungen insgesamt nur wenig Interesse entgegen.[160] Der Aufbau des Programms blieb im wesentlichen derselbe wie vor der Weltklimakonferenz – der Kongreß unternahm nichts, um es dem Problem anzupassen, das laut der Schlußerklärung des Weltgipfels der Klimatologen »dringendster Aufmerksamkeit« und »beschleunigter« Erforschung bedurfte.

Nicht vermeiden ließ sich das Thema auf der nächsten Sitzung des Präsidiums der WMO. Wie erwähnt, hatte sein Ausschuß für Atmosphärenwissenschaft die Frage, ob der Kohlendioxyd-Ausstoß Anlaß zu Besorgnis gebe, bereits aufgegriffen und dazu von seiner Kohlendioxyd-Arbeitsgruppe einen Bericht angefordert. Die Fachleute legten diesen in der Form eines »Entwurfs für eine Erklärung der WMO« vor, und seine nüchterne Quintessenz war, daß das Thema weiterhin von Zweifel, Unsicherheit und Uneinigkeit geprägt sei. Der Text empfahl verstärkte »Anstrengungen zur Verminderung der Ungewißheiten« und plädierte zur weiteren Untersuchung der Frage für eine Zusammenarbeit der Hauptpartner des Weltklimaprogramms, WMO, UNEP und ICSU. Nach einiger Diskussion entschied das Präsidium, daß die WMO dazu keine Stellungnahme abgeben werde. Man heftete den Bericht dem Sitzungsprotokoll bei und vergaß ihn pflichtschuldigst.[161]

Damit war ein Muster vorgegeben, bei dem es in den frühen 1980er Jahren bleiben sollte: Während die UNEP-Führung ungeduldig drängte, reagierte die WMO mit Indifferenz. Ihre Reaktionen auf den Druck des UNEP, man möge für die Planung und Umsetzung eines CO_2-Aktionsprogramms zusammenkommen, blieben widerstrebend und lustlos, verbunden mit Versuchen, das Thema zu umgehen oder zu begraben, und vor allem dem Bestreben, jede öffentliche Aufregung zu vermeiden. An dieser Einstellung der WMO zur CO_2-Frage sollte in den nächsten Jahren nicht nur ihr Präsidium, sondern auch die Leitung ihres Genfer Sekretariats festhalten. An dessen Spitze hatte der 8. Meteorologische Weltkongreß, der das Weltklimaprogramm auf den Weg brachte, einen neuen WMO-Generalsekretär gewählt, den dänischen Meteorologen Aksel Wiin-Nielsen.* Bald nach seinem

* Wiin-Nielsen kam zur WMO, nachdem er Gründungsdirektor des Europäischen Zentrums für mittelfristige Wettervorhersage gewesen war, das wie das britische *Met Office* in Bracknell, allerdings am anderen Ende der Stadt, angesiedelt wurde. Seine Zweifel an der wissenschaftlichen Grundlage für den CO_2-Alarm sollten in offenen Streit mit der IPCC-Führung münden. So fand seine Kritik am Zweiten Sachstandsbericht des IPCC, als die Vorbereitungen für die *CoP3* (3rd *Conference of Parties* = 3. Konferenz der dem UN-Klimarahmenübereinkommen beigetretenen Staaten) in Kyoto in vollem Gange waren, ein Echo in der dänischen Presse, die ihn sogar mit den Worten zitierte, man solle das IPCC besser auflösen. Als Bert Bolin, inzwischen zum ersten Vorsitzenden des IPCC avanciert, dies öffentlich zurückwies, kam es zum Bruch im bis dahin engen Verhältnis zwischen

Eintreffen am Genfer Sitz der WMO erklärte Wiin-Nielsen den Mitarbeitern der Forschungskomponente des Weltklimaprogramms, man solle die herbeigeredete Kohlendioxyd-Frage besser auf sich beruhen lassen.

Der Teil des Weltklimaprogramms, der zur Koordinierung der Forschung über »Klimawandel und -variabilität« geschaffen worden war, erhielt die Bezeichnung »Weltklima*forschungs*programm«, kurz WCRP (für *World Climate Research Programme*). Das WCRP sollte aus einer Weiterentwicklung der Forschungsaktivitäten bestehen, die es im Rahmen des 1967 von WMO und ICSU geschaffenen *Global Atmospheric Research Program* (GARP) schon gab. Die Neuausrichtung dieser Forschungen auf Klimafragen wollten WMO und ICSU über einen »Gemeinsamen Wissenschaftlichen Ausschuß« lenken, der in Wirklichkeit nur ein neuer Name für den bestehenden Lenkungsausschuß des GARP war und wie dieser unter gemeinsamer Regie von WMO und ICSU stand.

Seine erste Sitzung hielt der WCRP-Lenkungsausschuß in Anwesenheit des neuen WMO-Generalsekretärs Anfang 1980 und damit fast genau ein Jahr nach der Weltklimakonferenz ab. Bei dieser Gelegenheit legte Wiin-Nielsen ein Diskussionspapier vor, das sich mit der dringenden Warnung der Weltklimakonferenz vor einer menschengemachten Klimaerwärmung befaßte. Darin stellte er zunächst fest, daß dem Thema eine »große öffentliche Aufmerksamkeit« zuteil geworden und für seine Behandlung eine Vielzahl von Gremien geschaffen worden sei. »Manche dieser Entwicklungen«, fuhr Wiin-Nielsen fort, »haben sich eher planlos ergeben, was die Gefahr doppelter Arbeit, von Überbürokratisierung und Verwirrung birgt.« Seiner Meinung nach war eine Verbesserung der Koordination durch die WMO nicht die Lösung:

> Es gibt bereits mehrere hochrelevante nationale Programme, und wir meinen, daß im Einklang mit dem hier vertretenen Grundsatz der minimalen Interferenz kein Bedarf für eine wissenschaftliche Einrichtung besteht, die ein Forschungsprogramm zum CO_2-Problem plant und umzusetzen sucht.[164]

Im Klartext hieß das, das Weltklimaforschungsprogramm solle sich mit der Kohlendioxyd-Frage nicht beschäftigen. Das war eine klare Kampfansage, da die Untersuchung, ob und wie sich menschliche Aktivitäten auf das Klima auswirken, explizit zu den Aufgaben des Programms gehören sollte. Überdies hatte die

den beiden skandinavischen Meteorologen, das einst mit Bolins Betreuung von Wiin-Nielsens Doktorarbeit begonnen hatte. Es gibt einen Artikel von Wiin-Nielsen, der eine gute Zusammenfassung seiner wissenschaftlichen Bedenken enthält.[162] In seinen Erinnerungen schrieb Bolin, er habe Wiin-Nielsens Ablehnung der Arbeit des IPCC nie verstehen können. Wiin-Nielsen habe »in der Vergangenheit einen hochangesehenen Beitrag zur Wissenschaft« geleistet, seine Kritik aber sei »simplifizierend« und nicht durch »angemessenes Datenmaterial« gestützt; wo das angemessene zu finden sei, das die nötige Kompliziertheit beweist, verschweigt uns Bolin allerdings.[163]

Weltklimakonferenz in ihrem »Appell an die Nationen« feierlich erklärt, es sei *dringend notwendig*, einen potentiellen menschengemachten Klimawandel »vorherzusagen und zu verhindern«. Freilich sagte Wiin-Nielsen damit nicht, daß die WMO das Thema vollständig ignorieren solle; er *sah* durchaus, daß Bedarf für eine weitere Prüfung der Lage bestehe, und empfahl die Schaffung eines gesonderten, ständigen Gremiums internationaler Fachleute, um Regierungen in der CO_2-Frage durch weitere Untersuchungen und die Abgabe autoritativer Erklärungen beratend zur Seite zu stehen.

Der WCRP-Lenkungsausschuß stimmte Wiin-Nielsen uneingeschränkt zu, unterstützte seine Empfehlung, ein unabhängiges internationales Expertengremium einzuberufen, und beschloß, der Kohlendioxyd-Frage nicht nachzugehen.[165] Diesen Standpunkt sollte der Ausschuß trotz zunehmenden Drucks in den nächsten fünf Jahren beibehalten. Auf jede Kritik antwortete er mit dem stets gleichen Argument, daß das Weltklimaforschungsprogramm der Untersuchung des Kohlendioxyds am besten dadurch diene, daß es seine allgemeinen Forschungen über das Klimasystem fortsetze. Er betonte, daß die großen Wissenslücken über das Klima unvermeidlich und allemal bedeuteten, daß auch die Auswirkungen von Kohlendioxyd in vieler Hinsicht ungewiß seien. Daher bestehe im Rahmen des Weltklimaforschungsprogramms »der wirksamste Beitrag zur CO_2-Frage in der Fortführung von dessen Grundlagenforschung über die elementaren Prozesse des Klimasystems«.[166] Diese Sichtweise deckte sich zwar völlig und wissenschaftlich naheliegenderweise mit dem Standpunkt, den der WMO-Ausschuß für Atmosphärenwissenschaft in seinem Kurzbericht zur Kohlendioxyd-Frage eingenommen hatte, aber er unterminierte die Organisation des Weltklimaforschungsprogramms. Vor allem geriet dessen Leitung damit in Konflikt mit dem Hauptpartner für das Programm innerhalb der UNO, der von der Mitarbeit an dessen Forschungskomponente ausgeschlossen war: dem UNEP.

Das UNEP hatte sich am Thema einer Klimaveränderung durch Umweltverschmutzung immer besonders interessiert gezeigt. Es gehörte nicht nur (wenngleich neben vielem anderen) zu seinem ursprünglichen Mandat – nämlich der ihm aufgetragenen Umsetzung der Empfehlungen der Stockholmer UN-Umweltkonferenz von 1972 –, etwaige neue Programme zur Frage eines menschengemachten Klimawandels ins Leben zu rufen, sondern Klima war zudem eines der Lieblingsthemen seines Gründungsdirektors Maurice Strong. In seiner Ansprache auf der ersten Sitzung des UNEP-Direktoriums im Jahr 1973 erklärte Strong, er wolle die globale Wissenschaftsgemeinschaft dafür gewinnen, die »äußeren Grenzen« menschengemachter Veränderungen zu erkunden, deren Überschreitung schädliche Folgen in Gang setze. Er nannte einzelne Beispiele für solche menschliche Einflüsse, die zu überwachen seien: Verschmutzung der

Meere und Eingriffe in den atmosphärischen Ozongehalt, aber auch Schadstoffe, die eine unmittelbare Erwärmung der Atmosphäre bewirken könnten, vor allem wieder Kohlendioxyd.[167] Auf seiner zweiten Sitzung im nächsten Jahr begrüßte das UNEP-Direktorium diese Erforschung der »äußeren Grenzen«, wobei er die Stichworte »biologische Verträglichkeit« und »Klimawandel« fallenließ.[168] Strongs Nachfolger als UNEP-Direktor, Mustafa Tolba, griff, nachdem die Weltklimakonferenz dies mit Nachdruck angemahnt hatte, in erster Linie die Kohlendioxyd-Frage auf. Bald nach der Konferenz erteilte das UNEP-Direktorium Tolba den Auftrag, einen Aktionsplan für Kohlendioxyd auszuarbeiten, der Überprüfungen und Forschungen umfassen sollte, und hierfür mit den Partnern des UNEP im Weltklimaprogramm, WMO und ICSU, zusammenzuarbeiten.[169]

Das war nicht der einzige Grund, warum das UNEP die WMO fortan mit der Kohlendioxyd-Frage bedrängen sollte. Ein anderer war seine Zuständigkeit für eine der vier Komponenten des Weltklimaprogramms: die Auswirkungen von Klimaänderungen auf menschliche Aktivitäten. Das paßte gut dazu, daß es sich ohnehin schon mit den Folgewirkungen von Klimaänderungen befaßte, insbesondere mit Wüstenbildung. Allerdings benötigte es für seine Untersuchung solcher potentiellen künftigen Folgen externe Unterstützung. Denn um die Auswirkungen auf die Landwirtschaft und andere menschliche Aktivitäten abzuschätzen, brauchte das UNEP eine genauere Vorstellung davon, welche Klimaänderungen kommen mochten. Natürliche Klimatrends vorherzusagen war schwierig genug, aber der Teil des Weltklimaprogramms, für den das UNEP zuständig war, war zugleich derjenige, der am stärksten davon betroffen war, daß die Weltklimakonferenz gerade die Kohlendioxyd-Frage in den Mittelpunkt gerückt hatte. Gemäß der Sichtweise, daß der Einfluß von Kohlendioxyd gegenüber natürlichen Klimaänderungen bald vorherrschend werden könnte, sollte der Schwerpunkt der Programmstudien über globale Folgen von Klimaänderungen für den Menschen auf der Erforschung der »Wirkungen CO_2-bedingter Änderungen« liegen.[170] Damit war das weitere Problem verbunden, daß CO_2 mutmaßlich *weltweit* wirksam würde, während man Klimafolgen *regional* untersuchen mußte, um ihre Resultate für Umwelt und Gesellschaft in einer bestimmten Weltgegend beurteilen zu können. Um die Untersuchung der Frage aufzunehmen, wie sich emissionsbedingte Klimaänderungen auf die Bevölkerung auswirken, mußte man darum verschiedene künftige Emissionsszenarien modellieren, und diese Modelle mußten Klimavorhersagen auf regionaler Ebene liefern. Der Plan war, daß solche Zukunftsszenarien von der Forschungskomponente des Programms bereitgestellt würden.

Aber als dieses Ersuchen in gebührlicher Form beim Lenkungsausschuß für das Weltklimaforschungsprogramm einging, stieß es auf brüske Zurückweisung:

Der Ausschuß befand, Computermodelle seien noch zu primitiv und lieferten, erst recht auf regionaler Ebene, keine tragfähigen Ergebnisse. Mit der Ausarbeitung von Klimaszenarien liefe man nur Gefahr, daß daraus irreführende Beurteilungen der Folgewirkungen hergeleitet würden. Nach einigem Hin und Her zeigte sich der WCRP-Lenkungsausschuß zwar bereit, sich mit UNEP-Vertretern zu treffen, aber nur, um sicherzustellen, daß »ungerechtfertigte Schlußfolgerungen« vermieden würden.[171] Damit war ein Patt entstanden: die Komponente des Weltklimaprogramms, die sich mit den Auswirkungen von Klimaänderungen befassen sollte, konnte ohne verläßliche regionale Klimaprognosen nicht vorangebracht werden, aber der Lenkungsausschuß für die Programmkomponente, die diese Prognosen bereitstellen sollte, nahm den Standpunkt ein, dies sei noch nicht möglich. Deshalb begann UNEP-Direktor Tolba nun, über das Weltklimaforschungsprogramm und die WMO Druck auf die mit den Untersuchungen befaßten Meteorologen auszuüben: er setzte ihnen zu, sie sollten die Modell- und empirischen Studien des CO_2-Effekts zügig vorantreiben.*

Der Widerstand der Leitung und Forscher des Programms gegen Tolbas Pressionen besaß jedoch die Rückendeckung des WMO-Präsidiums. Dieses blieb ebenso wie Wiin-Nielsen und der Lenkungsausschuß für das Programm bei seiner Auffassung, daß »gegenwärtig kein zusätzlicher Organisationsbedarf für Forschung über CO_2 besteht«. Bei dieser ablehnenden Haltung ging es auch nicht um Mittel oder Prioritäten angesichts knapper Programmgelder – vielmehr war das UNEP immer bereit, jedwede gemeinsame Aktivitäten im Zusammenhang mit Umweltverschmutzung großzügig zu finanzieren. Aus diesem Grunde betonte das WMO-Präsidium zwar gelegentlich »die Bedeutung der Zusammenarbeit«.** Trotzdem verweigerte es sich in den frühen 1980er Jahren beharrlich dem wachsenden Enthusiasmus des UNEP für die Beschäftigung mit der Kohlendioxyd-Frage.[173]

---

* Dabei sind die auf einer Seite dieser Kontroverse beteiligten Personen von Interesse: Nach der Umwandlung des *Global Atmospheric Research Program* (GARP) in das neue Weltklimaforschungsprogramm fiel der Vorsitz des neuen Lenkungsausschusses für das Programm dem Klimamodellexperten Joseph Smagorinsky zu. Als Gründungsdirektor des Klimamodelle-Projekts, das John von Neumann am Labor für geophysikalische Fluiddynamik der Princeton University initiiert hatte, betrachtete Smagorinsky die Verwendung von Modellen als prognostische Instrumente mit Skepsis. Sein stellvertretender Vorsitzender in dem Ausschuß war John Houghton aus Großbritannien, der 1982 selbst Vorsitzender wurde, was aber an der Haltung des Ausschusses zur Rolle von Klimamodellen nichts änderte.

** In seiner Jahressitzung 1984 unterstrich »das Präsidium (...) die Bedeutung der Zusammenarbeit« mit dem UNEP, die »seit 1974 vom UNEP bewilligte Gelder in Höhe von fast 5,25 Millionen Dollar mit sich gebracht« hatte.[172]

Während dieser Zwist um Planung und Koordinierung der Forschung nie ganz beigelegt wurde, bestand zumindest ein allgemeines Einvernehmen darüber, daß weitere Lagebeurteilungen erforderlich seien. Vorschläge dafür gab es viele. Wiin-Nielsens ständiger Expertenausschuß* kam in dieser Form nie zustande, aber man einigte sich auf verschiedene einmalige Begutachtungen, die letztlich alle außerhalb des Weltklimaforschungsprogramms stattfanden. Die erste davon initiierte das UNEP, um in die Sache Bewegung zu bringen, im Alleingang. Die hierfür angesetzte Fachtagung wurde zwar in Zusammenarbeit der drei Hauptpartner des Weltklimaprogramms einberufen und als eine von dessen Aktivitäten präsentiert, war aber organisatorisch nicht in das Programm eingebunden und fand auch gänzlich außerhalb seiner Vier-Komponenten-Struktur statt.

Auf Einladung der österreichischen UNEP-Delegation kam es zu diesem Treffen im Herbst 1980 in der österreichischen Alpenstadt Villach.[174] An dieser ersten jemals veranstalteten internationalen Konferenz zur Beurteilung der Auswirkungen von CO_2 auf das Klima nahmen Vertreter der offiziell einladenden Weltklimaprogramm-Partner und nur elf Länderdelegierte teil, zumeist aus Staaten, die bereits Forschung zur Kohlendioxyd-Frage betrieben. Nach einer Tagungswoche in Arbeitsgruppen verfaßte die kleine Versammlung einen Sachbericht wie schon so viele vorher, in dem sie alle Lücken des wissenschaftlichen Kenntnisstands benannte. Der Bericht kam zu dem Schluß, daß es angesichts der zahlreichen Ungewißheiten »verfrüht« wäre, »einen Handlungsplan zur Kontrolle des CO_2-Gehalts der Atmosphäre oder der sich daraus ergebenden Folgen für die Gesellschaft« auszuarbeiten.[175]

Für alle, die gern im Stil und Schwung der Weltklimakonferenz fortgefahren wären, erwies sich das Villacher Treffen als völliger Mißerfolg: es brachte nichts Neues oder Interessantes, es empfahl zwar wie immer weitere Forschung, wußte aber nicht, wo eigentlich man diese voranbringen solle, und es rief folglich in der Öffentlichkeit keinerlei Interesse an der Kohlendioxyd-Frage wach. Überdies sah es angesichts dieser Beurteilung trübe aus, um den Teil des Weltklimaprogramms, der die gesellschaftlichen Auswirkungen von Klimaänderungen untersuchen sollte, in Fahrt zu bringen. Die Gegenseite in der Debatte hingegen konnte die Villacher Tagung als eine gelungene Begutachtung betrachten, die nur bestätigte, daß eine Befassung mit den Folgen von Klimaänderungen und politischen Reaktionsmöglichkeiten voreilig erschien, solange über das Klimasystem und sein Verhalten unter externen Einflüssen viel zu wenig Grundlegendes positiv bekannt ist.

So sah das WMO-Präsidium die Ergebnisse von Villach. Nach einer Diskussion über den kurzen Bericht der Tagung bekräftigte das Präsidium wieder die alte

* Vgl. S. 85.

Formel, daß noch »weitere Forschung auf diesem Gebiet notwendig« sei, ging aber jetzt einen Schritt weiter und mahnte, daß jeder Alarmismus in der Kohlendioxyd-Frage zu vermeiden sei:

> Was die allgemeine Frage öffentlicher Erklärungen zum Thema CO_2 angeht, so hat das Präsidium erneut unterstrichen, daß einander widerstreitende Äußerungen auf der Grundlage unzureichender Forschung zur Verunsicherung von Entscheidungsträgern führen könnten, und dringend darum gebeten, bei der Abgabe öffentlicher Erklärungen weiterhin behutsam zu verfahren.[176]

Als Kohlendioxyd auf seiner Jahressitzung 1982 wieder zur Sprache kam, wiederholte das Präsidium nur seine Bedenken.[177] Das erklärt, warum es keine weiteren »autoritativen Erklärungen« zu (menschengemachten) Klimaänderungen abgab. Und es läßt zugleich verstehen, warum das WMO-Präsidium das Weltklimaforschungsprogramm auch weiterhin darin unterstützte, die Kohlendioxyd-Frage zu vermeiden.

Bei dieser Haltung blieb es bis zu einem weiteren Treffen in Villach – ein Treffen, das alles ändern sollte. Kurz vor dieser zweiten Villacher Konferenz im Jahr 1985 hatte das WMO-Präsidium der Leitung des Weltklimaforschungsprogramms nochmals darin beigepflichtet,

> daß die Ausräumung der gegenwärtigen Ungewißheiten über globale und regionale Folgen für das Klima erheblichen Fortschritt in den meisten, wenn nicht allen Teilen des Weltklimaforschungsprogramms erfordern würde, und sich der Auffassung angeschlossen, daß die jetzigen wissenschaftlichen Pläne für die Durchführung des Programms die beste Herangehensweise bieten, um die quantitative Beurteilung der klimatischen Auswirkungen von Treibhausgasen einschließlich Kohlendioxyd weiter zu verbessern.[178]

Hieraus läßt sich ersehen, daß mindestens bis zum Jahr 1985 das Gremium, das die Leiter der nationalen Wetterdienste repräsentierte, mit den Wissenschaftlern, die sein weltweites Forschungsprogramm koordinierten, darin einig war, daß der Erkenntnisstand der Klimawissenschaft nicht genügte, um die von Kohlendioxyd ausgehende Gefahr verläßlich zu beurteilen. Anderer Ansicht jedoch war schon zu dieser Zeit der Direktor des UNEP. Bereits damals verbreitete Tolba die Überzeugung, die Wissenschaft habe eine so große Gefahr entdeckt, daß eine dringende und drastische, weltweit koordinierte politische Reaktion erforderlich sei. Mochten die Meteorologen einen kühlen Kopf behalten haben, so schien sich die Erde wenigstens eine wärmere Atmosphäre zugelegt zu haben. Eine Koinzidenz kam Tolba zu Hilfe: Als das neue Jahrzehnt voranschritt, sandte die Natur erstmals wieder klare Signale aus, daß sie sich auf die Seite der Erwärmungs-Alarmisten geschlagen hatte.

Der Erwärmungstrend des ausgehenden 20. Jahrhunderts beginnt

In den frühen 1980er Jahren wurde deutlich, daß der sich über vier Dekaden erstreckende generelle Abkühlungstrend vorüber war. Die Wetterstationen in den nördlichen mittleren Breitengraden verzeichneten erneut einen Temperaturanstieg, der sich auf einen Wendepunkt in den 1970er Jahren zurückverfolgen ließ.*

James Hansen war früh aufgestanden, um den Umschwung zu verkünden, und damit verband er sogleich eine Vorhersage menschengemachter Klimaerwärmung. In einem 1981 in *Science* erschienenen Artikel erklärte er, wie wichtig die Trendumkehr für die Erderwärmungsthese war:

> Das Hauptproblem für die Akzeptanz der Theorie ist es gewesen, daß es an einer beobachteten Erwärmung parallel zum historischen CO_2-Anstieg fehlte.[180, **]

Wie schon für Roger Revelle im Jahr 1965*** war es für die Anhänger der Erwärmungsthese immer peinlich gewesen, daß der größte Teil der industriellen Emissionen, die angeblich eine allgemeine Erwärmung bewirkten, während eines längeren Zeitraums stattgefunden hatten, in dem sich keinerlei Temperaturerhöhung hatte beobachten lassen. Nun zeigte Hansen in seinem Artikel nicht nur auf, daß im meteorologisch gut überwachten Norden ein Erwärmungstrend zurückgekehrt war, sondern er stellte überdies Ausmaß und Intensität der (nun als solche betrachtbaren) Abkühlungsphase um die Jahrhundertmitte in Frage. *Vielleicht war der Einbruch gar nicht so tief und so global gewesen.* Besseres Datenmaterial von der Südhalbkugel, erläuterte Hansen, zeuge von einer anderen Entwicklung, nämlich einer stetigeren und langsameren Erwärmung während der ganzen letzten hundert Jahre (vgl. Abb. 6.1). Und die größere Abkühlung im Norden, ergänzte er, lasse sich durch hohe Werte des Vulkanstaubgehalts

* Dieser Umschwung war regional vorhergesagt worden, bevor sich der weltweite Trend eindeutig abzeichnete. Wir erinnern uns, daß Hubert Lamb an der britischen CRU als einer der ersten Meteorologen 1975 begonnen hatte, eine Fortsetzung milderer Winter zumindest für Großbritannien vorherzusagen. Auch festgehalten zu werden verdienen die Worte, mit denen John Mason vom *Met Office* im späten Winter 1976 die damals entfachten Eiszeitängste beruhigte: »Es gibt keine reale Grundlage für die alarmierenden Vorhersagen einer unmittelbar bevorstehenden Eiszeit, die weitgehend auf eine Fortschreibung des 30-Jahres-Trends fallender Temperaturen auf der Nordhalbkugel zwischen 1940 und 1965 gestützt worden sind. Abgesehen davon, wie überaus fragwürdig die Ableitung einer Vorhersage aus einem derart kurzfristigen Trend ist, gibt es inzwischen Belege dafür, daß dieser geendet hat.«[179] Die Eiszeit mußte also warten, wie nüchtern prognostiziert – aber wie zwingend bedeutete diese natürliche Klimakorrektur, daß jetzt die entgegengesetzte Katastrophe anstand?!

** Nun ja, manche Wunder der Religionen leiden an ähnlichen Peinlichkeiten, und auch der breit angekündigte Weltuntergang des Jahres 1000 ist trotz aller sich sturzbachartig häufenden »Vorzeichen« kläglich verreckt. (Anm. d. Übers.)

*** Vgl. S. 43.

und (den weltweiten Effekt der) Schwankungen der Sonnenstrahlung erklären. Wenn man all dies berücksichtige, so Hansen, stimme der Trend der weltweiten Mitteltemperatur seit Ende des 19. Jahrhunderts mit dem überein, was Modelle des Treibhauseffekts die ganze Zeit prognostiziert hatten.

Hansen konnte schlechterdings nicht behaupten, daß CO_2-Emissionen die Erwärmung des 20. Jahrhunderts *verursacht* hatten. Immer noch war möglich, daß es sich bloß um eine natürliche Schwankung handelte. Dieses natürliche »Hintergrundrauschen«, erläuterte Hansen, brachte es mit sich, daß das CO_2-»Signal« wahrscheinlich nicht vor Ende des Jahrhunderts nachweisbar würde (eine Prognose, die er mit vielen teilte). Und er hatte noch weitere Vorbehalte. Einer davon war, daß die erwartete Erwärmungswirkung auf Modelle gestützt war, die »viele Teile des Klimasystems noch nicht genau simulieren, insbesondere das Meer, Wolken, polares Meereseis und Eisschilde«. In der Tat hatte eine ähnliche Beurteilung der Modelle den Lenkungsausschuß des Weltklimaforschungsprogramms dazu veranlaßt, von ihrer Verwendung in »Emissionsszenarien« zur Vorhersage klimatischer Auswirkungen abzuraten.

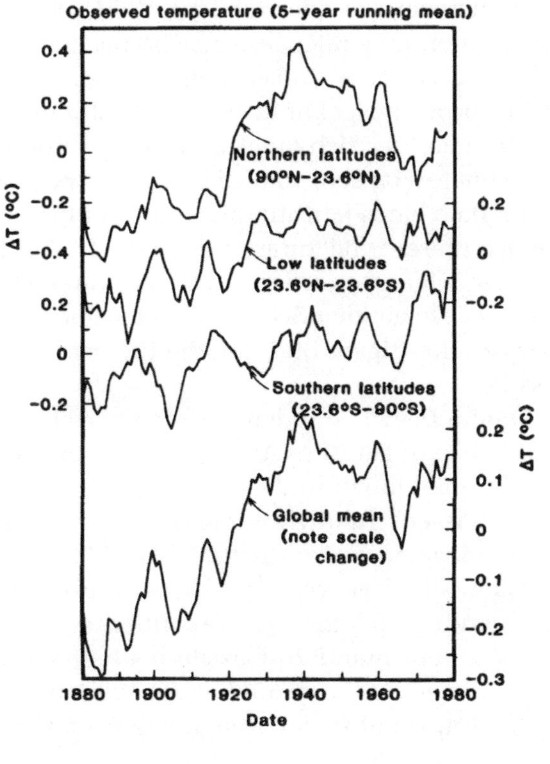

Abb. 6.1:
Die Erwärmung kehrt zurück

1981 veröffentlichte James Hansen dieses Diagramm mit mehreren Temperaturkurven, dem zufolge ein Abkühlungstrend um die Jahrhundertmitte in den südlichen mittleren Breiten nie stattgefunden und seit den späten 1960er Jahren wieder eine weltweite Erwärmung eingesetzt hatte.[181]

Für Hansen freilich war all dies kein Hindernis, trotzdem sein Scherflein zu Spekulationen über die Umweltfolgen einer galoppierenden Erderwärmung beizutragen. Gewiß, auch hier wog er ein paar Zweifel hin und her. Es war seit langem bekannt, daß ein leichter Rückgang der extremen Kälte über den Polareiskappen und ihrer Umgebung *mehr* Schneefall auslösen und dadurch deren Wachstum bewirken könnte. Anfang der 1980er Jahre war dies unter den Anhängern der Erwärmungstheorie weitgehend anerkannt. Darum, erklärte Hansen, sei »nicht gewiß, ob durch CO_2-bedingte Erwärmung die Eisschilde schrumpfen oder wachsen werden«.[182] Wenn die Erwärmung sie wachsen ließe, würden sie menschliche Siedlungen nicht länger mit steigenden Meeresspiegeln bedrohen. Indessen hielt sich weder Hansen noch ein anderer Anhänger der Erwärmungstheorie lange mit dieser Möglichkeit auf. Soweit Zweifel an dieser Ursache für steigende Meeresspiegel angemeldet wurden, erklärte man dasselbe Ergebnis durch einen anderen Grund: den zuvor vernachlässigten Beitrag der thermischen Expansion der Ozeane. Das argumentative Mühlespiel war sozusagen von der Phase des Ziehens in die des Springens übergegangen…

Im übrigen hatte man eine noch viel größere Flutkatastrophe in petto: Der halb unter Wasser liegende westantarktische Eisschild könnte sich ablösen und in die See gleiten. Für manche war dies ein unwiderstehliches Bild schrecklicher Schönheit: eine Schubbewegung monumentalen Ausmaßes, nachdem die Menschheit versehentlich den Hebel industrieller Emissionen betätigt und dadurch den unvorstellbar riesigen Eiskörper ausgeklinkt hatte. Als stünde ihm ein riesiger Archimedes aus Eis vor Augen, der sich langsam in seiner überfließenden Badewanne niederläßt, errechnete Hansen, daß die dadurch bewirkte Verdrängung den Meeresspiegel innerhalb eines Jahrhunderts um fünf bis sechs Meter steigen ließe. Im unteren Bereich dieser Schätzung würden die USA »25% von Louisiana und Florida, 10% von New Jersey« verlieren. Dürren waren ebenfalls bedrohlich, aber das Szenario einer steigenden See, die Länder und Städte verschluckt, erwies sich rasch als das zugkräftigere Bild, um die Presse die neue Klimawandelstory ausmalen zu lassen.[183]

Daß die anrollenden Meereswellen im Begriff standen, die sich vorschiebenden Eisschilde abzulösen, zeigte das Echo auf Hansens Artikel. Seine Neubewertung des Temperaturtrends auf der Südhalbkugel und seine Behauptung einer globalen Temperaturwende mochten wissenschaftlich interessant sein, aber es war seine Extrapolation des Meeresspiegelanstiegs auf fünf bis sechs Meter, die ihm eine Schlagzeile auf der ersten Seite der *New York Times* einbrachte.[184] Und Sullivan referierte hier nicht irgendein Telefoninterview über irgendeine flüchtig hingeworfene Berechnung, die nie jemand zu Gesicht bekommen hatte, nein, hier wurde berichtet über *peer-reviewed* und publizierte Wissenschaft. Obendrein hatte Hansens Arbeit das Imprimatur der *American Association for*

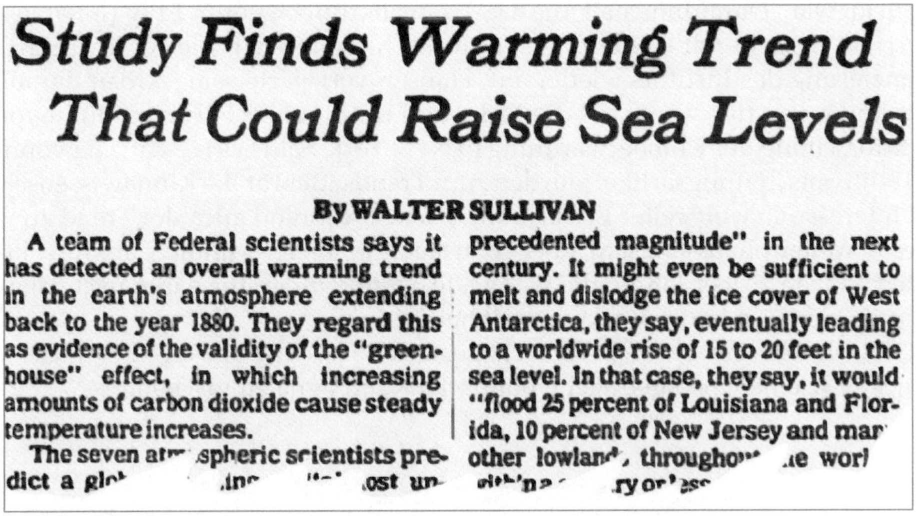

Study Finds Warming Trend That Could Raise Sea Levels

By WALTER SULLIVAN

A team of Federal scientists says it has detected an overall warming trend in the earth's atmosphere extending back to the year 1880. They regard this as evidence of the validity of the "greenhouse" effect, in which increasing amounts of carbon dioxide cause steady temperature increases.

The seven atmospheric scientists predict a gl… precedented magnitude" in the next century. It might even be sufficient to melt and dislodge the ice cover of West Antarctica, they say, eventually leading to a worldwide rise of 15 to 20 feet in the sea level. In that case, they say, it would "flood 25 percent of Louisiana and Florida, 10 percent of New Jersey and many other lowlands throughout the world …

Abb. 6.2: James Hansen schafft es zum ersten Mal auf die Titelseite der *New York Times* (22. August 1981)

the Advancement of Science erhalten, deren Magazin *Science* in den USA ein größeres Ansehen als jede andere Fachzeitschrift genoß. Man mag daher Sullivan sogar die Leichtgläubigkeit nachsehen, mit der er diese Aneinanderreihung von Behauptungen übernahm: daß die jüngste Auffindung »klarer Beweise« zeige, daß Emissionen »das Klima bereits erwärmt« hätten, daß dies die Vorhersage einer Erwärmung »in fast beispielloser Größenordnung« im nächsten Jahrhundert stütze und daß dieselbe genügen könnte, um »den westantarktischen Eisschild abzuschmelzen und in Bewegung zu setzen«. Kurzum, die Panikmache wegen Erdabkühlung war noch nicht zu Grabe getragen, als die Anhänger der Erwärmungstheorie schon ihren Platz reklamierten. Der kühnste unter ihnen wagte sich nun hervor und machte den Anfang.

Hansens Spekulationen waren nicht ohne Risiko für seine wissenschaftliche Reputation, aber er errang diesen Publicity-Erfolg seiner fachlichen Arbeit an einem kritischen Punkt seiner beruflichen Laufbahn: Als Experte für die Atmosphäre der Venus hatte er eine Stelle am New Yorker *Institute for Space Studies* der NASA inne, das zum *Goddard Space Flight Center* in Maryland gehörte. Dieses Institut war 1961 für Robert Jastrow als seinem ersten Direktor geschaffen worden. Jastrow betrachtete Erderwärmungsängste mit größter Skepsis. Als er 1981 in den Ruhestand ging, versuchte die NASA, ihr New Yorker Institut wieder zu schließen. Dagegen regte sich unter dem Personal Widerstand, und so strich die NASA die Mittel erst, nachdem Hansen der Sprung auf die Titelseite der *New York Times* geglückt war. Daraufhin half die US-Umweltschutzagentur EPA (*Environment Protection Agency*) mit Geldern aus, und rasch nahm auch die NASA selbst die Finanzierung des Instituts wieder auf. Hansen verlagerte seine Arbeit daraufhin vollständig von der Venus auf die Erde, und unter seiner Führung blühte fortan die Erforschung der Klimaerwärmung in New York. Sein *Science*-Aufsatz von 1981 und Sullivans Zeitungsartikel wurden zum Trendsetter für die Klimawissenschaft. Das Interesse an weltweiter Erwärmung wuchs, während auch der Trend zu wärmerem Wetter blieb; langsam, aber sozusagen in letzter Minute pünktlich kroch in den ganzen 1980er Jahren die weltweite Mitteltemperatur näher und näher an ihren Spitzenwert in der Vorkriegszeit heran.

Derweil war ein zweiter Versuch gestartet worden, um aus der Erderwärmungsthese eine UNO-getragene politische Kampagne zu machen.

Kapitel 7

Das UNEP fädelt das Klimaabkommen ein

Für den schwedischen Meteorologen Bert Bolin, der das Villacher Treffen geleitet hatte, war dessen Mißerfolg eine herbe Enttäuschung. Bolin, der in der Atmosphärenforschung – vor allem infolge seiner Beteiligung am GARP – als ein führender Wissenschaftler galt, hatte seit Ende der 1950er Jahre über den Kohlendioxyd-Zyklus gearbeitet. Seiner Aussage nach hatte die Villacher Konferenz für eine fachgerechte Lagebeurteilung einfach zuwenig Zeit gehabt – ihr Abschlußbericht konnte also kaum tiefgründig sein. Als man mit dem Zug von Villach heimfuhr, machte Bolin in Diskussionen mit anderen Tagungsteilnehmern aus seiner Unzufriedenheit kein Hehl. Er erinnerte sich später, wie er schon damals davon gesprochen hatte, ob man die Frage nicht sorgsamer angehen könnte, auf breiterer Basis, tiefschürfender und unter Beteiligung der angesehensten Wissenschaftler der Welt.[185]

Mit der Idee einer neuen, gründlicheren Lagebeurteilung liebäugelten auch andere, etwa in der WMO, aber wieder war es Mustafa Tolba, der die Sache ins Rollen brachte: Zwei Jahre nach dem ersten Treffen in Villach wandte sich der UNEP-Direktor erneut an Bolin und eröffnete ihm seine Pläne für eine neue Begutachtung der CO_2-Frage, deren Leitung er ihm ein weiteres Mal antrug.

Die SCOPE-29-Studie von 1985

In seinen Memoiren berichtet Bolin, wie er mit Tolba 1982 am Mittsommertag zusammentraf, ein verheißungsvolles Datum für Meteorologen, erst recht in Skandinavien: der Tag ist licht und lang, die kurze Nacht hell, Stockholm thronte auf der Sonnenseite der Welt. An diesem Tag hatte Tolba Bolin in sein Hotel eingeladen, um das neue Projekt zu besprechen: eine umfassende, internationale neue Studie über das Kohlendioxyd-Problem. Die nötigen Gelder hatte der ägyptische UNEP-Direktor schon besorgt, und Bolin brauchte nur noch ja zu sagen. Nach dessen Meinung war eine solche Untersuchung sowieso schon lange nötig, und nun wurden ihm die Mittel dafür in die Hand gelegt. Er würde die Mitherausgeber aussuchen, die Kapitel an verschiedene Wissenschaftler vergeben, die *Peer Review* organisieren und dabei vom Internationalen Meteorologischen Institut der Universität Stockholm aus arbeiten können.[186]

Es sollte sich im wesentlichen um ein Vorhaben des UNEP handeln, aber man war sich schnell einig, daß formal die Kooperation mit anderen Organisationen gewahrt bleiben sollte. In seinen Memoiren räumt Bolin ein, daß ein Hintergedanke dabei war, die WMO einzubinden. Daß sie einbezogen werden mußte, wurde, wie er schrieb, »rasch offenkundig«, war sie doch die UN-Fachorganisation »für Meteorologie und Hydrologie« – man konnte also meinen, daß das Thema »Klima« auch in ihre Zuständigkeit fiel. Allerdings war der Anschein ihrer Beteiligung noch aus einem weiteren Grund nützlich: so ließ sich die Verbindung zu den anderen Trägern des Weltklimaprogramms aufrechterhalten. Daß damit auch der andere Hauptgeldgeber des Weltklimaprogramms, der ICSU, an Bord blieb, sollte zugleich ein chronisches Problem lösen, das man heute, im Zeitalter des Internets, leicht vergißt, damals aber alle UN-Unterorganisationen plagte: die Publizierung der von ihnen produzierten Berichte. Wenn die ihnen vorschwebende Studie, so überlegten Tolba und Bolin, in einem kommerziellen Verlag erschiene, wäre es viel wahrscheinlicher, daß sie ihren Weg in Buchhandlungen und Bibliotheken finden und in der Öffentlichkeit Eindruck hinterlassen würde. Und eben das konnte der ICSU mit seiner SCOPE-Schriftenreihe bieten.[187]

SCOPE stand für *Scientific Committee on Problems of the Environment*, und dieser »Wissenschaftliche Ausschuß für Umweltprobleme« war gegründet worden, als sich der ICSU dafür entschied, an der Stockholmer UN-Konferenz über die »menschliche Umwelt« 1972 teilzunehmen. Seither gab dieses Gremium eine Serie renommierter Umweltstudien heraus, alle verlegt von John Wiley & Sons. Bolin selbst hatte einen dieser Forschungsberichte zusammengestellt, der den wissenschaftlichen Erkenntnisstand über den CO_2-Zyklus zusammenfaßte und in der SCOPE-Serie 1979 erschienen war.[188] Als Tolba dem Ausschuß sein Anliegen vortrug, bereitete dieser gerade einen umfassenden neuen Band über den Schwefelzyklus vor, der auf den Papieren eines 1979 abgehaltenen Symposiums basierte – damals hatte man sich noch um die Erdabkühlung gesorgt. Im Vorwort des Bandes bekräftigte der SCOPE-Vorsitzende diese Ängste, die inzwischen schon wieder der Vergangenheit angehörten, mit den Worten, die Veröffentlichung sei »dringend nötig geworden« infolge »menschengemachter Störungen« des Schwefelkreislaufes zu einer Zeit, in der unser Bedarf an »Nahrung, Brennstoffen und Fasern immer rascher steigt«.[189] Mit seiner Zusage, Bolins geplante Schrift zu veröffentlichen, stieg SCOPE in den neuen Zug um: nun ging es um die entgegengesetzte anthropogene Störung einer Erderwärmung, prognostiziert von Modellen, in denen die abkühlende Wirkung von Schwefeldioxydemissionen kaum eine Rolle spielte.

SCOPE 29: The Greenhouse Effect, Climatic Change and Ecosystems (»SCOPE 29: Der Treibhauseffekt, Klimawandel und Ökosysteme«) wurde die erste umfassende internationale Studie zum Thema. Wie ihr Titel nahelegte, erstreckte sie sich auch auf die Folgen für die Umwelt (und den Menschen), positive wie negative. Eine positive Auswirkung, der sie breiten Raum widmete, betraf die Landwirtschaft. Untersuchungen über die gezielte Stimulierung von Pflanzenwachstum durch erhöhte atmosphärische CO_2-Gehalte hatten erwartungsgemäß gezeigt, daß die Erntesteigerung je nach angebauter Pflanze variierte, aber bei Verdoppelung der CO_2-Konzentration bis zu 50 % betrug. Das für Nicht-Botaniker erstaunlichste Ergebnis der in der Arbeit vorgestellten Experimente war, daß diese beträchtlichen Ertragssteigerungen sogar primär durch andere limitierende Faktoren begrenzt werden konnten, wie unzureichende Nährstoffe oder Dürren.[190, *]

Zur zentralen Frage des Bandes, nämlich dem Einfluß von CO_2 auf das Klima und den sich daraus ergebenden Folgen, gab es indessen kaum Neues oder gar Überraschendes. Die Arbeit kam zu dem Schluß, daß bei Fortsetzung des gegenwärtigen Trends eine Verdoppelung der CO_2-Konzentrationen gegen Ende des 21. Jahrhunderts zu erwarten sei. Das werde eine generelle Erwärmung irgendwo zwischen 1,5–5,5 °C bewirken. Diese ungewöhnlich große Bandbreite umfaßte alle Schätzwerte – außer den niedrigsten –, die man seit den frühesten Berechnungen im späten 19. Jahrhundert ermittelt hatte.[191] Erwärmungswerte an ihrem oberen Ende wären alarmierend gewesen, nach Ansicht der Autoren aber war ein Wert in der unteren Hälfte der Marge (also 1,5–3,5 °C) am wahrscheinlichsten. Die Studie fuhr fort: Was die Auswirkungen auf die Umwelt angeht, so lassen sie sich noch nicht regional ermitteln. Der geschätzte Anstieg des Meeresspiegels wäre am unteren Ende der Temperatur-Bandbreite kaum von natürlichen Schwankungen oder einer natürlichen Anstiegstendenz zu unterscheiden. Am (unwahrscheinlichen) oberen Margenende könnte der Meeresspiegel, vor allem durch thermische Expansion, um 1,65 Meter steigen. Veränderungen durch ein Abschmelzen der Eiskappen sind vollständig auszuschließen. Der von der *New York Times* auf ihrer ersten Seite verbreitete Schrecken, der westantarktische Eisschild könne kollabieren, war laut diesem Expertenbericht grundlos.[192]

Natürlich waren alle diese Mutmaßungen über CO_2-verursachte Klimaänderungen auf Modelle gestützt. Die Frage, wie die Ursächlichkeit von Kohlendioxyd nachgewiesen werden könne, wurde in dem Kapitel »Empirische Untersuchungen« behandelt, das Bolin an die britische CRU vergeben hatte, deren Leiter nunmehr Tom Wigley war. Wigleys Gutachten, welche empirischen Erkenntnisse dazu inzwischen vorlagen, beruhte auf Forschungen, die die CRU selbst oder andere Institute zumeist im Rahmen des Kohlendioxyd-Programms des US-Energieministeriums durchgeführt hatten.

* Eine exakt analoge Erkenntnis hatte vor weit über 100 Jahren schon Justus v. Liebig mit Kunstdünger gemacht – sehr neu ist sie also nicht! (Anm. d. Übers.)

Diese »Nachweis«-Studien waren ein dorniges Feld. Wigley schrieb, eine Bestätigung, daß Kohlendioxyd das Klima beeinflusse, sei ein schwieriges Unterfangen und bisher nicht einmal annähernd möglich, wenn man die vorhandenen Untersuchungsmethoden auf die gegenwärtig verfügbaren Klimadaten anwende. Die Probleme begännen schon mit der Identifizierung natürlicher Schwankungen, die sonst mit der vorhergesagten menschengemachten Klimaänderung verwechselt werden könnten. Der erste Schritt, um im jüngsten (und künftigen) weltweiten Klimatrend die natürliche Variabilität aussondern zu können, bestehe darin, sie in der Vergangenheit aufzufinden. Hierfür brauche man historische Daten in Zeitskalen, die für den erwarteten menschlichen Einfluß auf das Klima relevant seien. Anders gesagt, die erforderliche zeitliche Auflösung müßte hoch genug sein, um Änderungen in Jahrzehnten oder zumindest Jahrhunderten nachzuzeichnen. Wigley war, wie auch Lamb zuvor, der Meinung, daß sich »viele Erwärmungs- und Abkühlungsperioden (...) auf der Zeitskala von Jahrhunderten« abgespielt hätten. Aber das Problem bestand darin, daß es die Beschaffenheit der Daten nicht erlaubte, einen *globalen* Trend zu extrapolieren:

> Da diese Geschehnisse nur durch indirekte oder Proxy-Belege nachweisbar sind, die sowohl lokaler Art als auch oft schlecht datierbar sind, wissen wir nicht, wie sich das weltweite Durchschnittsklima änderte, oder nicht einmal, *ob* sich die weltweite Mitteltemperatur in den letzten, sagen wir, 6000 [Jahren] geändert hat.[193]

Diese Zweifel, die Wigley an der Verwendung von Proxy-Daten zur Ermittlung vergangener weltweiter Klimatrends äußerte, waren im Grunde die gleichen wie die, die Mitchell lange Jahre zuvor den »Abkühlungsprognostikern« an der Brown University entgegengehalten hatte*: Die zu geringe zeitliche Auflösung der Proxy-Daten war also nicht der einzige Grund, warum sie sich nicht dafür eigneten, Prognosen über die künftige weltweite Klimaentwicklung zu stellen. Andere Schwierigkeiten entstanden, wenn man versuchte, aus lokalen Proxys, die vielen verschiedenen Typen angehörten und weltweit verstreut auf dem Festland, im Meer oder in Eisschilden gewonnen wurden, einen *globalen* künftigen Klimatrend herzuleiten. Lamb hatte sowohl historische Wetteraufzeichnungen als auch Klima-Proxys herangezogen, um aufzuzeigen, daß die jüngeren Trends in Europa ganz verschiedenartig waren. **Dann aber hatte man im US-Bericht von 1975 über das *Global Atmospheric Research Program* einen regionalen Ausschnitt aus diesem Belegmaterial herausgegriffen und so wiedergegeben, daß der Eindruck eines generellen Trends entstehen mußte.** Diese Linie hatten weitere Berichte fortgeführt, von denen manche nicht die örtliche Herkunft der ursprünglichen

---

* Vgl. S. 56f.

Belege erkennen ließen.* Dies war eine Entstellung, die Wigley keineswegs fortzuführen gedachte. Er hatte schon mit erheblicher Skepsis Lambs Rekonstruktion lokaler Trends betrachtet (er hatte das Datenmaterial eingesehen und war wenig beeindruckt davon[197]), so daß er nicht gewillt war, irgendwelche lokalen Proxy-Daten zu generalisieren, um den Eindruck eines globalen Bildes zu erwecken. Darum enthielt die SCOPE-Studie gar keine Diagramme über Temperaturtrends.

Und es gab noch eine in Entstehung begriffene Konvention, der sich Wigley in seinem Kapitel des SCOPE-Bandes versagte: die Vorhersage, wann der Nachweis des CO_2-Einflusses geführt werden könnte. Anfang der 1980er Jahre, als Arbeiten zu dieser Beweisfrage in Mode kamen, wurde oft spekuliert, man werde das »Signal« der CO_2-Emissionen gegen Ende des Jahrhunderts aus dem natürlichen Hintergrundrauschen herausfiltern können. Sogar Wigley selbst hatte in einem 1981 erschienenen *Nature*-Artikel genau das vorhergesagt. Aber seither waren seine Zweifel, ob »Signal« und »Rauschen« jemals unterscheidbar würden, sichtlich gewachsen. Bedenkt man, daß auch die historischen Klimatologen trotz größter Anstrengungen darin gescheitert waren, eine für das natürliche »Rauschen« charakteristische Amplitude oder Frequenz zu ermitteln, war es nicht überraschend, daß sich Wigley in der SCOPE-Veröffentlichung darüber ausschwieg, wann das »Signal« gefunden werden könnte.

Alles in allem kam die SCOPE-Studie zu dem Schluß, daß jeglicher Alarmruf wegen Kohlendioxyds nur auf die vagen und divergierenden Prognosen von Modellen gestützt werden konnte, die nach wie vor zahlreiche Mängel aufwiesen. Die über drei Jahre hinweg ausgearbeitete Studie lieferte eine ernüchternde Bestandsaufnahme der wissenschaftlichen Erkenntnisse, auf denen die Schreckensszenarien, die die Presse schon auszuplärren begann, angeblich fußten. Und dennoch – trotz dieses mißlichen Handicaps sollte das Treffen, auf dem man über die Schlußfolgerungen aus der Studie beraten wollte, zur Geburtsstunde der Bewegung für globalen »Klimaschutz« werden. Zu dieser Tagung wurde wiederum nach Villach eingeladen, fünf Jahre nach der ersten dortigen Klimakonferenz. Und die zweite Villacher Konferenz sollte in allen Punkten, in denen die erste »gescheitert« war, ein voller »Erfolg« werden. Zu keinem geringen Teil lag das an dem Enthusiasmus, der mit Mustafa Tolba in die österreichischen Alpen Einzug hielt.

---

* Ein Diagramm aus dem US-Bericht zum GARP von 1975 ist (in einer der graphischen Varianten) als Abbildung 4.1 zu sehen. Diese Verzerrung von Lambs ursprünglichem Befund wurde bis in den ersten IPCC-Sachstandsbericht hinein fortgeführt. Das Schaubild 7.1 (c) des Sachstandsberichts der IPCC-Arbeitsgruppe 1[194], das einen ausgeprägten Kurvenhügel für die mittelalterliche Warmzeit zeigte, ist lose hergeleitet aus einem anderen Diagramm über die Temperaturentwicklung in Zentralengland über einen Zeitraum von 1000 Jahren.[195] Für eine genauere Erläuterung, wie diese Diagramme eingesetzt wurden, siehe den Blog des Autors.[196]

Tolba auf der Villacher Konferenz von 1985

Als Tolba im Oktober 1985 zur zweiten Tagung in Villach eintraf, war er bestens vorbereitet und guten Mutes. Anfang des Jahres hatte er die Verhandlungen über das Übereinkommen zum Schutz der Ozonschicht, das auf ein Verbot von Fluorkohlenwasserstoffen (z.B. als Treibgas in Spraydosen) zielte, in Wien erfolgreich zum Abschluß führen können, und er plädierte bereits offen dafür, ein ähnliches Abkommen nun auch für den »Klimaschutz« auszuhandeln.[198] In seinen Memoiren schildert er einige Lehren, die er aus seinen Erfahrungen als führender Kopf bei der Aushandlung eines der meistunterzeichneten multilateralen Vertragswerke der Welt gezogen hatte. Ein wichtiger Grund für den Erfolg des Wiener Abkommens hatte in seinen Augen darin bestanden, daß die Vertreter des UNEP bewußt über »die unverbindliche Neutralität der traditionellen Vermittlerrolle« hinausgegangen waren. Tolba und seine Kollegen hatten statt dessen »aktiv Lösungen gesucht«.[199] Als er nun in Villach die Kampagne für das neue Abkommen einleitete, tat er dies mit einer so schrillen und aufpeitschenden Eröffnungsrede, daß man ihm »unverbindliche Neutralität« schwerlich vorwerfen konnte (Hervorhebung hinzugefügt):

> Wir haben nun *die meisten Zweifel* an den Auswirkungen der Anreicherung von CO_2 und anderen Spurengasen auf das Weltklima *hinter uns gelassen*. Wie die [SCOPE-29-] Studie *bestätigt* hat, besteht *fast völliges Einvernehmen* darüber, daß die weltweite oberflächennahe Mitteltemperatur durch eine Verdoppelung des Treibhauseffekts steigen würde. Die Unterschiede [zwischen den Modellen], was den Umfang dieser Steigerung angeht, sind bescheiden und im Grunde *für unsere gegenwärtigen Zwecke ohne Belang*. Jetzt ist klar: Wissenschaftler sind *hinreichend davon überzeugt*, daß beim jetzigen Tempo der Anreicherung [von CO_2 und anderen Spurengasen] die weltweite Mitteltemperatur in einem Zeitraum von ungefähr einem halben Jahrhundert wahrscheinlich um mehrere Grad steigen wird.[200]

Mit der SCOPE-29-Studie im Gepäck überbrachte Tolba also den angereisten Wissenschaftlern die Botschaft, daß sie die Grundlage für politisches Handeln schon geschaffen hätten. Alles was ihnen jetzt noch zu tun blieb, war es, die daraus zu ziehenden politischen Schlußfolgerungen zu benennen, um Politikern eine Richtschnur bzw. Berufungsmöglichkeit zur Verfügung zu stellen. Viele beschlich später das Gefühl, daß Tolba über die zahlreichen Unstimmigkeiten und Ungewißheiten, die Wissenschaftler in den SCOPE-29-Abhandlungen und andernorts eingehend dargelegt hatten, schlankerhand hinweggegangen war; seine Rede belegt zumindest, daß er den von den Fachleuten erreichten Gewißheitsgrad übertrieben und ihre Zweifel verschwiegen hatte. Aber es bei nur diesem Befund zu belassen, hieße, viel von dem unter den Teppich zu kehren, was seinerzeit geschah.

Um die damaligen Vorgänge an der Schnittstelle von Wissenschaft und Macht zu verstehen, sollten wir näher betrachten, wie Tolba und andere politische Stichwortgeber, die bald in Erscheinung treten sollten, mit der Kategorie des Zweifels umgingen. In der Denkweise Tolbas setzte der Entschluß, »aktiv Lösungen zu suchen«, nicht voraus, daß man eine erhebliche Ungewißheit, ob es das zu lösende Problem überhaupt gab, vorher ausräumte. Vielmehr strich Tolba bestehende Ungewißheiten gerade heraus, im weiteren Verlauf seiner Rede etwa mit den blumigen Worten: »das Bild ist umwölkt von Ungewißheit«. Bis zu welchem Grade die wissenschaftlichen Erkenntnisse, auf die man den Erderwärmungsalarm stützte, unsicher blieben, war für ihn nichts Neues, und auch nichts, was es zu meiden galt. Vielmehr griff er Zweifel gerade sinnierend auf, arbeitete sie um, wendete sie zu seinem rhetorischen Vorteil, um sie schließlich, wie im oben zitierten Passus seiner Rede, in einem Sturzbach von Floskeln über unerschütterliche Überzeugtheit und imperativ nötiges politisches Handeln gurgelnd untergehen zu lassen.

Tolba zu verstehen heißt zu begreifen, daß es keinen Widerspruch, keine Schande bedeutet, sondern Anlaß zu größtem Stolz ist, trotz noch so wohlfundierter Zweifel unbeirrt voranzuschreiten – ähnlich wie Shakespeares Macbeth: »*I am in blood stepp'd in so far that, should I wade no more, returning were as tedious as go o'er*«. Um diese Haltung zu erwerben, war die Aushandlung des Wiener Ozonvertrags, die sich Tolba als großes Verdienst anrechnete, ein geeignetes Übungsfeld gewesen – beispielsweise schrieb der zu diesen Verhandlungen entsandte US-Chefdelegierte, Richard Benedick, darüber später in seinen Memoiren, die Aufgabe der hierfür versammelten Diplomaten sei es gewesen, »ein internationales Abkommen auszuarbeiten, das eine unbewiesene wissenschaftliche Theorie zur Grundlage hatte«.[201] Dieses Fundament hatte aus nichts anderem bestanden als spekulativen Vorhersagen, widersprüchlichen Modellberechnungen, Fehlen eines beobachteten Ozonabbaus und ebenso jedes Beweises dafür, daß dessen Eintreten schädliche Folgen hätte. Im Jahr 1982 hatte Tolba den zusammengekommenen Delegierten erklärt, »wir können nicht einmal mit Sicherheit sagen, daß die Ozonschicht abgebaut wird«. Er hatte sich fast damit gebrüstet, daß man über »ein Problem, das noch schlüssig bewiesen werden muß«, zu beraten hatte und ein »unzureichendes Verständnis« der natürlichen Schwankungen dieses Problem noch verworrener machte. Alles dies und mehr hatte er in einer Rede verkündet, die er stolz in seinen Memoiren abdruckte und in der er die Delegierten beschworen hatte, daß »wir jetzt handeln müssen«, um ein Problem zu lösen, das »erst in geraumer Zeit, vielleicht erst nach unserer eigenen Lebensspanne auftreten« werde. Der ungläubige Thomas in dieser Vorstellungswelt war vorläufig noch die Öffentlichkeit. So betonte Tolba in seinen Lebenserinnerungen, daß die Öffentlichkeit die unmittelbare Gegebenheit und »wissenschaftliche Gewißheit«

des antarktischen Ozonlochs benötigt habe, um für das Abkommen gewonnen zu werden; für ihn selbst oder Verhandlungsführer wie Benedick habe das zwar nicht gegolten, aber andere Delegierte von Industrieländern hätten »das Fehlen wissenschaftlicher Beweise« für den Ozonabbau als taktischen »Vorwand« genutzt, um eine rechtlich bindende Regulierung zu vermeiden. Es sei zwar hilfreich, wenn ein empirischer Nachweis schließlich erbracht werde, aber für Tolba war das ein Luxus, der denen, die das Wiener Umweltabkommen ausgefeilt hatten, nicht vergönnt gewesen war.[202] Für diese Helden, die an der Grenzlinie zwischen Politik und Wissenschaft operierten, hatte das Wort »Zweifel« also eine vollkommen andere Bedeutung. Daß politische Akteure trotz überwältigender Unsicherheiten nicht zauderten, machte in Tolbas Augen ihr Verdienst, das sie mit dem Wiener Abkommen erworben hatten, nur noch größer.

Und so finden wir den UNEP-Direktor wenige Monate nach Wien in Villach wieder, wo er den angereisten Wissenschaftlern erzählte, daß wir »die meisten Zweifel (...) hinter uns gelassen haben«. In der Diktion Wiens bedeutete dies: *wir haben die Bedenken und Besorgnisse hinter uns gelassen, die die Furchtsamen lähmen könnten.* Denn man bedenke, selbst wenn die Gefahr schon morgen käme, selbst wenn sie schon da wäre, wären wir nicht imstande, sie zu erkennen – war es nicht im Grunde genau das, was Wigley in das Gutachten hineingeschrieben hatte, das Tolba angefordert hatte, für das er bezahlt hatte? In Tolbas Gedankenwelt hatte Wigley keinerlei Grund geliefert, im Angesicht der verborgenen Gefahr zu zögern. Nicht, daß der UNEP-Direktor auf diesen oder einen anderen Aspekt von Wigleys Gutachten näher eingegangen wäre, was am Ende die Gewißheit über die unsichtbare Bedrohung nur hätte untergraben können – besser tat man daran, sich auszumalen, welche schrecklichen Folgen es hätte, wenn die Gefahr wirklich bestünde und wir untätig blieben. Wenn Tolba in Villach etwa behauptete, der westantarktische Eisschild könne »sich aus seiner kontinentalen Verankerung lösen« und ins Meer gleiten, so konnte und sollte er vielleicht diesem apokalyptischen Bild einfach nicht widerstehen. Tatsächlich hatte die SCOPE-29-Studie diese Gefahr explizit ausgeschlossen und dies in ihrer offiziellen Zusammenfassung nochmals betont[203]; auch in der kurzen Konsenserklärung, die die Konferenz am Ende abgab, wurde dieses Risiko ausdrücklich verneint.[204] Aber dieser rationale und fundierte Widerspruch interessierte kaum, der Glaube versetzt nicht nur Berge, sondern auch Eisschilde, und daß er kaum interessierte, sagt vieles über die neue politische Bewegung des »Klimaschutzes«.

So begann sich schon in Villach, als man unter dem Motto, die Wissenschaft solle die Mächtigen lehren und leiten, den Weg zu einem Klimaabkommen antrat, die dafür verwendete Rhetorik aus ihrer Verankerung in der Wissenschaft zu lösen. Typisch für diese Rhetorik war, die bestehende Ungewißheit in die Herausforderung einer heroischen politischen Mission zu verkehren. Damit drehten sich die Unsicherheiten nicht mehr darum, ob eine Gefahr besteht, sondern nur noch darum, in welchem Ausmaß, ab wann, in welcher Form. Tolbas »das Bild umwölkende Ungewißheit« galt nicht mehr der Frage, ob Kohlendioxyd eine gefährliche, galoppierende Erderwärmung auslösen kann, sondern unklar war nur noch, wie groß die Erwärmung genau sein würde, wie rasch sie eintreten würde, mit welchen exakten Folgen für Umwelt und Gesellschaft. Der Spieß der Unsicherheit wurde umgedreht und richtete sich jetzt gegen diejenigen, die Zweifel an der ganzen Veranstaltung anmeldeten: die bösen Skeptiker, die Leugner. So verfahre man mit allen bestehenden Zweifeln, und dann lassen sie sich sogar rhetorischen Angriffen auf die Skeptiker dienstbar machen!* In dieser Weise lassen sich Zweifel an den wildesten Spekulationen zu einem Plädoyer für vorsorgliches Handeln verdrehen: *wir sollten auf alle Fälle was tun, denn wenn doch …* Schließlich kann niemand *mit Gewißheit* sagen, daß sich der antarktische Eisschild *nicht* aus seiner Verankerung lösen wird (oder Sie gestern abend *nicht* unter Zurücklassung eines Scheinleibs auf dem Blocksberg waren). Ist die Beweislast einmal umgekehrt, kann die Forschungsaktivität weitergehen, während die Frage (und sei es noch so wenig) offenbleibt. Das Ganze läßt sich im übrigen auch auf abstrakterer Ebene praktizieren: Solange niemand sicher sagen kann, daß das Klimasystem unempfindlich ist, unsere Einwirkung auf es geringfügig und durch negative Rückkopplung abgemildert, *bleibt es bei der zwingenden Notwendigkeit politischen Handelns*. Nachdem man sich so mit allen furchterregenden Möglichkeiten und den daran angemeldeten Zweifeln auseinandergesetzt hat, besteht der letzte Schritt darin, jeden Zweifel abzustreifen, alle Hinweise auf Ungewißheit aus den Dokumenten zu streichen und die breiten Fehlermargen aus den Diagrammkurven zu tilgen. So zerstreut man Befürchtungen, daß unser Handeln aus Furcht eine furchtbare Überreaktion sein könnte. Bedachtsamkeit über Bord zu werfen, macht den Weg frei für politische Entscheidungen, oft mit der Entschuldigung, daß sogenannte Politiker Gewißheit benötigten, um aktiv werden zu können (als ob die politische, wirtschaftliche und gesellschaftliche Grundlage aller ihrer sonstigen Entscheidungen aus unanfechtbaren Gewißheiten bestünde!). Was Sachwalter der Macht bevorzugen werden, ist ein höherer Wahrscheinlichkeitsgrad des Bestehens einer akuten Gefahr, als jedwedes Expertengremium ihnen zu bescheinigen bereit

* Dabei wird Ungewißheit wie folgt behandelt: Einwände gegen die entfachten Ängste werden aufgegriffen und zu Meinungsverschiedenheiten zwischen denen, die die Angst bereits teilen, umgefälscht. Bleiben dann immer noch Einwände gegen die angeblichen Gründe zu Furcht, werden sie als deren irrationale oder unmoralische Leugnung dargestellt – als Versuche, die Diskussion unter den sich zu Recht Sorgenden zu vergiften –, weshalb sie zu verwerfen seien. Ein Musterbeispiel für diese Art und Weise, mit geäußerten Zweifeln umzugehen, bietet Mike Hulme, besonders in seinem geschickt betitelten Buch *Why we disagree about climate change?,* in dem jeder grundlegende Einwand als bloße Differenz unter denen, die den Klimawandel bereits als Grund für Angst anerkennen, präsentiert wird.[205,206]

wäre. Sicherlich gaben Tolba und andere politische Wortführer diese Linie in der, sagen wir, Hoffnung vor, daß die Wissenschaft eines Tages »aufholen«, daß sich alles zum Guten wenden würde – und wäre einmal der empirische Nachweis erbracht, würden die Zweifler und Skeptiker verstummen. Das freilich sollte sich in Sachen Erderwärmung wie in so vielen analog strukturierten als nicht so einfach erweisen.

Am Ende seiner Eröffnungsansprache auf der zweiten Villacher Konferenz von 1985 pries Tolba die historische Schlüsselbedeutung des wissenschaftlich Erreichten. »Das Problem der Treibhausgase führt eine neue Ära in der Wissenschaft herauf«, behauptete er. Diese neue Ära bestand in nichts Geringerem als in der unbeabsichtigten Verwirklichung einer alten Vision: der menschlichen Veränderung des Klimas. Tolba war nicht der erste und nicht der letzte, der den Gedanken verbreitete, daß eine Kontrolle der Emissionen eine Kontrolle des Klimas bedeute. In anderen Worten, *wir haben einen Thermostaten für die Erde entdeckt.** Eine klimapolitische Antwort würde daher sogar einen emanzipativen Wendepunkt bedeuten: um unsere drohende Selbstzerstörung abzuwenden, würden wir an Selbstbestimmung gewinnen. Mit der Entdeckung, welche zerstörerische Kraft wir besitzen, hatten Wissenschaftler zugleich unsere Kraft freigelegt, Gutes zu tun. Dem Appell Kissingers folgend, die Wissenschaft möge die Probleme lösen, die zu schaffen sie geholfen habe, hatten Klimatologen mehr erreicht, als nur diesem Auftrag gerecht zu werden, und damit die von John von Neumann entwickelte Schreckensvision einer technischen Selbstzerstörung ferngehalten. In Tolbas Vision mutierte von Neumanns das Klima manipulierender »Übermensch« – einschließlich »Formen der klimatischen Kriegsführung jenseits unserer Vorstellungskraft« – zu einem amerikanischen Superman, der trotz seiner Zweifel seine Kräfte einsetzen würde, um die Vernichtung abzuwenden und zum allgemeinen Wohl zu handeln. Am Ende seiner Eröffnungsansprache kleidete Tolba dies in die Worte:

---

* Der Gedanke, daß sich durch eine Abmilderung der CO_2-Folgen das Klima steuern lasse, lag schon den in einem zwei Jahre zuvor erschienenen Bericht der US-Umweltschutzagentur EPA angestellten Berechnungen (vgl. S. 131 f.) oder ähnlichen Kalkulationen des Ökonomen William Nordhaus Mitte der 1970er Jahre zugrunde[207]. Ähnlich hatte das 1977 verfaßte Vorwort des Berichts »Energie und Klima« der amerikanischen Wissenschaftsakademie (vgl. S. 32 f.) mit dem träumerischen Ausblick geendet, daß wir bald vor der Frage stehen könnten: »Wie hoch sollte der atmosphärische CO_2-Gehalt im nächsten Jahrhundert oder in den nächsten beiden Jahrhunderten sein, um ein optimales Weltklima zu erreichen?«[208] Die Idee einer Klimakontrolle durch Eingriff in den CO_2-Zyklus entstand bald, nachdem erstmals die Theorie aufgestellt worden war, daß eine Korrelation zwischen CO_2-Gehalt und Eiszeit bestehe. Im Jahr 1901 spekulierte der Schwede Nils Ekholm, daß wir eines Tages den CO_2-Gehalt kontrollieren könnten, um »das künftige Klima der Erde zu steuern und dadurch die Entstehung einer neuen Eiszeit zu verhindern«.[209] Damals war der Milankowitsch-Zyklus noch nicht bekannt.

> Trotz aller Ungewißheiten steht fest, daß das Klima der Erde nun dem Eingriff des Menschen unterliegt. Die Diskussion muß sich – so glaube ich – darauf konzentrieren, wie wir mit diesem Eingriff am besten umgehen. (...) Wenn wir die Macht besitzen, das Klima zu verändern, warum sollten wir diese Macht nicht dem Wohle der Menschheit nutzbar machen? Das ist eine aufregende Perspektive.[210]

Der Villacher Konsens

Es war nicht irgend jemand, der hier den Wissenschaftlern, die über Treibhausgase arbeiteten, eine »aufregende Perspektive« versprach: Tolba brachte das beträchtliche institutionelle Gewicht des UNEP-Chefs auf die Waage. Im Vergleich dazu war Bolin, der Hauptherausgeber der SCOPE-29-Studie, ein Leichtgewicht, aber er vermied in seiner Rede ohnehin beides, die Rhetorik des Untergangs und die Rhetorik des Triumphs. Er betonte, wieviel Arbeit noch nötig sein werde, um die Ungewißheiten zu verringern, und forderte keine politischen Schritte.[211] War das bereits eine Ernüchterung nach Tolbas rednerischem Höhenflug, galt dies um so mehr für die Ansprache von Donald Smith, dem stellvertretenden Generalsekretär der WMO. Ebenso wie Bolin betrachtete er es als die Hauptaufgabe, die vor den mit der Frage befaßten Wissenschaftlern lag, das Wesen der »wichtigsten Ungewißheiten« zu ergründen und »objektive Wege zu finden, mit ihnen umzugehen«. Smith hielt es für essentiell, sich diese Ungewißheiten bewußtzumachen, denn nur, wenn sie sich in der vorzunehmenden Begutachtung genügend verringern ließen, bestehe Aussicht darauf, ein weltweites Einvernehmen über die gebotenen gesellschaftlichen und wirtschaftlichen Maßnahmen zu erzielen.[212] Anders gesagt, die Wissenschaft, auf die man den Erderwärmungsalarm stützte, war noch nicht weit genug, um als Grundlage für vertretbares politisches Handeln zu dienen. Verglich man diesen sanft widerstrebenden Grundtenor mit dem hochfliegend prophetischen Tolbas, hätte man bei gleichem institutionellen Gewicht der Redner erwarten können, daß die WMO wiederum die Zügel hängen lassen und im Verhältnis zum UNEP ein weiteres Mal die zweite Geige spielen würde. Aber diesmal sollte es anders kommen. Nun sollte das WMO-Präsidium von Anfang an zum Treiber und Führer werden, und bei diesem Kurswechsel hatte einer der Delegierten Kanadas eine Schaltfunktion.

Wir haben oben gesehen, wie die US-Regierung und der 7. Meteorologische Weltkongreß, also das oberste Beschlußorgan der WMO, deren Präsidium regelrecht dazu hatten drängen müssen, sich an der Debatte über eine neue Eiszeit zu beteiligen. Genauso hatte sich das Leitungskollegium der WMO aktiv dem Ansinnen widersetzt, das Thema CO_2-bedingter Erwärmung aufzugreifen, obwohl die Weltklimakonferenz suggestiv zum »Handeln« aufgerufen hatte. Und nicht nur hier, auch schon vorher in der Ozon-Frage hatte das UNEP die Führungsrolle übernehmen müssen. Mitte der 1980er Jahre aber bildete sich im Präsidium der meteorologischen Fachorganisation in Gestalt einer Art Block eine Minderheitsmeinung heraus, wonach die WMO in Sachen Ozon zu langsam gewesen wäre und dafür nun in Sachen Kohlendioxyd die Führung übernehmen solle.[213] So sah es jedenfalls Jim Bruce, der Direktor der kanadischen Umweltbehörde für die Atmosphäre (*Atmospheric Environment Service*). Bruce war ein begeisterter Befürworter politischen Handelns gegen Klimaerwärmung, und daß die WMO nun auf diesen Zug aufsprang, und gleich noch in dessen Führerstand, war zum großen Teil sein Werk, nicht zuletzt durch seine Rolle als Vorsitzender der zweiten Villacher Konferenz.* Bruce schloß seine eigene Eröffnungsansprache in Villach mit einem persönlichen Wort:

> Ich habe wirklich das Gefühl, daß die Zeit drängt – es geht nicht um Entscheidungen im nächsten Jahrhundert, sondern um grundlegende Entscheidungen in den nächsten paar Jahren.[214]

Mit Tolba und Bruce gab es bereits zwei Schlüsselfiguren, die bereit waren, die Formeln zu politischen Maßnahmen zu liefern, und in Villach drangen sie in die anwesenden Wissenschaftler, dabei zu helfen, den Weg dorthin freizumachen.

Das zweite Villacher Expertentreffen war deutlich größer als das erste, und es trug einen ganz anderen Charakter. Diesmal kamen 76 eingeladene Teilnehmer aus 29 Ländern (neben 13 Vertretern der einladenden Organisationen), aber die meisten von ihnen nahmen nicht als Delegierte ihres Landes teil. Vielmehr waren sie wegen ihrer Spezialisierung auf die relevanten Gebiete eingeladen worden. Dieser Unterschied wird oft als bedeutsam betrachtet, weil er Wissenschaftlern die Freiheit gibt, ihre Fachmeinung unbeengter durch politische Vorgaben ihrer Regierung zu äußern.** Wesentlicher war vielleicht, daß dadurch bestimmte Interessen am Konferenztisch stärker vertreten waren. Ein Viertel der nach Villach

---

* Nach dieser Tagung gab Bruce seine Position als Leiter des kanadischen Wetterdienstes auf und ging zum WMO-Sekretariat in Genf, wo er 1986 geschäftsführender stellvertretender Generalsekretär wurde. In dieser Funktion führte er dann für die WMO die Verhandlungen darüber, wie die UNO Maßnahmen gegen den globalen Erwärmungsnotstand entwickeln könne.

** Im Sitzungsbericht des WMO-Präsidiums von 1984 war angekündigt worden: »Bei den Konferenzteilnehmern wird es sich um Delegierte von Regierungen mit aktiven CO_2-Programmen und um einzelne Wissenschaftler handeln, die über Kohlendioxyd forschen und von UNEP/WMO/ICSU benannt werden.«[215] (*36*[th] *EC P36*) In den Diskussionen auf der Villacher Tagung und auch in deren Schlußbericht wurde zwischen diesen beiden Kategorien von Wissenschaftlern keine besondere Unterscheidung getroffen. Zur Rolle von Wissenschaftlern, die in ihrer »persönlichen Eigenschaft« tätig werden, siehe die Dissertation von Hirst[216] und das Papier von Franz[217]. Indessen wird dies leicht überbewertet, um einen ausgeprägten Konsens in einem Tagungsstatement zu erklären, der auch andere Gründe haben kann.

angereisten Fachleute kamen aus den USA, und zwar meist von Einrichtungen, die mit Geldern des US-Energieministeriums über die Kohlendioxyd-Frage arbeiteten. Darunter waren ein Mitarbeiter von Weinbergs Institut für Energiestudien, einer vom *Oak Ridge Laboratory*, zwei vom US-Energieministerium selbst und Mike MacCracken vom *Lawrence Livermore Laboratory*. Ebenfalls eingeladen waren Wigley und zwei seiner Kollegen von der britischen CRU, die seit 1979 ebenfalls vollkommen von den Geldern aus dem Kohlendioxyd-Programm des Washingtoner Ministeriums abhing. Schließlich nahmen eine Anzahl europäischer und kanadischer Wissenschaftler teil, die bald die Werbetrommel für politische Maßnahmen rühren sollten.

Jim Bruce stellte den versammelten Experten zwei wichtige Aufgaben. Die erste war die Ausarbeitung einer »Konsenserklärung« über den gegenwärtigen Kenntnisstand in bezug auf Erderwärmung einschließlich deren physikalischer und sozioökonomischer Auswirkungen. Die zweite bestand in nichts Geringerem, als diesen Konsens sogleich zur Ausarbeitung von Empfehlungen für politische Maßnahmen zu nutzen, die durch Staaten und internationale Organisationen umgesetzt werden sollten.[218] Die anwesenden Wissenschaftler erfüllten die erste Aufgabe, kamen aber über Ansätze für die zweite nicht hinaus. Dennoch gossen sie damit das Fundament, auf dem andere Kreise von Wissenschaftlern, Regierungsberatern und »N«GO-Funktionären bald ein ganzes Gebäude politischer Handlungsoptionen errichten sollten, um der Gefahr durch den Treibhauseffekt zu begegnen.

Nach dem ursprünglichen Plan sollte die Villacher Konferenz ihre einvernehmliche Erklärung, wie sie die Lage wissenschaftlich beurteilt und welche politischen Empfehlungen sie abgibt, auf den ihr vorliegenden Bericht stützen, also auf die SCOPE-29-Studie, die gerade fertiggestellt, aber noch nicht veröffentlicht war. Allerdings wurde die Studie in den Eröffnungsreden kaum erwähnt. Und tatsächlich gelangte das Treffen bei seinen Beratungen in der folgenden Woche zu deutlich anderen Ergebnissen als das offizielle Resümee von SCOPE 29. Das lag teils daran, daß die Teilnehmer in ihre Vorhersage, wie groß die Erwärmungsrate sein würde, auf einmal neue Berechnungen über die zusätzliche Wirkung von anderen Treibhausgasen als Kohlendioxyd einbezogen. Während die Studie auf den Zeitraum abstellte, in dem sich der atmosphärische Gehalt von *Kohlendioxyd* verdoppeln würde, stützte die Villacher Tagung ihre politischen Empfehlungen auf neue Berechnungen, wann eine gleichwertige Wirkung bei Berücksichtigung *aller freigesetzten Treibhausgase* eintreten würde. Durch diese neue Kalkulation wurde die prognostizierte Erwärmungsrate erheblich angehoben. So war laut SCOPE 29 angesichts der bisherigen Emissionsraten zu erwarten, daß sich der CO_2-Gehalt bis zum Jahr 2100 verdoppeln würde. Laut der Villacher Konferenz sollten *alle Treibhausgase zusammen* die entsprechende Erwärmungswirkung bereits im Jahr 2030 erzielen.

Dieser neue Zeitpunkt für die Verdoppelung rutschte unter eine psychologisch bedeutsame Schwelle: die Lebenserwartung der jüngeren unter den anwesenden Wissenschaftlern. Später wurde diese Rechnungsweise wieder allgemein verworfen und der einvernehmlich prognostizierte Zeitpunkt für »das Äquivalent der CO_2-Verdoppelung« um mindestens 20 Jahre verschoben – nie wieder sollte eine Verdoppelung binnen einer so kurzen Zeitspanne angekündigt werden.* In Villach jedoch strichen sowohl Tolba als auch Smith diese Berechnung in ihren Eröffnungsreden heraus, und sie schien den gewünschten Effekt zu haben. Wie Teilnehmer des Treffens später sagten, erzeugte diese Neuigkeit eines beschleunigten Treibhauseffekts in den Villacher Arbeitsgruppen einen größeren Druck der Dringlichkeit.**

Das erklärt ein Stück weit, warum das von allen Wissenschaftlern gebilligte Statement der Konferenz viel dramatischer ausfiel als je eines zuvor. Es war nicht ganz so schrill wie Tolbas Rede, aber in mancher Hinsicht bemerkenswert apodiktisch. Die Lagebeurteilung endet mit dem Satz:

> Aufgrund der Erkenntnisse über die Auswirkungen vergangener Klimaänderungen besteht kaum Zweifel, daß eine künftige Klimaänderung in der Größenordnung, die sich aus Klimamodellen bei einer Verdoppelung des atmosphärischen Kohlendioxydgehalts ergibt, tiefgreifende Auswirkungen auf globale Ökosysteme, Landwirtschaft, Wasserressourcen und Meereseis haben könnte.[222]

Wie so viele einvernehmlich beschlossene Tagungsstatements, die folgen sollten, war dieses so gewunden, daß es mehr zu sagen schien, als es wirklich sagte – dergestalt können Teilnehmer, die auf einen dramatischen Effekt aus sind, mit denjenigen zusammenkommen, denen Übertreibungen widerstreben. In Wirklichkeit war nach diesem Satz der Villacher Erklärung der Grund zu Besorgnis nur so groß wie die Verläßlichkeit der Computermodelle, was sich im wesentlichen mit SCOPE 29 deckte. Eine klare Erwiesenheit – es bestehe »kaum Zweifel« – wird in dem Satz nur für die Erkenntnisse beansprucht, die angeblich aus dem Datenmaterial über vergangene Klimate resultierten. Das jedoch ließ sich schlecht mit SCOPE 29 in Einklang bringen. Denn wie erwähnt, hatte Wigley in der Studie gerade dargelegt, daß es ihm nicht gelungen war, globale Klimatrends der Vergangenheit in relevanten Zeitskalen zu ermitteln. In Villach hatte man Wigley ausgewählt, an der alles entscheidenden Arbeitsgruppe »Auswirkungen auf den Klimawandel« teilzunehmen. Deren Bericht selbst stimmte viel besser mit

* Dies sollte der erste von vielen Fällen in der forcierten Kampagne für ein Klimaabkommen sein, in denen eine außergewöhnliche wissenschaftliche Behauptung hastig in die Beratungen eingeschleust wurde, bevor sie von Wissenschaftlern sachgerecht überprüft und beurteilt werden konnte.

** Veröffentlicht wurden die neuen Berechnungen in einem Artikel von Ramanathan *et al.*[219] Zu dem Eindruck, den sie auf die Konferenz machten, siehe Hecht/Tirpak[220] und Hirst[221].

Wigleys SCOPE-29-Kapitel »Empirische Untersuchungen« überein – außer dort, wo er noch skeptischer gehalten war.

In den knappen Darlegungen der Arbeitsgruppe wurde das Datenmaterial über vergangene Klimaänderungen nicht einmal diskutiert. Zu dem Problem der empirischen Forschung, ein Signal für CO_2-Einfluß in den gegenwärtigen Klimadaten nachzuweisen, enthielt der Bericht nur eine vage Bezugnahme auf Wigleys ganzes SCOPE-29-Kapitel, in dem – wie wir gesehen haben – bezweifelt worden war, ob sich ein solches Signal überhaupt jemals nachweisen lasse.[223] Statt dessen meldete die Arbeitsgruppe eine ganze Reihe von Bedenken gegen die Verläßlichkeit der Computermodelle an. So beanstandete sie etwa, daß einige der Berechnungen, wie sich die Durchschnittstemperatur verändern würde, den in hohen Breitengraden erwarteten Veränderungen ein zu großes Gewicht einräumten. Die Arbeitsgruppe ging sogar so weit, zu erklären, die »Mängel der Modelle« seien solcherart, daß »zum gegenwärtigen Zeitpunkt« – also bis zu ihrer Verbesserung – die in der SCOPE-29-Studie genannte Temperaturmarge nur als »ein Maß der Übereinstimmung zwischen den verschiedenen Herangehensweisen der Modelle« verstanden werden solle. Dies bezog sich auf die in SCOPE 29 genannte Bandbreite einer Erwärmung zwischen 1,5–5,5 °C bei Verdoppelung des CO_2-Gehalts. Zu dieser Marge hieß es im Bericht der Arbeitsgruppe, daß sie

> nicht als eine Vorhersage der Bandbreite etwaiger Auswirkungen auf das Klima verstanden werden sollte.[224]

In anderen Worten, die Arbeitsgruppe »Auswirkungen auf das Klima« war zu dem Ergebnis gelangt, daß die Modelle noch lange nicht in der Lage waren, (auch nur vage) Vorhersagen über die Auswirkungen freigesetzter Treibhausgase auf das globale Klima zu machen.*

Als der SCOPE-29-Band im folgenden Jahr erschien, stand an seinem Anfang die Villacher Konsenserklärung, die damit noch vor der offiziellen Zusammenfassung der 520seitigen, durch die *Peer Review* gegangenen Studie wiedergegeben war. Die Berichte der Villacher Arbeitsgruppen hingegen wurden nur in einer anschließenden WMO-Publikation, dem »Bericht Nr. 661«, abgedruckt.[225] Nur aus diesem unbekannten Konferenzbericht ließen sich damit die Unstimmigkeiten zwischen den Ergebnissen der Villacher Arbeitsgruppe »Auswirkungen auf das Klima« und der Villacher Konsenserklärung ersehen.

* Diese skeptische Haltung des Berichts ist um so bemerkenswerter, als der Arbeitsgruppe sowohl empirisch arbeitende Klimatologen als auch Fachleute für Klimamodelle angehörten. Darunter war sogar Syukuro Manabe, der als vielleicht erfahrenster und angesehenster Klimamodell-Experte seiner Zeit zwei Jahre zuvor Smagorinsky als Leiter des Labors für geophysikalische Fluiddynamik der Princeton University abgelöst hatte.

Wesentlich leichter zugänglich waren zwar die Widersprüche zwischen der Villacher Konsenserklärung und der Zusammenfassung von Bolins umfassender SCOPE-29-Studie, denn jeder konnte sie in dem kommerziell publizierten und weithin vertriebenen Buch nachlesen. Aber auch dort wurden sie kaum beachtet. Niemand fand es nötig, sie hervorzuheben, und so streuten sie kaum Sand ins Getriebe der schon anlaufenden politischen Kampagne.

Daß Wissenschaftler über derart eklatante Widersprüche schweigend hinweggingen, ist ein frühes Beispiel für eine ungeschriebene Verhaltensregel, die überall galt, wo man mit den Fördergeldern für Klimawandelforschung arbeitete: Man enthielt sich jeder öffentlichen Kritik an den Widersprüchen, Übertreibungen und Verzerrungen wissenschaftlicher Aussagen, während diese wieder und wieder umgedeutet wurden, um sie den Machtverwaltern mundgerecht zu machen. Die öffentliche Artikulation solcher Kritik markierte die Grenzlinie, ab der man zum »Klimawandel-Skeptiker«, oder »-Leugner«, gestempelt wurde, ein durchaus existenzbedrohendes Etikett. Diese Grenze sollte freilich kaum etwas damit zu tun haben, wieviel Zweifel ein Forscher *innerhalb* der wissenschaftlichen Fachdebatte äußerte. Wie wir bereits gesehen haben – und im weiteren noch sehen werden –, kamen viele einschlägig tätige Wissenschaftler zu Ergebnissen, die der Story des Klimaalarms widersprachen, ja äußerten sich sogar mit größter Skepsis über die wissenschaftliche Grundlage, auf die man die Prophezeiungen einer Katastrophe stützte. Forscher, die von dieser Freiheit Gebrauch machten, erlangten sicherlich nicht die Berühmtheit von Fachleuten wie James Hansen, die sich zu Horrorwarnungen bereit fanden, welche nur noch von den quäkendsten Unkenrufen aus der sogenannten Politik übertroffen wurden. Trotzdem konnten sie ihre wissenschaftliche Arbeit relativ unbehelligt fortsetzen, solange sie nur, und alle anderen Beteiligten auch, sorgsam darauf achteten, daß jede zweifelnde Schlußfolgerung – etwa so, wie Kopernikus seine Berechnungen zwar im kleinen Kreis äußern durfte, aber klugerweise nicht drucken ließ – im »wissenschaftlichen Diskurs« versteckt blieb; genauso wie der gesamte auf den beiden Villacher Konferenzen geäußerte Skeptizismus verborgen geblieben ist bis zum heutigen Tage.

In der veröffentlichten SCOPE-29-Studie waren unmittelbar nach dem fachlichen Teil der Villacher Erklärung (also ebenfalls noch vor der Zusammenfassung der Studie) weiter die politischen Empfehlungen abgedruckt, auf die sich die Wissenschaftler »geeinigt« hatten. Einige davon sprachen sich für eine fortgesetzte Überwachung und weitere Begutachtungen der Treibhausgase und ihrer Folgen aus – wie so viele Konferenzerklärungen zuvor. Das war nicht exakt das, woran Bruce gedacht hatte, als er die Delegierten um Empfehlungen für die

Regierungspolitik gebeten hatte. Obgleich damit konkrete politische Leitlinien fehlten, wurde doch wenigstens gesagt, daß solche nun entwickelt werden sollten. »Auch wenn«, wie die Erklärung einräumte, »größere Ungewißheiten verbleiben«, sei »doch der Kenntnisstand über die Frage der Treibhausgase hinreichend fortgeschritten«, um zur Festlegung politischer Schritte überzugehen:

> Wissenschaftler und Politiker sollten eine aktive Zusammenarbeit aufnehmen, um die Effizienz alternativer Politiken und Anpassungsmaßnahmen zu klären.[226]

Es war das erste Mal seit der Weltklimakonferenz, daß eine Versammlung von Wissenschaftlern eine solche Empfehlung ausgesprochen hatte. Hatte die Weltklimakonferenz an alle Nationen den Appell gerichtet, »*vorherzusehen und zu verhindern*«, so waren die Experten in Villach sechs Jahre später übereingekommen, daß die wissenschaftlichen Kenntnisse für das »Vorhersehen« inzwischen hinreichend fortgeschritten waren, um zur Entwicklung von Präventionsstrategien und anderen Schritten überzugehen. Sie empfahlen die Ausarbeitung eines »möglichst breiten Spektrums gesellschaftlicher Maßnahmen, um den Klimawandel zu verhindern oder sich ihm anzupassen«, womit man »unverzüglich beginnen« solle.[227]

Die abschließende Empfehlung der Villacher Konferenz von 1985 war ein Aufruf an die einladenden Organisationen zur Einrichtung einer kleinen Taskforce, die regelmäßige Beurteilungen und Handlungsempfehlungen für die Regierungen ausarbeiten sollte. Überdies sollte die Taskforce dafür verantwortlich sein,

> die – wenn für erforderlich erachtet – Konzipierung eines weltweiten Abkommens einzuleiten.[228]

Nachdem dieser internationale wissenschaftliche Konsens zu Papier gebracht war, konnte die Kampagne für globale politische Maßnahmen beginnen.

Die Beratungsgruppe für Treibhausgase

Daß das Villacher Treffen die letztgenannte Empfehlung aussprach, geschah auf Tolbas ausdrücklichen Wunsch; schon in seiner Eröffnungsrede hatte er die Gründung eines »Internationalen Koordinationsausschusses für Treibhausgase« vorgeschlagen.[229] Das Modell dafür war ein Ausschuß, den Tolba erfolgreich zur Vorbereitung des Wiener Ozonschutzabkommens eingesetzt hatte. In Villach ließ Tolba nun ein ähnliches Gremium mit der Bezeichnung »Beratungsgruppe für Treibhausgase« einrichten, in das nur sieben Wissenschaftler gewählt wurden, darunter Bert Bolin, als Sekretär Jim Bruce und als Vorsitzender dessen Landsmann Ken Hare, ein Klimatologe an der Universität Toronto. Diesen kleinen

Kreis betraute die Villacher Konferenz mit der Mission, die Frage der Treibhausgase voranzubringen. Aber er wurde eine Totgeburt, denn er erlangte nie die Rückendeckung der Regierungen, vor allem nicht die Washingtons. Auch unter den sich jetzt als Klimaaktivisten betätigenden Wissenschaftlern hatte er nur wenige Unterstützer. In den Augen Bert Bolins war ein so kleiner Ausschuß nicht der Aufgabe gewachsen, in einer so wichtigen politischen Frage Regierungen zum Handeln zu bewegen.[230, 231] Aber es gab ohnehin noch keine Verhandlungen, für die man seinen Rat gebraucht hätte.

Daß dieses Beratergrüppchen bedeutungslos bleiben würde, zeichnete sich schon bei seiner ersten Sitzung im Sommer 1986 ab, als Tolba die Gespräche in Gang brachte, die zur Gründung des IPCC führen sollten. Wie es dazu kam, werden wir gleich sehen. Aber während diese Unterredungen Fortschritte machten und darin das künftige IPCC Gestalt annahm, überschnitten sie sich mit einer anderen Ereigniskette, die den Treibhausgaseffekt mitten auf die Bühne der Weltöffentlichkeit bugsierte. Die Folge war eine hektische Serie internationaler Treffen, teils auf Ministerebene, die die damit ins Scheinwerferlicht getauchte »Klimakrise« diskutierten und gemeinsame Lösungen planten. All das drohte sogar, den ganzen Prozeß vorwegzunehmen, der eigentlich durch das IPCC abgewickelt werden sollte. Letztendlich bedurfte es manch diffiziler Unterhandlung, um all diese aufgeregten Aktivitäten wieder unter einen Hut zu bringen, und die »globale Antwortstrategie« zurück unter die Kontrolle der beiden zuständigen UN-Organisationen.

Hintergrund dieses Tohuwabohus Ende der 1980er Jahre war, daß die zweite Welle der Umweltschutzbewegung anrollte.[232]

Der Einfluß der Bewegung für »nachhaltige Entwicklung«

Das Schlagwort »nachhaltige Entwicklung« entstand noch vor der UN-Konferenz über »die menschliche Umwelt« 1972 in Stockholm. Laut seinen Urhebern sollte es die als gegensätzlich erkannten Ziele der industriellen Entwicklung und des Umweltschutzes miteinander in Einklang bringen.[233] In gewisser Weise war das bereits der Auftrag des UNEP, seit es zur Umsetzung der Stockholmer Entschließungen gegründet worden war. Indessen gewann dieses Schlagwort erheblich schärfere Konturen und größere Durchschlagskraft, als die UN-Generalversammlung Ende 1983 eine Sonderkommission einberief, die »langfristige Umweltschutzstrategien zur Verwirklichung einer nachhaltigen Entwicklung bis zum Jahr 2000 und danach« ausarbeiten sollte. Zu deren Vorsitzenden wählte man die norwegische sozialdemokratische Parteichefin und frühere Premierministerin Gro Brundtland. Die von 1984 bis 1986 tätige

»Brundtland-Kommission« machte von sich reden durch ihre groß aufgemachten und prominent besetzten Anhörungen in den armen Teilen der Welt, in denen sie die Umweltgefahren für Länder und Völker beleuchtete, die im Routinegeschäft der internationalen Diplomatie unterrepräsentiert waren. Außerdem beteiligte sie an ihrer Tätigkeit »Nichtregierungsorganisationen«, die sich für »Umweltschutz« stark machten, in einem Maße, das diesen eine bis dahin ungekannte Aura der Legitimität verlieh. Ihren Bericht *Our Common Future*[234] legte Brundtland unter großem Mediengetöse im April 1987 vor.

Für die Stichwortgeber der Nachhaltigkeitsbewegung war die Klimaerwärmung durch Treibhausgase der klassische Fall des von ihnen postulierten Konflikts, bedrohte doch die Energieerzeugung, die man für das wirtschaftliche Funktionieren brauchte, weltweit »die Umwelt«. Auch zum Zukunftsakzent der Nachhaltigkeitsbewegung paßte das Thema: die Umwelt sei nicht nur für die heutigen Erdbewohner zu schützen, sondern auch für die noch ungeborenen Generationen. So wurde Erderwärmung im Brundtland-Bericht mit einiger Aufmerksamkeit bedacht; im Kapitel über Energie kam sie noch vor der Frage der Atomkraft. Allerdings sollte ihr Stellenwert auch nicht überschätzt werden – sie gelangte nicht in die Schlagzeilen, und der Bericht maß ihr viel weniger Bedeutung zu als der »Armut«, die er als Hauptproblem in den Mittelpunkt stellte. Brundtland selbst schenkte, als sie ihren Bericht öffentlich präsentierte, dem Treibhauseffekt nur wenig Beachtung.[235]

Das heißt nicht, daß die Brundtland-Kommission für den späteren Siegeszug der Erderwärmungshysterie keine Rolle gespielt hätte: die Kommission hatte daran vielmehr immensen Anteil, aber dieser wurde in anderer Weise wirksam. Er entstand aus den Verbindungen, die sich zwischen den Wortführern der beiden Lager herausbildeten, besonders zwischen den beiden umtriebigen Kanadiern Jim Bruce und Jim McNeill. Während Bruce von seiner Rolle als Vorsitzender der zweiten Villacher Konferenz direkt in die des Sekretärs der »Beratungsgruppe für Treibhausgase« geschlüpft war, hatte es McNeill als Generalsekretär der Brundtland-Kommission übernommen, für die Abfassung ihres Berichts zu sorgen.[236] Die Affinität zwischen beiden Fraktionen wurde erstmals in der ausführlichen Behandlung der »Kohlendioxyd-Gefahr« in *Our Common Future* sichtbar, die weitestgehend auf den Feststellungen der Villacher Konferenz beruhte.

Nach der Veröffentlichung ihres Berichts aber fehlte der Brundtland-Kommission ein zugkräftiges Leitthema, denn ihr großes und uraltes Hauptthema (Armut) war zu weitläufig und vielschichtig, um daraus einen klaren Kurs ableiten zu können. Was die Kampagne brauchte, um nach der Veröffentlichung ihres Berichts 1987 in Schwung zu bleiben, war ein einprägsames Leitmotiv, auf das man neue Aufrufe zu weltweitem Handeln gründen konnte. Nachdem das Ozon-Problem in Wien bereits triumphal abgehandelt worden war, gab es dafür keinen offensichtlichen Kandidaten mehr, bis im nächsten Jahr das Thema Erderwärmung auftauchte, sozusagen an der richtigen Stelle zur richtigen Zeit.[237]

Aber der Einfluß wirkte auch umgekehrt. Nachdem sich Brundtlands Kampagne für »nachhaltige« Entwicklung den Kampf gegen weltweite Klimaerwärmung auf die Fahnen geschrieben hatte, wurden bald ihre eigenen Themen von den Aktivisten gegen Erderwärmung aufgegriffen und in die Verhandlungen für ein Klimaabkommen eingebracht. Das galt ganz besonders für Armutsbekämpfung und Entwicklungshilfe durch Umkehrung des Nettotransfers von den Armen zu den Reichen. Der Aufstieg der »Klimaschutzbewegung« begann bald nach dem ersten Treffen von Tolbas neuem Beraterstab im Juli 1986.

Die Rockefeller-Symposien in Villach und Bellagio

Zu den unzufriedenen Mitgliedern von Tolbas Beratergrüppchen gehörte Gordon Goodman, ein aus Wales stammender Ökologe, den man zum Gründungsdirektor des Beijer-Instituts in Stockholm ernannt hatte. Dieses privat finanzierte, aber die Schirmherrschaft der Königlich Schwedischen Wissenschaftsakademie genießende Institut war 1977 gegründet worden, um Fragen rund um Energie und Umwelt zu behandeln, die, wie oben erwähnt, in jenen Jahren sehr en vogue waren.* Nach seiner Teilnahme an der zweiten Villacher Konferenz 1985 begann Goodman, sein beträchtliches organisatorisches Geschick und die Mittel des Beijer-Instituts einzusetzen, um für politisches Handeln gegen Klimawandel zu werben. Von den Rockefeller-Brüdern erhielt er die nötigen Gelder für zwei Symposien, die die Folgen der Erderwärmung weiter erörtern und politische Maßnahmen dagegen konzipieren sollten. Das erste dieser Symposien fand, wiederum in Villach, Ende September 1987 statt und das zweite einen Monat später im Tagungszentrum der Rockefeller-Stiftung in Bellagio am Comer See.

Unter dem Tagungsthema »Politiken entwickeln, um dem Klimawandel zu begegnen« waren diese Treffen als unmittelbare Antwort auf die Empfehlung der Villacher Konferenz gedacht, man möge mit der Ausarbeitung politischer Maßnahmen »unverzüglich beginnen«. Nominell waren diese Seminare zwar Teil des Prozedere, das die Konferenz beschlossen hatte, und demgemäß wurde der Entwurf des Symposiumsberichts Tolbas Beratergruppe auf einer Sitzung im Dezember 1987 vorgelegt und die Endfassung später von der WMO im Rahmen des Weltklimaprogramms veröffentlicht. Aber dieses Etikett war damit bis zum Äußersten strapaziert. Waren die erste Villacher Konferenz 1980, die SCOPE-29-Studie und das Villacher Folgetreffen von 1985 noch alle am Rande der offiziellen

* Vgl. dazu auch S. 32 (Fn.).

Aktivitäten des Weltklimaprogramms durchgeführt worden, so war mit diesen Symposien dieser Rahmen eindeutig gesprengt; ein kleiner Hinweis am Anfang des gedruckten Tagungsberichts sagte darum verlegen: »Dies ist keine offizielle Veröffentlichung der WMO.« Was er nicht sagte, war, daß die Seminare in Villach und Bellagio ohne jegliche Leitung oder Kontrolle durch irgendein Organ oder Gremium der WMO, des ICSU oder des UNEP stattgefunden hatten.[238] Genausowenig waren sie irgendeiner Regierung unterstellt gewesen. Sie sind damit ein frühes Beispiel dafür, wie sich private Stiftungen zum Herrn über globale Umweltpolitik aufwarfen, und darum lohnt es, ihr Zustandekommen einen Moment näher zu betrachten.

Als politischer Hauptinitiator der Symposien versicherte sich Goodman zunächst der Hilfe von Jill Jäger, die ebenfalls am Beijer-Institut angestellt war und zu den Herausgebern der SCOPE-29-Studie zählte. Dann wandte er sich an Michael Oppenheimer, der als Atmosphärenwissenschaftler für den *Environmental Defense Fund* (EDF) arbeitete, eine amerikanische »N«GO, die erstmals durch ihre Klagen für ein Verbot von DDT bekannt geworden war. Auch einen Mitgründer des EDF holte Goodman hinzu, George Woodwell, der inzwischen zum ersten Direktor des *Woods Hole Research Center* avanciert war, eines ebenfalls privat neugegründeten und finanzierten Instituts für Umweltfragen. Keiner dieser Hauptveranstalter der Symposien hatte irgendein staatliches Amt oder eine Funktion bei der UNO inne.[239, 240] Zum Organisationskomitee der Tagungen gehörten zwei weitere Mitglieder von Tolbas Beraterstab: Bert Bolin und Ken Hare. Außerdem dabei war Howard Ferguson von der kanadischen Umweltbehörde für die Atmosphäre, der Bruce und McNeill in die Arena der internationalen Wissenschaftspolitik gefolgt war*. Schließlich gehörte dem Organisationskomitee noch William Clark an, der vorher an Weinbergs Institut für Energiestudien gearbeitet hatte, wo er dessen Bericht über Kohlendioxyd von 1982 herausgegeben hatte.

Betrachtet man weiter die Liste der geladenen Gäste, so folgte sie sichtlich der Villacher Empfehlung, Wissenschaftler und Politiker sollten »eine aktive Zusammenarbeit aufnehmen«[241], und lag zugleich auf der Linie der Brundtland-Kommission, vermehrt die sogenannte »Zivilgesellschaft« einzubinden. Wissenschaftler und technische Experten überwogen nach wie vor – besonders auf dem ersten Seminar, das die Folgen der Erderwärmung für Umwelt und Gesellschaft abschätzen sollte –, aber es gab auch zahlreiche Teilnehmer aus der politischen Sphäre, Regierungsvertreter wie Funktionäre von Umwelt-»N«GOs.

* Seit den Zeiten von Maurice Strong, der die Stockholmer UN-Konferenz über »die menschliche Umwelt« geleitet hatte und dann Gründungsdirektor der UN-Umweltorganisation, des UNEP, geworden war, spielten Kanadier auf dem neuen Feld des internationalen Umweltschutzes eine hervorgehobene Rolle; Ende der 1980er Jahre war dieser geradezu zu einem Aushängeschild der kanadischen Regierungspolitik geworden.

Daß die Veranstalter die Symposien als Erfolg verbuchen konnten, verdankten sie ihrem Konzept, zunächst explizit eine wissenschaftliche Grundlage zu zementieren, wofür sie sich direkt auf die Autorität der Villacher Konsenserklärung stützten:

> Es besteht nunmehr ein allgemeines Einverständnis darüber, daß bei Fortsetzung des jetzigen Trends »die globale Mitteltemperatur in der ersten Hälfte des nächsten Jahrhunderts stärker steigen könnte als jemals zuvor in der Menschheitsgeschichte«.[242]

In dem Tagungsbericht folgten diesem Zitat weitere Auszüge aus der Villacher Konsenserklärung, und danach hieß es, man habe »diese Feststellungen der Villacher Konferenz von 1985 (...) als Ausgangspunkt« für die Seminare verwendet. Das entsprach dem, was Tolba und Bruce in ihren Villacher Eröffnungsreden angekündigt hatten: der auf der Konferenz erzielte »wissenschaftliche Konsens« sollte die unverrückbare Grundlage für die Ausarbeitung politischer Maßnahmen bilden.[243] So würden Fragen und Zweifel, *ob* der Mensch eine gefährliche Klimaänderung verursacht, nicht die Debatte darüber aufhalten, welche verschiedenen Folgen dieselbe für die Umwelt und Gesellschaft habe und wie darauf politisch zu reagieren sei.

Der Symposiumsbericht zeigte, daß dieses Kalkül aufgegangen war, denn er enthielt einige substantielle politische Vorschläge. So propagierte er vor allem zwei handfeste rechtliche Mechanismen, um die behauptete weltweite Erwärmung zu bremsen: ein allgemeines »Recht der Atmosphäre« und ein Verfahren zur Festlegung bindender Emissionswerte.

Ein Recht der Atmosphäre

Unter einem »Recht der Atmosphäre« oder »Recht der Luft« versteht man die Entwicklung eines rechtlichen Rahmens für die Verwaltung der Erdatmosphäre als ein »globales Gemeingut«, ein *Global Common*. Nach dem Vorbild der Allmende, also des Gemeineigentums der Dorfgenossen, soll ein internationales Gemeingut anerkannt werden, das einen den nationalen Gerichtsbarkeiten entzogenen Teil der Erde bilden würde, der als gemeinsames Erbe der Menschheit verstanden wird. Das erste internationale Gemeingut, das durch ein völkerrechtliches Abkommen statuiert wurde, war die Antarktis. Eine Notwendigkeit hierfür war bald nach dem Internationalen Jahr der Geophysik spürbar geworden, als zwölf daran beteiligte Staaten Forschungsstationen in der Antarktis errichteten. Der daraufhin im Jahr 1959 unterzeichnete Antarktisvertrag beinhaltete einen Verzicht auf alle nationalen Gebietsansprüche. Später fand der Rechtsgedanke eines *Global Common* Eingang in den Weltraumvertrag von 1967, den – letztlich gescheiterten – Mondvertrag und die zähen Verhandlungen über ein internationales Seerecht, die in den 1970er Jahren begannen, sich aber durch die ganzen 1980er Jahre schleppten.

Angesichts der großen öffentlichen Aufmerksamkeit, die in den 1970er Jahren für das Thema Luftverschmutzung entstanden war, überrascht es nicht, daß damals die Idee aufkam, durch ein neues »Recht der Luft« auch die Atmosphäre zu einem internationalen Gemeingut zu erklären. Die Möglichkeit eines solchen Abkommens war 1975 Thema einer Konferenz, zu der die Anthropologin Margaret Mead einlud. Ihre fachlichen Leistungen sollten später in das Kreuzfeuer der Kritik geraten, zu dieser Zeit aber stand sie als Präsidentin der *American Association for the Advancement of Science* im Zenit ihres Ruhms.

In ihrer Begrüßungsansprache erklärte Mead den versammelten Atmosphärenforschern, sie habe sie eingeladen, um die Frage »zu erörtern, wie die sehr realen Gefahren, die der Menschheit und dem Leben auf dem Planeten drohen, glaubhaft und überzeugend dargelegt werden« könnten, um dem baldigen Abschluß eines internationalen Abkommens den Weg zu bereiten, mit dem ein »Recht der Luft« geschaffen werden solle.[244] Unter den 35 Konferenzteilnehmern befanden sich etliche als Umweltaktivisten bekannte Wissenschaftler, so Wally Broecker, Stephen Schneider, George Woodwell und William Kellogg, die bald alle zu Bannerträgern des Kampfes gegen die angebliche Klimaerwärmung werden sollten. Das Symposium ist bemerkenswert, weil es früh den Schwerpunkt auf Kohlendioxyd legte; andere Umweltgefahren, deren Einbeziehung in ein neues »Recht der Luft« man diskutierte, waren Ozonabbau, saurer Regen und Wüstenbildung.

Zehn Jahre später nun wurden alle diese Umweltrisiken und noch weitere von der Brundtland-Kommission behandelt.* Die Auflistung der Bedrohungen in deren Bericht war so lang geworden, daß ein umfassendes neues »Recht der Luft« im Vergleich zum punktuellen Ziel des Ozonabkommens außerordentlich komplex zu werden versprach. Gleichwohl befürwortete die Kommission im Kapitel über »Klimawandel« ein internationales Abkommen, das sämtliche umweltrelevanten Chemikalien erfassen sollte. Speziell auf Klimawandel zugeschnittene Maßnahmen erwähnte der Bericht nur als Ausweichlösung, und auch das nur, um sich Klimaänderungen anzupassen, nicht um sie zu stoppen:

> Wenn ein Abkommen zur Eindämmung chemischer Bedrohungen nicht zügig herbeigeführt werden kann, sollten Regierungen Notstrategien und -pläne zur Anpassung an Klimaänderungen entwickeln.[245]

* Das Konzept der »globalen Gemeingüter« spielt im Brundtland-Bericht eine große Rolle und wird darin sogar von der räumlichen auf die zeitliche Dimension übertragen, d.h. auf eine gemeinsame *Zukunft*. Der Bericht mit dem Titel »Unsere gemeinsame Zukunft« offerierte drei Teile: »Gemeinsame Besorgnisse«, »Gemeinsame Herausforderungen« und »Gemeinsame Bestrebungen«.

Betrachtet man hingegen den Bericht der Rockefeller-Seminare, so plädierte er sowohl für allgemeine als auch konkrete Schritte, und sogar dafür, beides in die Hände einer »zwischenstaatlichen Einrichtung« zu legen, die bald die Gestalt des IPCC annehmen sollte. Diese internationale Institution sollte

> die Notwendigkeit eines völkerrechtlichen Vertrags über ein Recht der Atmosphäre als ein internationales Gemeingut nach dem Vorbild des Seerechts prüfen, oder aber der Kursnahme auf ein Abkommen nach dem Modell des Ozonvertrags.[246]

Ein neues »Recht der Luft« fand beim IPCC nie nennenswertes Interesse und geriet, weil die Verhandlungen aussichtslos erschienen, bald in Vergessenheit. Eine andere Idee aus Rockefellers italienischer Gedankenschmiede für neue Umweltvorschriften aber fand durchaus Beachtung.

Emissionsziele

Das war das Konzept der Emissionsziele. Für ihre Festsetzung sollte der erste Schritt darin bestehen, eine hinnehmbare *Rate* der Erwärmung zu bestimmen. In anderen Gremien und zu späterer Zeit sollte die Diskussion über Emissionsziele darum kreisen, die *obere Grenze* einer akzeptablen Erwärmung zu beziffern: den Wert, von dem an die Folgen »gefährlich« würden.* Aber in den Rockefeller-Seminaren verfolgte man die Idee, ein Tempo der Erwärmung zu finden, das hinreichend langsam wäre, um es Umwelt und Gesellschaft zu ermöglichen, sich dem Temperaturanstieg anzupassen. Dabei ging es in erster Linie um Anpassung von Flora und Fauna oder Umstellung der Landwirtschaft, wenngleich man bei der Fixierung des tolerablen Temperaturanstiegs auch erwog, daß sich der natürliche Anstieg des Meeresspiegels leicht beschleunigen würde. Ist eine hinnehmbare Erwärmung festgelegt, lassen sich die weltweiten *Emissions*raten, die eine solche Erwärmung bewirken würden, als globales Gesamtemissionsziel berechnen. Das wiederum kann dann als Grundlage für die Vereinbarung nationaler Ziele für Emissionsverringerungen dienen.

Mit den damaligen Bestrebungen, Formeln für Emissionsziele zu entwickeln, ging man in der politischen Planung ein großes Stück vorwärts, und man sollte bedenken, ein wie großes Stück. Heute wird die Diskussion, wie auf Erderwärmung politisch zu reagieren sei, völlig von Emissionszielen beherrscht, und dabei wird stillschweigend vorausgesetzt, daß Gesamtemissionsraten mechanisch mit einer Klimareaktion von ein, zwei oder mehr Grad verkoppelt

* Vgl. als ein frühes Beispiel den Artikel von Nordhaus[247] oder auch die Kontroverse zwischen dem IPCC (Bolin) und dem Sekretariat für das UN-Klimaabkommen (Estrada) über »gefährliche Emissionswerte«.

sind. Die heutige Debatte ruht auf dem kompakten Sedimentgestein des über Jahrzehnte aufgehäuften, durch angeblich einvernehmliche Stellungnahmen der Wissenschaft maximal verdichteten Dogmas, daß es einen unmittelbaren Kausalzusammenhang zwischen Emissionen und Temperaturänderungen gebe. Aber in den 1980er Jahren existierte ein solches Dogma keineswegs. Die wissenschaftliche Beurteilung der klimatischen Emissionsfolgen steckte vielmehr fest im ungelösten und komplexen Problem, die natürlichen Klimaschwankungen zu ermitteln. Vorhersagen, wie sich Emissionen auf diese Schwankungen auswirken, beruhten allein auf Klimamodellen, deren Konstrukteure selbst einräumten, daß sie für solche Prognosen unzureichend waren. Aber da man die Folgen der Emissionen für das Klima nicht ermitteln konnte, kam man auch nicht darin weiter, die Folgen des Klimas für die menschlichen Aktivitäten festzustellen, ob gute oder schlechte. In den Rockefeller-Symposien von Villach und Bellagio jedoch hatte man beherzt mit sozusagen zugekniffenen Augen einen Schlußstrich unter all diese Probleme gezogen, und dadurch konnten ihre Teilnehmer etwas liefern, was der Tolba vorschwebenden *Klimakontrolle* ziemlich nahe kam, noch keinen *Thermostaten*, aber eine *Drosselklappe* für Emissionen, ließ sich doch laut dem Symposiumsbericht ganz genau sagen, wieviel Druck die Menschheit vom Gaspedal der Energieerzeugung nehmen müsse, um die Erwärmung unter gefährlichen Werten zu halten. Der Bericht nannte sogar als Zielwert eine Erwärmungsrate von 0,1 °C pro Jahrzehnt, die um 0,2 °C unter dem erwarteten Mittelwert aus den Modellen lag.[248] Viel weiter führte der Bericht die Berechnungen nicht, aber wenigstens war damit die Aussage festgeschrieben, daß eine genügende Verlangsamung der Erwärmungsrate »nur durch erhebliche Einschränkungen in der Nutzung fossiler Brennstoffe erreicht werden« könne.[249]

Toronto 1988: Die Konferenz über den »Wandel der Atmosphäre«

Der Schlußbericht der Rockefeller-Seminare stellte die Prüfung seiner Empfehlungen diversen Institutionen sowie bereits geplanten Tagungen anheim. Eine davon war die Zweite Weltklimakonferenz, deren Abhaltung im Frühjahr 1990 schon feststand. Im Villach/Bellagio-Organisationskomitee hoffte man, daß die Verhandlungen für ein Klimaabkommen dort beginnen würden.[250] Eines seiner Mitglieder, Howard Ferguson, war zum Koordinator für die Weltklimakonferenz ernannt worden, und schließlich wurde er ihr Vorsitzender. Letzten Endes kamen vor dem großen Ereignis noch andere Pläne für internationale Verhandlungen dazwischen, nicht aber vor einer weiteren Tagung, zu der die kanadische Regierung schon für Frühjahr 1988 eingeladen hatte.

Die Kanadier glaubten, daß sie durch eine Abkehr von fossilen Brennstoffen wenig zu verlieren hätten, denn ihr Land erzeugte bereits den größten Teil seiner Elektrizität in Atomkraftwerken und besaß außerdem zahlreiche Wasserkraftwerke, so daß man sogar überschüssigen Strom an den südlichen Nachbarn verkaufen konnte.[251] Ihre in Toronto abgehaltene »Weltkonferenz über den Wandel der Atmosphäre« wurde ein Spektakel, das eine größere Erregung über Klimaerwärmung hervorbrachte als je ein anderes Treffen. Stephen Schneider nannte sie später »das Woodstock des CO_2«.[252]

Die Versammlung von Toronto sollte einen Resonanzboden für die Forderung der Brundtland-Kommission schaffen, Politiker müßten die verschmutzungsbedingte Veränderung der Atmosphäre entschiedener angehen. Die Tagung war so aufgebaut, daß zunächst die wissenschaftlichen Erkenntnisse vorgeführt werden sollten, die diesen besorgniserregenden Wandel belegten, um dann in die Beratung über »Antwortstrategien« und »sozioökonomische Implikationen« einzusteigen. Drei große Umweltprobleme standen im Fokus: Ozonabbau, saurer Regen und Klimaerwärmung. Das Trio dieser Bedrohungen blieb Thema an allen vier Konferenztagen, aber ins Zentrum der Aufmerksamkeit rückte unaufhaltsam die letzte davon.

Unter den 300 geladenen Gästen aus 46 Ländern befanden sich zahlreiche Wissenschaftler und Experten in den relevanten Sachgebieten. Auf der politischen Seite fiel die starke Präsenz von Umwelt-»N«GOs ins Auge, daneben tummelten sich wie üblich UN-Funktionäre und nationale Beamte, neu aber war die Führung der Länderdelegationen durch die zuständigen Minister selbst. Auch die Brundtland-Kommission war stark vertreten, und nach der Eröffnungsansprache des kanadischen Premierministers Brian Mulroney ergriff die norwegische Sozialdemokratin persönlich das Wort. Den illustren Sitzungsauftakt bildeten damit zwei Reden von Regierungschefs, denn Brundtland war, noch bevor sie ihren Bericht präsentiert hatte, in ihrem Land wieder Premierministerin geworden.

Mulroney zeigte sich in seiner Ansprache am meisten besorgt um die Auswirkungen des sauren Regens und erging sich im übrigen in allgemeinen Worten über die Ziele der nachhaltigen Entwicklung.[253] Brundtland drängte ein weiteres Mal auf den Abschluß internationaler Abkommen über alle atmosphärischen Schadstoffe, aber beim Stichwort Klimaerwärmung brachte sie diesmal einen Paukenschlag (Hervorhebung hinzugefügt):

> Es ist zweifelsfrei erwiesen, daß wir einen weltweiten Klimawandel erleben *werden*. (...) Die Auswirkungen des Klimawandels *könnten* größer und gravierender sein als die jeder anderen Herausforderung, mit der die Menschheit bisher konfrontiert war, ausgenommen der Atomkrieg.[254]

Die Erwähnung des Atomkriegs war im übrigen ein Tribut an das Thema »Globale Sicherheit«, das im Untertitel des offiziellen Tagungstitels figurierte:

> Die Atmosphäre im Wandel: Folgen für die globale Sicherheit

Dieses Thema schwang mit bis in die Schlußerklärung der Konferenz, die für ihren dramatischen Einleitungssatz bekannt wurde:

> Die Menschheit unternimmt ein unbeabsichtigtes, unkontrolliertes, weltweit stattfindendes Experiment, dessen äußerste Konsequenzen nur von denen des Atomkriegs übertroffen werden könnten.[255]

Dieses »Experiment« wurde meistens beschrieben als »ineffizienter und verschwenderischer Verbrauch fossiler Brennstoffe« durch eine wuchernde Bevölkerung. Das erinnerte an die »Energiekrise« der 1970er Jahre, an Jimmy Carter und an die vorhergesagten verheerenden Resultate verschwenderischen Energieverbrauchs. Jene Krise war zwar vorüber, dafür aber stand die Menschheit nun vor einer neuen, da derselbe ineffiziente, sorglose Verbrauch fossiler Brennstoffe die Atmosphäre mit noch drastischeren Konsequenzen veränderte – so drastischen, daß das Gebot zum Handeln wieder das moralische Äquivalent zum Krieg geworden war. Diese Formulierung verwendete das Schlußstatement zwar nicht, statt dessen proklamierte es jedoch ein derart großes Sicherheitsrisiko, daß nur der grauenhafteste aller vorstellbaren Kriege es überträfe. In ihrem weiteren Verlauf griff die Erklärung das Wettrüsten des Kalten Krieges wieder mit den Worten auf, daß »die wachsende Gefahr des Klimawandels und anderer Veränderungen der Atmosphäre« nicht nur die Weltwirtschaft bedrohe, sondern »ohne weiteres zur größten nichtmilitärischen Bedrohung für die internationale Sicherheit werden« könne. Mochte es auch eine *nichtmilitärische* Bedrohung sein, das Risiko des echten Krieges barg sie doch, und das allein war ein zwingender Grund zum Handeln gegen Klimaerwärmung und Ozonabbau:

> Die besten verfügbaren Prognosen verweisen auf potentiell schwerwiegende wirtschaftliche und gesellschaftliche Verwerfungen für die heutige und künftige Generationen, die die internationalen Spannungen erhöhen und die Gefahr zwischen- und innerstaatlicher bewaffneter Auseinandersetzungen steigern werden. Es ist zwingend, jetzt zu handeln.[256]

Eine der wichtigsten Empfehlungen, um diese düsteren Folgen abzuwenden, war ein umfassendes weltweites Abkommen zum Schutz der Atmosphäre. Speziell zum Thema Klimaerwärmung forderte die Konferenz, den atmosphärischen Gehalt eines ganz bestimmten Treibhausgases zu stabilisieren: Kohlendioxyd. Geschätzt wurde, daß hierfür die weltweit verzeichneten Emissionen um mehr als 50 % verringert werden müßten. Als erstes Ziel für Staaten schlug die Konferenz indessen vor, sie sollten ihre CO_2-Emissionen bis 2005 um 20% reduzieren. Diese eher willkürlich gesetzte Marke machte Schlagzeilen: »Emissionsziele zur Rettung des Klimas vereinbart«.

Und in den Schlagzeilen blieb sie. In der ganzen weiteren politischen Debatte über Emissionsreduktionen wurde das »Toronto-Ziel« zum Maßstab. Viele Jahre lang – in Wirklichkeit bis zum Protokoll von Kyoto von 1997 – sollte es ein Schlüsselziel des neuen Flaggschiffs der Bewegung für nachhaltige Entwicklung sein.

Eine Welle der Emotion in Nordamerika …

Mit der Konferenzerklärung von Toronto wurde die Klimaerwärmung in der öffentlichen Wahrnehmung zum überragenden Umweltproblem auf dem Planeten, und im nächsten Jahr rückte sie unerwartet noch weiter dadurch in den Vordergrund, daß mit dem Fall der Berliner Mauer die Atomkriegsgefahr wich. Die in dem Statement aufgestellten Behauptungen waren im übrigen schockierend genug, um die Öffentlichkeit in Angst und Schrecken zu versetzen, auch wenn sie sich schlecht mit der Fülle von Unsicherheitsfaktoren vertrugen, die die diversen wissenschaftlichen Gutachten aufgezeigt hatten. Es drängt sich darum die Frage auf, wie es möglich war, daß die in Toronto versammelten Atmosphärenwissenschaftler solche Aussagen unterschrieben.

Den Entwurf für die Erklärung hatte ein Ausschuß unter dem Tagungsleiter, dem kanadischen UN-Botschafter Stephen Lewis, ausgearbeitet und zu einem Text von 6000 Wörtern ausgewalzt, bevor er am letzten Sitzungstag für eine kurze Aussprache im Plenum vorgestellt wurde. Und in dieser Versammlung von staatlichen Machtträgern, »N«GO-Funktionären und Wissenschaftlern *hatten* tatsächlich drei Meteorologen Einwände gegen die Erklärung erhoben und sich dagegen verwahrt, daß sie ohne jede Diskussion schwärzeste Alarmmeldungen billigen sollten, für die ihrer Auffassung nach niemand eine hinreichende wissenschaftliche Begründung vorgebracht hatte. Zwei der Fachleute, die Widerspruch einlegten, taten dies mit einer gewissen Autorität: einer von ihnen war John Zillman, der erste Vizepräsident der WMO und Direktor des australischen Wetterdienstes, und der andere John Houghton, dritter WMO-Vizepräsident und Leiter des britischen *Met Office*.[257] Aber ihr Protest drang nicht durch, der Ton der Erklärung wurde keineswegs gemäßigt, und alle anderen Konferenzteilnehmer schienen von der allgemeinen Jubelstimmung mitgerissen.

Innerhalb der australischen Delegation für Toronto befand sich Zillman mit seiner Sorge, man male leichtfertig ein Gespenst der Erderwärmung an die Wand, in scharfem Gegensatz zu der Haltung von Graeme Pearman, der diese Angstkampagne bereits sehr erfolgreich in Australien vorangetrieben hatte.* Trotz dieser konträren Standpunkte ging aus dem Bericht der australischen Delegation anschaulich hervor, warum Zillman und Houghton für ihren Protest so wenig Unterstützung gefunden hatten: Die Delegierten schrieben, es sei »unmöglich [gewesen], sich der Abruptheit zu entziehen, mit der Fragen des Klimawandels ins Zentrum der weltpolitischen Bühne« gerückt seien, und in Toronto hätten sie sich manchmal gefühlt, als würden sie

> von einer Welle der Hektik überrollt, die mehr mit Kanadas politischer Agenda und Erregung über die gegenwärtige nordamerikanische Dürre zu tun hat als mit einer strikt objektiven Auswertung der wissenschaftlichen Daten und Argumente.[259]

Nicht nur Vorgänge in der Erdatmosphäre allein können also durch verborgene Kräfte hervorgerufen werden, die es durch Forschung herauszufinden gilt, sondern auch in Konferenzatmosphären... Tatsächlich war, wie die Delegierten spürten, die Politik Ottawas nicht der einzige Auslöser für diesen hektischen Aktivismus. So begann man gerade in Kanadas südlichem Nachbarstaat damit, den Erwärmungs-Alarmismus zu nutzen, um die Emotionen, die die Hitze und Dürre eines sengenden Sommers mit sich brachten, für den US-Präsidentschaftswahlkampf auszuschlachten. Daß der bisherige Vizepräsident George Bush und sein demokratischer Widersacher Michael Dukakis einander auch beim Thema »Umweltschutz« auszustechen versuchten, trug das seine dazu bei, Klimawandel zu einem Thema der Politik zu machen – noch nicht der Weltpolitik, aber schon der inländischen des mächtigsten Staates der Welt.

Den Auftakt dafür bildete eine spektakuläre Veranstaltung, die die Abgeordneten der Demokratischen Partei im US-Parlament inszenierten. Ihr formaler Rahmen war eine Kongreßanhörung zu einem von den Demokraten kurz vorher eingebrachten Entwurf für ein einschneidendes und umfassendes neues »Klimawandel-Gesetz«, und hierfür hatten, wie der demokratische Senator Tim Wirth später in einem Interview berichtete, die Abgeordneten, die den Entwurf vorlegten, James Hansen eingeladen, um seine neue Arbeit über den weltweiten Temperaturtrend und dessen möglichen Zusammenhang mit menschengemachter Klimaerwärmung vorzustellen. Dann hatten sie beim staatlichen Wetterdienst angefragt, welcher Tag nach den historischen Wetteraufzeichnungen wahrscheinlich der heißeste in Washington werden würde, und dafür gesorgt, daß

---

* Pearman, der bei der CSIRO, der australischen Behörde für wissenschaftliche und industrielle Forschung, im Bereich der Atmosphärenforschung tätig war, spielte eine wichtige Rolle dabei, dem Thema Erderwärmung in seinem Heimatland eine frühe und breite öffentliche Aufmerksamkeit zu verschaffen. Es beruhte zu einem nicht geringen Teil auf seinen Auftritten, daß zur Zeit der Toronto-Konferenz laut Umfragen 80% der Australier das Thema nicht nur kannten, sondern auch fast alle ein politisches Tätigwerden erwarteten.[258]

Hansen genau zu diesem Datum sprechen würde. Zusätzlich hatte man, wie Wirth weiter erzählte, in der Nacht vor Hansens Auftritt, damit die Zuhörer auch wirklich die Verbindung zur herrschenden Hitzewelle zögen, alle Fenster des Sitzungssaals sperrangelweit offen gelassen, so daß die Klimaanlage nicht gegen die Sommerschwüle ankam. Der angesetzte Tag im Juni brachte wirklich einen Temperaturrekord[260], dazu kam die Abwärme der Fernsehscheinwerfer, und so war es in dem vollbesetzten Saal quälend heiß, als Hansen über ein von ihm vorgelegtes Papier mit dem Titel sprach:

> Der Treibhauseffekt: Auswirkungen auf die gegenwärtige globale Temperatur und regionale Hitzewellen[261]

Hansen bezog sich in seinen Darlegungen auf ein neues Temperatur-Diagramm, das er seiner Ausarbeitung eingefügt hatte. Aus diesem ergab sich, daß die weltweite Mitteltemperatur den Spitzenwert, den sie Ende der 1930er Jahre erreicht hatte, schon kurz *vor* 1980 übertroffen hatte. Das war ein verblüffender neuer Befund, denn Hansen selbst hatte noch in einem 1981 veröffentlichten Artikel

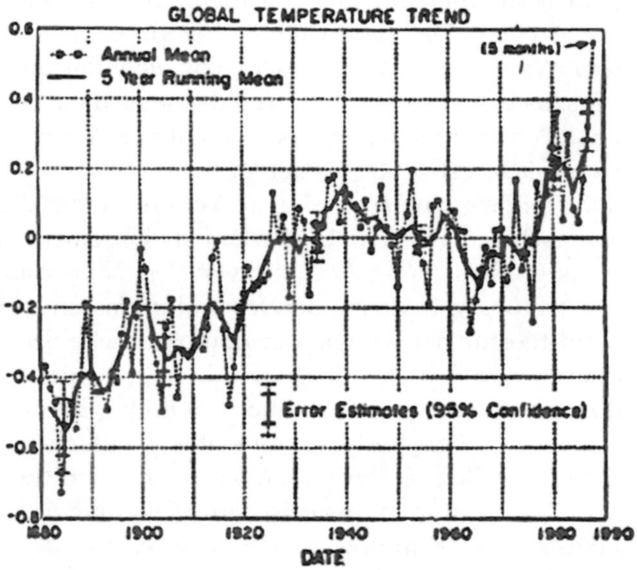

Abb. 7.1: Hansens alarmierendes Temperatur-Diagramm

Dieses Diagramm präsentierte Hansen bei der Anhörung vor dem US-Senatsausschuß für Energie und natürliche Ressourcen am 23. Juni 1988. Man beachte, daß die Kurve der Mitteltemperatur vor 1980 über den Spitzenwert von 1939 hinausragt. Ebenfalls bemerkenswert ist der optische Effekt, der durch den hohen Schlußwert nach den ersten fünf Monaten des Jahres 1988 erzielt wird.[262]

eine Temperaturkurve wiedergegeben, deren letzter Wert im Jahr 1980 erheblich *unter* den höchsten Temperaturen der Dreißiger Jahre gelegen hatte. Außerdem hatte Hansen in das neue Diagramm, das er vor dem Ausschuß präsentierte, für den ersten Teil des laufenden Jahres monatliche Daten gerade bis zum (ungewöhnlich warmen) Mai kurz vor der Anhörung einbezogen, aber den monatlichen Temperaturanstieg für dieses Jahr nicht statistisch bereinigt. Darum sah das Diagramm so aus, als würde, *so wie der jetzige Trend war*, die fast vertikale Temperaturlinie am Ende des Jahres über den oberen Rand des Diagramms hinausschießen (vgl. Abb. 7.1). In seinen mündlichen Ausführungen allerdings ging Hansen noch über dieses Diagramm und sein Papier hinaus: Er behauptete, die menschliche Verursachung dieses Temperaturanstiegs sei klar erwiesen, und auch die gegenwärtige Sommerhitze (also buchstäblich die freilich etwas künstliche, unter der jeder litt, *während Hansen sprach*!) beruhe auf dieser Entwicklung. Hansen verkündete, daß »die Erde (...) im Jahr 1988 wärmer als jemals zuvor in der Geschichte instrumenteller Messungen« sei, und weiter, daß »es für eine zufällige Erwärmung in dieser Größenordnung nur eine Wahrscheinlichkeit von 1%« gebe. Das könne nur bedeuten, daß »der Treibhauseffekt entdeckt worden ist und daß er unser Klima heute verändert«.[263]

Hansens Behauptung, er habe die menschengemachte Erderwärmung nachgewiesen, wurde von allen großen Fernsehsendern verbreitet und bescherte ihm ein weiteres Mal eine Schlagzeile auf der Titelseite der *New York Times*:

> Experte vor Senat: Weltweite Klimaerwärmung hat begonnen[264]

In dem Artikel hieß es, Hansen habe nach der Anhörung zu Reportern gesagt, er sei sich

> zu 99% sicher, daß der Erwärmungstrend keine natürliche Schwankung ist, sondern auf einem Aufbau von Kohlendioxyd und anderen künstlichen Gasen in der Atmosphäre beruht.[265]

Hansens Kongreßauftritt schlug in den USA ein wie eine Bombe. Amerikaner betrachten ihn oft als Beginn der Klimawandelangst in ihrem Land. Und da demokratische Senatoren wie Wirth oder Al Gore die Erderwärmung zu einem wichtigen Wahlkampfthema für ihren Kandidaten Dukakis machten, zogen die Republikaner bald nach. War Reagan noch dafür bekannt gewesen, daß er Forderungen von Umweltschützern mit Skepsis betrachtete, so nutzte George Bush die Gelegenheit, sich durch ein betontes Interesse an Umweltfragen von Reagan abzuheben. Im Wahlkampf jenes Herbstes erklärte er feierlich:

> Wer glaubt, daß wir gegen den Effekt von Treibhausgasen machtlos sind, vergißt den Effekt des Weißen Hauses. Meine Absicht als Präsident ist es, dagegen etwas zu tun.[266]

... und rund um den Erdball

Als 1988 der Winter anbrach, erregte die Klimaerwärmung bereits in ganz Nordamerika die Gemüter. Der weltweiten Erwärmung war die künftige Aufmerksamkeit der amerikanischen Öffentlichkeit sicher, egal welcher Präsidentschaftskandidat die Wahlen gewinnen würde. In Kanada propagierte die Regierung nach dem überwältigenden Erfolg der Toronto-Konferenz den Kampf gegen die Erderhitzung weiter, am glühendsten ihr Umweltminister Tom McMillan. Aber dieser Eifer war inzwischen auch auf andere Regierungschefs übertragen worden. In Deutschland zog Bundeskanzler Kohl schon lange gegen die Nutzung fossiler Energieträger zu Felde und trat nun in die Fußstapfen seines Vorgängers Helmut Schmidt als frühem Warner vor der neuen Gefahr*. Weitere westeuropäische Regierungen kamen an Bord, nicht zuletzt Norwegen, dessen Regierung wieder von Brundtland geführt wurde und deshalb den »Klimaschutz« mit besonderer Verve verfocht. In Australien hatte die Labour-Partei 1983 einen Wahlsieg mit ihrem Versprechen errungen, die Forderungen der größten Umweltschutzkampagne zu erfüllen, die Australien je gesehen hatte (nämlich die Aufstauung des Franklin River in Tasmanien zu stoppen). Wie sehr es ihr um das neue Umweltbewußtsein zu tun war, strich die Labour-Regierung auch mit einem australischen Sonderdruck des Brundtland-Berichts heraus, veröffentlicht von ihrer »Kommission für die Zukunft« inklusive Vorwort des Premierministers und eigenem Anhang zu Australien.[267] Diese »Zukunftskommission« war ab 1987, im Zusammenwirken mit Pearman von der CSIRO, ein früher und wirkungsvoller Multiplikator für die Klimawandelangst, nicht zuletzt dank der Rückendeckung ihres Gründers Barry Jones, Australiens erstem Wissenschaftsminister.

Der vielleicht erstaunlichste politische Proselyt der neuen Bewegung wurde in jenem Jahr der erste Wissenschaftler, der jemals britischer Premierminister geworden war. Margaret Thatcher hatte ihr Ohr einem britischen Diplomaten, Crispin Tickell, geliehen, einem rührigen Umweltaktivisten, der sich mit seinem Eintreten für internationale Rechtsvorschriften zum Schutz der Atmosphäre einen Namen gemacht hatte.** In einer Rede vor der *Royal Society* im September 1988 bekannte sie ihren Übertritt in das Lager der Umweltschützer dadurch, daß sie die seit Toronto bekannte Dreiheit der Gefahren für die Atmosphäre beschwor: sauren Regen, Ozonabbau und besonders Erderwärmung. Da sie vorher über sauren Regen und Ozonschutz kaum je ein Wort verloren hatte, wirkte

* Vgl. S. 10 (Fn.).

** Seine Vorstellungen über ein zu schaffendes Recht der Atmosphäre umriß Tickell in der 1986 erschienenen Ausgabe seines Buches *Climatic Change and World Affairs*.[268] Sein Einfluß reichte über Thatcher und Großbritannien hinaus, vor allem nachdem er 1987 zu dessen UN-Botschafter ernannt worden war.

ihre plötzliche Bekehrung freilich verdächtig. Ihr Bekenntnis zur neuen Erderwärmungstheorie wurde von vielen vor allem als ein Schachzug betrachtet, um ihr Ansehen als Naturwissenschaftlerin und neues »Umweltengagement« für die von ihr betriebene Schließung der Kohlebergwerke propagandistisch auszuschlachten.[269] Dennoch verlieh ihr plötzlicher Kurswechsel in jenem Herbst der neuen Kampagne gegen Klimaerwärmung eine erheblich größere Autorität, und mit diesem Schwung ging dieselbe in das Jahr 1989, in dem ihr eigentlicher Aufstieg zu einem der beherrschenden Themen in der Weltöffentlichkeit begann.

1989: Die Klimahysterie erobert die Welt

Eine Steilvorlage dafür lieferte im Februar eine Konferenz in Neu-Delhi, gemeinsam ausgerichtet vom indischen *Tata Energy Research Institute* und dem US-amerikanischen *Woods Hole Research Center*, die das Problem der Erderwärmung aus der Sicht der Entwicklungsländer behandelte. Der Tagungsbericht nahm eine frühe Schuldzuweisung vor und forderte Wiedergutmachung. Es hieß darin, das Problem der Klimaerwärmung sei durch die Industrieländer verursacht worden, und sie sollten darum auch seine Bereinigung finanzieren, vor allem durch Hilfe für unterentwickelte Länder. Vorher wurde die lauernde Gefahr in düstersten Farben geschildert:

> Die weltweite Erwärmung ist die größte Krise, der die gesamte Menschheit jemals gegenüberstand. Anders als frühere Krisen ist sie ihrem Wesen nach global, bedroht das Überleben der Zivilisation überhaupt und wird im gesamten internationalen sozioökonomischen Gefüge nur Verlierer hervorbringen. Der Grund für diese potentiell apokalyptische Perspektive ist einfach: Klimawandel in geologischen Größenordnungen vollzieht sich gegenwärtig in so kurzen Zeitspannen wie einer einzigen menschlichen Lebenszeit.*

Während arme Länder begannen, Hilfe zur Abwendung der Krise einzufordern, drang ein Klüngel westeuropäischer Regierungen darauf, mit der Aushandlung von Emissionszielen sofort zu beginnen und dafür bereits Fristen und Termine abzustecken. Aber ihr Vorpreschen stieß auf den Widerstand Großbritanniens und Amerikas. Zwar rückte der neue US-Präsident nicht von seinem Wahlversprechen ab – im Gegenteil, die Bush-Administration beeilte sich mit ihren Vorbereitungen für den aufzunehmenden Kampf gegen Klimaerwärmung. Aber die wichtigsten politischen Berater des Präsidenten waren eisern entschlossen, die Diskussion über verbindliche Emissionsziele zu verschleppen, soweit es irgend ging. Großbritannien vertrat eine ähnliche Position, und damit forderten Thatcher und Bush

* Zitiert nach Bert Bolin[270]; zur Bedeutung dieser Tagung siehe auch Hecht/Tirpak[271].

vereint, die Frage zurückzustellen, bis UNEP und WMO mit der Lagebegutachtung durch ihr IPCC fertig sein würden.[272]

Der Kontrast zur Haltung anderer europäischer Länder, insbesondere Deutschlands und der Niederlande, hätte nicht auffälliger aussehen können. Mit welcher Ungeduld letztere (und schwächere) auf bindende Vertragsverpflichtungen drangen, zeigte der Verlauf einer Ministertagung über Umweltschutz, zu der die Regierungen der Niederlande, Frankreichs und Norwegens im März 1989 nach Den Haag einluden. Es kamen Delegierte aus 24 Ländern, darunter auch armer südlicher wie Brasilien oder Indonesien und wohlhabenderer wie Australien und Japan. Aber im wesentlichen war es eine europäische Veranstaltung, und den größten Eindruck machte das persönliche Erscheinen gleich vier europäischer Regierungschefs: Helmut Kohl aus Deutschland, François Mitterrand aus Frankreich, Gro Brundtland aus Norwegen und Felipe González aus Spanien. Die USA und England glänzten durch Abwesenheit.

Das Treffen produzierte die sogenannte »Haager Erklärung«, die sich um die Frage dreht, in welcher Weise der akuten Klimawandelgefahr zu begegnen sei. Als erstes wird darin die wissenschaftliche Grundlage für den Klimaalarm mit den Worten resümiert, daß »nach gegenwärtigem wissenschaftlichem Kenntnisstand« die Folgen des Klimawandels »ökologische Systeme ebenso bedrohen wie die wichtigsten Interessen der Menschheit überhaupt«. Sodann wird festgehalten, daß »Industriestaaten eine besondere Verpflichtung haben, Entwicklungsländern beizustehen«, weil diese durch den Klimawandel »äußerst nachteilig betroffen« seien, obgleich sie für ihn möglicherweise nur marginal verantwortlich seien. Die Lösung müsse »kraftvoll, dringend und global« erfolgen und verlange »eine neue Herangehensweise durch die Entwicklung neuer völkerrechtlicher Grundsätze einschließlich neuer und wirksamerer Mechanismen der Entscheidungsfindung und Erzwingung«. Für die »Entscheidungsfindung« brauche man »eine neue institutionelle Autorität« im Rahmen der Vereinten Nationen, und zwar eine solche, die nichteinvernehmliche Entscheidungen ermögliche. Mit »Erzwingung« war ein Verfahren unter Kontrolle des Internationalen Gerichtshofs gemeint.[273]

Im Juli 1989 fand der G7-Wirtschaftsgipfel in Paris statt*, der für die Rolle internationaler Regierungs-, Rechtsetzungs- und Vollstreckungsinstanzen weniger Begeisterung an den Tag legte. Dessenungeachtet warben Kohl, Thatcher und Bush erfolgreich für ihre Initiativen zum Umweltschutz, und alle sieben Staats- und Regierungschefs der großen Industriestaaten sprachen sich »entschieden für gemeinsame Bemühungen zur Begrenzung der Emissionen von Kohlendioxyd und anderen den Treibhauseffekt hervorrufenden Gasen aus«. Laut ihrem Abschlußkommuniqué sollte eine dieser gemeinsamen Bemühungen in der Ausarbeitung

* An dem somit auch die mächtigsten Staaten beteiligt waren. (Anm. d. Übers.)

eines Rahmenabkommens bestehen, und sie befürworteten sogar zusätzliche »Protokolle mit konkreten Verpflichtungen«, die in das »Rahmenübereinkommen eingefügt« werden könnten, »wie es aufgrund wissenschaftlicher Erkenntnisse erforderlich und möglich ist«.[274] Für Bush und Thatcher hieß dies nur, man solle der Vorgehensweise im Rahmen des Wiener Ozonschutzvertrags folgen, d.h. die Beurteilung der »wissenschaftlichen Erkenntnisse« durch das UNEP/WMO-Fachgremium, also das IPCC, abwarten. Kohl deutete dies freilich anders; Deutschland und die Niederlande drängten weiterhin auf unverzügliche Emissionsbegrenzungen. Schon auf der Toronto-Konferenz hatte der niederländische Umweltminister Pläne für eine weitere Ministertagung speziell zum »Klimaschutz« angekündigt[275]; Deutschland schloß sich bald an und assistierte bei den vorbereitenden Gesprächen für dieses Treffen.

Im Verlauf dieser Vorverhandlungen wurde die sichtbare Kluft zwischen den beiden Ländergruppen nur größer; die Gastgeber blieben ungeduldig, die USA und Großbritannien zurückhaltend. Im Oktober 1989 ergoß sich ein eindrucksvoller Strom von VIPs in das holländische Küstenstädtchen Noordwijk, das sich hinter den schützenden Dünengürtel vor der anbrandenden Nordsee duckte. Zur niederländisch-deutschen Klimakonferenz erschienen Delegationen aus 67 Staaten, darunter allen einflußreichen. Man debattierte über den angestrebten Vertrag, während die Sowjetunion von der Bildfläche zu verschwinden begann, und mit ihr die Ängste vor einem Umschlag des Kalten Krieges in einen nuklearen. In der abschließenden »Erklärung von Noordwijk« hieß es, »die Stabilisierung des atmosphärischen Gehalts von Treibhausgasen« sei »ein imperatives Ziel«. Aber letzten Endes sorgten Amerika, die Sowjetunion und Japan doch dafür, daß alle Vorstöße für bindende Emissionsgrenzwerte, um dieses Ziel zu erreichen, ins Leere liefen. Die Verhandlungen darüber wurden aufgeschoben, bis ein Rahmenabkommen ausgehandelt sein würde, was wiederum voraussetzte, daß das UNEP/WMO-Gutachtergremium seine Lagebeurteilung ablieferte.[276]

Das Jahr 1989 endete mit einem Treffen von George Bush und Michail Gorbatschow auf Malta. Am Schluß seines ersten Amtsjahres als US-Präsident feierte Bush das Ende des Kalten Krieges damit, daß er Betonbrocken aus der Berliner Mauer verschenkte. Der »Klimawandel« war nicht Bushs Hauptthema, aber er versprach, zu den ersten Verhandlungen für ein Klimaabkommen nach Washington einzuladen, sobald das IPCC seine Arbeiten abgeschlossen hätte. Mit alledem war Ende 1989 die ganze Euphorie für die Klimapolitik wieder in die Geleise der UNEP/WMO-Prozeduren gelenkt worden. Wie sich zeigte, hielt Bush Wort und beherbergte die ersten Vertragsverhandlungen, obgleich zu diesem Zeitpunkt UNEP und WMO nicht mehr Herren des Geschehens sein sollten. Vielmehr hatte man sie, als die Verhandlungen in Washington begannen, mitsamt ihrem gefeierten Wissenschaftlergremium kurzerhand beiseite geschoben. Wie das?

Kapitel 8

Die Anfänge des IPCC

Zu der gleichen Zeit, in der die politische Kampagne unwiderruflich Kurs auf das Klimaabkommen nahm, entstand aus dem Scheitern von Tolbas »Beratungsgruppe für Treibhausgase« eine Entwicklung, an deren Ende das IPCC das Licht der Welt erblicken sollte. Ein entscheidender Anstoß dazu war die Veröffentlichung des Villacher Konferenzberichts im Jahr 1986. Mustafa Tolba verbreitete die Hiobsbotschaft des Treffens, indem er den frischgedruckten Report an einflußreiche Regierungsvertreter versandte. Ein Exemplar landete auf dem Schreibtisch von US-Außenminister George Shultz mit einem Begleitbrief von Tolba, der auf rasches politisches Handeln drang. Shultz leitete Bericht und Brief dem Büro für das Nationale Klimaprogramm bei der Bundesbehörde für Meer und Atmosphäre NOAA zu, und dieses wiederum reichte ihn an den zwischenbehördlichen Koordinationsausschuß für das Programm weiter.[277]

Es war nicht das erste Mal, daß sich der Ausschuß mit der befürchteten Klimaerwärmung befaßte. Denn schon bald, nachdem diese verschiedenen Klimagremien am Ende von Carters Amtszeit geschaffen worden waren, hatte sich ihre Aufmerksamkeit von den Eiszeitängsten allmählich zur Wärmekatastrophe hin verlagert. Infolgedessen gab es schon Anfang der 1980er Jahre in diesem Koordinierungsstab völlig verschiedene Meinungen darüber, wie dringlich politische Maßnahmen gegen drohende Erderwärmung seien. Diese Differenzen wurden 1983 in peinlichster Weise öffentlich sichtbar, als fast gleichzeitig zwei Regierungspublikationen erschienen, die dieselbe Frage gegensätzlich beurteilten.

US-Regierungsgutachten über die CO_2-Frage

Die US-Regierung hatte sogar schon vor der ersten Villacher Konferenz von 1980 damit begonnen, förmliche Gutachten über die Erderwärmungsgefahr einzuholen. Die erste dieser Untersuchungen entstand aus einem vom US-Kongreß 1979 veranstalteten Symposium über die Folgen des Treibhauseffekts für die Energiepolitik, auf dem die Befürchtung geäußert wurde, daß eine Lösung der Energiekrise durch eine erheblich ausgeweitete Nutzung der Kohle den atmosphärischen CO_2-Gehalt in die Höhe schießen ließe, mit der Folge seiner Verdoppelung schon im ersten Jahrzehnt des 21. Jahrhunderts. Daß solche Mutmaßungen kursierten, führte zu der ersten Studientagung speziell über CO_2-Emissionen, die die amerikanische Wissenschaftsakademie abhielt: Man lud verschiedene Experten zu einem einwöchigen Seminar im Sommer 1979 ein, wenige Monate nach der Weltklimakonferenz. Unter Vorsitz des Meteorologen Jule Charney diskutierten die Teilnehmer vor allem über theoretische Modelle, ohne der Frage ihrer empirischen Überprüfung viel Beachtung zu schenken. Charney kam zu dem Ergebnis, daß nach den Modellen eine Verdoppelung der CO_2-Konzentration in der ersten Hälfte des 21. Jahrhunderts die Temperatur um 3 °C steigen ließe. Diese Erwärmung setzte eine starke positive Wasserdampf-Rückkoppelung voraus, während der »Effekt der Wolkenbildung« als »eine schwer zu beantwortende Frage« nur erwähnt wurde. Im Vorwort des Seminarberichts warnte der Vorsitzende des Klimaforschungsausschusses der Akademie, Verner Suomi, daß eine »Politik des Abwartens darauf hinauslaufen könnte, die Hände in den Schoß zu legen, bis es zu spät ist«.[278]

Im folgenden Jahr, 1980, verabschiedete der US-Kongreß das »Gesetz über Energie und Sicherheit«, wobei er die Akademie mit einer weiteren, noch umfassenderen Begutachtung beauftragte. Deren Klimaforschungsausschuß richtete daraufhin einen Unterausschuß für Kohlendioxyd ein, der unter Leitung des Direktors des Scripps-Instituts für Ozeanographie, William Nierenberg, eine neue Denkschrift verfaßte, für die er sich weitgehend auf die Arbeiten im Rahmen des Kohlendioxyd-Programms des Energieministeriums stützte. Wie wir bereits wissen, entstand damals in der neuen »CO_2-Wissenschaftsgemeinde« ein lebhaftes Interesse an dem empirischen Datenmaterial, und der im Oktober 1983 vorgelegte Nierenberg-Bericht spiegelte dies wider. Darin wurden zunächst die großen Probleme und fortbestehenden Wissenslücken dargelegt, um schließlich gegen politische Maßnahmen zu votieren:

> Wir glauben nicht (…), daß das vorliegende Datenmaterial über CO_2-bedingte Klimaänderungen Schritte stützen würde, um das derzeitige Verteilungsmuster im Brennstoffverbrauch durch eine Abkehr von fossilen Energieträgern zu verändern. Solche Schritte mögen zu einem künftigen Zeitpunkt erforderlich oder wünschenswert werden, und in jedem Fall sollten wir ihre Vor- und Nachteile sorgfältig abwägen; für die unmittelbare Zukunft aber erscheint es besser, unseren Kenntnisstand zu vertiefen (…) als den Energiemix und -verbrauch zu ändern.[279]

Drei Tage vor der Veröffentlichung dieses Akademiegutachtens hatte die Umweltschutzagentur EPA ihre eigene, knappere Lagebeurteilung publiziert, deren Tenor schon ihr Titel verriet: »Können wir eine Treibhaus-Erwärmung aufhalten?« Daß es tatsächlich irgend etwas aufzuhalten gab, wurde in dem Papier *ausschließlich* mit Klima*modellen* belegt. Empirische Belege für den Treibhauseffekt erörterte die EPA-Stellungnahme kaum, dafür um so ausführlicher die Frage, was gegen denselben getan werden könne. In der offiziellen Zusammenfassung wurde vor allem betont, wie einschneidend Maßnahmen gegen den Treibhauseffekt ausfallen müßten. Welche Milderungen verschiedene Optionen der Emissionssenkung versprächen, wurde in Berechnungen über einen »CO_2-Thermostaten« dargelegt (die zeitlich vor und unabhängig von denen der Villach/Bellagio-Seminare angestellt wurden). Nach dieser Kalkulation würde eine hohe Besteuerung fossiler Brennstoffe den Erwärmungstrend lediglich um wenige Jahre verzögern, während ein vollständiges Verbot der Kohle ab dem Jahr 2000 einen Temperaturanstieg um 2 °C nur bis 2055 aufschieben würde.[280]

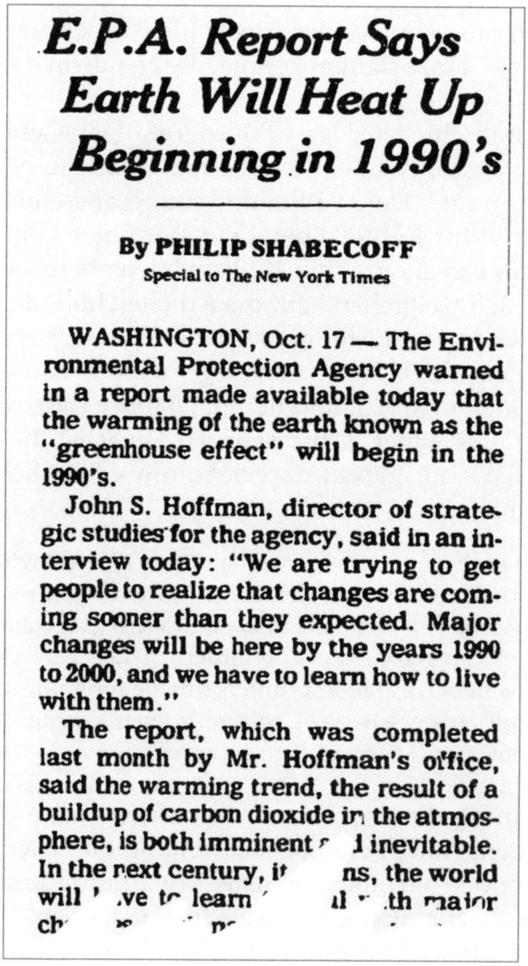

E.P.A. Report Says Earth Will Heat Up Beginning in 1990's

By PHILIP SHABECOFF
Special to The New York Times

WASHINGTON, Oct. 17 — The Environmental Protection Agency warned in a report made available today that the warming of the earth known as the "greenhouse effect" will begin in the 1990's.

John S. Hoffman, director of strategic studies for the agency, said in an interview today: "We are trying to get people to realize that changes are coming sooner than they expected. Major changes will be here by the years 1990 to 2000, and we have to learn how to live with them."

The report, which was completed last month by Mr. Hoffman's office, said the warming trend, the result of a buildup of carbon dioxide in the atmosphere, is both imminent [illegible] inevitable. In the next century, it [illegible]ns, the world will [illegible]ve to learn [illegible] [illegible]th major [illegible]

Abb. 8.1: Die US-Umweltagentur EPA schlägt Alarm, Tage bevor die amerikanische Wissenschaftsakademie mit einem eigenen Bericht Entwarnung gibt. (*New York Times* vom 18. Oktober 1983)

Bei der Vorstellung ihres Berichts verlautbarte die EPA die Warnung, daß ohne Gegenmaßnahmen in den 1990er Jahren erhebliche Klimaänderungen eintreten würden, und das trug dem Report Schlagzeilen auf den Titelseiten der Presse ein, so in der *New York Times* die Headline: »EPA-Bericht: Erderhitzung wird in den 1990ern beginnen«. Drei Tage später jedoch, als die Wissenschaftsakademie ihr Gutachten herausbrachte, prangte auf der Frontseite derselben Zeitung die freilich gemäßigtere Überschrift: »Widerspruch gegen raschen Trend der Erderwärmung«.

Uneinigkeit in Washington und der Kompromiß, die Frage an die UNO abzugeben

Als drei Jahre später, 1986, Tolbas Aktionsaufruf über Außenminister Shultz beim Koordinationsausschuß für das US-Klimaprogramm einging, spielte die EPA in diesem interministeriellen Gremium nach wie vor eine prominente Rolle mit ihren unablässigen Kassandrarufen, wie bedeutend und drängend das Problem sei. Unter den gemäßigteren Stimmen in dieser Beratungsrunde hatte die des Energieministeriums besonderes Gewicht. Als wichtigster Geldgeber aller inzwischen begonnenen Forschungsprojekte teilte es die Einschätzung des Nierenberg-Berichts, es sei noch nicht wissenschaftlich erwiesen, ob man überhaupt tätig werden müsse. Mit Ausnahme des Außenministeriums war dies unter den leitenden Beamten der Reagan-Administration allgemeine Ansicht. Reagan selbst interessierte sich für die Frage am allerwenigsten, geriet allerdings unter politischen Druck durch Senatoren, die das Mittel der Kongreßanhörungen nutzten, um sie in das Blickfeld der Öffentlichkeit zu rücken. Im Juni 1986 gaben sich sieben Senatoren – darunter, als besonders hartnäckiger Propagandist, Al Gore – so »tief beunruhigt«, daß sie an den Präsidenten der Wissenschaftsakademie schrieben, um eine abermalige Begutachtung zu verlangen.[281] Damit fanden die ausgeprägten Meinungsverschiedenheiten innerhalb des Behördenapparats eine Widerspiegelung auf politischer Ebene und traten so öffentlich zutage. Das Ergebnis waren wieder neue Besprechungen in den Ministerien, bis man schließlich einen Kompromiß fand.

Dieser bestand darin, daß jede Unterstützung politischer Maßnahmen aufgeschoben werden solle, bis eine neue wissenschaftliche Lagebeurteilung vorgenommen worden wäre, dieses Mal jedoch durch ein internationales Gremium der Vereinten Nationen. Daß man sich dafür aussprach, die neue Begutachtung einem internationalen *Regierungs*gremium zu übertragen, beruhte teils auf dem Stirnrunzeln, das Tolba, Goodman und andere durch ihre klimapolitischen Privatinitiativen nach der zweiten Villacher Konferenz in den Washingtoner Ministerien hervorgerufen hatten. So räumten mindestens zwei Mitglieder des

Organisationskomitees der Rockefeller-Symposien später ein, daß das US-Außenministerium sie unter Druck gesetzt hatte, ihre Aktivitäten einzustellen: Michael Oppenheimer erinnerte sich, wie er während der Vorbereitung der Seminare einen Brief erhalten hatte

> vom stellvertretenden Staatssekretär im *State Department*, der ihn warnte, daß die US-Regierung besorgt sei über die Aktivitäten einer privaten Gruppe politischer Entrepreneure, zu der er gehöre.[282]

Ähnliches berichtete Jill Jäger, die meinte, ein Grund dafür, warum sich die amerikanische Regierung zur aktiven Unterstützung eines zwischen*staatlichen* Gutachterausschusses entschloß, sei die Befürchtung des Außenministeriums gewesen, daß die Lage »außer Kontrolle« gerate, weil »eigenmächtige Aktivisten« dabei seien, »potentiell die Tagesordnung zu bestimmen«, die aber in staatlicher Hand bleiben sollte.[283] Ein UN-Gutachterausschuß, so war der Plan, würde die politische Diskussion zurück unter die Kontrolle der Regierungen bringen und zugleich die Wissenschaft enger, ohne das Zwischenglied politischer Privatakteure, an die Staatsbürokratie anbinden. Sobald sich ein solches internationales Gremium über die wissenschaftliche Beurteilung geeinigt hätte, könnten die Diplomaten mit den Beratungen über die politischen Konsequenzen beginnen.

Auch wenn dies offenbar tatsächlich die Überlegungen waren, die hinter dem Kompromiß standen, war doch nicht jeder mit ihnen einig. Manche erachteten auch diesen Handlungsplan für verfrüht und mit der Gefahr einer Politisierung verbunden. Einer von ihnen war kein Geringerer als der Chef der US-Delegation bei der WMO, Richard Hallgren, der den amerikanischen staatlichen Wetterdienst leitete und in dieser Eigenschaft die Nachfolge von Robert White als »ständiger Vertreter« der USA bei der WMO angetreten hatte, nachdem White den Vorsitz bei der Weltklimakonferenz geführt hatte. In einer 1993 gehaltenen Rede kam Hallgren auf die »eingehenden Diskussionen« zurück, die es sechs Jahre zuvor in den USA gegeben hatte und in denen er die vorgeschlagene Verfahrensweise, die letztlich zur Gründung des IPCC führte, abgelehnt hatte. In der Rede meinte er, er habe damals falsch gelegen mit seiner Sorge, daß eine solche Einrichtung »durch die Standpunkte einzelner Regierungen politisiert würde«.*

Obwohl mit ihr uneinig, vertrat Hallgren die politische Position der USA, daß man eine Begutachtung durch ein UN-Gremium befürworte, auf dem 10. Meteorologischen Weltkongreß im Mai 1987. In den Diskussionen auf diesem Kongreß,

* In diesem Vortrag vor einem australischen Publikum sagte Hallgren weiter: »In der WMO gab es zwischen John Zillman, mir selbst und anderen lange und angespannte Debatten, bevor wir uns entschlossen, das IPCC einzurichten. Ich hatte unrecht, und ich hoffe, daß wir die Politik aus dem nächsten [zweiten] wissenschaftlichen Sachstandsbericht des IPCC, der jetzt ausgearbeitet wird, heraushalten können.«[284]

wie auf den Bericht der Villacher Konferenz von 1985 am besten zu reagieren sei, wurde die ganze Frage schließlich entschieden. Nicht nur die Amerikaner hatten eine klare Linie zum weiteren Prozedere, auch andere Delegationen waren von ihrer Regierung angewiesen worden, der WMO eine aktivere Haltung abzuverlangen, um Tolbas in Villach gebildeter Beratergruppe den Wind aus den Segeln zu nehmen. Zu Tolbas Enttäuschung schlossen sich auf dem Kongreß viele Delegationen der Meinung an, daß sein Beraterstab für die ihm zugedachte Funktion ungeeignet sei.[285] Der australische Delegierte John Zillman erinnerte sich später, wie in der lebhaften Debatte eine maßgebende Wendung eintrat durch

> den leidenschaftlichen Appell der Leiterin der botswanischen Delegation, die WMO möge irgendeinen Mechanismus schaffen, der ihr eine kompetente Beurteilung, was man über den menschengemachten Klimawandel inzwischen wisse, an die Hand gebe und bei der Beantwortung der vertrackten Fragen helfe, mit denen ihre Regierung von ihr wissen wolle, ob es den Treibhauseffekt wirklich gebe und was, wenn überhaupt etwas, sie dagegen tun solle.[286]

Nach dieser Wortmeldung sei klar gewesen, daß irgendein formaler Mechanismus geschaffen werden müsse, und zwar unter Beteiligung des UNEP, da die »eindeutige umweltpolitische Dimension über das Mandat der WMO« hinausging.[287] Seinen entsprechenden Beschluß, es möge ein »geeigneter Mechanismus« geschaffen werden, überwies der Kongreß dem WMO-Präsidium, das im folgenden Monat tagen sollte. Im Juni 1987 übernahm das Präsidium die Forderung, einen »zwischenstaatlichen Mechanismus« zur Begutachtung der Lage einzurichten, und kurz danach beschloß das UNEP-Direktorium das gleiche.* Auf diese Weise wurde das IPCC noch *vor* den Rockefeller-Symposien geschaffen, und *deutlich vor* Hansens Kongreßauftritt und der Toronto-Konferenz. Infolgedessen war zu dem Zeitpunkt, zu dem die Würfel für seine Gründung fielen, die politische Lage in punkto Erderwärmung noch weit entfernt von der aufgeputschten Stimmung zu der Zeit, als das IPCC sein erstes Treffen abhielt, das erst *nach* der ganzen Aufregung des Sommers 1988 stattfand, die die Klimafrage auf den ersten Platz der Tagesordnung für »nachhaltige Entwicklung« katapultierte.

Wenn einem vor Augen steht, was das IPCC letztlich wurde und heute ist, kann man sich nur mit größter Mühe vorstellen, wie man es sich bei seiner Gründung im Jahr 1987 vorstellte. Dafür ist es nützlich, sich vorherige Begutachtungen durch WMO-Gremien in Erinnerung zu rufen: Man denke etwa an den Expertenausschuß, der 1976 die damals kursierenden Eiszeitängste zu beurteilen hatte. Auch

* Der ICSU wurde nicht mehr beteiligt, da er weder eine UN-Sonderorganisation noch eine andere internationale Regierungsorganisation ist.

er hatte eine »autoritative Beurteilung« vorgelegt, wie sie sich die botswanische Delegierte ein Jahrzehnt später für die Erwärmungsängste wünschte – sie war zwei Seiten lang gewesen. Indessen spielte die Furcht vor Klimaerwärmung 1987 im öffentlichen Bewußtsein keine viel größere Rolle als die Eiszeitangst 1976. Beide hatten beträchtliche politische Auswirkungen, aber erstere zeitigte ganz andere institutionelle Folgen. Die Hauptvertreter der Erdabkühlungstheorie hatten allenfalls am Rande zu den führenden Kreisen der Meteorologie gehört, deren Gros, wie dargestellt, vielmehr versucht hatte, die Eiszeitangst abzuwiegeln, noch bevor die WMO-Untersuchung begann. Zehn Jahre später war die Gefahr weltweiter Klimaerwärmung zwar ebenfalls in mehreren vorangegangenen Gutachten angesehener Wissenschaftler als gering eingestuft worden, aber nicht in allen, und sowohl in diesen Gutachten als auch in der Meteorologie allgemein sprach man sich oft für vermehrte Forschung zur Frage aus. An Geld dafür fehlte es nicht, da allein das US-Energieministerium seit 1980 jährlich 10 Millionen Dollar in sein Kohlendioxyd-Programm pumpte. Daraus mußte noch nicht notwendig eine Kampagne für politische Maßnahmen entstehen, die vielmehr seit der Weltklimakonferenz 1979 nicht recht in Gang kommen wollte. Gleichwohl hatte man in Behörden und Instituten bereits eine erhebliche Aufmerksamkeit für die Kohlendioxyd-Frage herangezüchtet, vor allem, aber nicht nur, in den USA, und das genügte dafür, daß die Villacher Konsenserklärung von keiner geringeren Instanz als dem Weltkongreß der WMO aufgegriffen und eingehend erörtert wurde. Es steht darum außer Zweifel, daß die vom gerade gegründeten IPCC vorzunehmende Beurteilung 1987 als ein wichtigeres, komplexeres, größeres Projekt betrachtet wurde als 1976 die Begutachtung der Erdabkühlungsgefahr. *Aber um wieviel größer?*

Über diese Frage machte sich John Zillman, der sich beim Aufbau des IPCC seit dessen Anfängen auf dem Meteorologischen Weltkongreß im Jahr 1987 im Zentrum der Geschehnisse bewegt hatte, später seine Gedanken. Damals hatte es, wie er rückblickend berichtete, durchaus unterschiedliche Auffassungen gegeben, etwa auch darüber, ob das IPCC nach der Vorlage seines (ersten) Sachstandsberichts fortbestehen solle. Jedenfalls stellte man sich dieses Gutachten selbst als ein begrenztes Unternehmen vor:

> Die meisten, die damals das IPCC konzipierten, dachten an eine Gruppe von, sagen wir, 40–50 Klimaexperten, die von 20–30 Regierungen ernannt und einen Bericht von 30–40 Seiten schreiben würden, den dann die Sekretariate von WMO und UNEP an alle Regierungen schicken würden, um sie im Umgang mit dem Thema Klimawandel in ihrem nationalen Rahmen zu unterstützen, und den man außerdem bei den Vorbereitungen für die Zweite Weltklimakonferenz, die schon für 1990 geplant war, sowie die Diskussionen in anderen Teilen des UN-Apparats über ein mögliches »Recht der Luft« verwenden könnte (...).[288]

Aber es sollte anders kommen. Innerhalb eines Jahres nach dem ersten Treffen des IPCC mutierte seine Gutachtenerstellung von einer überschaubaren Bestandsaufnahme in Form einer kleinen, von den Fachleuten aufs Papier geworfenen Broschüre zur Herausgabe von drei dicken Bänden, die unabhängige Wissenschaftler und Sachverständige nach der größten und teuersten Untersuchung zusammenschrieben, die die UNO je zu einer meteorologischen Einzelfrage veranstaltete. Diese Aufblähung des Gutachtenprozesses, mit der die Entscheidungsbefugnis wieder in die Hände von Wissenschaftlern gelegt wurde, ereignete sich genau zu der gleichen Zeit, in der eine künstlich erzeugte Welle der politischen Euphorie in bürokratische Betriebsamkeit innerhalb der UNO geleitet wurde, mit deren frischgegründetem wissenschaftlichen Gutachterstab im Zentrum. Diese Metamorphose der Funktionsweise des IPCC wurde hauptsächlich durch die Schlüsselrolle eines einzigen Mannes bewerkstelligt – nicht seines gewählten Vorsitzenden, sondern des Leiters einer seiner Arbeitsgruppen.

1988: Die Begutachtung auf internationaler Ebene beginnt

Seine erste Sitzung hielt das IPCC über drei Tage im November 1988 in Genf ab. Trotz der ganzen Aufregung des Sommers jenes Jahres erschienen nur 28 Delegationen, um sich anzuhören, wie nach den neuesten Planungen der Weg von einer klimatologischen Begutachtung zu einem Abkommen über Klimaänderungen verlaufen sollte. Diese Route hatte man bereits in einem Resolutionsentwurf für die UN-Generalversammlung vorgezeichnet, deren Titel die Tätigkeit des IPCC in den größeren Rahmen der anzustrebenden »nachhaltigen Entwicklung« einordnete:

> Die Bewahrung des Klimas als Teil des gemeinsamen Erbes der Menschheit[289]

Der Beitrag des IPCC zu dem Unterfangen, »das Klima zu bewahren«, sollte in der Vorlage seines kompletten Gutachtens auf der Zweiten Weltklimakonferenz bestehen. Diese war angesetzt für Juni 1990, um zum zehnten Jahrestag des Weltklimaprogramms feierlich Bilanz zu ziehen. Nun aber sollte die Versammlung außerdem über die politischen Konsequenzen entscheiden, die aus der Klimaerwärmung zu ziehen seien. Zwar gab es nach wie vor keinen Beschluß, die Frage in das Weltklimaprogramm einzubeziehen, aber daran hing jetzt nicht mehr viel, weil mit der Bildung des IPCC ohnehin und unabhängig vom Weltklimaprogramm institutionell sichergestellt war, daß das Problem des Treibhauseffekts von einem Expertengremium behandelt würde. Die Konferenz erschien dennoch als geeignete Bühne, um vom wissenschaftlichen Gutachten zum politischen Handeln überzugehen, obgleich damit dem IPCC eine knappe Frist von nur 18 Monaten gesetzt wurde. Während Tolba und andere für eine entsprechende

Ausrichtung der Tagung warben, wurden Vorschläge laut, sie auf Ende 1990 zu verschieben. Diesen wurde entsprochen, und in der weiteren Planung für die Zweite Weltklimakonferenz verschob sich deren Schwerpunkt allmählich von einer allgemeinen klimawissenschaftlichen Bestandsaufnahme zur Beratung über die Abwehr der Erderwärmungsgefahr.

Diesen Ablauf zum Beginn der Vertragsverhandlungen faßte man bereits auf der ersten Sitzung des IPCC ins Auge, auf der gleich nach den Eröffnungsansprachen Bert Bolin per Akklamation zum Vorsitzenden des Gremiums gewählt wurde. Obwohl er anfänglich zögerte, diese Rolle zu übernehmen, sollte er sie ein ganzes Jahrzehnt lang mit Eifer ausfüllen. Die Gutachtenarbeit wurde auf drei Gruppen verteilt:

- Arbeitsgruppe 1: Die wissenschaftliche Grundlage des Klimawandels;
- Arbeitsgruppe 2: Die Folgen für Umwelt, Gesellschaft und Wirtschaft;
- Arbeitsgruppe 3: Die Ausarbeitung von Antwortstrategien.[290]

Es stand den Delegationen frei, Mitglieder in alle drei Arbeitsgruppen zu entsenden. Allerdings beschloß man, daß jede Gruppe außer einem Vorsitzenden einen »Kernbestand von Mitgliedern« haben sollte, die zusammen die Verantwortung für eine fristgerechte Erledigung der der Gruppe gestellten Aufgaben tragen sollten.[291] Damit war die Grundstruktur des IPCC geschaffen, der man nur noch ein kleines »Büro« hinzufügte, das Bolin unterstand und die Leitung aller Arbeitsgruppen bilden sollte. Die Gruppen würden ihre fertigen Berichte dem Büro übermitteln, das sie zu einem einzigen Gutachtentext zusammenführen würde. Dieser sollte eine »Zusammenfassung für Politiker« umfassen, in der die Empfehlungen für ein koordiniertes internationales Handeln aufgeführt sein würden.

Über die Vorsitzenden der Arbeitsgruppen und die Zusammensetzung des »Mitgliederkerns« konnte man sich nur in zähen Verhandlungen einig werden. Am beliebtesten war Gruppe 3, weil die Meinung vorherrschte, daß in ihr der Wortlaut des Klimaabkommens seine erste Gestalt annehmen würde. Darum erhielt diese Arbeitsgruppe nicht weniger als 17 Kernmitglieder, die anderen beiden jeweils nur 12. Die Vereinigten Staaten sicherten sich die Leitung dieser – wie man sie bald nannte – »politischen« Arbeitsgruppe. Die Sowjetunion bekam die Arbeitsgruppe 2, die über die Auswirkungen des Klimawandels beraten sollte. Die Arbeitsgruppe 1, die sich mit dem wissenschaftlichen Kenntnisstand befassen sollte, ging an das Vereinigte Königreich, und schon bei ihrem ersten Treffen wählte sie John Houghton zu ihrem Leiter.[292] Wie sich herausstellen sollte, war dies eine überaus bedeutende Personalentscheidung, da sich binnen weniger Jahre das Interesse von Gruppe 3 auf Gruppe 1 verlagerte. Das lag teils an äußeren Ereignissen, die die Arbeit der »politischen« Arbeitsgruppe hemmten, teils an den Schwierigkeiten, in die die Arbeitsgruppe 1 mit ihrer Aufgabe geriet, die wissenschaftliche Grundlage für das politische Handeln zu ermitteln. Ein zusätzlicher Grund indessen, warum die Arbeitsgruppe 1 wachsende Aufmerksamkeit auf sich zog, lag in Houghtons außergewöhnlichem Führungsstil, der letztlich die ganze Gutachtenarbeit antreiben und prägen sollte.

Houghton nimmt den Regierungsdelegierten die Zügel aus der Hand

John Houghton begann seine berufliche Laufbahn in den 1950er Jahren in Oxford, wo er zusammen mit Dobson und Brewer über die Ozonschicht forschte. Er nahm an Dobsons Pionierarbeiten über Fernerkundung teil und half bei der Entwicklung eines Temperaturmeßgeräts für Satelliten. Viele Jahre später, als John Mason in den Ruhestand trat, wurde Houghton Direktor des britischen staatlichen Wetterdienstes, des *Met Office*. Dieses Amt brachte viele Nebenverpflichtungen mit sich, unter anderem im Rahmen des Weltklimaforschungsprogramms WCRP, als dieses an die Stelle des alten, schon 1967 geschaffenen Atmosphärenforschungsprogramms GARP trat. Man wählte Houghton zum stellvertretenden Vorsitzenden des WCRP-Lenkungsausschusses, 1982 zum Vorsitzenden. Als ihm nun die Leitung der für die wissenschaftliche Grundlage des Klimaalarms zuständigen Expertengruppe des neuen UN-Gutachterausschusses angetragen wurde, ging er mit aufgekrempelten Ärmeln an die Arbeit.

Auf der ersten Sitzung des IPCC tauchten die Briten mit einer fix und fertig durchgestalteten Arbeitsplanung für diese Gruppe auf. Da in Houghtons Augen die Koordinierung einer gründlichen und umfassenden fachlichen Beurteilung eine komplexe und schwierige Aufgabe war, würde er nicht allein arbeiten: Das britische Umweltministerium hatte schon einen jährlichen Zuschuß von einer viertel Million Pfund bereitgestellt, mit dem am *Met Office* ein eigener »Technischer Hilfsstab« mit drei bis vier dafür abgestellten Vollzeitkräften geschaffen werden konnte. Mit dieser logistischen Unterstützung konnte man das Gutachten auf viel breiterer Basis angehen.[293]

Schon auf dem ersten Treffen seiner Gruppe begann Houghton, für die Gutachtenerstellung eine Arbeitsweise einzuführen, die sich grundlegend von allem unterschied, woran man bis dahin gedacht hatte. Während die anderen Arbeitsgruppen zur Unterstützung ihrer Berichterstatter, die das Gutachten zu schreiben hatten, Studienzirkel und -treffen ansetzten, richtete Houghton die Tätigkeit seiner Gruppe am Modell der *Peer Review* aus: Er ernannte für jedes Kapitel ein oder zwei Fachleute als »Leitautoren« und organisierte für die *Review*, also Besprechung und Kritik ihrer Kapitelentwürfe, »Leitautoren-Treffen«. Außerdem schaltete er noch eine förmliche *Review* der Entwürfe durch einen größeren Kreis externer

Spezialisten ein, um soweit wie möglich die internationale Fachwelt einzubeziehen. Gegen Ende der Arbeit würden die Leitautoren dann zusammenkommen, um eine »Zusammenfassung für Politiker« des Berichts der Arbeitsgruppe zu entwerfen. Dieses Modell bedeutete, daß sich die Rolle des IPCC als Gesamtorgan darin erschöpfen würde, den Bericht am Ende zu sichten und sich über die Endversion der Zusammenfassung zu einigen – das war alles.

In der Planung und Umsetzung dieser Verfahrensweise schritt Houghton so rasch voran, daß er schon bei der zweiten Sitzung des IPCC im Juni 1989 den beiden anderen Gruppen weit voraus war. Bolin und andere unterstützten Houghtons Konzept, und im Zuge der weiteren Arbeiten wurde es schrittweise in allen Gruppen eingeführt. Eine auf dem zweiten IPCC-Treffen beschlossene Abänderung bestand darin, daß das Prinzip der »Kernmitglieder« aufgegeben wurde, womit alle Mitglieder einer Gruppe den gleichen Status und alle Delegationen freien Zugang zu allen Gruppen erhielten. Das hatte zur Folge, daß sich das IPCC gleichsam dreimal in seinen drei Untergremien verkörperte, was indessen den Länderdelegationen keine größere Kontrolle über das Gutachten verschaffte, sondern statt dessen hieß, daß die Verantwortung für dessen Ausarbeitung, die vorher die »Kernmitglieder« getragen hatten, in höherem Maße den Arbeitsgruppen-Vorsitzenden zufiel.

Es lohnt, bei dieser Ausweitung und Umgestaltung des Arbeitsprozesses, in dem das Gutachten zu Papier gebracht wurde, einen Moment zu verweilen, denn sie waren von erheblicher Bedeutung für Erfolg und Echo der IPCC-Sachstandsberichte. Die wichtigste Änderung lag darin, daß sich die Entscheidungskompetenz von den Regierungsdelegierten weg zu forschenden Naturwissenschaftlern hin verlagerte. Die Auswahl der Leitautoren primär nach Maßgabe ihrer Fachkenntnisse brachte in den Gutachtenprozeß einen Zug der »Herrschaft der Weisen«, mit dem man sich weit vom völkerrechtlichen Grundsatz der gleichberechtigten Vertretung aller beteiligten Staaten entfernte. Sie hatte zudem die unmittelbare Folge einer Einflußverschiebung hin zu den Bewohnern reicherer Länder, weil in diesen der Forschungsbetrieb größtenteils stattfand.

Houghtons Konzept unterschied sich jedoch in einer wichtigen Hinsicht von vielen ähnlichen wissenschaftlichen Begutachtungen kontroverser Fragen, wie sie von nationalen Wissenschaftsakademien oder internationalen Gremien durchgeführt worden waren: Es fehlten darin die üblichen Vorkehrungen zur Vermeidung von Interessenskonflikten. Zu diesem Zweck wird die Begutachtung üblicherweise von Fachleuten vorgenommen, die nicht unmittelbar an den Forschungen (und damit dem Meinungsstreit) beteiligt sind, deren Stand beurteilt werden soll. Meistens hatten vergleichbare vorherige Begutachtungen, die in der Öffentlichkeit für Aufsehen sorgten – etwa der Schadensfolgen von DDT oder der Entwicklung der Ozonschicht –, diese gängigen Regeln in gewissem Maße beachtet. Bei der Untersuchung sehr spezieller Fachfragen ist dies oft nicht einfach, und manchmal stellt sich am Ende doch heraus, daß der eine oder andere Prüfer in der einen oder anderen Weise an den beurteilten Arbeiten beteiligt war. Für solche Fälle wird oft vorgesehen, daß Gutachter ihre Interessenslage deklarieren und sicherstellen müssen, daß diese nicht ihre Unparteilichkeit tangiert. In Houghtons Konzept oder Vorgehen fehlten solche Vorkehrungen gänzlich; er suchte für die einzelnen Kapitel gezielt Leitautoren aus, die gerade zu den aktivsten Forschern auf dem jeweiligen Spezialgebiet gehörten.

Diese Entscheidung, führende Spezialisten als Gutachter für offene Fragen ihres eigenen Spezialgebiets auszuwählen, brachte ein weiteres Problem mit sich, nämlich deren Neigung, ihre eigenen laufenden Arbeiten als Autoritätsgrundlage zu zitieren, selbst vor deren Veröffentlichung. Nun bleiben normalerweise unveröffentlichte Arbeiten unberücksichtigt, um zu gewährleisten, daß das Gutachten ausschließlich auf Quellen gestützt ist, die dem normalen Verfahren der wissenschaftlichen Überprüfung unterlagen, *und die es überlebt haben*. Denn im Wissenschaftsbetrieb besteht der normale Gang der Dinge darin, daß alle möglichen Theorien oder Funde präsentiert werden, aber der größte Teil davon den üblichen Ablauf »*Peer Review* – Publikation – kritische Rezeption«, der nicht selten ein oder zwei Jahre in Anspruch nimmt, nicht übersteht. Unter Houghton und Bolin hingegen bürgerte sich eine entgegengesetzte Vorgehensweise ein, in der *Aktualität* Vorrang vor *Solidität* hatte. Im IPCC galt es von Anfang an als wichtiger, die allerjüngsten Forschungsarbeiten zu verwenden, auch noch unveröffentlichte, was man damit verteidigte, daß das Gutachten auf die allerneuesten Erkenntnisse gestützt sein solle. Diese Haltung entsprang einer stets spürbaren und alles durchdringenden Unruhe darüber, daß viele der Forschungsgebiete, auf die sich die Begutachtung erstreckte, Neuland waren, bislang kaum entwickelt und in ihren gesicherten Ergebnissen dürftig. Aber solche Bedenken ließen sich durch ostentativen Optimismus niederbügeln, daß die Forschung schneller und besser voranschreite, als alle vorherige Erfahrung es hätte erhoffen lassen.

In seinen Memoiren schildert Houghton, wie ein führender Klimamodell-Experte mit den ersten Ergebnisse seines neuesten Computermodells, das Meer und Atmosphäre miteinander verkoppelte, in ein Leitautoren-Treffen platzte. Der Gutachtentext war bereits entworfen, gegengeprüft, überarbeitet worden. Jetzt, fünf vor zwölf, schien es plötzlich, als sei soeben ein neuer Erkenntnissprung gelungen: Es hatte immer als ein Schwachpunkt der Atmosphärenmodelle für die Klimafolgen von CO_2 gegolten, daß sie nicht die Dynamik des gigantischen Wärmespeichers berücksichtigten, den die darunter liegenden Ozeane bildeten. Das neue Modell leistete dies, und viel besser als jedes vorherige. Zunächst erhob sich ein gewisser Unwille, die brandneuen Ergebnisse in den Berichtstext aufzunehmen, aber nach langer Debatte einigte man sich doch darauf. So erklärt sich, warum der erste IPCC-Sachstandsbericht tragende Passagen enthält, die auf Quellenangaben gestützt sind, in denen kaum mehr steht als: »private Mitteilung«.[294,295]

In diesem Fall und weiteren, die folgen sollten, wurde die Zulassung unveröffentlichter neuer Arbeiten mit der Behauptung gerechtfertigt, daß die Diskussion unter den Leitautoren – sogar *die Debatte über die Zulassung selbst* – ein adäquater Ersatz für das normale Prozedere der wissenschaftlichen Überprüfung sei.[296, 297] Ob man das einleuchtend findet oder nicht, jedenfalls entwickelte das IPCC eine starke Abhängigkeit von Arbeiten, die den üblichen wissenschaftlichen Revisionsprozeß nicht durchlaufen hatten und selbst Probleme bei der Einhaltung auch nur des IPCC-internen Prüfverfahrens bereiteten. Infolgedessen waren in der Phase, in der die Entwurfstexte einem größeren, externen Expertenkreis zur Durchsicht zugeleitet wurden, etliche Schlüsselaussagen nur durch Artikel belegt, die nicht oder noch nicht in wissenschaftlichen Fachzeitschriften veröffentlicht worden waren. Viele davon waren zur Publikation vorgesehen und bei den Verlagen unter Verschluß. Andere waren nicht einmal zur Veröffentlichung zugelassen, wieder andere nicht einmal geschrieben. Bei der zweiten Begutachtung weitete man diese Praxis noch aus, und die Kritik, die hieran ein vom IPCC selbst ernannter Prüfer übte (vgl. Abb. 8.2), fand darin eine Bestätigung, daß in allen drei Fällen, in denen das Gutachten später öffentliche Kontroversen hervorrief, gerade die strittigen Aussagen auf unveröffentlichte Arbeiten der Leitautoren gestützt waren.*

Wie konnten Houghton und Bolin den Autoren solche Freiheiten gestatten? Eine Erklärung wäre, daß sie einfach naiv waren, an ein so streitbeladenes Umfeld, wie es rund um die IPCC-Gutachten rasch entstand, nicht gewohnt oder darauf anderweitig unzureichend vorbereitet. Schließlich hatten sie ihre Erfahrungen mit wissenschaftlichen *Reviews* und Bestandsaufnahmen vor allem in den ganz anders gearteten Arbeitszusammenhängen des ersten Atmosphärenforschungsprogramms GARP und des Weltklimaforschungsprogramms gesammelt. Sie wußten natürlich, daß die CO_2-Frage umstritten war. Trotzdem hatten sich selbst bei der SCOPE-29-Studie solche Probleme nie ergeben, obwohl deren Leitautoren oft selbst bis über beide Ohren genau in jener Forschung steckten, die sie zu beurteilen hatten. So war etwa Tom Wigley nicht nur selber mit den begutachteten Forschungsvorhaben beschäftigt, sondern für seine häufig äußerst kritische Bewertung der Arbeiten anderer bekannt, deren positive Behauptungen er nicht selten in Grund und Boden stampfte. Daß in der meteorologischen Umgebung

* Diese drei Streitigkeiten waren (1) die Kontroverse um den sog. »Preis des Lebens«, in der die angegriffenen Feststellungen größtenteils auf den unveröffentlichten Doktorarbeiten zweier junger Leitautoren beruhten (vgl. S. 177–179 und 196 f.), (2) die Kritik daran, daß die Ergebnisse von Computermodellen des britischen *Met Office* nicht aufgeschlüsselt nach Breitengraden offengelegt wurden (sondern erst hinterher veröffentlicht, vgl. S. 182 f.) und (3) der »Streit um Kapitel 8«, in dem die Behauptung einer nachgewiesenen anthropogenen Klimaänderung vor allem auf die unveröffentlichte Arbeit der koordinierenden Leitautoren gestützt war (vgl. S. 206–210).

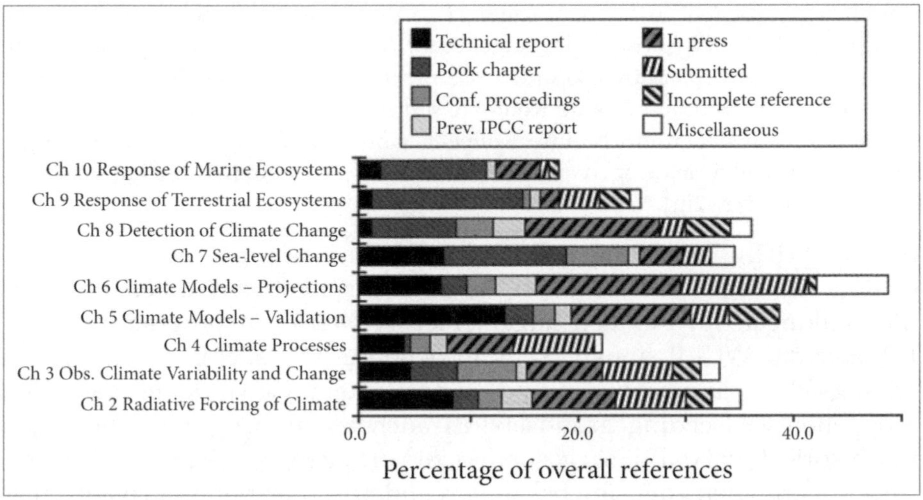

Abb. 8.2: Veröffentlichungsstatus der vom IPCC zitierten Belegquellen

Der amerikanische Atmosphärenwissenschaftler Pat Michaels überprüfte den Status der Belegquellen, die im Entwurf der Arbeitsgruppe 1 des IPCC für dessen Zweiten Sachstandsbericht angegeben waren. Mit seinem Newsletter *World Climate Report*, den er schon 1995 online stellte, nutzte Michaels frühzeitig das neue Medium des Internets, um Kritik an der behaupteten wissenschaftlichen Fundierung der Erderwärmungstheorie zu üben. Im Original lautete die Unterschrift für dieses Schaubild: »Gesamtprozentsatz der im IPCC-Manuskript enthaltenen Zitate, die nicht dem Standard führender wissenschaftlicher Fachzeitschriften genügen. Ordnungsgemäße Belegquellen bilden den übrigen Prozentanteil.«[298] Den gleichen neuralgischen Punkt deckte eine ähnliche Belegprüfung durch eine private Arbeitsgruppe im Vierten Sachstandsbericht des IPCC auf.[299]

von Houghton und Bolin eine solche »interessierte« Beschäftigung mit zu begutachtenden Fragen geduldet wurde, hatte sich also schon vorher eingebürgert.

Man mag an dieser Stelle einwenden, daß schon 1980 auch ein Generalsekretär der WMO empfohlen hatte, gerade Wissenschaftler auszuwählen, die an der zu überprüfenden Forschung selbst aktiv beteiligt waren, und zwar im Rahmen eines der ersten Vorschläge überhaupt, wie die CO_2-Frage international begutachtet werden könnte. So erinnern wir uns, daß der dänische Meteorologe Wiin-Nielsen beim ersten Treffen des Lenkungsausschusses für das Weltklimaforschungsprogramm (WCRP) zu eben dieser Frage, die auf der ersten Weltklimakonferenz hohe Wellen geschlagen hatte, erklärt hatte, man solle sie aus dem Programm herausnehmen und einem »internationalen Ausschuß für die Begutachtung der Forschung über die CO_2-Klimafolgen« übertragen.* Dabei hatte er für die Zusammensetzung dieses Ausschusses empfohlen:

* Vgl. S. 84f.

> Um effektiv arbeiten zu können, sollten (...) dem Ausschuß mehrheitlich in der Forschung aktive Wissenschaftler angehören, die auf ihrem Spezialgebiet hohes Ansehen genießen. Dadurch könnten sie nicht nur ihrer Aufgabe gerecht werden, sondern auch durch direkte Kontakte mit den auf diesem Gebiet arbeitenden Fachleuten, von denen etliche ihre Kollegen wären, viel dafür tun, die richtigen Forschungsprojekte anzuregen und zu fördern. Diese Verfahrensweise hat sich beim GARP überaus bewährt.[300]

In der fraglichen Forschung selbst tätige Wissenschaftler auszuwählen, die unter ihren Kollegen die richtigen Projekte anstoßen und unterstützen, mag für Beurteilungen im Rahmen allgemeiner Wissenschaftsprogramme wie das GARP oder das WCRP sinnvoll sein, in denen es vor allem darum geht, neue Forschungsfelder zu erschließen und zu entwickeln. Gewiß kann man mit dieser doppelten Zielsetzung grundsätzlich auch an die CO_2-Frage herangehen. Dennoch spricht viel dafür, sie gesondert zu verfolgen, wo es um die Klärung einer hochumstrittenen Frage mit bekannten und brisanten politischen Folgen geht.

Houghtons Entscheidung, für den Gutachtenauftrag des IPCC mit der relevanten Spezialforschung selbst befaßte Wissenschaftler heranzuziehen, war eine Sache, aber seine Auswahl der Leitautoren offenbarte noch eine weitere Präferenz. Fast ein Drittel der Leitautoren kam aus Großbritannien. Zählte man noch das hochqualifizierte Fachpersonal des »Technischen Hilfsstabs« dazu – das vom *Met Office* aus intensiv die Arbeiten koordinierte –, so handelte es sich um eine ausgesprochen »britische« Angelegenheit. Noch ausgeprägter war es eine anglophone: 21 der 34 Leitautoren kamen entweder aus Großbritannien oder den Vereinigten Staaten. Da die USA zudem den Vorsitz der »politischen« Arbeitsgruppe 3 stellten, ist nachvollziehbar, daß die Delegierten aus armen Ländern (und den auf anderer und heiklerer Basis wohlhabenden arabischen Ölstaaten) das IPCC vor allem als Sprachrohr eines Klüngels wohlhabender Westblockländer betrachteten. Das sollte sich als um so heikler erweisen, je tiefer sich das IPCC in die politischen Vorbereitungen für das Klimaabkommen verstrickte, dessen Abschluß im Verlauf des weichenstellenden Jahres 1989 immer wahrscheinlicher wurde.

Das IPCC auf dem roten Teppich der internationalen Diplomatie

Nachdem George Bush Anfang 1989 als Präsident vereidigt worden war, hielt er Wort, indem er den »Effekt des Weißen Hauses« nicht nur nutzte, um der Klimafrage mehr Publizität zu verschaffen, sondern auch, um einen Abglanz davon auf das IPCC fallen zu lassen. Den Vorsitz der Arbeitsgruppe 3 hatte die US-Regierung letztlich an Frederick Bernthal vergeben, der kein geringeres Amt als das des stellvertretenden Außenministers bekleidete, also gewiß kein wissenschaftliches. Als diese »politische« Arbeitsgruppe im Januar 1989 zu ihrer ersten Sitzung zusammenkam, ließ es sich der US-Außenminister selbst, James Baker, nicht nehmen, als *seine erste Amtshandlung überhaupt* das Treffen persönlich zu eröffnen.

Das ganze Jahr 1989 über folgten die Arbeitsgruppen des IPCC einem geschäftigen Terminplan von Sitzungen und Seminaren an verschiedenen Orten der Nordhalbkugel. Derweil hob die Welle politischer Erregung, die in Richtung UNO gelenkt worden war, das IPCC auf die Höhe weltweiter Bekanntheit. Als es im Juni 1989 zu seiner zweiten Plenarsitzung zusammenkam, war klarer geworden, welche Rolle ihm bei den Vertragsverhandlungen zugedacht war: Nach der endgültigen Fassung der Resolution, die die UN-Generalversammlung im Dezember 1988 – nunmehr unter der Überschrift »Schutz des Weltklimas für die heutigen und die kommenden Generationen« – verabschiedet hatte, sollte das IPCC Empfehlungen abgeben über die »Ausbaumöglichkeiten bestehender völkerrechtlicher Dokumente, die das Klima betreffen«, sowie über »Einzelbestandteile, die in eine mögliche künftige internationale Klimakonvention aufzunehmen wären«.[301] Diese zweite Vollversammlung des IPCC zeigte auch, wieviel mehr internationale Prominenz es inzwischen genoß: die Zahl der Delegationen hatte sich fast, die der Teilnehmer mehr als verdoppelt, außerdem waren jetzt kleinere Abordnungen von Umwelt-»N«GOs und der Wirtschaftslobby dazugekommen.

In seiner Begrüßungsansprache für das zweite Treffen benannte es Tolba als das Ziel der Partnerschaft des IPCC mit der WMO, in Sachen Weltklima zu »handeln« und dabei

> zu helfen, die Kreise von Wissenschaft und Politik darin zu vereinen, das Fundament für ein wirksames, realistisches und gerechtes Tätigwerden in Sachen Klimawandel zu legen.[302]

Sodann ergriff Patrick Obasi (der als Nachfolger von Wiin-Nielsen seit 1984 WMO-Generalsekretär war) das Wort und teilte mit, das Präsidium der WMO habe soeben Entschließungen gebilligt, wonach mit der Aushandlung eines Klimaabkommens begonnen werden könne, sobald das IPCC sein Gutachten vorgelegt habe.[303] Bernthal fügte hinzu, wenn der Bericht der »politischen« Arbeitsgruppe fertig sei, werde er als Ausgangspunkt für die förmlichen Verhandlungen über ein Rahmenabkommen dienen.[304]

Dann jedoch wies Jim Bruce darauf hin, daß die Arbeitsgruppe 3 nicht das einzige Forum sei, das ein Klimaabkommen vorbereite. Vertreter der WMO und des UNEP hätten einen weiteren Zirkel außerhalb des IPCC-Rahmens gegründet, der darüber berate, wie diese beiden UN-Unterorganisationen am besten zur Ausarbeitung des Abkommens beitragen könnten, und auch schon einen Zeitplan für die Verhandlungen aufgestellt habe;[305] dieser kleine Stab werde sich bald in eine »Taskforce« zur Vorbereitung des Abkommens verwandeln. Um mit den Aktivitäten des IPCC in Verbindung zu bleiben, sollten in diese achtköpfige Taskforce drei Experten aus der Untergruppe »Rechtliche Maßnahmen« der IPCC-Arbeitsgruppe 3 aufgenommen werden.[306]

Diese Untergruppe war, wie Bernthal später erläuterte, deshalb von Bedeutung, weil man davon ausging, daß der rechtliche Teil des IPCC-Sachstandsberichts

> letztlich eine Skizze für die Aushandlung des Klimarahmenabkommens liefern würde, indem er klar die einzelnen Punkte auflistete, die Gegenstand der Verhandlungen sein müßten.[307]

Seine Taskforce für die Vorbereitung des Vertrages rief Tolba erstmals im Herbst 1989 zusammen, als gleichzeitig die Umweltminister in Noordwijk tagten. Ihr gehörte auch Howard Ferguson an, der Koordinator für die geplante Zweite Weltklimakonferenz im folgenden Jahr, die immer noch als die Bühne gedacht war, auf der die Aushandlung des Abkommens feierlich beginnen sollte.[308, 309]

Da die Taskforce kein offizieller Teil der beschlossenen Vertragsverhandlungen war, stellte sich freilich die Frage: *Warum wurde sie überhaupt einberufen?* Der Grund dafür dürfte einfach gewesen sein, daß Tolba lieber mit kleineren, »pflegeleichten« Beratergruppen arbeitete, wie er es auch schon zur Anbahnung des Ozonvertrags getan hatte. In einem aufschlußreichen Abriß dieser Vorgänge vermutet Shardul Agrawala, es sei ein zentrales politisches Ziel der Taskforce gewesen,

> bei den Beratungen über das Klimaabkommen den Ball flach zu halten und zu verhindern, daß sie sich in den Netzen der viel politischeren UN-Generalversammlung verhedderten.

Agrawala wertet dies als

> Tolbas Versuch (...), die informelle »Ad-Hoc-Gruppe juristischer und technischer Experten« zu kopieren, die der Unterzeichnung des Wiener Ozonabkommens den Weg bereitet hatte.[310]

Tolbas Versuch, seinen kleinen Arbeitsstab für den Ozonvertrag durch die in Villach gegründete »Beratungsgruppe für Treibhausgase« zu kopieren, mochte gescheitert sein*, aber die neue Taskforce war offenbar ein erfolgreicherer zweiter Versuch, doch noch seinen eigenen kleinen Beraterstab unabhängig vom IPCC zu bilden. Während dies im Gange war, entsprach die UN-Generalversammlung im Dezember 1989 Tolbas an sie gerichteter Bitte, ihn selbst und Obasi förmlich damit zu beauftragen, »die Vorbereitungen für die Verhandlungen über ein Klimarahmenübereinkommen einzuleiten«, die »sobald wie möglich nach der Annahme des Zwischenberichts des [IPCC] eröffnet werden sollten«.[311]

* Vgl. S. 111 f.

Das dritte Treffen des IPCC im Februar 1990 wurde in Washington von niemandem geringeren eröffnet als dem Präsidenten der Vereinigten Staaten selbst. In seiner Begrüßungsrede schlug George Bush erneut einen enthusiastischen Ton an, versicherte das IPCC seiner Unterstützung und erstreckte seine Einladung in die amerikanische Hauptstadt gleich auf »die erste Verhandlungsrunde für ein Rahmenabkommen, sobald das IPCC seine Arbeit abgeschlossen hat«.[312] Bush trug damit weiterhin Begeisterung zur Schau, obgleich ihm seine Berater inzwischen eine gewisse Zurückhaltung nahelegten. Sie gaben zu bedenken, welche immensen wirtschaftlichen Kosten mit Emissionssenkungen verbunden wären, wofür man sich nun doch wieder der Unverläßlichkeit der Klimamodelle mit all ihren notorischen Mängeln erinnerte, insbesondere ihres Versagens bei einer wirklichkeitsnahen Simulation des Wärmeaustauschs mit dem Meer.

Diese Einwände konnten im übrigen auf die breite Kritik verweisen, die inzwischen in zahlreichen wissenschaftlichen Zeitschriften laut geworden war – nach der Jubelstimmung von Toronto und Washington hatte sich in Fachkreisen eine Gegenbewegung der Zweifel und Skepsis entwickelt (mehr dazu unten). Die US-Regierung reagierte darauf vor allem mit neuen Geldspritzen für die Verbesserung der Klimamodelle, um die Ungewißheiten zu verringern.[313] Die massiv erhöhten Ausgaben des Bundeshaushalts für die Klimawissenschaften und insbesondere Forschungen über Erderwärmung übertrafen bald die kühnsten Träume der Fachleute, die in den späten 1970er Jahren für geringe Zuwendungen die Klinken hatten putzen müssen. In seiner Begrüßungsansprache vor dem versammelten IPCC prahlte der US-Präsident mit einem Etat von »über zwei Milliarden Dollar neuer Ausgaben für den Umweltschutz«. Dabei sollten die Mittel für das »›Forschungsprogramm zum weltweiten Wandel‹ (...) um fast 60% auf über eine Milliarde Dollar erhöht werden«. Bush machte klar, daß mit der Bereitstellung dieser horrenden Beträge Rückendeckung in einer Situation demonstriert werden sollte, in der sich zunehmend Bedenken und Vorbehalte breitmachten und die Einwände nicht verstummen wollten, daß der Schritt von der Wissenschaft zur Politik zu früh erfolgt sei:

> Wo Politik und öffentliche Meinung die Wissenschaft überholt haben, beschleunigen wir unsere Unterstützung, um diese Lücke zu schließen.[314]

Dieser plötzliche Sprung des Themas Klimawandel in den Mittelpunkt der weltpolitischen Arena und die Umstände, unter denen er geschah, hatten mehrere weitreichende und rasch spürbar werdende Folgewirkungen für diejenigen, die im Bereich des Umweltschutzes tätig waren, sei es als Fachleute oder als politische Akteure. Zunächst bedeutete er einen Mannaregen für die Atmosphärenwissenschaftler. Angesichts des breiten Spektrums der zu untersuchenden Auswirkungen des postulierten Klimawandels auf Umwelt und Gesellschaft sprossen überall neue Stellen und Projekte auf den verschiedensten Gebieten der Natur- und Sozialwissenschaften wie Pilze aus dem Boden. Ein anderer Effekt war, daß die plötzliche Prominenz des IPCC auf dem Feld der internationalen Politik sogar auf seine beiden Gründerorganisationen zurückstrahlte; der WMO trug dies Gelder und Wohlwollen für ihre Koordinierung der benötigten Grundlagenforschung ein und dem UNEP (sowohl mittels des IPCC als auch direkt) einen Platz am Verhandlungstisch für ein weltpolitisches Vertragsvorhaben, das viel grandioser war als der Schutz der Ozonschicht. Das IPCC selbst gewann ein Ansehen, das sogar das seiner »Eltern« übertraf, und je berühmter es wurde, desto unabhängiger wurde es auch von ihnen – unabhängiger als jedes wissenschaftliche Gutachtergremium zuvor.

Die bemerkenswerteste Folge aber, als der Klimawandel plötzlich zu einem politischen Topthema wurde, entstand zu einem nicht geringen Teil daraus, daß man eine diplomatische (»intergouvernementale«, wie es im IPCC-Namen hieß) Lagesondierung in eine wissenschaftliche Begutachtung verwandelt hatte. Damit hatte man sich der zu erwartenden völkerrechtlichen Bindungen einer »zwischenstaatlichen« Institution in verschiedener Weise entledigt:

- Das leitende »IPCC-Büro« bestand aus Fachleuten und politischen Aktivisten, die gänzlich unabhängig von den Bevollmächtigten der beteiligten Staaten arbeiteten.
- Houghtons Umgestaltung der Gutachtenerstellung bedeutete, daß der Sachstandsbericht weitgehend unabhängig von den Regierungsdelegierten ausgearbeitet wurde, die nur noch zum Schluß hinzugeladen werden sollten, um den Text zu sichten und zu billigen.
- Tolbas »Taskforce« zur Vertragsvorbereitung agierte losgelöst von dem ganzen institutionellen Rahmen und repräsentierte niemanden.

Aber wie sehr auch dies denjenigen mißfallen mochte, die anfänglich auf einem »zwischenstaatlichen Mechanismus« bestanden hatten, noch viel größerer Unmut braute sich derweil in zahlreichen Delegationen der armen Länder zusammen, die sich mehr und mehr aus einem Gremium ausgebootet fühlten, das zu einem wichtigen Knotenpunkt internationaler Verhandlungen geworden war. Einige von ihnen sollten bald darin Abhilfe suchen, daß sie die Rückkehr zu einer echten zwischenstaatlichen Körperschaft erzwangen, die vom IPCC und seinen beiden Gründerorganisationen unabhängig war. Dieser Groll und der Ausweg, den er sich suchte, sollten bald zu einer ausgewachsenen Revolte innerhalb des IPCC führen, die die Ablieferung seines ersten »Sachstandsberichts« kurz vor Schluß fast vereitelt hätte.

Streit in den UN-Verhandlungen: Die armen Länder fordern Hilfe

Seit der ersten Stunde der politischen Debatte über den Treibhauseffekt hatten die Regierungen armer Länder auf mehr Hilfe gedrungen, und dafür führten sie verschiedene Gründe ins Feld. Vor allem betonten sie, es seien die reichen Länder gewesen, die durch ihren Aufstieg zu Wohlstand und dessen Erhaltung das Problem verursacht hätten und weiter verursachten. Darum seien die reichen Länder nun auch in der Pflicht, sich den Folgen zu stellen, einschließlich derjenigen, die die Bevölkerung der armen Weltgegenden träfen. Die Regierungen der armen Länder hingegen bräuchten Hilfe, um diese Auswirkungen auch nur zu erforschen. Sie bräuchten Hilfe, um die Schäden zu begrenzen. Sie bräuchten Hilfe für die Tantalusaufgabe, ihre eigene industrielle Entwicklung voranzubringen und zugleich das Klima für alle zu bewahren. Und sie bräuchten Hilfe, um die Barriere der Patente, Lizenzen und anderen gewerblichen Schutzrechte westlicher Konzerne zu überwinden, welche die Entwicklung von Technologien für alle diese Zwecke unerschwinglich machten. Dieser sog. »technische Transfer« müsse stattfinden, wenn das Problem des Klimawandels bewältigt werden solle, ohne ihre Modernisierung zu behindern.

Daß die armen Staaten ihre Interessen auf diplomatischer Ebene gemeinsam verfochten, war – lange vor dem Aufkommen des Themas »Klimawandel« – seit den UN-Handelsgesprächen in den 1960er Jahren erreicht worden, in denen sie sich zu einer stattlichen Koalition verbanden. Mochte die wirtschaftliche Macht in den Händen des G7-Clubs liegen, erstrebten die armen Länder, als nach dem Krieg die Entkolonialisierung voranschritt, wenigstens eine gewisse Stärke durch Einheit bei Vielzahl, indem sie sich zur G77 vereinigten. Ihr Blockstimmverhalten leistete ihnen nicht nur in der Handelspolitik gute Dienste, sondern auch bei Entschließungen der UN-Generalversammlung über andere Fragen von gemeinsamem Interesse. So, wie sich nun in den Vorbereitungen für ein Klimaabkommen eine Art Ausläufer der G77 zu formieren begann, blockierten deren Mitglieder schon länger die Seerechtsverhandlungen mit Forderungen nach Geld und technischer Hilfe, um ihre unterseeischen Ressourcen zu erschließen. Diesem Faktor hatte die Brundtland-Kommission ihren Tribut gezollt, und die Haager Erklärung von 1989* nannte Entschädigungsleistungen an die armen Länder an prominenter Stelle.

Ähnlich lagen die Dinge in den Ozonschutz-Verhandlungen, in denen die Regierungen armer Länder Hilfe für die Umstellung auf chemische Ersatzstoffe der zu verbietenden Substanzen verlangten. Sie erzielten damit einen gewissen Erfolg, denn im Juni 1990 wurde bei einer Änderung des Protokolls von Montreal ein Übergangsfonds beschlossen, der in den Jahren 1990–93 rund 240 Millionen

* Vgl. S. 128.

Dollar ausschütten sollte. Erst als dieser finanzielle Anreiz geschaffen war, traten auch China und Indien, die sich vorher ferngehalten hatten, dem Protokoll bei.[315]

Im Fall des Klimaabkommens wurden die Forderungen nach Hilfsgeldern schon in einem früheren Stadium erhoben, womit sie hier zur gleichen Zeit verfolgt wurden wie in den schon weiter gediehenen Ozonschutz-Verhandlungen. Das IPCC hatte mit seiner spesenträchtigen Arbeitsweise von Anfang an für Mißmut gesorgt, denn »Entwicklungsländer« konnten sich eine Beteiligung daran kaum leisten und dafür auch nur selten qualifizierte Vertreter aufbieten. Schon bei seinem ersten Treffen hatte das IPCC darum eilig beschlossen, Finanzhilfen für die Delegationen bereitzustellen. Bei der zweiten Sitzung richtete man einen Sonderfonds und eigenen Ausschuß ein, um Kostenzuschüsse zu gewähren; seitdem wurden immer wieder verschiedene Abhilfemöglichkeiten erwogen oder umgesetzt.[316, 317, 318]

Am stärksten jedoch traten die Spannungen zwischen Reich und Arm in der »politischen« Arbeitsgruppe zutage. Risse entlang der Scheidelinie zwischen Industrie- und Entwicklungsländern hatten sich schon auf dem IPCC-Plenartreffen im Juni 1990 gezeigt, das zur abschließenden Billigung des ersten Sachstandsberichts abgehalten wurde (etwa zu der Zeit, als die armen Länder mit Erfolg Hilfsgelder nach dem Montrealer Protokoll einforderten). Zu einer tiefen Kluft aber sprangen diese Risse wenige Monate später bei einer weiteren Vollversammlung aller drei Arbeitsgruppen auf, die dem Bericht eigentlich »nur« noch seine offizielle Zusammenfassung anfügen sollte.

Sundsvall 1990: Der Aufstand der armen Länder im IPCC

Diesen letzten Schliff sollte der erste Sachstandsbericht auf der vierten IPCC-Plenarsitzung erhalten, die Ende August 1990 in dem schwedischen Städtchen Sundsvall stattfand. Das Treffen begann vielversprechend, besonders für Houghton, der ganze Kartons mit dem komplett und kommerziell gedruckten Bericht seiner Arbeitsgruppe 1 im Gepäck hatte. Auch Bolin durfte auf einen Triumph hoffen: Die gesonderten Zusammenfassungen der drei Arbeitsgruppen hatten bereits Zeile für Zeile die Zustimmung aller Regierungsdelegierten gefunden, und er hatte aus ihnen die offizielle Zusammenfassung für den gesamten Bericht zusammengeschrieben, den die Konferenz nun absegnen sollte. Sobald dies geschehen wäre, könnte diese »Zusammenfassung der Zusammenfassungen« feierlich der Zweiten Weltklimakonferenz übergeben und so zur Grundlage für die Aushandlung der Klimakonvention werden.

Statt in einem Triumph endete die Konferenz jedoch im feindseligen Durcheinander. Ein britischer Delegierter beschrieb später ihre Schlußszene:

> (...) nach der perfekt inszenierten Eröffnung, bei der Kinderchöre Lieder über die Zukunft sangen, (...) wäre das Treffen schließlich fast abgebrochen worden. Es endete letztlich mit einem Tag Verspätung um vier Uhr morgens damit, daß die meisten Delegierten ihre Plätze im Konferenzsaal verlassen hatten und auf dessen vorn liegender Bühne zusammengelaufen waren, wo man sich gegenseitig anschrie.[319, *]

Auf solchen Treffen war ein Höchstmaß an gutem Willen seitens aller Delegationen unabdingbar, da Zeile für Zeile Einvernehmen darüber herzustellen war, daß die Zusammenfassung in etwa dem Berichtstext entsprach. In Sundsvall war jedoch bei den brasilianischen Delegierten von gutem Willen von Anfang an nicht das Geringste zu bemerken. Vielmehr suchten sie Verbündete für ihre Forderung, in dem Entwurf verschiedene Einschübe vorzunehmen, die den Standpunkt der armen Länder zum Ausdruck bringen sollten, und dieser Vorstoß war der Hauptgrund, warum sich die Abschlußsitzung bis in die Morgenstunden des nächsten Tages fortschleppte, ohne daß der nötige Konsens in Aussicht rückte. Vielmehr hatte sich das Treffen nach Mitternacht in einer gefahrenträchtigen Polarisierung festgefahren: Die Vereinigten Staaten, die bei dem vorangegangenen, ebenfalls zerstrittenen Treffen der Arbeitsgruppe 3 den Vorsitz geführt hatten, widersetzten sich in Sundsvall weiterhin der brasilianischen Forderung nach Textänderungen im Sinne der armen Staaten. Besonders quälend war dieser Zwist für die Beteiligten deshalb, weil nach der neuesten Planung Brasilien bei den Vertragsverhandlungen eine prominente Rolle zugedacht war. So sollte die Klimakonvention auf einem großen »Erdgipfel« im Jahr 1992 unterzeichnet werden, zu dem Brasilien für den 20. Jahrestag der Stockholmer UN-Umweltkonferenz nach Rio de Janeiro einladen sollte.

Im offiziellen Bericht über die Sundsvaller Konferenz ist über diese Geschehnisse so gut wie kein Hinweis zu finden, aber noch in seinen 17 Jahre später verfaßten Memoiren schildert Bolin den Eklat und sein Ergebnis mit spürbarer Enttäuschung, wenngleich in höflichen und diplomatischen Worten.[321] Viel aussagekräftiger und informativer war der Bericht der australischen Delegation, der

---

* Daß zum Schluß des Meetings »die meisten Delegierten« auf der Saalbühne zusammengelaufen wären und dort einander angebrüllt hätten, wie Tony Brenton es schilderte, ist nach der Darstellung von John Zillman, der auch an dem Treffen teilnahm, eine Übertreibung. In einer privaten E-Mail schilderte Zillman seine eigene Erinnerung dahin, daß »an einem bestimmten Punkt etwa ein halbes Dutzend Delegierte auf die Bühne hinaufgingen, um dort informell darüber zu beraten, wie am besten weiter zu verfahren sei. Die Stimmung war äußerst angespannt, aber die Form wurde vollkommen gewahrt. Zum Schluß rief Bert [Bolin] den brasilianischen Wissenschaftsminister José Goldemberg (selbst ein angesehener Klimawissenschaftler) an, um ihn zu bewegen, der brasilianischen Delegation eine andere Weisung zu geben.«[320] Aber selbst dieser Augenzeugenbericht, wonach es gereizte »informelle« Beratungen gab und ein interkontinentales Telefonat im Morgengrauen, um ein Machtwort des brasilianischen Wissenschaftsministers einzuholen, vermag nicht ganz den Eindruck auszuräumen, daß ein Tiefpunkt der Mißstimmung erreicht war.

vierzehn Tage nach der Konferenz freigegeben wurde. In seiner Einleitung wurde gesagt, die Spannungen zwischen Industriestaaten und Entwicklungsländern seien

> im Verlauf der IPCC-Arbeiten, während der Verhandlungsbeginn für eine Klimakonvention näherrückte, immer größer geworden. Das Treffen wurde als letzte Chance angesehen, das IPCC im Sinne einer klareren politischen Stellungnahme seines Berichts zu beeinflussen und dem Wunsch der Entwicklungsländer nach freiem Technologie- und Kapitaltransfer aus industrialisierten Ländern Rechnung zu tragen. Infolgedessen wurde recht wenig Zeit auf die wissenschaftliche Diskussion verwandt (...).[322]

Ungewöhnlich offen äußerten sich die Australier über die Motive, die sie hinter der Obstruktionspolitik vermuteten, an der die Tagung fast gescheitert wäre:

> Im Laufe der Sitzung wurde klar, daß es einer Anzahl von Entwicklungsländern unter Führung Brasiliens darum ging, eine Billigung der vorgeschlagenen Zusammenfassung und Schlußfolgerungen durch das IPCC zu verhindern, um zu erreichen, daß die wichtigsten internationalen Aktivitäten in bezug auf Klimawandel aus dem UNEP/WMO-Rahmen ausgegliedert und der Zuständigkeit der UN-Generalversammlung unterstellt werden.[323]

Bereits beim Treffen des IPCC-Büros unmittelbar vor der Plenarsitzung hatte der brasilianische Vertreter »klargestellt, daß für Brasilien das weitere Vorgehen, sowohl was die Aushandlung des Klimaabkommens als auch was die Zukunft des IPCC angehe, in den Händen der Generalversammlung liegen« müsse.[324]

Trotz dieses wachsenden Widerstands beharrte Bert Bolin als IPCC-Vorsitzender darauf, daß das Sundsvall-Treffen weder für gescheitert erklärt noch wiederholt werden solle (wie von anderer Seite vorgeschlagen), sondern daß an seinem Ende zumindest irgendein einhellig gebilligter Text zu stehen habe, den man der Weltklimakonferenz präsentieren konnte, bis zu der nur noch drei Monate Zeit blieben. Letztlich gelang ihm dies auch, aber erst, nachdem er seine erst teilweise gebilligte »Zusammenfassung der Zusammenfassungen« fallengelassen hatte.

In den frühen Morgenstunden wurde tatsächlich noch über einen Wortlaut Einvernehmen erzielt, der statt dessen zur offiziellen »Zusammenfassung für Politiker« des Ersten Sachstandsberichts des IPCC wurde. Dieses Dokument von höchstem diplomatischen Rang bot das gleiche Wirrwarr wie die Nachtsitzung, aus der es hervorgegangen war. Er bestand zum größten Teil aus zusammenkopierten Auszügen der Arbeitsgruppen-Resümees mit einer Widerrufserklärung auf der Deckseite und einer knappen Bestätigung der Position der armen Länder, die man dem Abschnitt »Antwortstrategien« eingefügt hatte. In dem Disclaimer hieß es, daß der Bericht nicht der Auffassung aller beteiligten Regierungen entspreche, was faktisch besagte, daß ihn die Konferenz eben nicht einvernehmlich gebilligt hatte. Das war das Eingeständnis, daß man das Hauptziel der gesamten Unternehmung nicht erreicht hatte, nämlich unter den beteiligten Regierungen Einigkeit über die wissenschaftliche Grundlage für politische Maßnahmen herzustellen. Der andere Einschub war eine Deklaration, daß ein zügiger technologischer Transfer dringend geboten sei. Sie schloß mit den Worten:

> Den Abstand zwischen der industrialisierten und der sich entwickelnden Welt zu verringern, würde eine Grundlage für eine volle Partnerschaft aller Nationen der Welt schaffen und Entwicklungsländer darin unterstützen, die Probleme des Klimas zu bewältigen.[325]

Ob das stimmte oder nicht, es war jedenfalls keine Erkenntnis aus dem Fachgutachten über Klimawandel, die in irgendeinem seiner Kapitel zu finden gewesen wäre. Wie vielleicht besser so für das IPCC, wurde das Dokument niemals richtig veröffentlicht oder nennenswert verbreitet, und bald war es im Lethefluß versunken. Nicht so leicht zu vergessen war hingegen die erbitterte Auseinandersetzung, an deren Ende es zwar beschlossen wurde, aber die Opposition einheitlicher als zuvor hinter Brasilien stand.

Die Nachwirkungen

Obwohl in Sundsvall die gesamte IPCC-Begutachtung fast geplatzt wäre und Brasilien fest entschlossen blieb, WMO und UNEP jede Koordinierung politischer Maßnahmen aus der Hand zu nehmen, hielt der unermüdliche Tolba wenige Wochen später eine Sondersitzung der Delegierten ab, um die Organisation politischer Schritte fortzuführen. Er hatte diese Zusammenkunft, die sein UNEP-Direktorium (ebenso wie das WMO-Präsidium) noch kurz vor Sundsvall gebilligt hatte, als ein »Open-End-Arbeitstreffen von Regierungsvertretern« deklariert, um die »Mittel und Modalitäten« der Vertragsverhandlungen über das hinaus festzulegen, was seine eigene Taskforce schon ausgearbeitet hatte. Aus Tolbas Sicht handelte es sich somit um die letzten Handgriffe vor der ersten förmlichen Verhandlungsrunde für das Abkommen, die am Anfang des folgenden Jahres in Washington stattfinden sollte.[326, 327, 328]

Nach dem Sundsvall-Treffen zur Billigung der Berichtszusammenfassung im August 1990 und dieser politischen Sondersitzung im September folgte im straffen Zeitplan die Zweite Weltklimakonferenz im November. Als wäre nichts geschehen, blieben auch bei dieser Gelegenheit mit ruhigem Sitzfleisch UNEP, WMO und IPCC im Mittelpunkt einer Veranstaltung, die eine immense internationale Aufmerksamkeit hervorrief, allerdings nicht für das Weltklimaprogramm (dem eigentlichen Anlaß der Konferenz), sondern allein für die sich anbahnende

Erwärmungskatastrophe. Um diese abzuwenden, bekräftigte die Konferenz den Beschluß, ein Klimaabkommen auszuarbeiten und auf dem »Erdgipfel« zwei Jahre später in Rio unterschriftsreif vorzulegen. An die Spitze dieser Bestrebungen stellte sich nun Margaret Thatcher mit einer ungewöhnlich pathetischen Rede, in der sie, ihrer lange herausgezögerten, jetzt aber bevorstehenden Niederlage in den Unterhauswahlen scheinbar nicht gewahr, das UNEP/WMO-Vorhaben in den höchsten Tönen pries. »Wir sollten unsere Zeit und Energie«, verkündete sie, »nicht damit vergeuden, über den IPCC-Sachstandsbericht zu rechten«, sondern ihn als »unseren Wegweiser« für die Route des UNEP und der WMO betrachten, den »wichtigsten Vehikeln«, um uns zu »unserem Ziel, einer globalen Klimakonvention« zu bringen.[329]

Am Ende des Jahres allerdings war Frau Thatcher nicht mehr die Premierministerin des Vereinigten Königreiches und die beiden von ihr gerühmten UN-Organisationen nicht mehr die Vehikel der Vertragsverhandlungen. Sondern in jenem Dezember hatten die Brasilianer ihren Willen: die Aushandlung des Abkommens wurde doch der Zuständigkeit der UN-Generalversammlung unterstellt, in der die armen Länder weiter auf ihre Mehrheit zählen konnten. Man schuf ein neues und unabhängiges Internationales Verhandlungskomitee (*Intergovernmental Negotiating Committee*), das die Klimakonvention entwerfen sollte.[330] Es tagte erstmals, wie von Bush gewünscht, im Februar 1991 in der Nähe von Washington, und bei diesem Treffen waren WMO und UNEP kaum noch mehr als Zaungäste. Bolin sah dabei zu, wie »mehr als 100 Leute von der UNO in New York zusammenkamen, um aus dem Problem des Klimawandels ein zentrales Thema der Vereinten Nationen zu machen«. Wie er in seinen Memoiren etwas grummelig festhielt, mußte er sich »wirklich wundern, was sie da eigentlich machten, nachdem sie an den bisherigen Arbeiten nur minimal beteiligt gewesen waren«.[331]

War Bolin enttäuscht darüber, daß die Diplomaten den Wissenschaftlern das Zepter aus der Hand genommen hatten, so war Tolba nicht minder aufgebracht, daß man genauso unzeremoniell auch sein UNEP beiseite geschoben hatte. In seinen Memoiren bleibt greifbar, wie entrüstet er über diesen Ausgang war. Darin zeichnet er zunächst detailliert den administrativen Ablauf nach, der zum Abschluß des Wiener Ozonschutzvertrags führte. Dann folgt ein knapper Abschnitt über Klimaschutz, der allerdings schnell in eine lange Aufzählung abgleitet, wie er sich wieder und wieder für die Forderung der armen Länder nach Finanzzuwendungen eingesetzt habe und damit auch, genauso wie bei den Ozon-Verhandlungen, Erfolg hätte haben können.[332] Nachdem das UNEP ausgeschaltet war, trug diese Kampagne der Entwicklungsländer im übrigen – etwa zu der Zeit, als Tolba die UNEP-Leitung abgab, und nur vier Monate vor dem Rio-Gipfel – tatsächlich Früchte. Auf der fünften Sitzung des Internationalen Verhandlungskomitees in New York willigten die USA, die bindende Emissionsziele nach wie vor ablehnten, in Finanzhilfen für arme Länder ein und kündigten an, 50 Millionen Dollar in einen Kernfonds einzuzahlen und in den nächsten beiden Jahren weitere 25 Millionen Dollar für Emissionsbewertungen und Folgenabschätzungen auszugeben.[333]

Was das IPCC anging, so enthielt es sich von nun an strikt aller politischer Empfehlungen und beschränkte sich auf »politisch relevanten, aber politisch neutralen« Ratschlag. Dennoch sollte, noch bevor es seinen zweiten Sachstandsbericht abliefern konnte, das Tauziehen darum, wer über die politische Tagesordnung bestimmte, sogar seine Fortexistenz in Frage stellen. Denn der vom Internationalen Verhandlungskomitee ausgearbeitete Abkommenstext sah ein eigenes neues »Nebenorgan für wissenschaftliche und technologische Beratung« (*Subsidiary Body for Scientific and Technological Advice*) vor, das den Parteien des Abkommens »Informationen und Gutachten zu wissenschaftlichen und technologischen Fragen« zur Verfügung stellen sollte. Die Zuständigkeit dieses »Beratungsorgans« für »Beurteilungen zum Stand der wissenschaftlichen Kenntnisse« umfaßte sowohl die Erstellung wissenschaftlicher Gutachten als auch die Beantwortung technologischer Fragen, die ihm die Vertragsparteien vorlegen konnten.[334] Rechtlich gesehen war dieser Beirat ebenfalls eine internationale Einrichtung auf Regierungsebene, in die allerdings nur Länder, die dem Abkommen beigetreten waren, Vertreter entsenden konnten. Das IPCC ließ man wissen, daß es selbst niemals dieses Wissenschaftlich-Technologische Beratungsorgan werden könne, weil die Mitgliedschaft im IPCC allen Staaten offenstand, ob sie das Abkommen unterzeichnet hatten oder nicht. Dennoch wurde das IPCC im Abkommenstext einer Erwähnung gewürdigt, wenn auch nur noch als ein beratendes Gremium neben anderen für die »Übergangszeit«, d.h., es sollte nur noch tätig bleiben, bis das Abkommen in Kraft treten und bei der ersten »Konferenz der Vertragsparteien« (*Conference of Parties 1*, kurz *CoP1*) das neue Beratungsorgan gegründet werden würde. Der Wortlaut hätte nicht klarer gewählt werden können: bei der *CoP1* würde das IPCC durch dieses Organ abgelöst werden.[335]

Damit fanden sich WMO und UNEP vor der Tür wieder. Da die Aushandlung des Abkommens nun in der Hand von Berufsdiplomaten lag und wahrscheinlich durch unfreundliche Agitatoren aus dem Süden dominiert werden würde, sahen sich die Fachleute vor die sehr reale Aussicht gestellt, daß ihr IPCC ersetzt und aufgelöst werden würde, sobald die Konvention in Kraft träte.

Die »politische Lücke« – ein Signal muß gefunden werden

Während Bolin von nun an dem drohenden Ausschluß des IPCC aus dem Vertragsprozeß ins Auge sehen mußte, betrachteten viele Wissenschaftler, die in Klimafragen sachkundig waren, die Situation aus einer völlig anderen Perspektive.

Viele blieben bei der Beurteilung der Lage, wie sie sich vor der zweiten Villacher Konferenz im Jahr 1985 dargestellt hatte, d.h., nach wie vor schien ihnen die empirische Grundlage zu dürftig, um darauf politisches Handeln zu stützen – so wie Robert White es mit seiner Metapher einer »auf den Kopf gestellten Pyramide des Kenntnisstandes« ausgedrückt hatte.* Als sich abzeichnete, daß unaufhaltsam der Weg zu einem internationalen staatlichen Abkommen eingeschlagen war, löste dies in der Fachwelt eine ganze Welle ablehnender Stellungnahmen aus. Aber in dem Getöse, das der Marsch zur Klimakonvention verbreitete, blieb dieser Chor kritischer Stimmen kaum hörbar und ist heute weitgehend vergessen.

Damals hielt John Zillman auf einem politischen Symposium in Australien einen Vortrag, der an der öffentlichen Debatte Interessierten einen Einblick geben sollte, wie anders man die Dinge in den Kreisen der Wissenschaft sah. Auf dieser Tagung, zu der die Plattform *Sustainable Development Australia* im August 1991 eingeladen hatte, versuchte Zillman, jegliche Täuschung darüber zu zerstören, daß die »Gemeinde der Klimawissenschaftler« einig hinter dem geplanten Klimaabkommen stünde. Damals Leiter des australischen staatlichen Wetterdienstes und erster Vizepräsident der WMO, erläuterte Zillman zunächst, daß die Villacher Konferenzerklärung von 1985 »auf der Skala des Konsenses sehr niedrig« lag. Unter Klimatologen habe sie die unterschiedlichsten Reaktionen ausgelöst. Manche Wissenschaftler betrachteten sie

> recht buchstäblich als »kaum mehr als viel heiße Luft« und, falls sie mehr war, hauptsächlich als ein plumpes Buhlen eines ganz bestimmten Teils der Klimawissenschaften um mehr Forschungsgelder.[336]

Zillman schilderte weiter, wie das Gros der Klimawissenschaftler, als die Erderwärmungsangst aufgebracht worden sei, darauf zunächst mit einem »gewissen vorsichtigen Optimismus« in der Annahme reagiert hätten, Regierungen begännen nun, »die Notwendigkeit von mehr Klimaforschung ernst zu nehmen«, und dadurch werde eine »Vorhersage des Klimas vor Ende des Jahrhunderts« möglich werden. Anders gesagt, sie hätten ihre Bedenken gegen eine voreilige öffentliche Verunsicherung in der Hoffnung auf höhere Forschungsgelder zurückgestellt, mit denen die natürlichen Schwankungen und Änderungen des Klimas besser erforscht werden könnten. Als dann aber, so Zillman weiter, »der politische Prozeß über die wohlbegründeten Vorbehalte der Wissenschaft hinweggegangen« sei, hätten Wissenschaftler angefangen, öffentlich auf die Ungewißheiten in den Prognosen hinzuweisen. Indessen hätten die armen Länder in der Debatte um den Treibhauseffekt ein »nützliches Quidproquo für diverse andere Punkte

---

* Vgl. S. 34.

der politischen Tagesordnung« entdeckt. Als auf ihr Betreiben das geplante Abkommen der Zuständigkeit von WMO und UNEP entzogen worden sei, habe man dies

> weithin, wenn auch vielleicht nicht ganz richtig, als ein Zeichen für zwei Dinge gewertet:
>
> ◦ Die Wissenschaft hat in dieser Sache ihre Schuldigkeit getan und kann jetzt gehen;
> ◦ die internationale Agenda dreht sich nicht um Klimawandel, sondern um »technologischen Transfer« und Hilfsgelder, und darum soll sie jetzt in Gremien verlagert werden, in denen die Entwicklungsländer die Mehrheit besitzen.[337]

Sodann hatten nach Zillmans Eindruck die ersten Schritte des neuen Internationalen Verhandlungskomitees unter Klimawissenschaftlern die Meinung bestätigt,

> daß die Debatte über Treibhausgase nunmehr von den wissenschaftlichen Überlegungen, die sie ausgelöst hatten, abgekoppelt worden ist; daß vielerlei Ziele verfolgt werden, nicht aber – oder höchstens am Rande – das Ziel, herauszufinden, ob und wie sich das Klima durch vermehrte Treibhausgase verändern könnte und ob solche Veränderungen gut oder schlecht für die Welt sind.

Um das Ausmaß der Enttäuschung zu veranschaulichen, die sich unter Fachleuten breitmachte, zitierte Zillman den Direktor des Weltklimaforschungsprogramms, Pierre Morel, der nach Zillmans Worten »die internationalen Bemühungen um die Klimaforschung im ganzen letzten Jahrzehnt vorangetrieben« hatte. Einige Monate vor Zillmans Vortrag hatte Morel dem Lenkungsausschuß für das Weltklimaforschungsprogramm einen Bericht unterbreitet, in dem er die Situation folgendermaßen beschrieben hatte:

> Daß die Vereinten Nationen (…) Fragen des weltweiten Klimawandels, der Umwelt und der Entwicklung zunehmend direkt an sich ziehen, bezeugt den Erfolg derjenigen Wissenschaftler, die darum gewetteifert haben, den Problemen rund um das Erdklima »politische Sichtbarkeit« und »öffentliche Anerkennung« zu verschaffen. Die Behandlung von Klimaänderungen hat jetzt einen Punkt erreicht, wo sie zur Angelegenheit außenpolitischer Verhandlungsprofis geworden ist und darum die Grenzen wissenschaftlicher Erkenntnisse (und Unsicherheiten) hinter sich gelassen hat.

Die politischen Verhandlungsführer, so Morel weiter, hätten wenig Bedarf an weiterer Beratung durch wissenschaftliche Gremien einschließlich des IPCC, »und noch weniger an den verwickelten Stellungnahmen (…) aus den Reihen der Wissenschaft«. Das bedeute, daß jedwede »Bemühungen«, ihnen »wissenschaftliche Überlegungen zu vermitteln«, »nun am Punkt völliger Einflußlosigkeit angelangt und Zeitverschwendung« seien. Die Empfehlung Morels als Direktor des Weltklimaforschungsprogramms an seinen Lenkungsausschuß lautete darum,

> die weitere Mitwirkung (...) an der Ausarbeitung von Erklärungen einzuschränken, die aus wissenschaftlicher Sicht nur als surrealistisch betrachtet werden können. Mit Zustimmung des [Lenkungsausschusses] wird vorgeschlagen, von weiterer Beteiligung an solchen Unternehmungen, wie dem [Erdgipfel in Rio] 1992, Abstand zu nehmen.[338]

Bemerkenswerterweise wurde dieser Vorschlag Morels, sich aus der politischen Debatte zurückzuziehen, nicht angenommen. Viel einzuschränken gab es zwar ohnehin nicht mehr. Denn wie erwähnt, hatte es der Lenkungsausschuß des Weltklimaforschungsprogramms schon vorher wiederholt und erfolgreich abgelehnt, sich an der Forschung über Klimaerwärmung direkt zu beteiligen.* Teils gerade aus diesem Grunde hatte man ein ganz neues und eigenständiges Gremium, das IPCC, geschaffen, das unmittelbar in die politischen Bestrebungen eingebunden sein sollte.**

Die allgemeine Empfindung, daß die politischen Akteure der Wissenschaft entfleucht waren, hatte oft eine andere Wirkung auf Wissenschaftler, die infolge der vermehrten Fördergelder selbst über Klimaerwärmung forschten. Für sie stellte sich die Lage eher so dar, wie es US-Präsident George Bush mit seinem Versprechen erhöhter Forschungsmittel gebahnt hatte: daß »Politik und öffentliche Meinung die Wissenschaft überholt« hatten, setzte sie unter Druck, »diese Lücke zu schließen«.

Daß es diese Lücke gab, wurde damals oft unter den Teppich gekehrt und verschwiegen, und bei diesem Schweigen blieb es weitgehend, bis man ihre Schließung feiern konnte. In der Zeit davor hingegen, als ein Abkommen über das Klima erst eine vage Möglichkeit gewesen war, hatte es über diese Lücke ausgiebige Debatten gegeben. So galt es Anfang der 1980er Jahre, zumindest innerhalb des Kohlendioxyd-Programms des US-Energieministeriums, geradezu als Binsenweisheit, daß man für politisches Handeln, um eine empirische Grundlage zu erlangen, mehr bräuchte als bloße Klimamodelle.[340] Daß man dies für zwingend hielt, hatte ja gerade den Anstoß für ein spezielles Förderprogramm gegeben,

---

* Vgl. S. 86.

** Um sich einen Überblick über die zahlreichen skeptischen Stimmen zu verschaffen, die damals aus den Reihen der Wissenschaft erhoben wurden, sei der Dokumentarfilm *The Greenhouse Conspiracy* empfohlen, der im August 1990 in Großbritannien ausgestrahlt wurde und noch immer im Internet verfügbar ist. Die wissenschaftliche Grundlage des Klimaalarms wird in dem Film durch Interviews mit Wissenschaftlern systematisch kritisiert, u.a. von David Aubrey (*Woods Hole Oceanographic Institute*), Robert Balling (Universität von Arizona), John Houghton (britisches *Met Office*), Sherwood Idso (*US Water Conservation Laboratory*), Peter Jonas (Universität Manchester), Richard Lindzen (*Massachusetts Institute of Technology*, MIT), Patrick Michaels (Universität von Virginia), John Mitchell (*Met Office*), Reginald Newell (MIT), Julian Paren (*British Antarctic Survey*), Stephen Schneider (Zentrum für Atmosphärenforschung, USA), Roy Spencer (*NASA Space Flight Center*) und Tom Wigley (East Anglia University).[339]

wie beispielsweise MacCracken in einem Programmbericht von 1979 ausgeführt hatte:

> Da es unwahrscheinlich ist, daß politische Entscheidungen über die Nutzung fossiler Brennstoffe getroffen werden können, ohne daß es eine klare Lösung für das Problem gibt, Signale für ein sich wandelndes Klima zu finden, beabsichtigt das Energieministerium, ein bescheidenes Programm über die nächsten Jahre aufzulegen, [um solche Signale zu entdecken].[341]

Dies wurde als das Programm für den »ersten Nachweis« bekannt. Mit Geldern aus dem Energieministerium und anderen Quellen war bald die Jagd eröffnet auf Mittel und Wege, um ein solches erstes Signal für die kommende Klimakatastrophe einzufangen. Mehr als zehn Jahre später, als das Klimaabkommen zur Verhinderung der Katastrophe schon geschaffen wurde, war diese Suche allerdings noch immer im Gange. Dabei war es freilich weniger so, daß die »Binsenweisheit« der Anfangszeit widerlegt worden wäre – auch jetzt behauptete noch niemand, daß man für politisches Handeln keine empirische Erhärtung der Emissionsfolgen bräuchte. Eher war es so, daß man einfach zum politischen Handeln übergegangen war und dabei so tat, als sei der Nachweis längst geführt.

Für die Wissenschaftler des IPCC wurde damit, wenn sie irgendeine Hoffnung auf Rückkehr in die weltpolitische Arena behalten wollten, ein Nachhutgefecht gegen Zweifler und Skeptiker erforderlich. Es *mußten* empirische Beweise gefunden werden, die das bereits eingeleitete politische Handeln stützten. Das Ärgernis war nur, daß die Lösung des Problems, den Einfluß emittierter Treibhausgase auf das Klima nachzuweisen, keineswegs leichter geworden war – im Gegenteil, die Erfolgschancen schmolzen weiter dahin, als neue Komplikationen auftauchten. Wir wollen nun die Chronik dieser Suche nach dem ersten Signal für die Klimakatastrophe wieder aufgreifen und bis zu dem Tage nachzeichnen, an dem ihr Erfolg das IPCC rettete.

Kapitel 9

Die Suche nach dem Katastrophensignal

Frühe Erfolgsmeldungen

> Nur wenige von denen, die mit dem natürlichen Wärmeaustausch der Atmosphäre vertraut sind, der an der Entstehung unseres Klimas und Wetters beteiligt ist, würden zu behaupten wagen, daß das menschliche Handeln irgendeinen Einfluß auf Phänomene derart riesigen Ausmaßes haben könnte. Mit meinen folgenden Ausführungen hoffe ich darzutun, daß ein solcher Einfluß nicht nur möglich ist, sondern gegenwärtig tatsächlich stattfindet.[342]

Mit diesen Worten begann an einem Mittwochnachmittag im Winter 1938 Guy Callendar einen Vortrag, den er auf Einladung der britischen *Royal Meteorological Society* vor deren Mitgliedern hielt. Obgleich in deren Fach nur Amateur, imponierte Callendar den ihm zuhörenden Fachleuten durch seine ungewöhnlichen Kenntnisse und gründliche Erforschung jedes Aspekts seines Themas, auf die er seinen Schluß gründete, daß mehr als die Hälfte der Erwärmung der letzten 30 Jahre auf steigende »Himmelsstrahlung« durch industrielle CO_2-Emissionen zurückgeführt werden könne.

Frühe Spekulationen, daß die industrielle Freisetzung von Kohlendioxyd eines Tages zu einer (willkommenen) Erwärmung beitragen könnte, waren mit Anbruch des 20. Jahrhunderts wieder abgeklungen, als man damals die Theorie verwarf, daß Schwankungen im vulkanischen CO_2-Ausstoß eine positive Wasserdampf-Rückkoppelung auslösen könnten, die groß genug wäre, um die Temperaturumschwünge in geologischen Zeiträumen zu erklären; man hatte festgestellt, daß der größte Teil der Wellenlängen der Wärmestrahlung, die durch Kohlendioxyd blokkiert werden könnten, bereits durch den (fast allgegenwärtigen) Wasserdampf absorbiert werden.[343] Diese Ergebnisse wurden zu Beginn der stetigsten und räumlich ausgedehntesten Erwärmungsperiode veröffentlicht, die die meteorologischen Temperaturmessungen auf der Nordhalbkugel bisher verzeichneten. Am Ende dieser Wärmeperiode nun, im Jahr 1938, hatte ein britischer Heißdampf-Ingenieur, Guy Callendar, neues Datenmaterial zusammengetragen und ließ die alte Theorie wiederaufleben: er meinte, in den Meßwerten einen menschlichen Einfluß auf das Klima nachgewiesen zu haben.

Die versammelten Wissenschaftler zeigten sich beeindruckt von der Sorgfalt und Breite der von Callendar geleisteten Untersuchungen, verwarfen jedoch seine Schlußfolgerung. Zwar stand außer Frage, daß »in den letzten dreißig oder vierzig Jahren tatsächlich eine Klimaänderung stattgefunden hatte«, aber diese jüngste Erwärmung ließ sich leicht als eine bloße Phase in den natürlichen Klimaschwankungen erklären, die anderen Phasen in nicht allzu ferner Vergangenheit ähnelte. Und selbst wenn Emissionen ein Kausalfaktor sein sollten, wäre dessen Wirkungsweise nach ihrem Dafürhalten nicht so einfach, wie Callendars Berechnungen nahelegten. »Ein größeres Absorptionsvermögen der Atmosphäre«, hielt man Callendar entgegen, »würde sich nicht in einer schlichten Temperaturänderung niederschlagen.« Es hätte statt dessen kompliziertere Auswirkungen auf die Energieübertragung in der allgemeinen Zirkulation zur Folge, unter anderem auf die vertikale Wärmeabgabe in die obere Atmosphäre und dann in den Weltraum.[344]

Daß es im geologischen Zeitmaßstab Klimaänderungen gegeben hatte, war seit Jahrzehnten allgemein anerkannt, und die britische Meteorologie war auch schon mit den natürlichen Klimaschwankungen in kürzeren Zeiträumen vertraut. Zu den Mitgliedern der Meteorologischen Gesellschaft, die Callendar an diesem Nachmittag lauschten, gehörte auch Charles Brooks, der seit vielen Jahren Klimaänderungen und ihre Folgen für die menschliche Zivilisation erforschte.[345]

Nach seinem Vortrag vor der *Royal Meteorological Society* entwickelte Callendar seine Theorie fort und trug weiter Belege zusammen, auch als sich der Erwärmungstrend abzuschwächen schien. Kurz bevor die Abkühlung um die Jahrhundertmitte unübersehbar wurde, fand Callendar einen Verbündeten auf der anderen Seite des Atlantiks in der Person von Gilbert Plass. Plass hatte die Theorie des 19. Jahrhunderts wieder aufgegriffen, daß Eiszeiten durch einen Rückgang vulkanischer Aktivität ausgelöst werden könnten, und sie dahin erweitert, daß die jüngste Erwärmung auf industriellen Emissionen beruhe. 1953 erklärte er auf dem Jahrestreffen der Amerikanischen Geophysikalischen Union:

> Die starke Zunahme industrieller Aktivitäten im gegenwärtigen Jahrhundert setzt so viel Kohlendioxyd in die Atmosphäre frei, daß die Durchschnittstemperatur um 1,5 Grad pro Jahrhundert steigt.[346]

Damit schien er die gesamte Erwärmung im 20. Jahrhundert auf diese Ursache zurückzuführen, und diese Behauptung fand ein gewisses Echo in der wissenschaftlichen Fachpresse und sogar einigen Tageszeitungen.

Drei Jahre später sorgte Plass nochmals für Aufsehen, als er durch einen frühen Einsatz von Computermodellen die atmosphärische Sensitivität bei Verdoppelung von Kohlendioxyd auf 3,6 °C berechnete. Allerdings hatte er dabei die Abkühlungswirkung der Wolken unberücksichtigt gelassen. Bezog er Wolken in mittlerer und großer Höhe ein, verringerte sich der Erwärmungseffekt auf 2,5°C. Wenige Jahre vor Beginn von Keelings Meßreihe zur Überwachung der atmosphärischem CO_2-Konzentration schätzte Plass, daß industrielle Emissionen einen Anstieg der CO_2-Konzentration von 30% pro Jahrhundert und damit eine Erwärmung von 1,1°C pro Jahrhundert verursachten. Plass veröffentlichte 1956 fünf Artikel zum Thema, darunter eine populärwissenschaftliche Darstellung im *American Scientist*. Die Presse zeigte sich erneut interessiert, ohne indessen Alarmstimmung zu verbreiten. Sowohl für Callendar als auch für Plass stand außer Frage, daß Erderwärmung *begrüßenswert* sei. Am beunruhigendsten war noch Plass' Bemerkung am Ende seines Aufsatzes im *American Scientist*, daß in einigen Jahrhunderten die Lage heikel werden könnte:

> (...) der hierdurch verursachte Temperaturanstieg könnte in einigen Jahrhunderten so groß werden, daß er künftige Generationen vor ein ernstes Problem stellen wird. Riesige Mengen von Kohlendioxyd aus der Atmosphäre zu entfernen, wäre eine äußerst kostspielige Angelegenheit.[347]

Auch Roger Revelle schaltete sich in die Diskussion ein, um Befürchtungen einer »Katastrophe« entgegenzutreten. Etwa zu dieser Zeit nahm Plass zu Callendar Kontakt auf, und sie traten in einen Briefwechsel ein. Im Dezember 1957 schrieb Plass, daß Revelle und andere »die Kohlendioxyd-Klimatheorie bei einem Treffen in diesem Jahr heftig attackiert« hätten.[348] (Wie erwähnt, sollte sich Revelle 1965 allerdings selbst in Spekulationen über eine mögliche Katastrophe ergehen.*) Bald griffen weitere Wissenschaftler die von Plass entwickelte Theorie einer CO_2-bedingten Erwärmung in Veröffentlichungen an. Einer von ihnen war Lewis Kaplan, der etliche Fehler in den Berechnungen aufzeigte, durch die Plass die Erwärmungswirkung grob überschätzt habe.[349] Eine andere Kritik bemängelte, »in der Argumentationskette [von Plass fehlten] so viele Mittelglieder, daß sich ihm nur wenige Meteorologen mit Überzeugung anschließen« würden.[350] Als Fritz Möller versuchte, die gleichen Ergebnisse wie Plass zu errechnen, ergaben die Modelle zwar exponentielle Temperaturerhöhungen, aber nur, bis er entdeckte, daß schon geringfügige Änderungen in der Bewölktheit und Wasserdampf-Rückkoppelung dieses Resultat wieder verschwinden ließen. Möller zog das Fazit, daß »die Theorie, wonach Klimafluktuationen von Schwankungen des CO_2-Gehalts beeinflußt würden, äußerst fragwürdig geworden« sei.[351]

In England setzte Callendar derweil, unbeeindruckt von der höflichen Zurückweisung seiner Theorie – oder vielleicht angespornt durch sie –, seine Suche nach weiteren Belegen für CO_2-bedingte Erwärmung fort. Wollte er überhaupt eine Chance haben, die Zweifel der gesamten meteorologischen Fachzunft zu

* Vgl. S. 43.

überwinden, mußte er Beweise für diese spezielle Ursache aus den Klimadaten selbst gewinnen. Dafür mußte er zunächst in den Wetteraufzeichnungen Belege dafür finden, daß zumindest ein Teil der jüngsten Erwärmung nicht vollständig auf natürlichen »immanenten« Schwankungen des Klimas beruhte, und weiter mußte er auf irgendeinem Wege nachweisen, daß der Erwärmungstrend auf CO_2-Emissionen und nicht einem anderen der externen Faktoren beruhte, die das Klima beeinflussen. Callendar fand einen solchen Weg auch, aber erst in den 1960er Jahren, und da war es zu spät.

Nicht nur Callendar, auch anderen war aufgefallen, daß die Verteilung der jüngsten Erwärmung nach Breitengraden uneinheitlich war, und so nahm er dieses regionale Verteilungsmuster näher unter die Lupe, um seine Ursachen zu ergründen. Dafür bildete er Modelle der geographischen Verteilung von Erwärmung, die je nach den verschiedenen vorgeschlagenen Ursachen zu erwarten wäre, und verglich diese mit den aufgezeichneten Wetterbeobachtungen. Dabei stellte er fest, daß der Sonnenzyklus und der Vulkanstaub tatsächlich nötig waren, um mehrjährige Schwankungen zu erklären. Was den Gesamttrend anging, war eine größere Erwärmung in hohen Breitengraden festgestellt worden, besonders auf der Nordhalbkugel, während die Tropen nicht nur eine geringere Erwärmung, sondern auch weniger Regen verzeichneten. Callendar kam zu dem Schluß, daß ein Rückgang vulkanischen Staubs in der Stratosphäre während des fraglichen Zeitraums den Trend beeinflußt haben könnte, aber die Hauptmerkmale des beobachteten Musters waren mit dieser Ursache unvereinbar. Sie waren jedoch »nicht unvereinbar mit der Hypothese einer erhöhten Kohlendioxyd-Strahlung«. Mit diesem Argument hatte er den ersten Schritt zu der Methode getan, Klimaerwärmung durch die »Analyse räumlicher Verteilungsmuster« zu erklären – eine Methode, die später zu »Fingerabdrücken« des Klimawandels verfeinert werden sollte.[352]

Warum diese Verteilungsmuster-Analyse damals in den Atmosphärenwissenschaften keinen Anklang fand, ist nicht ganz klar, auch wenn professionelle Meteorologen Callendar oft mit Geringschätzung betrachteten. Selbst nachdem er Keeling auf den Gipfel eines hawaiischen Vulkans geschickt hatte, um dort die Meßstation für atmosphärisches Kohlendioxyd zu errichten, blieb Revelle bei seiner Ablehnung von Callendars Theorie, weil er nicht glauben konnte, daß der CO_2-Gehalt so stark gestiegen war, wie Callendar behauptete (und sich inzwischen bestätigt hat).[353] Callendars Buch *Climate and Carbon Dioxide* wurde nie gedruckt. Wie verbittert Callendar selbst über seine Kritiker war, ist strittig, aber vielleicht wurde in diesem Fall das letzte Wort vom Klima selbst gesprochen. Während die Datenreihen, die Callendar in seiner Analyse der Erwärmungs-Verteilungsmuster verwendete, nur bis 1950 reichten, wurde sein Artikel erst 1961 veröffentlicht, und in der Zeit danach gab es kaum mehr eine Erwärmung, die zu analysieren gewesen wäre: England erlebte eine Serie legendär strenger Winter, und in Flemings Biographie von Callendar findet sich ein erstaunliches, symbolträchtiges Foto, das Callendar 1962 beim Schneeschippen nach einem Blizzard zeigt.[354] Der nächste Winter des Jahres 1963 wurde als »die Große Kälte« bekannt, und nachdem noch ein Winter ins Land gegangen war, war Callendar gestorben – und mit ihm seine Theorie einer weltweiten Erwärmung. Denn inzwischen drehte sich die ganze Debatte um die Frage: *Worauf beruht der **Kälte**trend?*

Der »erste Nachweis« im Visier des Kohlendioxyd-Programms

In der Zeit, in der die Wärmeperiode des frühen 20. Jahrhunderts die Temperaturen klettern ließ, hatten weder Callendar in Großbritannien noch Plass in Amerika Meteorologen davon überzeugen können, daß sie auch nur für einen Teil dieser Erwärmung CO_2-Emissionen als Ursache nachgewiesen hätten. Danach wurde die Arbeit mit Modellen über die Auswirkungen von Kohlendioxyd vereinzelt fortgeführt, bis gegen Ende der 1970er Jahre systematische Bestrebungen einsetzten, eine empirische wissenschaftliche Grundlage für die wiederbelebte Mutmaßung einer Erderwärmung durch Treibhausgase zu ermitteln. Wie wir gesehen haben, geschah das zum größten Teil durch im Rahmen des Washingtoner Kohlendioxyd-Programms unternommene Versuche, die wissenschaftliche Basis für diesen »ersten Nachweis« zu schaffen.* Zumindest wollte man das Menschenmögliche getan haben, um den Treibhauseffekt so früh wie möglich zu entdecken, sobald er sich aus dem Hintergrundrauschen der natürlichen Klimaschwankungen herauszuheben begänne.

Wie wichtig dieser Punkt war, wurde erstmals auf dem Planungstreffen für das Kohlendioxyd-Programm deutlich, das 1980 in Washington stattfand.** Im Verlauf der Tagung wurde die Notwendigkeit, diesen empirischen Nachweis zu führen, zu einem zentralen Thema. Das bezeugte bereits die Eröffnungsansprache des Programmdirektors, der diese Wissenslücke nachdrücklich hervorhob, obwohl er kein Fachmann auf dem Gebiet war:

> Skeptiker und Kritiker haben leichtes Spiel mit unverifizierten Modellprognosen. Ich würde gern wissen, ob es inzwischen global angelegte Studien gibt, die die Verifizierung genügend aggressiv vorantreiben. Mit Verifizierung meine ich Forschungsvorhaben über die Klimate und CO_2-Konzentrationen der Vergangenheit. Das finde ich ganz wichtig. (…) Gibt es Anhaltspunkte, denen wir nicht nachgehen, Indizien, die zu Beweisen für diese Verifizierung, oder irgendeinem Verifizierungs-Ersatz, in den nächsten fünf oder zehn Jahren führen können?[355]

* Vgl. S. 158f.

** Vgl. S. 9–13.

Einige dieser »Skeptiker und Kritiker« waren zu dem Treffen eingeladen worden, so etwa George Kukla, der sich weiterhin mehr um einen Niedergang in die nächste Eiszeit sorgte als um die Aussicht auf Erwärmung. Auf der Konferenz nahm er die Analyse von Verteilungsmustern zur Grundlage, um jeder Mutmaßung zu widersprechen, daß der jüngste Temperaturanstieg durch Kohlendioxyd verursacht sein könnte.

Zumindest seit den Zeiten Callendars gibt es einen Aspekt der Erwärmungswirkung von Kohlendioxyd, der weitgehend unstrittig geblieben ist: die Annahme, daß die Erwärmung auf hohen Breitengraden stärker ausfiele und darum in den Polregionen zuerst in Erscheinung träte. Als Callendar die Wärmeperiode am Anfang des 20. Jahrhunderts studierte, behauptete er, den erwarteten größeren Temperaturanstieg an den Erdpolen gefunden zu haben. Aber von einer solchen Verstärkung war nichts mehr zu entdecken, als sich in den späten 1970er Jahren die Abkühlungstendenz wieder umzukehren begann. Vielmehr schienen, was Skeptiker wie Lamb und Kukla oft hervorhoben, die kalten Temperaturen gerade in der Nordpolregion fortzubestehen. In der Washingtoner Versammlung behauptete Kukla, die CO_2-Modelle seien durch die verfügbaren Daten widerlegt, denn im Vorjahr habe der hohe Norden die größte Kälte erlebt, die jemals aufgezeichnet wurde.[356] Bei einer späteren Debatte auf der Tagung schlug ein Modellexperte in dieselbe Kerbe:

> Die Atmosphärenmodelle sagen die Verstärkung für hohe Breitengrade voraus. Eine Sache, die mir wirklich zu denken gibt, ist nicht, daß wir das CO_2-Signal nicht in mittleren Breitengraden gesehen haben, sondern daß wir es offenbar nicht auf den hohen Breitengraden gesehen haben, wo wir es wahrscheinlich sehen müßten.[357]

Reid Bryson, der ebenfalls an dem Treffen teilnahm, kritisierte, daß die Modelle nicht die Auswirkungen freigesetzter Aerosole einbezögen. Er erklärte der Runde, er selbst sei mit einer »empirischen Herangehensweise« zu einer verschwindend geringen Sensitivität für Kohlendioxyd gelangt, und er präsentierte auch Ergebnisse von Modellen, die »einen Faktor für Aerosol-Emissionen« einbezogen hätten. Diese Resultate, so resümierte er, zeigten ganz klar,

> daß Modelle durch Abgleich mit der Vergangenheit überprüft werden sollten. Wenn man die Vergangenheit simulieren kann, dann glaube ich zumindest eher, daß man in der Lage sein könnte, die Zukunft vorherzusagen. Modelle, die die Vergangenheit simulieren können, zeigen viel weniger Sensitivität gegenüber CO_2 als die, die die Vergangenheit nicht simulieren können. (…) Die Wirkung von Aerosolen sollte auch in anderen Modellen berücksichtigt werden, und sie wird berücksichtigt werden müssen, um das Klima der jüngeren Vergangenheit zu simulieren.[358]

Tatsächlich wurde die Wirkung von Aerosolen in die wichtigsten Modelle für CO_2-bedingte Erwärmung weiterhin mehr als zehn Jahre lang nicht integriert, aber als dies schließlich geschah, hatte es – wie wir noch sehen werden – weitreichende Folgen.

Auf dem Washingtoner Treffen meldete sich auch Jerome Namias zu Wort, der als angesehener Experte für Klimaprognosen unter anderem die Klimaforschungsgruppe am Scripps-Institut für Ozeanographie geleitet hatte. Als später der Weg zum Klimaabkommen beschritten wurde, sollte er zu denjenigen gehören, die aus ihrer Skepsis kein Hehl machten. Namias hob die potentiellen negativen Rückkoppelungen hervor, die die Erwärmungswirkung von Kohlendioxyd abschwächen würden, und betonte, wie wichtig die historische Klimatologie für die Überprüfung der Modelle sei. In der anschließenden Debatte wurde mehrfach wiederholt, daß man zunächst den natürlichen Klimawandel verstehen müsse, um einen Vergleichsmaßstab zu gewinnen, an dem man die Wirkung von Kohlendioxyd messen könne. Ein anderer Spezialist sagte das in den Worten:

> (...) das sind elementare Daten für das Energieministerium. Das Ministerium muß sie haben. Ich sehe nicht, was die ganzen Modelle bringen können, wenn wir nicht wissen, [wie sich die natürlichen Klimaschwankungen auswirken].[359]

Solche Einwände stießen kaum auf Widerspruch, und so überrascht es nicht, daß man im Konferenzbericht über die Ergebnisse der Arbeitsgruppe »Klimatische Auswirkungen« lesen konnte:

> Bedauerlicherweise (...) gibt es keine Technik oder Datenreihe über vergangene und jüngste Klimabedingungen, die es erlauben, ein numerisches Klimamodell völlig einwandfrei zu verifizieren.[360]

Im nächsten Jahr veranstaltete das Kohlendioxyd-Programm des *Department of Energy* ein Symposium, das sich speziell mit dem Problem des »ersten Nachweises« beschäftigte. Auf diesem Treffen bestand über die geringen Aussichten, Modelle jemals verifizieren zu können, allgemeines Einverständnis, wie folgende Auszüge aus dem Tagungsbericht zeigen:

> Seit mehr als einem Jahrzehnt wird von numerischen Modellen prognostiziert, daß erhöhte CO_2-Konzentrationen eine Erwärmung des Erdklimas, mit verstärkter Temperaturerhöhung in den Polargebieten und einer Abkühlung in der Stratosphäre, zur Folge hätten. (...) Wenn die Schätzungen [des Anstiegs von atmosphärischem Kohlendioxyd] zutreffend sind, dann folgt aus den Ergebnissen numerischer Modelle unmittelbar, daß sich das Erdklima bis heute um mehrere Zehntel Grad Celsius hätte erwärmen müssen. Während eine Reihe von Fachleuten meinen, dies sei auch eingetreten, sind viele andere aus ganz verschiedenen Gründen anderer Ansicht. (...) Ganz offensichtlich (...) gibt es keinen exponentiellen Temperaturanstieg ab einem bestimmten Grundwert, wie man zunächst erwarten würde, wenn die CO_2-Emissionen exponentiell stiegen und die Temperaturänderung logarithmisch mit den

> CO_2-Konzentrationen schwankte. Heißt das, daß die Modellprognosen für den CO_2-Klimaeffekt falsch sind (...)? (...) Zusammenfassend läßt sich sagen, daß die Suche nach stichhaltigen Beweisen dafür, daß das Klima auf steigende CO_2-Konzentrationen so reagiert, wie es die meisten Modelle vorhersagen, bisher nicht erfolgreich war.[361]

Es mag den Leser überraschen, daß es selbst innerhalb der »CO_2-Wissenschaftsgemeinde« nicht schwer war, die Ansicht zu finden, daß man die Modelle der CO_2-bedingten Erwärmung nicht durch Abgleich mit historischen Klimadaten zu untermauern vermochte, und – als Schlußfolgerung daraus – weiter, daß ihre Vorhersage einer Erwärmung einfach falsch war. Tatsächlich bekam man in jenen Jahren, als das Klimaabkommen noch in weiter Ferne lag, innerhalb und im Umfeld des Kohlendioxyd-Programms noch sehr häufig offen geäußerte Zweifel an den Modellen zu hören.

Die Fachleute, die weiter an der Validierung der Modelle arbeiteten, vermochten einfach nicht das Problem zu überwinden, die natürlichen Schwankungen des Klimas verläßlicher zu ermitteln. Eine gewisse Einigkeit herrschte zumindest darüber, daß sich alle jüngsten Wärmeperioden ohne weiteres innerhalb der Grenzen der natürlichen Klimavariabilität gehalten hatten, und daher wurden die üblichen Spekulationen, man werde das Signal für CO_2-bedingte Erwärmung zu Anfang des nächsten Jahrhunderts entdecken, gewöhnlich mit Äußerungen begründet wie, *wenn* sich die Erwärmung fortsetze, werde sich (mit den vorhandenen oder besseren Daten und Techniken) auch irgendwie feststellen lassen, daß sie über diese Grenzen hinausgehe. Oder auch nicht. Wie erwähnt, stellte Tom Wigley, als er wenig später sein Kapitel »Empirische Untersuchungen« für den SCOPE-29-Bericht schrieb, nicht einmal hierüber Mutmaßungen an, und die Arbeitsgruppe »Auswirkungen auf den Klimawandel« der zweiten Villacher Konferenz 1985 nahm eine noch skeptischere Haltung ein. Alles das verdeutlicht, wie exzentrisch die drei Jahre später von James »Jim« Hansen aufgestellte Behauptung war, er habe in dem jüngsten Erwärmungstrend des Weltklimas mit 99prozentiger Sicherheit das Signal für den Treibhauseffekt entdeckt. Hansen hatte im Jahr 1988 diesen Prozentsatz dadurch erreicht, daß er die Wahrscheinlichkeit einer entsprechenden natürlichen Erwärmungsanomalie, wenn man eine normale Zufallsverteilung um einen Mittelwert der instrumentellen Temperaturaufzeichnungen zugrunde legte, auf 1 Prozent berechnete. Diese recht grobe und altertümliche Methodik hatte ihm keinen Beifall eingebracht. Vielmehr provozierte sein Anspruch, er habe das Signal für CO_2-bedingte Erwärmung entdeckt, in der US-amerikanischen Klimawissenschaft schärfsten Widerspruch, der die öffentliche Darstellung, Hansen habe einen Durchbruch erzielt, Lügen strafte.

Ein Artikel in *Science* im folgenden Frühjahr gab einen gewissen Eindruck von der Entrüstung, die Hansens Kongreßauftritt bei den Kennern der Materie hervorgerufen hatte. Unter dem Titel »Hansen gegen die Welt in Sachen Treibhausgefahr« schrieb der Wissenschaftsjournalist Richard Kerr, daß »Wissenschaftler über das

Interesse des Kongresses am Treibhauseffekt [zwar] erfreut« seien, aber die »dem Vernehmen nach unwissenschaftliche Art und Weise ablehnen, in der ihr Kollege James Hansen dieses Interesse erweckt« habe. Kerr berichtete, wie unüberhörbar die Kritik an Hansens »Nachweis«-Behauptung ein fünftägiges Seminar über den Treibhauseffekt durchzogen hatte:

> Keiner der namhaften Experten für Treibhausgase konnte sich ihm anschließen. »Insgesamt haben seine Äußerungen den Leuten das Gefühl gegeben, daß der Treibhauseffekt mit Sicherheit entdeckt worden ist«, sagt Michael Schlesinger, der selbst mit Klimamodellen an der Universität von Oregon arbeitet, und weiter: »Unser heutiger Kenntnisstand deckt das nicht. Die Hoffnung, den Nachweis erbringen zu können, tendiert jetzt gegen Null.«[362]

Tom Wigley äußerte gegenüber Kerr, Hansen habe lediglich aufgezeigt, daß es in der jüngsten Zeit eine gewisse Erwärmung gegeben habe, während Tim Barnett vom Scripps-Institut für Ozeanographie zum Problem der natürlichen Klimavariabilität sagte:

> Die Schwankungen des Klimas von Jahrzehnt zu Jahrzehnt sind ungeheuerlich. (...) Zu sagen, wir hätten den Nachweis für den Treibhauseffekt gefunden, ist lächerlich. Das wird ein schwieriges Problem.[363]

Kerr schilderte, wie aus Hansen ein Wissenschaftler unter Dauerbeschuß geworden war. So war das Klimaseminar in Washington kurz nach Hansens Kongreßauftritt zu einer regelrechten »Jagt-Jim-Hansen-Veranstaltung« ausgeartet. Seither pflegte der mit Medienruhm bedeckte Hansen auf wissenschaftlichen Konferenzen nur noch aufzutauchen, um seinen Vortrag zu halten und danach wieder zu verschwinden, ohne an der Diskussion teilzunehmen.[364]

Es läßt sich somit eindeutig konstatieren, daß im Jahr 1989, als das IPCC mit der Ausarbeitung seines ersten Sachstandsberichts begann, jede Behauptung, man habe den Treibhauseffekt nachgewiesen, in Fachkreisen auf breite Ablehnung stieß. Als Houghton damals Wigley fragte, ob er die Abfassung des Kapitels über die Nachweis-Frage in dem IPCC-Bericht leiten würde, war dessen skeptische Haltung also keineswegs etwas Besonderes – noch wurde sie dadurch abgeschwächt, daß man ihm Barnett zur Seite stellte.

Erster IPCC-Bericht und Rio-Supplement: »kein Nachweis in Sicht«

Für den ersten Sachstandsbericht wurden einige der empirischen Fragen, die Wigley in der SCOPE-29-Studie diskutiert hatte, von anderen Autoren in verschiedenen gesonderten Kapiteln abgedeckt. So findet sich in dem Bericht direkt vor Wigleys Ausführungen zur »Nachweis«-Frage ein anderes Kapitel mit der Überschrift »Beobachtete Variabilität und Veränderung des Klimas«. Hatte es Wigley in SCOPE 29 bevorzugt, Mutmaßungen über den jüngsten weltweiten Trend zu vermeiden, so ging dieses Kapitel das Thema mit Zuversicht an und illustrierte dessen Erörterung sogar mit einigen Diagrammen über weltweite Temperaturtrends. Irgendeine klare Antwort auf die zentrale Frage war ihm allerdings nicht zu entnehmen. So wurde etwa angemerkt, daß ein Teil des vorliegenden Datenmaterials über historische Klimatrends offenbar der Hypothese widerspreche, wonach CO_2 einen relevanten Einfluß auf Klimaänderungen habe, und es wurde sogar erwähnt, daß die im Verlauf des 20. Jahrhunderts eingetretene Erwärmung um ein halbes Grad ohne weiteres auf einer natürlichen Rückläufigkeit der Kleinen Eiszeit beruhen könnte.[365]

In seinem eigenen Berichtskapitel über das Nachweis-Problem stellte Wigley fest, daß die Forschung seit SCOPE 29 kaum Neues erbracht hatte. Als er das Kapitel im Laufe des Jahres 1989 niederschrieb, assistierte ihm, wie gesagt, in der Person von Tim Barnett vom Scripps-Institut nicht gerade jemand, der seine Zweifel zu zerstreuen suchte – wir erinnern uns, daß *Science* Barnett im selben Jahr mit den Worten zitierte, jede Behauptung des erbrachten Nachweises sei »lächerlich«. In den Augen Wigleys und Barnetts bedeutete das Problem der natürlichen Klimafluktuationen, daß es bis zur Erbringung des empirischen Nachweises noch ein langer Weg sein würde. Aber *wie* lang? Im IPCC-Gutachten mußte Wigley nun die Frage beantworten, die er in SCOPE 29 ausgespart hatte: *Wann wird der Nachweis voraussichtlich geführt werden?* Er gab die Antwort in einem Zusatz zu seinem Berichtskapitel, in dem er ausführte, man werde abwarten müssen, bis sich die Erwärmung um ein halbes Grad, die im 20. Jahrhundert bereits eingetreten war, wiederholen werde. Erst dann könne man wahrscheinlich sagen, welcher Anteil davon menschengemacht sei. Läge die CO_2-bedingte Erwärmung am oberen Ende der Vorhersagen, träte dieser Zeitpunkt bald nach der Jahrhundertwende ein, verliefe sie hingegen langsamer, könne man dies vielleicht nicht vor dem Jahr 2050 klären (vgl. Abb. 9.1). In anderen Worten, die wissenschaftliche Bestätigung, daß freigesetztes Kohlendioxyd eine weltweite Erwärmung bewirke, würde es voraussichtlich noch jahrzehntelang nicht geben.

Diese Feststellungen der IPCC-Arbeitsgruppe 1 stellten ein politisches Problem dar. Dieses lag weniger darin, daß die Arbeitsgruppe die falschen Antworten gab, als darin, daß sie sich mit den falschen Fragen herumschlug, die man auf dem Weg zum Abkommen schon hinter sich gelassen hatte. Vom ersten IPCC-Sachstandsbericht wurde erwartet, daß er die wissenschaftliche Begründung, warum gegen den drohenden Klimawandel gehandelt werden müsse, gefälligst bestätigen werde, welche vorher die Konsenserklärung der zweiten Villacher Konferenz von 1985 geliefert hatte. Ferner sollte er die wissenschaftlichen Daten enthalten, die man für die Planung eines koordinierten Vorgehens brauchte. Aber statt die Villacher Erklärung zu bekräftigen, präsentierte die IPCC-Arbeitsgruppe 1 in der wissenschaftlichen Begründung eine klaffende Lücke. Daß die Gruppe damit an der Aufgabe des empirischen Nachweises gescheitert war, schien zunächst für den Marsch zur Klimakonvention ohne Bedeutung zu sein. Bald aber mußten die Wissenschaftler vom IPCC bemerken, daß sie an der Behauptung einer empirischen Erhärtung nicht vorbeikamen, wenn sie an der Ausarbeitung des Abkommens beteiligt bleiben wollten.

Das IPCC hatte nur noch ein einziges Eisen im Feuer der Vertragsdiplomatie, auf das es weiter setzen konnte, und das war die ihm zugedachte Rolle, durch seine Begutachtung des wissenschaftlichen Kenntnisstandes dem politischen Handeln die Weihen seiner höchsten Autorität zu verleihen. Die Verhandlungen konnten nicht überleben ohne die Autorität der Wissenschaft.* Das IPCC hatte man geschaffen, weil man sich sorgte, daß der wissenschaftliche Konsens der Villacher Konferenz nicht ausreichen könnte. Und man hatte es geschaffen, weil man keine bloßen politischen Privataktivisten zu präsentieren wünschte, wie sie nach der Konferenz in Rockefellers Villa am Comer See in Erscheinung getreten waren. Mochten sich einzelne Klimaexperten noch so sehr für die Konvention in die Bresche werfen, die wissenschaftliche Autorität hatten die Regierungschefs, die sich der Sache des Klimas verschrieben hatten, feierlich in die Hände des IPCC gelegt. *Und was bot das IPCC dafür im Gegenzug?* Es hatte wackelige Modellprognosen aufgetischt und im übrigen verkündet, daß es einen empirischen Nachweis vielleicht noch jahrzehntelang nicht geben würde. Weit davon entfernt, ein Abkommen zu rechtfertigen, bot die wissenschaftliche Beurteilung der Arbeitsgruppe 1 statt dessen Regierungen jede Handhabe zum Abwarten, bevor sie dringlichen und drastischen Maßnahmen zustimmten.

Dennoch bot der erfolgreiche Aufstand unter brasilianischer Führung, der das IPCC am Ende seiner ersten Begutachtungsrunde in einer prekären Lage zurückließ, zugleich einen Ausweg. Wenn die Aushandlung des Klimaabkommens nun unter der Ägide eines unabhängigen Verhandlungskomitees begann, blieb das IPCC nur noch für die Übergangszeit im Spiel: es würde die Verhandlungsführer mit seiner wissenschaftlichen Beratung weiter bis zur ersten Konferenz der Vertragsparteien unterstützen, ab der es durch das im Abkommen vorgesehene Beratungsorgan abgelöst würde. Für diese Übergangszeit machte das Internationale Verhandlungskomitee unmißverständlich deutlich, daß es an Fragen wie dem empirischen Nachweis kein Interesse hatte. Was die Wissenschaft anging, interessierte es sich nicht dafür, *ob* es einen gefährlichen menschengemachten

* Ähnlich wie Napoleon I. in einem gläubigen Europa die Krönung durch den widerstrebenden, aber nach Gefangennahme willig gewordenen Papst brauchte. (Anm. d. Übers.)

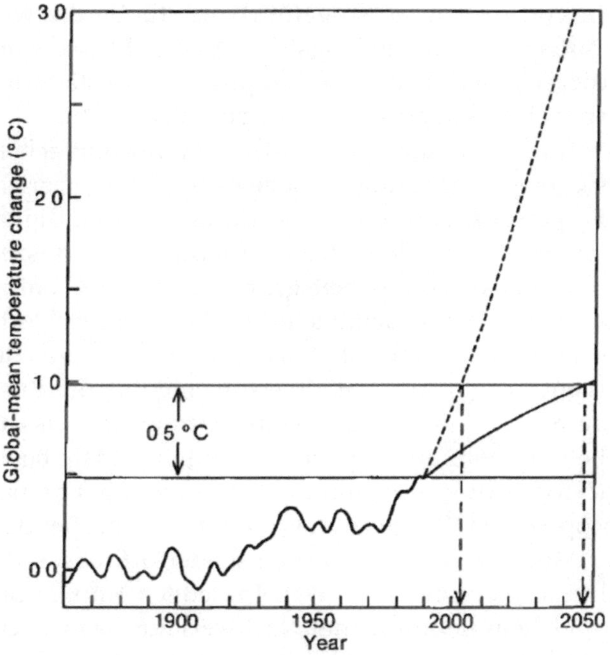

Abb. 9.1:
Ein Nachweis ist über Jahrzehnte nicht zu erwarten

Mit diesem Diagramm veranschaulichte das IPCC in seinem Ersten Sachstandsbericht, zu welchem Zeitpunkt mit den vorhandenen Untersuchungsmethoden eine menschengemachte Klimaerwärmung voraussichtlich nachweisbar werden würde. Danach ist die Prognose, der zufolge dies irgendwann in der ersten Hälfte des 21. Jahrhunderts möglich werden würde, ihrerseits davon abhängig, wie rasch die vorhergesagte menschengemachte Klimaerwärmung einträte.[366]

Klimawandel gab, denn das lag bereits hinter ihm. Als ein unabhängiges politisches Gremium konnte es sich das Komitee erlauben, über zweifelhafte Punkte, die in der wissenschaftlichen Begründung für das politische Tätigwerden offengeblieben waren, einfach hinwegzugehen und dabei zu bleiben, daß man in jedem Fall entschlossen tätig werden müsse. Und genau das tat das Komitee, indem es die Rolle des IPCC auf die Mitteilung wissenschaftlicher Informationen beschränkte, die man für die Ausformulierung oder die Durchführung des Abkommens brauchen konnte, beispielsweise Auskünfte über die Beurteilung von Emissionsniveaus (»Quellen und Senken«), die Festsetzung von Zielwerten der Emissionsverringerung, Methoden und Technologien zur Abmilderung des Klimawandels oder das wissenschaftliche Know-how, um den Transfer von Technologien an arme Länder zu erleichtern.[367] Für die Übergangszeit bis zum Inkrafttreten des Abkommens war dies alles, was die Diplomaten für ihre Verhandlungen jemals vom IPCC wissen wollten. Niemals gab es Ersuchen oder Vorschläge, die wissenschaftliche Grundlage, die all diese Aktivitäten rechtfertigen sollte, erneut bzw. solide zu begutachten. Das IPCC hätte also diese Fragen ohne weiteres auf sich beruhen lassen können, zumal das Problem nur seine Arbeitsgruppe 1 und nur einen kleinen Teil ihrer Beurteilung betraf. Die Modelle prophezeiten ja weiter eine Klimakatastrophe, und die anderen Arbeitsgruppen hatten ihre Beratungen ohnehin von Anfang an so geführt, als stünde die wissenschaftliche Grundlage für politisches Handeln längst fest. Vielleicht also wäre es vom IPCC klug gewesen, die Schwierigkeiten der empirischen Bestätigung schlichtweg ad acta zu legen. Aber es entschied sich dafür, dies nicht zu tun.

Um die Debatte über den Vertragsinhalt auf dem Rio-Gipfel zu vereinfachen, wurde vereinbart, daß das IPCC eine Ergänzung zu seinem Sachstandsbericht vorlegen sollte, in der es sechs Fragen beantworten würde, die alle vollständig innerhalb der Grenzen lagen, die man – wie gerade skizziert – für die Übergangszeit abgesteckt hatte. Gleichwohl entschied sich die Arbeitsgruppe 1 des IPCC dafür, in dieses Supplement auch eine aktualisierte Begutachtung der wissenschaftlichen Grundlage des Klimaalarms aufzunehmen. Letzten Endes aber erreichte dieser Zusatz zum Rio-Supplement die gewünschte Linie sowenig wie der Erste Sachstandsbericht selbst. So kommt es, daß wir eine Begutachtung des wissenschaftlichen Fundaments des behaupteten anthropogenen Klimawandels besitzen, die eigens verfaßt und veröffentlicht wurde, um die Beratungen über einen Vertrag zur Bremsung des anthropogenen Klimawandels vorzubereiten, aber derzufolge an der Validierung der Modelle, die den zu bremsenden Klimawandel prognostizierten, dennoch nichts solider geworden war. Im letzten Kapitel des Ergänzungsberichts hieß es, zu welchem Zeitpunkt der Nachweis für die menschliche Verursachung von Klimaänderungen erbracht würde, sei nicht absehbar. Zur Erklärung dafür, warum »Fortschritte (…) schwierig« seien, verwies der Text auf diverse ungelöste Mängel der Modelle, kam dann aber auf das Problem zu sprechen, verschiedene Arten externer Antriebskräfte für das Klima voneinander zu unterscheiden:

> (…) das Klimasystem kann auf viele Kräfte reagieren, und es bleibt zu beweisen, daß sich das Signal des Treibhauseffekts genügend klar von anderen entdeckten Signalen unterscheiden läßt, es sei denn, die Temperatur in der Troposphäre würde so stark ansteigen, daß andere Erklärungen unwahrscheinlich wären.*

In anderen Worten, wir wissen einfach nicht, wie wir Treibhausgase als Erwärmungsursache von anderen Gründen für steigende Temperaturen unterscheiden können, es sei denn, es tritt eine unnatürlich extreme Erwärmungsrate auf: kurzum, es gibt keine empirische Bestätigung eines menschengemachten

* Das »Rio Supplement« (*Supplementary report to the IPCC scientific assessment*) ist die Antwort der Arbeitsgruppe 1 auf drei ihr gestellte Aufgaben. Im Abschnitt B wird zur Aufgabe 2, nämlich »Vorhersagen der regionalen Verteilung von Klimaänderungen«, ausgeführt, die Verläßlichkeit regionaler Vorhersagen sei gering, und sodann gegen Ende des Abschnitts angesprochen, wie schwierig eine Validierung der Modelle selbst auf weltweiter Ebene sei. Der folgende Abschnitt C über »Beobachtete Variabilität und Veränderung des Klimas« liegt außerhalb des Kreises der Aufgaben, die das Internationale Verhandlungskomitee dem IPCC gestellt hatte. Dieser Abschnitt beinhaltet den oben zitierten Passus zu dem Problem, den Kausalzusammenhang zu beweisen.[368]

Klimawandels, und bis zu ihr scheint es noch lange hin zu sein. Dieses – vom IPCC *zusätzlich* zu den verlangten Auskünften gelieferte – Eingeständnis, daß die Darlegung der wissenschaftlichen Grundlage für klimapolitische Maßnahmen ein weiteres Mal unmöglich gewesen war, konnte nur an den Bruch zwischen Wissenschaftlichkeit und Machtausübung zu einem Zeitpunkt gemahnen, zu dem man das am wenigsten gebrauchen konnte. Dennoch blieb in den Vorbereitungen für den Rio-Gipfel der Impetus zum Handeln stark genug, um über die Untiefen der wissenschaftlichen Rechtfertigungsbasis hinwegzuschlittern: Das Echo, das der neue ergänzende IPCC-Bericht bzw. einfach dessen Existenz bei den Verfechtern des Abkommens fand, war ungeachtet dessen Inhalts durchgehend positiv.

Der Rio-Gipfel 1992 und das Rahmenübereinkommen über Klimaänderungen

Der »Erdgipfel« in Rio de Janeiro war eine bombastische Veranstaltung, zu der Teilnehmer aus aller Welt herbeiströmten und sich ein Heer von Reportern und Fernsehteams einfand. Das Hauptthema war von Anfang an das »Handeln gegen Klimawandel«. Dazu rief der Generalsekretär des »Erdgipfels«, Maurice Strong, in seiner Eröffnungsansprache unter Verweis auf den IPCC-Bericht mit eindringlichen Worten auf:

> Das IPCC warnt davor, daß sich, wenn die CO_2-Emissionen nicht sofort um 60 Prozent gesenkt werden, in den nächsten 60 Jahren so rasche Änderungen abspielen werden, daß sich die Natur ihnen nicht mehr anpassen kann und der Mensch nicht mehr in der Lage sein wird, sie zu kontrollieren.[369]

Das politische Instrument, um die Gefahr zu bannen – das Rahmenübereinkommen der Vereinten Nationen über Klimaänderungen –, blieb als das geplante Hauptergebnis im Mittelpunkt des ganzen Spektakels. Die in den beiden vorangegangenen Jahren im Internationalen Verhandlungskomitee ausgearbeitete Konvention sollte rechtlich nicht bindend sein, sah aber spätere Zusatzvereinbarungen (»Protokolle«) vor, die dann verpflichtende Emissionsgrenzen festlegen würden. Gegen Ende des Erdgipfels setzten 154 Delegationen ihre Unterschrift unter den Text. Für die USA unterschrieb ihr Präsident George Bush, der versprach, das Abkommen bald zu ratifizieren und bis Januar 1993 einen amerikanischen »Nationalen Aktionsplan für das Klima« zu entwickeln. Die USA wurden, als ihr Senat das Abkommen schon im Oktober 1992 billigte, der vierte Staat der Welt, der seine Ratifikationsurkunde hinterlegte. Viele andere folgten in raschem Tempo, so daß das Abkommen, deutlich früher als von vielen erwartet, schon am 21. März 1994 in Kraft treten konnte. Von diesem

Tag an war die erste Konferenz der Vertragsstaaten (*First Conference of Parties – CoP1*) binnen eines Jahres einzuberufen, und zu ihr lud bald die deutsche Regierung für März 1995 nach Berlin ein. Damit stand das Datum fest, an dem die Übergangsrolle des IPCC enden sollte.

Das IPCC als widerstrebender Knecht des Internationalen Verhandlungskomitees

Im Vorfeld der Berliner Konferenz hielt man das Internationale Verhandlungskomitee häufig dazu an, das IPCC weiterhin zu konsultieren. Auch der Gutachterausschuß selbst lag dem Komitee in den Ohren, es möge ihn stärker in den politischen Prozeß einbeziehen, aber es kam zu Spannungen, als sich das IPCC weigerte, seine eigenen Entscheidungsabläufe den politischen »Notwendigkeiten« unterzuordnen. Auskunftsersuchen beantwortete es nur schleppend, und es vertagte fortwährend seine Antwort auf die wichtigste wissenschaftliche Frage, die dem ganzen Abkommen zugrunde lag.

Denn das Endziel des Rahmenübereinkommens über Klimaänderungen besteht laut seinem Artikel 2 in der

> Stabilisierung der Treibhausgaskonzentrationen in der Atmosphäre auf einem Niveau (...), auf dem eine gefährliche anthropogene Störung des Klimasystems verhindert wird.[370]

Daher erschien es nur recht und billig, daß das Komitee als das für die Aushandlung des Abkommens und der Protokolle zuständige Gremium von seinem noch übergangsweise amtierenden Wissenschaftlerstab – dem IPCC – wissen wollte, was als ein »gefährliches« Niveau anzusehen sei. Bert Bolins erste Antworten darauf lauteten, daß die Wissenschaftler dies noch nicht sagen könnten, während er sich selbst mit in die Untersuchungen kniete, von denen man eine Klärung der Frage erhoffte. So investierte man in die Frage zu Beginn der 1990er Jahre beträchtlichen fachlichen Aufwand, aber ohne Ergebnis. Während der Vorbereitungen für Berlin drängte das Internationale Verhandlungskomitee Bolin weiter, ihm hierüber nun endlich Auskunft zu geben, aber jetzt konterte er, es handele sich um keine vom IPCC zu beantwortende Frage, weil es eine *politische* Frage sei. Auch wenn andere – aus Kreisen der Wissenschaft ebenso wie der sogenannten Politik – dem widersprachen, stellte sich Bolin auf den sachlich gesehen selbstverständlichen Standpunkt, das IPCC könne nur die nötigen wissenschaftlichen Erläuterungen geben, um eine *Informationsgrundlage* für die Frage zu schaffen. Demgemäß könne der Beitrag des IPCC bestenfalls in der Darlegung einer Serie wahrscheinlicher Resultate in festgelegten Szenarien bestehen. Bolins Zweifel reichten jedoch noch weiter, denn er fragte sich, ob überhaupt irgend jemand, in welchem Bereich auch immer er arbeitete, in der Lage wäre, diese Frage zu beantworten. Da es in den Beziehungen zwischen chaotischen Systemen, seien es natürliche oder gesellschaftliche, so viele Ungewißheiten gebe, würde man letztlich nicht entscheiden können, wo die Gefahr liegen mochte.* Dieser zweifelsvolle Rückzug aus dem, was man als die elementarste wissenschaftliche Frage für die gesamten Vertragsverhandlungen betrachtete, fanden die Diplomaten wenig förderlich für deren in ihrem Sinne gedeihliche Entwicklung.

Die ersten Reibungen, die hieraus entstanden, blieben verhalten, und das Verhältnis blieb freundlich bis März 1993, als Raul Estrada-Oyuela, ein Berufsdiplomat aus Argentinien, zum Vorsitzenden des Komitees gewählt wurde. Prägend für seinen Vorsitz sollte die Ungeduld mit dem IPCC werden. Während der Vorbereitungen für die erste Konferenz der Vertragsparteien in Berlin (*CoP1*) ebenso wie in Berlin selbst (und so weiter bis letztlich zur *CoP3* in Kyoto) machte Estrada mehr als deutlich, daß Bolin und sein Wissenschaftlergremium in seinen Augen nur eine Art Juckreizquelle waren, ohne welche die Vertragsverhandlungen besser vorankämen. Sobald Estrada sein Amt angetreten hatte, ging er auf Konfrontationskurs mit Bolins Standhaftigkeit in dem Dauerzwist darüber, was das IPCC zum Vertragsprozeß beitragen könne. Einer der Punkte, die für Reibereien sorgten, waren Planung und Ausarbeitung eines zweiten vollständigen Sachstandsberichts. Das IPCC hatte beschlossen, noch in der Übergangszeit eine weitere volle Begutachtung durchzuführen, um die Verhandlungsparteien umfassend über den neuesten Sachstand zu unterrichten, aber das war ein zeitraubendes Unterfangen, und Bolins Weigerung, den neuen Bericht im Schnellverfahren bis zum Berliner Treffen fertigzustellen, ließ die Spannungen weiter steigen. Dann verschob Bolin eine schon lange geplante gemeinsame Besprechung zur Frage des »gefährlichen Niveaus«. *Was hatten diese Wissenschaftler nur?* Estrada war nicht erfreut, und er trug auch keine Bedenken, es zu zeigen.

In einer Rede vor der *Royal Geographical Society* bei einem Besuch in Großbritannien im Frühjahr 1994 erklärte Estrada, seinem Eindruck nach litten die Wissenschaftler unter einem »Dr.-Frankenstein-Syndrom«. Für die Ausarbeitung der Klimakonvention warte man auf den

> (wissenschaftlichen) Input des IPCC, aber ich frage mich, ob er zur rechten Zeit kommen wird. Vor fast einem Jahr, als ich der IPCC-Leitung die Erfordernisse des Abkommens erklärte, hatte ich das Gefühl, daß das IPCC unter einer Art »Dr.-Frankenstein-Syndrom« leidet. Schließlich ist die Idee einer Konvention vom

* Bolin schildert diese Zweifel in seinen Memoiren, nach deren Darstellung dies seine Auffassung in den frühen 1990er Jahren gewesen war[371], vgl. dazu auch ein kurz nach dieser Zeit von ihm verfaßtes Buchkapitel[372]. Letztlich gab er seine Antwort in Gestalt des sog. »Syntheseberichts«, der den Zweiten IPCC-Sachstandsbericht resümiert.

> IPCC selbst genährt worden, aber jetzt, wo die Konvention zu laufen beginnt und nach weiterer Nahrung verlangt, lautet die Antwort des IPCC, daß es sein eigenes Arbeitsprogramm habe und nicht Produkte auf Bestellung von Kunden liefern könne.[373]

Dieser Angriff galt nicht nur Bolin, sondern auch der Arbeitsgruppe 1 mit ihrem logistischen Stab im britischen *Met Office*, weshalb die Fachzeitschrift *New Scientist* John Houghton um eine Stellungnahme bat. Houghton erklärte, der Zeitaufschub sei notwendig, um eine strenge *Peer Review* zu ermöglichen (so wie auch Bolin dies in der Vergangenheit verschiedentlich erklärt hatte). Man brauche die *Peer Review*, sagte Houghton, »um die wissenschaftliche Einmütigkeit zu wahren, die für die Arbeit des IPCC wesentlich ist«.* Aber Houghton sah sowieso nicht, wie ein neuer wissenschaftlicher Bericht irgend etwas ändern könnte. Gegenüber dem *New Scientist* äußerte er,

> der Bericht werde kaum Neues enthalten. »Die Arbeit der letzten vier Jahre hat das meiste von dem unterstrichen und bestätigt, was wir im Jahr 1990 gesagt haben«, meint er. Die Vorhersage, daß eine Verdoppelung des atmosphärischen Kohlendioxydgehalts innerhalb eines Jahrhunderts die weltweiten Durchschnittstemperaturen um 2,5 °C steigen ließe, wird in dem Bericht »sehr wahrscheinlich die gleiche sein«.[376]

Trotz der angespannten Beziehungen und manchmal scharfen Wortwechsel einigten sich Estrada und Bolin auf die Abfassung eines »Sonderberichts«, der die Fragen beantworten sollte, die dem Komitee für die Berliner *CoP1* von Interesse erschienen. Damit fand sich Houghtons Arbeitsgruppe 1 im Jahr 1994 in einer seltsamen Lage wieder: für den Sonderbericht beantwortete sie nachgeordnete Fragen kompliziertester Art, aber bei ihrer Arbeit am zweiten vollen Sachstandsbericht wog sie selbst die elementarsten Fragen noch unentschieden hin und her. Diese heiklen Punkte betrafen nach wie vor die empirische Grundlage für die gesamte Theorie der weltweiten Klimaerwärmung, darunter insbesondere die »Entdeckung des Signals«, an der der erste Sachstandsbericht gescheitert

* Es ist fraglich, ob Bolin selbst gesagt hätte, daß für die Arbeit des IPCC Einvernehmen wesentlich sei, da er Kapitelautoren immer ermunterte, kontroverse Punkte zu benennen und divergierende Meinungen wiederzugeben, vgl. beispielsweise den Bericht über die fünfte Sitzung des IPCC[374] sowie die darin auf S. 8 aufgeführten »Grundsätze für die Arbeit des IPCC«. Hier schienen der Vorsitzende des IPCC und der Leiter seiner wissenschaftlichen Arbeitsgruppe die Dinge unterschiedlich zu sehen. Houghton zeigte sich stärker daran interessiert, Politikern einen Konsens zu liefern, Bolin hingegen schien besorgt, daß skeptische Meinungen und Außenseiterpositionen marginalisiert oder ausgeschlossen werden könnten. In seinen Memoiren hob Bolin in der Darstellung der neuen Gutachtenregeln, die man nach dem Schock des Aufstands in Sundsvall eingeführt hatte, hervor: »Es wurde [im Rahmen der IPCC-Begutachtung] auch klargestellt, daß Meinungsverschiedenheiten, die sich im Zuge der Begutachtung ergeben konnten, erläutert und festgehalten werden sollten, d.h., Einstimmigkeit war nicht erforderlich.«[375]

war, weil es eben nicht zu entdecken war. Und für diese Fragen war für das IPCC nach wie vor kein Durchbruch in Sicht, ja, Anfang 1994, nur ein Jahr vor dem Abgabetermin für den neuen Bericht, erklärte Houghton einer Fachzeitschrift, es habe sich kaum etwas geändert.

Das IPCC steckte in folgendem Dilemma: es konnte noch nicht *wissenschaftlich* sagen, was eine »gefährliche anthropogene Störung« ist, weil es immer noch keine *wissenschaftliche* Bestätigung erreicht hatte, daß es *überhaupt* eine Störung gab. Mochten sich zwischenzeitlich die Staatsführungen zum Handeln entschließen, ohne abzuwarten, bis die Wissenschaft aufholte, *so war das ganz deren Sache*. Aber dies wäre dann eine *politische* Entscheidung. Und hieraus läßt sich die Position verstehen, die Bolin gegenüber Estrada einnahm: solange sich in der Wissenschaft nichts Entscheidendes tat, *hieß, die Frage dennoch zu beantworten, was »gefährlich« ist, den Schritt in die Sphäre der Politik zu tun.*

Aber als ob die Beziehungen zwischen IPCC und Diplomaten im Vorfeld der Berliner Konferenz nicht schon angespannt genug gewesen wären, verschlechterten sie sich auf dem Treffen selbst nur noch weiter, als ein neuer Streit um die Stellung des Blocks der Drittweltländer ausbrach.

Berlin, Frühjahr 1995: Der Streit um den »Preis des Lebens«

Die unheilvolle Entscheidung der UN-Generalversammlung, das Internationale Verhandlungskomitee einzurichten, das die Zukunft des IPCC bedrohte, änderte nichts an Bolins Bemühungen, die Gunst der armen Länder zu gewinnen. Freilich zeigte sich bald, daß das IPCC dafür in Kauf nehmen mußte, die wissenschaftliche Integrität der Gutachtenerstellung aufs Spiel zu setzen. Die auffälligste Änderung seiner Funktionsweise bestand darin, daß die Arbeitsgruppen einen zweiten Vorsitzenden und einen stellvertretenden Vorsitzenden erhielten, die nicht nach ihrer fachlichen Kompetenz ausgewählt wurden, sondern die Sichtweise der industriell unterentwickelten Weltteile repräsentieren sollten. Wesentlich umstrittener war die spätere Ausweitung dieser Praxis auf die Leitautoren des zweiten Sachstandsberichts (und der folgenden Berichte).

Inzwischen setzte Bolin alles daran, das langfristige Überleben seines Klimarats zu sichern, wofür er meist dessen besondere Eignung betonte, den neuesten wissenschaftlichen Kenntnisstand *unabhängig von politischen Einflüssen* zu begutachten. Dabei war der politische »Einfluß«, den er mit dem größten Pathos von sich wies, der der wohlhabenden Länder, die sowohl die Finanzierung des IPCC bereitstellten als auch personell in ihm dominierten. Zu diesem Zweck versah Bolin sein IPCC mit neuen Strukturen und Verfahren, um die er in der Öffentlichkeit viel Aufhebens machte. Jeder der drei Arbeitsgruppen wurde ein technischer Hilfsstab beigegeben, in dem mindestens eine Planstelle von den armen Ländern besetzt werden durfte. Nach alledem schien das IPCC, als man Anfang 1993 die Abfassung des zweiten Gutachtens endgültig beschloß und hierfür einen Zweijahresplan aufstellte, bestens vorbereitet, um seine Funktion weiter auszufüllen; es hatte seine organisatorischen Vorkehrungen gestärkt, um den politischen Einfluß seiner reichen Geldgeber zu mindern und dafür den Vertretern armer Länder mehr Mitwirkungsmöglichkeiten zu bieten.*

Ob all dies nun geeignet war, das Vertrauen der armen Länder zurückzuerobern oder nicht – alles brach wieder in sich zusammen, als es plötzlich an anderer Stelle neuen Streit gab: Im Zuge der zweiten Begutachtung spielte die Arbeitsgruppe 3 zwar schon lange nicht mehr mit dem Feuer heikler migrationspolitischer Vorschläge, sondern hatte ihr Arbeitsprogramm komplett auf die Auslotung der vernachlässigten wirtschaftlichen Dimension des Klimawandels umgestellt. Aber jetzt war sie ausgerechnet auf diesem Terrain, als sie lediglich einen Bemessungsfaktor für die durch Klimaänderungen verursachten Schäden festlegen wollte, auf eine politische Tretmine getappt.

Um die durch Erderwärmung verursachten Gesamtschäden zu taxieren, mußte man alle Schadenposten beziffern, darunter auch Gesundheitsschäden und Tod. Die Schätzungen, wie viele Todesopfer es in den unmittelbar kommenden Generationen geben werde, gingen in die Hunderttausende, von denen der größte Teil in den ärmeren Weltgegenden erwartet wurde. Im allgemein üblichen Berechnungsverfahren für solche Schadenbilanzierungen wird der Preis des Lebens nach den wirtschaftlichen Mitteln bemessen. Auf dieser Grundlage setzte die Gruppe 10 bis 15 Todesfälle in einer armen Region mit dem gleichen Wert an wie einen einzigen in einer reichen. War diese Herabstufung der Armen als solche beleidigend genug, so ergab sich beim Abgleich dieser Schadenbeträge mit den in einem anderen Berichtsteil angegebenen Kosten von Klimaschutzmaßnahmen (jedenfalls für manche) der Eindruck, daß sich die reichen Länder durch die Geringbewertung des Lebens in Armut billig aus der Affäre ziehen könnten: der Schadengesamtbetrag fiel dadurch so niedrig aus, daß er nur minimale Klimaschutzaufwendungen rechtfertigte. Damit ließe sich der neue Sachstandsbericht als Rechtfertigung einsetzen, um Hunderttausende von Armen dafür zu opfern, den komfortablen Lebensstil der Reichen zu bewahren, während dieselben weiter das Erdklima verheerten.**

---

* Zu den neuen »Grundsätzen für die Arbeit des IPCC« und Bolins Motiven für ihre Einführung vgl. den Bericht über das fünfte Treffen des IPCC.[377] Für die Einführung einer »geographischen Repräsentation« im Büro des IPCC vgl. den Bericht über das sechste Treffen[378]; erst beim neunten Treffen im Juni 1993 wurde dieses Prinzip auf die Leitautoren erstreckt. Die neue Organisationsweise wurde 1992 einer Überprüfung unterzogen und 1993 entsprechend angepaßt.

** Vgl. zu diesem Streit näher meinen Blog-Beitrag *Enter the Economists*.[379]

Der endgültige Entwurf des neuen Berichts der Arbeitsgruppe 3 wurde Anfang 1995 wenige Wochen vor der Berliner Vertragsstaatenkonferenz an die Regierungsdelegationen beim IPCC versandt. Einige Tage bevor sich die Delegierten auf den Weg machten, verschickte der Chefgesandte Indiens an die Abordnungen aller armen Länder einen Brief, in dem er die Kosten-Nutzen-Analyse der Arbeitsgruppe 3 brandmarkte. Er urteilte, die Analyse sei nicht nur »abwegig und diskriminierend«, sondern bezeichnend für die »Vorurteile, die dem [IPCC-]Gutachten zugrunde liegen, das den politischen Beratungen auf der Konferenz eine Grundlage geben soll«. Indien bat die anderen Delegationen, seinen Vorstoß zu unterstützen, die »Verirrung« dieser »fehlerhaften Ökonomie (...) aus dem Vertragsprozeß zu tilgen«. Damit war ein Streit entzündet, der nicht in einer geschlossenen IPCC-Plenarsitzung ausgetragen würde (auch wenn er dort seine Fortsetzung finden sollte), sondern in der ersten großen, öffentlichen Zusammenkunft sämtlicher Staaten, die die Klimakonvention unterschrieben hatten.[380]

Das IPCC hatte in Berlin formal nichts zu sagen; seine führenden Vertreter waren auf der ersten Vertragsstaatenkonferenz (*CoP1*) nur Gäste des Internationalen Verhandlungskomitees, womit seine Schadenschätzung nicht zur Diskussion stand. Allerdings betrachteten die Autoren des getadelten Kapitels das Ansinnen, ihren »endgültigen Entwurf« zu ändern, als politisch motiviert und hatten unter Verweis auf die neuen IPCC-Verfahrensregeln bereits jede Änderung abgelehnt. Darum war die im Rahmen der politischen Gespräche erhobene Forderung, diesen Teil des Gutachtens »aus dem Vertragsprozeß zu tilgen«, ein direkter Schlag gegen ein wehrloses IPCC. In Berlin verschärfte die Kontroverse zudem die Polarisierung in einem zentralen, aber kritischen Punkt der Verhandlungen, für den man eine Lösung finden mußte, wenn man auf der Tagung überhaupt zu einer Einigung kommen wollte: Sollen arme Länder von jeder Verpflichtung zur Emissionsbeschränkung freigestellt werden? Damit fand sich das IPCC in der ersten Zusammenkunft der Konventionsstaaten im Zentrum eines Konflikts wieder, der nicht nur deren Einigung gefährdete, sondern obendrein das Betreiben der armen Länder anheizen mußte, es an die Seite zu schieben.[381]

Schlimmer noch für seine Vertreter in Berlin war, daß nun die Gründung des »Nebenorgans für wissenschaftliche und technologische Beratung« unmittelbar bevorstand, das ihr IPCC ablösen sollte. Die Konferenz legte Einzelheiten der Rolle und Struktur des neuen Gremiums fest. So sollte das Beratungsorgan für seine wissenschaftlichen und technologischen Gutachten Informationen sammeln und zusammenfassen, die »von sachkundigen wissenschaftlichen und technischen internationalen Einrichtungen« bereitgestellt würden, *unter anderem* vom IPCC. Allerdings wurde das Organ weiter angewiesen, sich zwei eigene »internationale technische Beraterstäbe« zu schaffen, die es darin unterstützen sollten,

»Beurteilungen zum Stand der wissenschaftlichen Kenntnisse auf dem Gebiet der Klimaänderungen und ihrer Folgen« zur Verfügung zu stellen.

Noch am klarsten wurde eine weitere Rolle des IPCC in einem Papier befürwortet, das den Berliner Beschlüssen nur als Anhang beigefügt war und Übergangsregelungen für die Zeit bis zur nächsten Vertragsstaatenkonferenz ein Jahr später enthielt. Bis das neue Beratungsorgan seine eigenen technischen Beraterstäbe geschaffen haben würde, war es angewiesen, den Vertragsparteien geeignete Empfehlungen auf der Grundlage des Zweiten Sachstandsberichts des IPCC zu unterbreiten.* Anders gesagt, die Beraterfunktion des IPCC in der Übergangszeit hatte zwar geendet, aber es würde, bis das neue Gremium seine eigenen Beraterstäbe eingerichtet hätte, dennoch weiter eine Rolle spielen, nämlich die, seinen Zweiten Sachstandsbericht ebenjenem Beratungsorgan zu unterbreiten, den dieses dann studieren sollte, um daraus Empfehlungen für die zweite Vertragsstaatenkonferenz im Jahr 1996 abzuleiten. Damit blieb dem IPCC ein seidener Faden, der ihn weiter mit den Verhandlungen verband, aber nur noch über das neue wissenschaftlich-technologische Gremium, nur noch bis zur nächsten Vertragsstaatenkonferenz und nur noch, um seinen (fast fertigen) Zweiten Sachstandsbericht abzuliefern.

Der zweite IPCC-Bericht wird zum Triumph für Modellschöpfer, ...

Als Houghton 1994 dem *New Scientist* erklärt hatte, der (wissenschaftliche Teil im) IPCC-Sachstandsbericht werde kaum Neues enthalten, meinte er damit, daß die politisch entscheidende Zentralaussage praktisch unverändert bleiben würde. Indessen ergaben sich, während seine Arbeitsgruppe 1 weiter an ihrem Gutachtenteil arbeitete, neue Entwicklungen auf dem Gebiet der Klimamodelle, die die Leitautoren in die verschiedenen Kapitel einzuarbeiten begannen.

Seit Anfang der 1990er Jahre hatten die Skeptiker den Modellexperten wieder und wieder vorgehalten, ihre Modelle prognostizierten eine zu große Erwärmung. Im Jahr 1994 trugen die Fachleute des IPCC dieser Kritik Rechnung, womit sie eine bemerkenswerte Kehrtwendung vollzogen. Im Entwurf für ihren zweiten Bericht wurde jetzt ausdrücklich eingeräumt, daß die Modelle die Erderwärmungsrate zu hoch ansetzten; man brachte sogar Diagramme dafür zur Veranschaulichung. Aber das IPCC verband diese Konzession an seine Kritiker mit einem Zusatz: Der Grund, warum die Modelle über die beobachtete Erwärmung des 20. Jahrhunderts hinausschossen, sei keine Überbewertung der Klimasensitivität für Treibhausgase

* Vgl. die Beschlüsse der Berliner *CoP1*.[382] Die Gründung des Wissenschaftlich-Technologischen Beratungsorgans in Berlin und dessen Verhältnis zum IPCC waren Gegenstand einer Reportage im Magazin *Nature*.[383]

gewesen, sondern liege darin, daß ein anderer menschlicher Einfluß unberücksichtigt geblieben sei. Beziehe man ihn ein, sei alles wieder in Ordnung.

So beherzigten die Erderwärmungstheoretiker in ihren Modellen Anfang der 1990er Jahre schließlich doch den Rat Reid Brysons, die abkühlende Wirkung von Aerosolen in Rechnung zu stellen. Sie integrierten in ihre Modelle eine Abmilderung der Erwärmung, mit der die Wirkung vor allem von Sulfat-Aerosolen simuliert werden sollte, die bei der Verbrennung fossiler Energieträger zusammen mit CO_2 freigesetzt werden. Obwohl es sich hierbei um einen lokalen Einfluß handelt, der vor allem in den mittleren Breitengraden der Nordhalbkugel auftritt, ging man davon aus, daß er ein auch weltweit signifikanter Faktor ist. Man adjustiere also die Modelle einfach, wie man es jetzt ja tat, und … – *voilà*! Jetzt deckten sie sich endlich mit dem globalen Temperaturtrend des 20. Jahrhunderts, einschließlich Erwärmungspause in den 1960er und 1970er Jahren – bevor die Umweltvorschriften für Schwefelschadstoffe griffen.

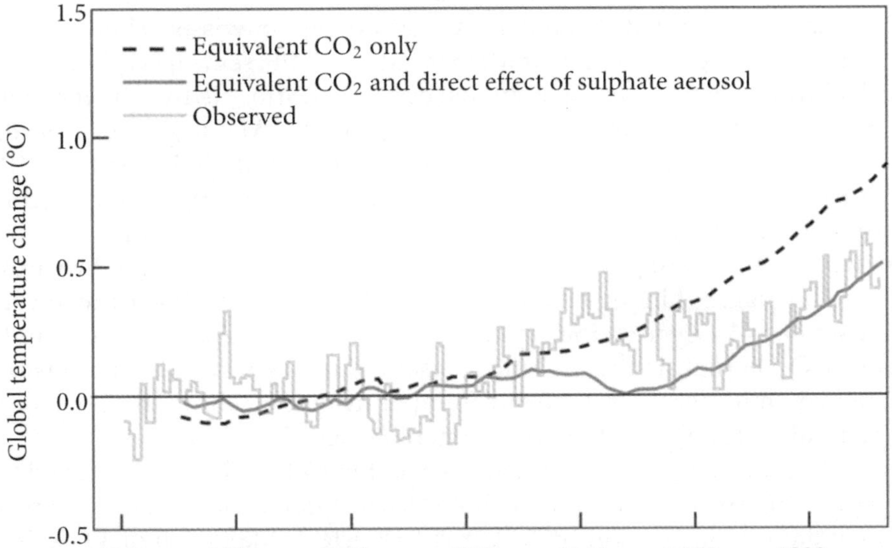

Abb. 9.2: Das Problem der Aerosole

Vergleiche zwischen den Klimamodell-Resultaten des britischen *Met Office* und der weltweiten Temperaturentwicklung finden sich an verschiedenen Stellen des Zweiten IPCC-Sachstandsberichts. Dieses Diagramm zeigt, daß die Ergebnisse von Nur-CO_2-Modellen die beobachtete Temperaturentwicklung übersteigen, während Durchläufe mit CO_2/Sulfat-Modellen eine visuell eindrucksvolle Übereinstimmung ergeben.[384]

Die kombinierten Wirkungen von CO_2 und Sulfaten waren von verschiedenen Expertengruppen für Klimamodelle untersucht worden, und ihre Ergebnisse wurden im neuen IPCC-Bericht eingehend diskutiert. Im Kapitel der Arbeitsgruppe 1 über Klimamodelle wurden besonders die neuen, eindrucksvoll wirkenden Resultate eines Teams von John Mitchell am britischen *Met Office* hervorgehoben. Aber als diese Erkenntnisse schließlich in *Nature* veröffentlicht wurden, stellte sich heraus, wie überaus zweifelhaft sie waren. Wie Wigley in ihrer äußerst kritischen Besprechung darlegte, die er auf Anfrage der Redaktion für dieselbe Ausgabe von *Nature* schrieb, berücksichtigten die Klimamodelle des *Met Office* »Aerosole explizit überhaupt nicht«, sondern »simulier[t]en deren Wirkungen durch Änderung der Albedo oder des Reflexiongrads der Oberflächen im Modell«. Wigleys Rezension trug die Überschrift »Eine erfolgreiche Vorhersage?«, und las man sie zu Ende, war schwer ersichtlich, wie die Antwort noch »ja« lauten könnte.[385] Gleichwohl waren Mitchells Schlußfolgerungen schon Monate, bevor sein Artikel veröffentlicht wurde, in dem Entwurf des IPCC-Sachstandsberichts zu finden, der für die *Peer Review* verschickt wurde.

Einer derjenigen, denen diese neuen CO_2/Sulfat-Ergebnisse etwas zu glatt vorkamen, war Pat Michaels. Als Atmosphärenwissenschaftler an der Universität von Virginia tätig, war Michaels damals für seine unverhohlen skeptische Haltung bekannt, zumal er zu den ersten gehörte, die für die Verbreitung ihrer Kritik das Internet nutzten. Auf die Studie des *Met Office* stieß er als einer der offiziell benannten Prüfer für das Klimamodelle-Kapitel im IPCC-Sachstandsbericht, und er war lebhaft an einer Aufgliederung dieser Ergebnisse nach Breitengraden interessiert, um zu schauen, wie sie in den Polarbreiten ausfielen, wo die Abkühlung durch Aerosole minimal sein mußte, die Erwärmung durch Treibhausgase hingegen signifikant. Michaels wollte wissen, inwieweit die Ergebnisse des *Met Office* seine eigenen Resultate bestätigten, wonach Modelle, die nur CO_2 berücksichtigten und diesem dabei geringe Klimasensitivität zuschrieben, mit der beobachteten Temperaturentwicklung besser übereinstimmten als Modelle mit angenommen hoher CO_2-Klimasensitivität und Berücksichtigung von Sulfat. Seine wiederholten Bitten, ihm die Aufgliederung zukommen zu lassen, wurden jedoch merkwürdigerweise abgelehnt. Erst verwies man darauf, daß der im IPCC-Bericht zitierte Artikel noch nicht veröffentlicht und vom Verlag nicht freigegeben sei. Als der Artikel dann erschienen war, brachte man jede Menge anderer Begründungen. In einer Anhörung vor dem US-Repräsentantenhaus stellte sich später heraus, daß Mike MacCracken (seinerzeit Direktor des Büros für das amerikanische *Global Change Research Program* und Leiter der US-Delegation beim IPCC) erhebliche Anstrengungen unternommen hatte, um das *Met Office* zur Offenlegung der Daten zu bewegen. Aber Mitchell blieb bei seiner Weigerung.[386] Darüber berichtete sogar die

Fachpresse; ein Leitartikel von *Nature* äußerte Bestürzung über die britische Haltung (vgl. Abb. 9.3).[387] Eine Zeitlang drohte sich der kleine Skandal zu einem mittleren diplomatischen Zwischenfall auszuwachsen. Für uns genügt festzuhalten, daß Michaels die Breitengrad-Aufschlüsselung niemals erhielt und sie niemals publiziert wurde. Der Streit flaute bald ab, die wundersam perfekte Paßgenauigkeit der CO_2/Sulfat-Modell-Ergebnisse hingegen blieb, und mit ihr der Triumph der Modellschöpfergruppe des britischen Wetterdienstes.

Climate critics claim access blocked to unpublished data

Washington. Researchers who do not believe human activity is having a significant impact on global climate change have been denied access to the latest data from British climate models used by the Intergovernmental Panel on Climate Change (IPCC), a congressional hearing was told last week.

The allegation was made by Patrick Michaels of the University of Virginia, an outspoken sceptic about man-made climate change. But the group that carried out the research has justified not making the data available on the grounds that it had not yet been published in the scientific literature.

Mitchell declined the request on the grounds that the data had not yet been published; the paper appeared in *Nature* in the issue of 10 August (**376**, 501; 1995). But Michaels, speaking after the hearing, argued that he should have been given access to the data earlier on the ground that the work had been accepted for publication and was, in any case, already being used by the IPCC, whose work he was seeking to review.

Tim Roemer (Democrat, Indiana) told Michaels that his "problems with the UK" were beyond the jurisdiction of the US Congress, but Michaels countered that the ... taxpayers.

Abb. 9.3: ***Nature*** **über das IPCC**

Im November 1995 berichtete *Nature* über die wiederholte Weigerung des britischen *Met Office*, einem IPCC-Prüfer vollen Einblick in die Datensätze von Computermodellen zu gewähren, die in dem von ihm zu prüfenden Berichtsteil angeführt wurden.[388] Im Verlauf des Jahres 1995 war die Haltung von *Nature* gegenüber dem IPCC zunehmend kritisch geworden, aber ein Leitartikel im selben Heft war regelrecht vernichtend.[389] Darin listete *Nature* mehrere »Kräche« auf, über die es im selben Jahr bereits berichtet hatte, und kommentierte, daß »das Geschäft mit der Klimaerwärmung (...) außer Kontrolle zu geraten« drohe; Wissenschaftlern, die die Aussagen des IPCC skeptisch beurteilten, werde der Zugang zum Belegmaterial von einem »eingeweihten Kreis« verwehrt. *Nature* plädierte dafür, die Arbeitsgruppen 2 und 3 aufzulösen und die Arbeitsgruppe 1 zu einem »verständigeren Kurs« anzuhalten. Diese Empfehlung erschien nur vier Tage, bevor die Sitzung der Arbeitsgruppe 1 in Madrid begann, die nachstehend geschildert wird.

Das *Met Office* hatte mit Computermodellen für Klimaszenarien spät begonnen, aber es war eine Neuerung, die von Houghton gefördert wurde. Dank Zuschüssen des britischen Umweltministeriums und persönlicher Unterstützung von Premierministerin Thatcher hatten die Briten bei Computermodellen über CO_2-Klimafolgen in den Neunziger Jahren mit den Amerikanern und Deutschen gleichgezogen.[390] Deren Arbeitsgruppen produzierten ähnliche CO_2/Sulfat-Ergebnisse, und damit waren, was den Beitrag der Computermodelle anging, die Aussichten für den zweiten IPCC-Bericht viel rosiger geworden. Nicht so rosig leider waren sie für die Bearbeiter des Kapitels über den empirischen Nachweis, Kapitel 8.

… aber findet keine Meßlatte für den Nachweis

Die Abfassung von Kapitel 8 startete mit Verzögerung, weil für dieses Kapitel erst spät der Leitautor gefunden werden konnte, der für die Koordinierung zuständig war. Als die Arbeitsgruppe 1 Anfang 1994 ihre Vorbereitungen für den zweiten vollständigen Sachstandsbericht des IPCC aufnahm, ließ Houghton eine Liste zirkulieren, in der alle Leitautoren der verschiedenen Berichtsteile aufgeführt waren, jedoch eine Lücke ins Auge sprang: zwar waren als Hauptverfasser des Nachweis-Kapitels wieder Wigley und Barnett angegeben, aber man hatte für das Kapitel noch keinen Koordinator aufgetrieben, nachdem mehrere zunächst angefragte Autoren abgelehnt hatten. Erst im April ließ sich jemand ausfindig machen, der die Rolle zu übernehmen bereit war: Ben Santer, ein junger Klimamodellschöpfer am *Lawrence Livermore Laboratory*, der bei Wigley an der CRU promoviert hatte.[391]

Der Entwurf für das Kapitel, den Santer nun zu schreiben begann, war stark beeinflußt von einem Artikel, der von Barnett verfaßt worden war, aber unter den Mitautoren auch Santer nannte. Der Aufsatz bot eine konzise Übersicht über alle Probleme, die mit der Suche des Nachweises des »Katastrophensignals« verbunden waren. Barnetts Papier wurde erst 1996 veröffentlicht und war einer von insgesamt drei für das Kapitel zentral bedeutsamen Aufsätzen, die von dessen Leitautoren stammten, aber zu der Zeit, als das Kapitel entworfen und überprüft wurde, noch nicht veröffentlicht waren. Der Text war ein neuer Anlauf, um die altbekannte Hürde auf dem Weg zum »ersten Nachweis« zu nehmen: man mußte es schaffen, die »Meßlatte« der natürlichen Klimavariabilität richtig zu eichen. Der Beitrag schilderte, wie dieser Versuch gescheitert war, und zwar grandios. Er klang noch skeptischer aus als Wigleys Darlegungen im ersten IPCC-Bericht.[392]

Barnett hatte zum einen untersucht, wie sich die Schwankungen des Klimas auf den größeren Zeitskalen von Jahrhunderten und Jahrtausenden ermitteln lassen, die man brauchte, um einen Bezugsrahmen für die Einordnung des fraglichen Erwärmungstrends in einem Zeitraum von wenigen Jahrzehnten herzustellen, und zum anderen, welches räumliche Verteilungsmuster diese Erwärmung aufwies, das man für die Verteilungsmuster-Analysen benötigte, mit denen man neuerdings das Problem des immer und immer mißlingenden Nachweises zu lösen suchte. Unter dem Titel »Schätzungen niederfrequenter natürlicher Klimavariabilität der bodennahen Lufttemperatur« ist Barnetts Bericht über diese Untersuchungen eine bemerkenswerte Schilderung, wie beim versuchten Aufstieg zum Gipfel des empirischen Nachweises auch der kleinste Zehenhalt unter den Füßen zu Staub zerbröselt war.

Als erstes behandelt Barnett die Modelle. Er stellt fest, daß sie in ihrer Schätzung der Klimavariabilität über längere Zeiträume oft kraß divergieren und diese generell zu niedrig ansetzen. Das erscheint leicht verständlich, weil sie – in Barnetts Worten – nicht »Änderungen der Sonnenaktivität und des vulkanischen Eintrags von Aerosolen in die Atmosphäre berücksichtigen«, ein Versäumnis, das »vermutlich die statistische Signifikanz von typischerweise als Nachweis verwendeten Klimarhythmen dadurch aufbläht, daß die in der Natur zu erwartenden Schwankungen der Lufttemperatur zu gering veranschlagt werden«. Die Modelle sagen uns auch nur sehr wenig über die natürlichen räumlichen Verteilungsmuster von Klimaschwankungen, und was sie darüber sagen, ist von Modell zu Modell völlig unterschiedlich. »Dieses Ergebnis«, so Barnett, »ist deshalb besonders beunruhigend, weil die meisten modernen ausgeklügelten Nachweismethoden versuchen, vorhergesagte räumliche Verteilungsmuster von Änderungen aufzufinden.« Anders gesagt, Barnetts Resultate zeigen, daß es keine natürliche Meßlatte gibt, die bei der Analyse von Verteilungsmustern – oder »Fingerabdrücken« – angelegt werden könnte, um den menschlichen Einfluß zu entdecken. Der Autor fährt fort:

> Angesichts all dieser Tatsachen läßt sich schwer sagen, ob *beobachtete* räumliche Veränderungen des Klimas »normal« sind oder auf anthropogenen Einwirkungen beruhen. Einer dieser beiden oder beide Mängel von Klimamodellen [in der räumlichen Verteilung und bei der unterschätzten Variabilität] können die Ergebnisse einer Untersuchung zur Führung des objektiven Nachweises verzerren und in uns die Überzeugung erwecken, wir hätten ein anthropogenes Signal gefunden, während dies in Wirklichkeit nicht der Fall sein könnte.[393]

Läßt man die Modelle beiseite, so können die instrumentellen Meßdaten nicht genutzt werden, weil sie einen für diesen Zweck zu kurzen Zeitraum abdekken und außerdem wahrscheinlich durch menschliche Einflüsse verunreinigt sind. Damit bleiben als einziges Mittel, um die langfristigen Schwankungen des Klimas zu ermitteln, die »Klima-Proxys« des letzten Jahrtausends. Und das ist das Thema, wo Barnetts Kritik wirklich weh tut, weil er die verfügbaren »Proxy«-Rekonstruktionen als falsch, widersprüchlich und die Variabilität unterschätzend auseinandernimmt.

Der Artikel mündet in eine Warnung:

> Unsere Ergebnisse sollten denjenigen als Warnung dienen, die sich weiter darin zu befleißigen suchen, in den beobachteten Klimadaten anthropogene Einflüsse zu entdecken.

Und die Warnung lautet:

> Die Bandbreite der natürlichen Schwankungen, vor deren Hintergrund – positive und negative – Behauptungen über den Nachweis aufgestellt werden, ist nur wenig bekannt und wurde offensichtlich bei den frühen Kontrolldurchgängen computergestützter Klimamodelle nur wenig berücksichtigt.[394]

In anderen Worten, angesichts der ungelösten Frage der natürlichen Schwankungen »läßt sich kaum mit Überzeugung sagen, daß ein anthropogenes Signal im Klima gefunden wurde oder daß es nicht gefunden wurde«.[395]

Das »Nachweis«-Kapitel, das Santer für das IPCC schrieb, verwies an zahlreichen Stellen auf diesen Artikel. Mehr als jede andere in dem Kapitel angeführte Quelle machte Barnetts Arbeit alle Behauptungen eines spezifischen Kausalnachweises zunichte, gleichviel ob diese auf Verteilungsmuster-Studien oder Analysen weltweiter Mittelwerte gestützt waren. Der Aufsatz bildete die Hauptgrundlage für Santers Fazit, daß

> bisher keine Untersuchung sowohl eine signifikante Klimaänderung nachgewiesen als auch dieselbe positiv ganz oder teilweise auf anthropogene Ursachen zurückgeführt hat.

Die »Abschließende Zusammenfassung« des Kapitels war besonders skeptisch gehalten, und ihr letzter Absatz klang wie eine Variation zu Barnetts grundsätzlicher Warnung:

> Überdies werden durch die starken Abweichungen zwischen den Schätzungen des Hintergrundrauschens je nach verwendetem Modell beträchtliche Unwägbarkeiten in der Frage begründet, wann es möglich sein wird, den Nachweis zu führen, selbst den eines genau bekannten und sich zeitabhängig entwickelnden anthropogenen Signals. Diese Schätzungen des Hintergrundrauschens sind der wichtigste Maßstab, um die Bedeutung beobachteter Änderungen beurteilen zu können. Dieser Maßstab könnte indessen auf der Zeitskala von Jahrhunderten mangelhaft sein, wie sie für die Entdeckung eines langsam voranschreitenden anthropogenen Einflusses auf das Klima zugrundegelegt werden muß. Die Beweislast dafür, daß es sich anders

> verhält, obliegt den Konstrukteuren der Klimamodelle, den Spezialisten für die Auswertung paläoklimatischer Daten und den Wissenschaftlern, die an Nachweis-Studien arbeiten.[396]

Das Fazit von Santers Kapitel lautete damit – wie das von Barnetts Artikel –, daß wir keinen Vergleichsmaßstab besitzen, an dem man den menschlichen Einfluß messen könnte. Läßt sich aber die langfristige natürliche Klimavariabilität nicht ermitteln, sind wir wieder bei der Kritik angelangt, die Callendar bereits 1938 entgegengehalten wurde, und an demselben Punkt wie Wigley 1990.

Kurz vor der abschließenden Zusammenfassung des Kapitels 8 wird nochmals die beständige Frage aufgeworfen: *Wann wird ein unzweifelhafter Nachweis erbracht werden?* Santers lakonische Antwort lautet:

> Im Licht der sehr großen Ungewißheiten hinsichtlich des gesuchten Signals und des Hintergrundrauschens, die in diesem Kapitel erörtert worden sind, überrascht es nicht, daß die beste Antwort auf diese Frage lautet: »Wir wissen es nicht.«[397]

Damit gelangte das IPCC *zum dritten Mal* zu dem Ergebnis, daß es die Wissenschaft nicht vermochte, irgendein positives Anzeichen für die immer dicker an die Wand gemalte Katastrophe zu finden, welche die Klimakonvention abwenden sollte. In Wirklichkeit schien man der Beantwortung der Frage ferner denn je.

Damit saß das IPCC 1995 in einem Patt zwischen seiner wissenschaftlichen Expertise und seiner politischen Rolle fest. Vor der realen Gefahr, schon bald in politische Vergessenheit zu sinken, konnte es nur noch eines retten: ein Umschwenken seiner wissenschaftlichen Prognose in eine freilich weniger wissenschaftliche positive Richtung, die es in Gleichklang, oder -schritt, mit den politischen Bestrebungen brächte. Ohne einen substanziellen Schwenk in der wissenschaftlichen Beurteilung war schwerlich vorstellbar, wie selbst die geschickteste Einkleidung des nächsten Sachstandsberichts noch die angemahnte Steilvorlage für ein bindendes Protokoll liefern könnte. Ohne wissenschaftlichen Kurswechsel war vorprogrammiert, daß das IPCC nur noch weitere Peinlichkeiten produzieren würde und nur noch rascher ausrangiert werden müßte.

Genauso trostlos waren die Aussichten für Forschungen über Klimaerwärmung im allgemeinen. Sollte noch ein weiterer IPCC-Sachstandsbericht *kein* Signal anthropogener Erwärmung finden oder »finden«, würde dies unweigerlich die Glaubwürdigkeit des ganzen Forschungszweigs erschüttern. Vielleicht hatte menschliches Wirken überhaupt kein Klimamonster erschaffen. Vielleicht lautete die Botschaft der nüchternen Wissenschaft, die der IPCC-Sachstandsbericht verkünden sollte, letztlich doch nicht anders als die Einwürfe der vielen Skeptiker. Vielleicht waren es doch nur umtriebige Aktivisten im Forschungsbetrieb gewesen, die diesen ganzen Vertrag in den späten 1980er Jahren ausgeklüngelt hatten – Estradas Dr. Frankenstein.

Wie wir wissen, überlebte das IPCC trotz allem. Blieb auch seine formale Rolle in den Vertragsverhandlungen randständig und prekär, bediente es gleichwohl weiterhin Anfragen der Konventionsstaaten und produzierte fürderhin regelmäßig dickleibige Sachstandsberichte. Seine Bedrängung durch das Wissenschaftlich-Technologische Beratungsorgan ging zurück, als dessen Versuche, regierungsamtlich beschickte Beratungsstäbe einzurichten, daran scheiterten, daß man sich nicht über die Aufteilung der Planstellentorte einig werden konnte. Auch wenn dieses Organ weiter eigene Untersuchungen durchführte und externe Beratungsdienste in Anspruch nahm, begnügte es sich letztlich wieder mit seiner ursprünglichen Vermittlerrolle, die IPCC-Gutachten in die Vertragsdiplomatie einzubringen. Und so überlebte das IPCC. Es gedieh sogar. Aber das war im Jahr 1995 alles andere als gewiß.

Kapitel 10

Die wundersame Auffindung des Katastrophensignals, sein wissenschaftlicher Tod und seine Wiederauferstehung in der Presse

Santers Entdeckung

Für den Zweiten Sachstandsbericht kamen die rund 70 Leitautoren der Arbeitsgruppe 1 zum letzten Mal im Juli 1995 in Asheville (North Carolina, USA) zusammen. Auf diesem Treffen wollten sie ihre Kapitel für den Bericht fertigstellen, nachdem die Prüfer ihre Anmerkungen dazu mitgeteilt hatten. Außerdem (und vor allem) ging es darum, sich über den Entwurf der »Zusammenfassung für Politiker« zu einigen, der dann noch vom IPCC gebilligt werden sollte. Dieser Entwurf, den Houghton für das Treffen erstellt hatte, behandelte die Frage des wissenschaftlichen Nachweises weniger skeptisch als der Haupttext des von Santer verfaßten »Nachweis«-Kapitels – er enthielt sogar eine Andeutung, der Nachweis sei geführt. Allerdings deckte sich dies jetzt mit der Einleitung des »Nachweis«-Kapitels, in die Santer zwischenzeitlich die Formulierung einmontiert hatte, daß

> nach den besten bisher verfügbaren Beweisen in den Aufzeichnungen über das beobachtete Klima ein Muster erkennbar ist, wonach das Klima auf menschliche Aktivitäten reagiert.[398, 399]

Diese Formulierung, wonach ein Nachweis für den anthropogenen Klimawandel gefunden worden sein solle, paßte überhaupt nicht zu dem skeptischen Grundtenor des gesamten Kapitels und stand in direktem Widerspruch zu dessen Resümee (am Ende des Kapiteltextes).* In diesem Einschub kam zum Ausdruck, daß Santer seine Ansicht in allerletzter Minute geändert hatte, angeblich weil er meinte, er habe soeben mit seinen eigenen »Fingerabdruck«-Untersuchungen einen Durchbruch erzielt. Diese Ergebnisse waren so neu, daß sie weder veröffentlicht noch sonst zugänglich waren. Vielmehr war das Treffen in Asheville Santers erste Gelegenheit, sie überhaupt einem größeren Kollegenkreis vorzustellen, denn Houghton schlug ihm vor, sie dort in einer Sondersitzung zu präsentieren.[400]

* Kenner werden sich an das seltsame »*Testimonium Flavianum*« erinnert fühlen, das der hl. Eusebius in einem dazu überhaupt nicht passenden Text gefunden haben wollte, nichtsdestotrotz der Kirche aber jahrhundertelang als echt galt. (Anm. d. Übers.)

Als Santer den Leitautoren der Arbeitsgruppe 1 seine neuen Erkenntnisse vortrug, zeigte sein eindrucksvollstes Diagramm einen Aufriß der Atmosphäre, in dem ein Verteilungsmuster der Erwärmung zu sehen war, das dem entsprach, was die Modelle als Auswirkung von Kohlendioxyd und Sulfat vorhersagten (vgl. Abb. 10.1). Es schien, als habe Santer im Himmel einen menschlichen »Fingerabdruck« entdeckt. Seltsamerweise hatte er einen veralteten Datensatz verwendet, der nur bis 1987 reichte, obwohl neuere Daten verfügbar waren. Später, als seine Arbeit schließlich erschien, wurde sie in Kritiken angegriffen, die aufzeigten, daß bei Einbeziehung neuerer Daten das verräterische Muster wieder spurlos verschwand.[401, 402]

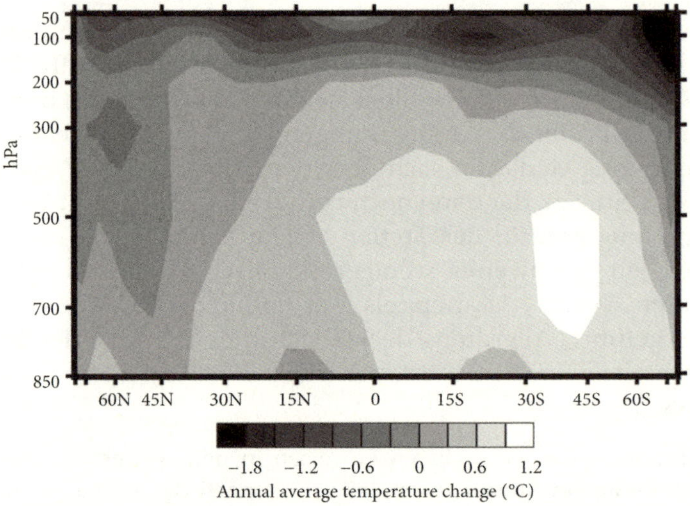

Abb. 10.1: Santers Diagramm mit dem »menschlichen Fingerabdruck«

Auf der Grundlage der Meßdaten von Radiosonden aus der Zeit von 1963 bis 1987 zeigt dieses Diagramm ein Verteilungsmuster atmosphärischer Erwärmung (hell) und Abkühlung (dunkel) nach Breitengraden und Höhe (gemessen nach dem Luftdruck in der Einheit Hektopascal, Abk. hPa). Dieses Verteilungsmuster entspricht dem, was bei Berücksichtigung der industriellen Emissionen von Kohlendioxyd und Sulfat-Aerosolen zu erwarten ist. Während bei Berücksichtigung nur von Kohlendioxyd ein warmer Streifen mittig über den Tropen zu erwarten wäre, hat die zusätzliche Einbeziehung der örtlichen Abkühlungswirkung von Sulfat-Aerosolen in den Industriegebieten des Nordens eine asymmetrische Erwärmung im Süden zur Folge. Santer hielt den (weißen) Fleck über den Gegenden des mittleren Südens für einen klaren menschlichen Fingerabdruck. Als diese Ergebnisse schließlich kurz vor der zweiten Vertragsstaatenkonferenz (*CoP2*, im Juli 1996 in Genf) veröffentlicht wurden, war die Behauptung, der fragliche Nachweis sei erbracht worden, indessen nur noch sehr vorsichtig formuliert.[403] Die angeführten Belege wurden gleichwohl angegriffen, weil bei der Einbeziehung neuerer Meßdaten der fragliche warme Fleck im Süden wieder wegfiel.[404, 405] (Die obige Darstellung ist adaptiert nach dem auf der Buchrückseite abgebildeten farbigen Original von Santer.)

Freilich wurde der Analyse schon in Asheville widersprochen: Santers »Fingerabdruck« und seine neue Behauptung, er habe das menschliche Signal im Erdklima entdeckt, stießen auf den entschiedenen Widerspruch verschiedener Spezialisten auf dem Gebiet. Einer seiner Opponenten, John Christy, erinnerte sich später, wie er Santer wegen dessen Auswahl des Datenmaterials angegriffen hatte.[406] Santer wiederum äußerte rückblickend, er habe die Qualität der von Christy verwendeten Datensätze bemängelt.[407] Die Diskussionen über die wissenschaftliche Grundlage der von Santer beanspruchten Entdeckung beherrschten das ganze Treffen und wurden manchmal noch lange nach Sitzungsschluß bis in den Abend hinein fortgesetzt.[408]

Daß die Angelegenheit bei dem Treffen ungeklärt blieb, ließ sich an der neuen Entwurfsfassung des Kapitels ablesen, die Santer danach redigierte: In diesen »endgültigen« Entwurf hatte er seine neue Untersuchung aufgenommen und in der Einleitung des Kapitels die Aussage, der Nachweis sei erbracht, als das Fazit aller Daten und Belege »in ihrer Gesamtheit« dargestellt. Damit war es ihm allerdings noch nicht gelungen, den Widerspruch zwischen dieser Aussage einerseits und dem skeptischen Grundtenor des ganzen Kapitels sowie dessen Resümees andererseits aufzulösen. Der Entwurf der »Zusammenfassung für Politiker« präsentierte diesen Befund nun ebenfalls als Fazit, während alle skeptischen Ausführungen, die dem entgegenstanden, zu Vorbehalten der Ungewißheit verwässert worden waren, um abzuschwächen, was im Gegensatz zu dieser Rhetorik eine positive Behauptung blieb.

GLOBAL CHANGE

Scientists See Greenhouse, Semiofficially

The greenhouse warming is now official—at least that was the unofficial word last week. The global warming of this century "is unlikely to be entirely due to natural causes," in the words of a draft report from the United Nations–sponsored Intergovernmental Panel on Climate Change (IPCC), which represents the consensus view of the international scientific community. That judgm... howev... ne not in ...

gram (USGCRP), where the draft of the IPCC synthesis report had been placed, according to Michael MacCracken, executive director of USGCRP in Washington, D.C. The idea was to make the synthesis, which had been transmitted to the U.S. government for comment, more accessible to the U.S. sci... sts wh... ld help supply that ...

Abb. 10.2: Die Erwartungen an den zweiten IPCC-Bericht werden geschürt

Daß die *New York Times* gezielt vorab berichtete, im internen Entwurf des IPCC-Berichts werde der Nachweis anthropogener Klimaerwärmung als erbracht bezeichnet, weckte weithin die Erwartung eines Durchbruchs. Oben ein Ausschnitt aus der entsprechenden Meldung von Richard Kerr in der Fachzeitschrift *Science*.[409]

Im September wurde ein Entwurf für die Zusammenfassung des ganzen zweiten IPCC-Berichts von der *New York Times*, wie es heißt, »geleakt«, wobei die neue Feststellung, der Nachweis sei nun gelungen, auf der Titelseite der Zeitung kam.[410] Da auf der nächsten Vertragsstaatenkonferenz über Protokolle mit rechtlich bindenden Emissionswerten gesprochen werden sollte, waren Wirtschaftsverbände daran interessiert, daß diese Aussage so vage wie möglich formuliert würde. Unter Leitung eines Profi-Lobbyisten aus Washington, Don Pearlman, erstellte eine kleine Expertengruppe vorformulierte Vorschläge, um auf der Grundlage des vollen Berichts die »Zusammenfassung für Politiker« zurückhaltender zu fassen. Diese Vorschläge sollten den Länderdelegierten fertig vorliegen, wenn sie auf der nächsten Sitzung der Arbeitsgruppe endgültig über den Wortlaut entscheiden würden.[411, 412] Diese Sitzung war für November in Madrid angesetzt. Damit war die Bühne für den Showdown bereitet.[413]

Madrid: Das Fazit

An dem ersten Tag, an dem sich die Arbeitsgruppe 1 im November 1995 in Madrid traf, hielt Santer erneut einen längeren Vortrag über seine neue Untersuchung, wobei er diesmal vor Delegierten sprach, die überwiegend Laien waren. Am Ende seiner Rede erklärte er, angesichts seiner neuen Resultate sei das Kapitel veraltet und müsse geändert werden. Nachdem man hierüber eine Weile diskutiert hatte, schlug John Houghton die Bildung eines Sonderausschusses vor, der im Licht der wichtigen neuen Erkenntnisse über die Frage des Nachweises Einigung erzielen und den entsprechenden Passus in der »Zusammenfassung für Politiker« so umformulieren solle, daß man darüber im Plenum beschließen könne. Während der Vorschlag im allgemeinen Zustimmung fand, wurde ihm von einigen Delegationen vehement widersprochen, vor allem als klar wurde, daß das Kapitel 8 geändert werden sollte – der Widerstand gegen die Änderungen beherrschte schließlich alle drei Sitzungstage.*

Am letzten Tag brachte der Sonderausschuß eine neue Textfassung zum Nachweis-Problem ins Plenum ein, die die Aussage, der Nachweis sei erbracht, als »Fazit« aller in dem Kapitel erörterten Daten und Funde präsentierte, darunter auch der vom *Met Office* durchgeführten Simulation der weltweiten Temperaturentwicklung. Santers »Fingerabdruck«-Ergebnisse aber kamen als letztes, und zwar als das »überzeugendere, neue Beweismaterial«, das in der »Abwägung aller Daten und Belege« den Ausschlag für die Schlußfolgerung gebe, daß der Nachweis positiv erbracht sei.

* Vgl. S. 1–4.

In der Diskussion bestanden die Saudis und Kuwaitis darauf, daß diese neuen, unveröffentlichten Ergebnisse als nur »vorläufig« zu kennzeichnen seien. Als die Debatte darüber weiterging, ohne eine Einigung zu erreichen, stellten sich die Saudis – wie auch schon vorher – auf den Standpunkt, die beste Lösung in diesem fortgeschrittenen Stadium bestünde darin, zu den Feststellungen zurückzukehren, die in dem zugrundeliegenden Bericht enthalten waren; ihr Vorschlag war demgemäß, in der »Zusammenfassung für Politiker« exakt den gleichen Wortlaut zu verwenden wie im Resümee des Kapitels.[414] Das stieß jedoch auf breiten Widerspruch, und der Protest gegen das Prozedere blieb erfolglos. Nachdem man lange weiter diskutiert hatte, wurde um halb elf abends – das vorgesehene Konferenzende war seit Stunden vorbei und viele Delegationen schon fort – die endgültige Fassung eines positiven »Fazits« über den Nachweis beschlossen:

> Die Abwägung des Belegmaterials weist auf einen erkennbaren menschlichen Einfluß auf das Weltklima hin.[415]

Nachdem diese verhaltene Feststellung eines menschlichen Einflusses auf das Klima durchgeboxt war und noch viele offene Punkte abzuarbeiten waren, gelang es Houghton schließlich, die Sitzung kurz nach Mitternacht aufzuheben, womit man bis Donnerstag, den 30. November 1995, tagte.

Zu solchen Arbeitsgruppen-Plenartreffen war die Presse nicht zugelassen, und der Bericht der Arbeitsgruppe 1 mußte noch ein paar Wochen später vom gesamten IPCC gebilligt werden. Trotzdem wurde keine Zeit verloren, die Neuigkeit der Welt zu verkünden, denn vielen Redakteuren der Wissenschaftsseiten war klar, welche Bedeutung dieser wundersame Durchbruch besaß, und manche hatten sogar schon vorher in ihrem Blatt gemunkelt, daß er unmittelbar bevorstehe.[416,417] Am Donnerstag vormittag gab es eine offizielle Pressemitteilung über die gerade beschlossene Zusammenfassung der Arbeitsgruppe 1, die den Befund einer menschlichen Klimabeeinflussung in den Mittelpunkt rückte. Aber einige Journalisten, die nachts im Sitzungsgebäude herumgeschlichen waren, hatten dieses Bulletin noch überholt und es geschafft, die Neuigkeit schon in der Nacht an ihre Redaktionen durchzugeben. So erschienen die ersten Meldungen, daß die menschengemachte Klimaänderung entdeckt sei, schon in den Morgenzeitungen, nur Stunden, nachdem Houghton die Sitzung geschlossen hatte. Damit begann die verhängnisvolle Reise dieses wichtigsten Satzes, der je in einem IPCC-Bericht stand.

Der britische *Independent* brachte als Schlagzeile »Experten einig: Weltweite Erwärmung hat begonnen«, und als Untertitel:

> Klimafurcht: Frühere Zurückhaltung aufgegeben, UN-Expertengremium einig über Gefahr durch Treibhausgase

Der Text der Meldung schilderte den Durchbruch:

> Die Erklärung, die das Gremium nach drei Tagen zermürbender Verhandlungen in Madrid abgegeben hat, markiert einen Meilenstein in der Diskussion über Klimaerwärmung. Skeptiker sind der Ansicht gewesen, es gebe keinen stichhaltigen Beweis dafür, daß die Milliarden von Tonnen Kohlendioxyd und anderer wärmedämmender »Treibhausgase«, die Jahr für Jahr vor allem durch die Verbrennung fossiler Energieträger und Brandrodungen von Wäldern in die Atmosphäre geschleudert werden, das Klima verändern.
>
> Aber die große Mehrheit der Regierungen und Klimawissenschaftler sind nun anderer Meinung und auch entschlossen, es zu sagen. »Die Abwägung des Belegmaterials weist auf einen erkennbaren menschlichen Einfluß auf das Weltklima hin«, heißt es in der Zusammenfassung des 200seitigen IPCC-Berichts. Der letzte derartige vertiefte IPCC-Bericht liegt fünf Jahre zurück und war wesentlich zurückhaltender ausgefallen.[418]

Houghton wurde in dem Artikel mit den Worten zitiert, man habe einen »großen Schritt« getan, während Greenpeace-Funktionär Jeremy Legett in der Berichtsfassung einen »Wendepunkt« hin zum Handeln der Regierungen sah. Wie recht er behalten sollte![419] Am folgenden Tag berichtete die *Washington Post* über den »Satz des Durchbruchs«, dessen Tragweite sie mit einer Äußerung des US-Delegationsleiters Robert Watson klarmachte, der, »gerade mit dem Flugzeug aus Madrid zurückgekehrt«, meinte,

> (...) es lohne die Mühe, Vertreter von 75 Regierungen zu einer Einigung zu bewegen, denn das bedeute, daß »sich diese Regierungen im Grunde auf die Erklärung festgelegt haben. Jetzt können sie viel schwerer in die Verhandlungen gehen und sagen, daß sie mit der Wissenschaft nicht einig sind.«[420]

Watson wußte genau, daß man die Regierungen gerade deshalb direkt an der IPCC-Begutachtung beteiligt hatte, um ihnen später in den politischen Verhandlungen den Rückzug abzuschneiden, sie hätten weiter Zweifel an der wissenschaftlichen Grundlage, wie dies die Aushandlung des Wiener Ozonvertrags anfänglich so lange verzögert hatte. In einem Agenturbeitrag nannte Reuters den Satz, der menschliche Einfluß auf das Klima sei entdeckt, den »Dreh- und Angelpunkt« des IPCC-Berichts und zitierte Bert Bolin mit den Worten: »Die Wissenschaftler haben über das Belegmaterial Einigkeit erzielt, jetzt ist es an den Regierungen, über das weitere Vorgehen zu entscheiden.«[421]

Die Berichterstattung der großen Zeitungen während der nächsten Tage folgte stets dem gleichen Muster: Im Mittelpunkt stand, daß neue Erkenntnisse nun jede wissenschaftliche Unsicherheit ausgeräumt hätten und die politisch motivierte Skepsis, die sich auf diese Ungewißheit berufen habe, jetzt unhaltbar geworden sei. Neu an diesem Pressetenor war nicht nur, daß der jüngste »Erfolg« gemeldet

Experts Agree Humans Have 'Discernible' Effect on Climate

Delegates From 75 Nations Reach Consensus in Madrid

By Kathy Sawyer
Washington Post Staff Writer

It's official. After years of alarms, an international panel of scientists and government experts have agreed in writing that human activities are affecting the global climate.

At the end of a contentious three-day session in Madrid, delegates at a meeting of Working Group I of the Intergovernmental Panel on Climate Change (IPCC) spent hours debating the wording of a single key passage. At last, they adopted

more emphasis on the technical uncertainties, according to scientists who attended. (The burning of fossil fuels such as coal and oil is a primary source of heat-trapping "greenhouse" gases such as carbon dioxide that are being added to the atmosphere.)

And after it was all over, there was still an open issue. A sentence in the same section refers to "more convincing recent evidence for the attribution of a human effect on climate . . ." It carries a footnote indicating that "two countries,"

Abb. 10.3: Die Entdeckung des menschengemachten Klimawandels wird verkündet

Daß sich Experten und Regierungen über die Entdeckung anthropogener Klimaerwärmung einig geworden seien, machte unmittelbar nach dem Madrider Treffen der IPCC-Arbeitsgruppe 1 Schlagzeilen in der Weltpresse (*Washington Post,* 1. Dezember 1995).

wurde, sondern auch, daß das vorherige »Scheitern« beim Namen genannt wurde. Denn vor diesen Schlagzeilen über den »Durchbruch« hatte die Presse kaum jemals erwähnt, daß es für die Modellprognosen keine empirische Bestätigung gab, jetzt aber wurde genau das als Kontrastfolie für den neuesten »Fortschritt« genutzt, um diesem maximale Durchschlagskraft zu verleihen und ihn als grünes Licht für politische Konsequenzen herauszustreichen. Zum Mantra der Medien wurde nun: *Gelingen nach vorherigem Fehlschlag weist den Weg zum politischen Handeln.* Ein typisches Beispiel hierfür war die Meldung von *Associated Press* mit der Überschrift »Wissenschaftler führen weltweite Klimaerwärmung auf menschliche Aktivitäten zurück«:

> Das von der Weltorganisation für Meteorologie der UNO eingesetzte *Intergovernmental Panel on Climate Change* (IPCC) hat Regierungen dazu aufgerufen, Schritte zur Einschränkung des Verbrauchs fossiler Brennstoffe und anderer menschlicher Aktivitäten zu unternehmen, die Erkenntnissen nach eine weltweite Erwärmung verursachen. Klimawissenschaftler aus über 100 Ländern haben bestätigt, daß die »Abwägung des Belegmaterials (…) auf einen erkennbaren menschlichen Einfluß auf das Weltklima« hinweise. Mit dieser Feststellung revidiert das IPCC seinen Bericht von 1990, in dem es noch zu dem Schluß gekommen war, daß die »Entdeckung eines erhöhten Treibhauseffekts durch Beobachtungen im nächsten Jahrzehnt und noch länger unwahrscheinlich sein« werde.*

* Diese Agenturmeldung wurde weit verbreitet, beispielsweise durch den *San Francisco Examiner*[422].

Nur wenige Artikel erwähnten, daß die Anerkennung des Einflusses von Sulfat-Aerosolen die prognostizierte Erwärmungsrate um ein Drittel gesenkt hatte. So erklärte etwa der *New Scientist*, wie dadurch, daß man nun auch die Sulfatemissionen in die Rechnung eingestellt hatte, paradoxerweise das Fehlen einer beobachteten weltweiten Klimaerwärmung zu dem Umstand geworden war, der den »Schuldspruch« bewirkt hatte:

> Wie der Hund von Sherlock Holmes, der nicht gebellt hat, so hat die Erwärmung, die es nicht gegeben hat, Klimatologen schließlich davon überzeugt, daß es wahrscheinlich die Tätigkeiten des Menschen sind, denen diese Erderwärmung anzulasten ist.[423]

Die Berichterstattung der wissenschaftlichen Fachpresse gab etwas mehr Einblick, wie viele Komplikationen und Ungewißheiten sich hinter dem Satz über den positiven Nachweis verbargen und welches Gezerre seiner Verkündung vorausgegangen war. Das galt besonders für den Artikel in *Nature*, obwohl auch er mit der Überschrift »Klimarat bestätigt menschlichen Anteil an Erwärmung« – und dem suggestiven Zusatz, »schlägt Ölstaaten zurück« – einen Durchbruch austrompetete.[424] Im Fachmagazin *Science* berichtete Richard Kerr unter einer ähnlich reißerischen Überschrift:

> Jetzt ist es amtlich: Erstes Vorzeichen des Treibhauseffekts gesichtet[425]

Korrekt gesehen war dies jedoch noch nicht »amtlich« und würde es nicht sein, bevor nicht das gesamte IPCC die Gutachten aller drei Arbeitsgruppen in seiner elften Sitzung gebilligt hätte, die keine zwei Wochen nach Madrid in Rom stattfinden sollte.

Rom, Dezember 1995: Der zweite IPCC-Bericht wird angenommen

Am 11. Dezember 1995 versammelte sich das IPCC in Rom. Obgleich auch hier die Presse keinen Zutritt hatte, war diese Tagung ihren Begleitumständen nach ein öffentliches Ereignis. Den Delegierten, die sich durch dichte Trauben skandierender und Plakate schwenkender »N«GO-Aktivisten den Weg zum Konferenzgebäude bahnten, wurden Flyer in die Hand gedrückt, die Rom als vom Klimawandel verwüstete Einöde zeigten. Tagungsteilnehmer, die zu ihrem Unglück als politisch »suspekt« erkannt wurden, umrundete ein Pulk mit Sprechchören: »Klimakrimineller! Klimakrimineller!«

War man im Gebäude angelangt, schien es, als laste, während die Eröffnungsformalitäten begannen, eine düstere Stimmung über der Feier des vollendeten zweiten Sachstandsberichts. Der Skandal um den »Preis des Lebens« war nicht vergessen, sondern erhitzte die Gemüter nicht minder als im März in Berlin, wo es über die unterschiedliche Bewertung des Lebens von Reich und Arm durch die Arbeitsgruppe 3 zum öffentlichen Eklat gekommen war. Das nach Berlin abgehaltene Treffen der Gruppe, in der eigentlich ihr Bericht hätte beschlossen und die Zusammenfassung fertiggestellt werden sollen, war im Sturm der Entrüstung geplatzt. Änderungen des Kapitels, um es für alle Regierungen annehmbar zu machen, hatten die Autoren, als man um eine Lösung rang, weiterhin abgelehnt. So traf man sich im Oktober erneut und vermochte wenigstens unter den Regierungsdelegierten Einvernehmen über eine Zusammenfassung herzustellen, wenn auch ohne das Plazet der Kapitelautoren, womit der Streit in Fachzeitschriften weiterging. Im November war schließlich ein Patt zwischen den Autoren – die ihre Zustimmung zu der Zusammenfassung verweigerten – und der gegen diese organisierten Kampagne entstanden, für die erfolgreich eine kleine Protestlerarmee aus der »ersten Welt« rekrutiert werden konnte, darunter führende Wissenschaftler und Ökonomen ebenso wie »N«GO-Vertreter.* Ende November mußte der koordinierende Leitautor des Kapitels eine Verkleidung anlegen, um gewaltbereiten »Mahnwachen« von Demonstranten vor seinen Büroräumen im London University College zu entgehen. Inzwischen verlangten beide Seiten vom IPCC, nicht nur die strittige »Preis des Lebens«-Berechnung, sondern das ganze Kapitel aus dem Bericht zu streichen. Darin sah man die einzige Möglichkeit, den Bericht mit einer durchwinkbaren Zusammenfassung zur Deckung zu bringen und zugleich den Vorwurf politischer Einflußnahme zu umgehen. Diese Lösung lehnte allerdings die IPCC-Führung ab, und so blieb die Anstoß erregende Berechnung in der Endfassung des Arbeitsgruppe-3-Berichts, die in Rom allen Delegationen zur Billigung vorgelegt wurde. Damit gab es, als die Konferenz begann, allen Grund zu der Befürchtung, daß die Schlußberatung des zweiten Sachstandsberichts einen ähnlichen Verlauf nehmen würde wie fünf Jahre zuvor die des ersten in Sundsvall.[427]

Aber mochte eine Wiederholung des damaligen Fiaskos anfänglich auch in der Luft liegen, fiel die Spannung rasch, als in der Eröffnungszeremonie wundersamerweise eine Begrüßungsansprache triumphierender als die andere ausfiel.

* Zu den Trägern der Kampagne gehörten etwa der Diplomat Sir Crispin Tickell und der Volkswirtschaftler Michael Grubb. Zwei weitere prominente Unterstützer waren der Physiker Hans-Peter Dürr und der Astronom Sir Martin Rees, die zu den 38 Unterzeichnern eines in *Nature* abgedruckten Protestbriefs zählten. Darin wurde gefordert, das Kapitel aus dem IPCC-Bericht zu streichen, weil nach den IPCC-Verfahrensregeln die Zusammenfassung, auf die sich die Regierungen einigten, mit dem ihr zugrunde liegenden Bericht übereinstimmen mußte.[426] Die Debatte in Arbeitsgruppe 3, wie mit dieser Unstimmigkeit zu verfahren sei, war noch in vollem Gange, als genau das gleiche Problem in Arbeitsgruppe 1 entstand: Der Protestbrief wurde im *Nature*-Heft vom 30. November 1995 veröffentlicht, dem Tag, an dem das Madrider Treffen endete und der Durchbruch in der Nachweis-Frage verkündet wurde.

Während sie auf den neuen Streit in Arbeitsgruppe 3 kaum anspielten, umschmeichelten die Redner die Delegierten mit der Neuigkeit vom »Durchbruch« in Arbeitsgruppe 1.

Nach dem Staatspräsidenten und dem Umweltminister der Apennin-Halbinsel ergriff WMO-Präsident Patrick Obasi das Wort. Am Ende seiner Rede, in der er hauptsächlich »Empfehlungen« für den künftigen Kurs des IPCC gab, strich er heraus, das wichtigste Ergebnis im neuen Sachstandsbericht sei der erbrachte Beweis für einen »erkennbaren menschlichen Einfluß auf das Weltklima«.[428] Danach sprach die neue UNEP-Direktorin Elizabeth Dowdeswell, die die jetzt schon erwarteten Hymnen fortsang:

> Vor zehn Jahren erhob die Wissenschaft warnend ihre Stimme, daß wir Menschen das weltweite Klima verändern. Vor fünf Jahren sagten Sie uns, es spreche alles dafür, daß es sich wirklich so verhält, aber es würden noch zehn Jahre vergehen, bevor die Folgen für uns sichtbar würden. Heute, nur fünf Jahre später, berichten Sie, daß die Auswirkungen der weltweiten Erwärmung jetzt da sind. Um Ihren Bericht zu zitieren: »Die Abwägung des Belegmaterials weist auf einen erkennbaren menschlichen Einfluß auf das Weltklima hin.«[429]

Im weiteren Verlauf ihrer Rede wurde aus diesem Kernsatz ein uneingeschränktes Credo: »menschliche Aktivitäten beeinflussen das Weltklima«. So gelangte Dowdeswell zu dem Schluß:

> Zum ersten Mal besitzen wir den Beweis, daß sich vom »Rauschen« der natürlichen Variabilität ein Signal der weltweiten Erwärmung abzuheben beginnt. In anderen Worten, Sie [das IPCC] haben die Welt auf den Boden der Tatsachen gebracht. Sie haben uns gekniffen, und wir haben begriffen, daß wir nicht träumen. Der Klimawandel ist da. Die Frage lautet: Was werden wir mit diesem Wissen tun?[430]

Als die eigentliche Sitzung begonnen hatte, hielt der Chef des neuen »Vorläufigen Sekretariats«* der Klimakonvention, Michael Cutajar, eine wesentlich vielschichtigere Rede. In der Anfangszeit des IPCC, als es das Internationale Verhandlungskomitee noch nicht gab, hatte Cutajar der maltesischen Delegation angehört, die den UNEP/WMO-Kurs in Richtung politischen Handelns bedingungslos unterstützt hatte. Als er dann Mitglied des Komitees geworden war, vertrat er gelegentlich Estrada in Sitzungen des IPCC. Cutajar hegte für Bolins Gremium deutlich mehr Sympathie als Estrada, aber in seiner Rede in Rom sprach er unverhüllter als Obasi und Dowdeswell die Drohung aus, das IPCC von jeder weiteren Beteiligung an den Vertragsverhandlungen auszuschließen. Dafür scheute

* Dieses war seit der ersten Konferenz der an der Klimakonvention beteiligten Staaten in Berlin an die Stelle des Internationalen Verhandlungskomitees getreten.

er sich nicht, die Kontroverse um den »Preis des Lebens« anzusprechen. »Ihre Arbeiten zur wirtschaftlichen Seite des Klimawandels«, erklärte er den versammelten Berichtsautoren, »haben zu Streit geführt«, und ließ einige gute Ratschläge folgen: Wo die Arbeit des Gremiums in »den Grenzbereich zwischen Politik und Wissenschaft« gelange, seien »die Spielregeln nicht immer glasklar« und ergäben sich »ethische Fragen«. Um der Konvention willen müsse aber »die Glaubwürdigkeit des IPCC unbeeinträchtigt bleiben«. Cutajar suggerierte dem IPCC darum – wie schon in einer Rede auf dessen Treffen im Vorjahr[431] –, seiner Tätigkeit in diesem sensiblen Bereich »Grenzen zu ziehen«. Nun hatte sich das IPCC solche Schranken längst selbst auferlegt und strikt dafür entschieden, von politischen Handlungsvorschlägen Abstand zu nehmen. Nach Cutajars Meinung aber war dies, wie der neue Skandal beleuchtete, noch nicht ausreichend, um politische Zerwürfnisse zu vermeiden.[432] Er riet dem IPCC außerdem, seine Arbeit stärker an den Bedürfnissen des »Nebenorgans für wissenschaftliche und technologische Beratung« auszurichten; er meinte, man solle »die Aufgaben und Arbeitsprogramme« der geplanten Hilfsstäbe des Wissenschaftlich-Technologischen Beratungsorgans berücksichtigen, um »die Themen der künftigen technischen Arbeiten des IPCC festzulegen«.

Mochte all dies der IPCC-Leitung Unbehagen bereiten, gab es wenigstens dem einzigen uneingeschränkten Lob des Redners noch volleren Klang:

> Viele, die außerhalb unseres Arbeitszusammenhangs stehen, werden beeindruckt sein von der nach sorgfältiger Würdigung des Belegmaterials erreichten Schlußfolgerung der Wissenschaftler, daß sich das Klima ändert und daß dieser Wandel auf den Einfluß des Menschen zurückzuführen ist. Vor allem diese Erkenntnis sollte den gegenwärtigen Verhandlungen auf der Grundlage der Konvention einen neuen Impuls geben, denn nun ist der Schleier wissenschaftlicher Ungewißheit gelichtet.[433]

Cutajar sollte recht behalten: es war »vor allem« der behauptete positive Befund einer menschlichen Klimabeeinflussung, der für einen »neuen Impuls« sorgte, als im nächsten Sommer die Vertragsstaaten ihre zweite Konferenz abhielten. Allerdings mußte er noch die Beschlußfassung passieren, bevor er zu einer offiziellen Feststellung des IPCC wurde. Nachdem die Anfangsformalitäten in Rom erledigt waren, verbrachte das Plenum den größten Teil der Zeit damit, Zeile für Zeile der »Zusammenfassung der Zusammenfassungen« der drei Arbeitsgruppen zu genehmigen: den sog. »Synthesebericht«. Wie vorhersehbar, wurde diese Prozedur durch einige arme Länder verzögert, die sich hartnäckig weiterhin über den ungleich berechneten »Preis des Lebens« empörten. Aber bei der Schlußberatung über die Synthese gab es keinen Aufstand wie bei der ersten in Sundsvall. Diesmal ging Bolins Entwurf durch, wenn auch mit zahlreichen

Änderungen. Woran sich nichts änderte, war das Fazit der Arbeitsgruppe 1, der menschliche Einfluß auf das Klima sei entdeckt. Es überstand neue Attacken der Ölländer, und so konnte das IPCC den Diplomaten für ihre weiteren Verhandlungen dieses Mal ein viel genehmeres, sozusagen beeindruckendes Resultat präsentieren.

Nach Rom

Mit seiner Billigung am letzten Konferenztag in Rom, den 15. Dezember 1995, wurde der Satz über den »erkennbaren menschlichen Einfluß« amtlich. Aber er fungierte nicht mehr als Neuigkeit. Die Meldung über den »Durchbruch« war schon in der Woche vorher um die Welt gegangen, und so wurden die Agenturmeldungen über Rom von den großen Zeitungen kaum aufgegriffen. Die Presse war schon weiter: Jetzt sollte es um die politischen Konsequenzen gehen, die laut Cutajar jeder Wissenschaftler bekanntlich ängstlich zu meiden hatte.* Und nicht nur die Presse, auch die Machtverwalter der ganzen Welt: Nur drei Tage nach der Konferenz in Rom brachte der britische Umweltminister John Gummer** den neuen Befund des IPCC in eine Sitzung der EU-Umweltminister in Brüssel ein. In einer Pressemitteilung forderte Gummer die »internationale Gemeinschaft« auf, die Emissionen von Treibhausgasen bis zum Jahr 2010 um 5 bis 10 Prozent zu senken. In der Ratssitzung erklärte er:

> Das *Intergovernmental Panel on Climate Change*, dem die führenden Klimawissenschaftler der Welt angehören, hat zum ersten Mal anerkannt, daß nun genügend Beweise dafür vorliegen, daß der Mensch in das Klimasystem der Erde eingreift. Es ist inzwischen äußerst wahrscheinlich, daß wir bereits die Anfänge eines Prozesses des Klimawandels erleben, dessen Auswirkungen für künftige Generationen spürbar bleiben werden. Das macht ein Handeln der internationalen Gemeinschaft um so dringlicher.[435]

Im Februar des folgenden Jahres verfocht Gummer die neue IPCC-Linie auch auf einem Umweltministertreffen der OECD, wo sich seine Kollegen ihr anschlossen. Als Vorsitzender der Runde setzte er ein Kommuniqué durch, das sich das IPCC-Statement über den nach jüngstem Stand »erkennbaren menschlichen Einfluß auf das Weltklima« zu eigen machte. Damit sollte unterstrichen werden, daß »die Notwendigkeit dringenden Handelns im größtmöglichen Umfang«

---

* Ein Beispiel, wie die Presse nun die politischen Folgen in den Blickpunkt rückte, bietet der Artikel von George Monbiot im *Guardian*.[434]

** Später geadelt zu Lord Deben.

bestand. Unter Berufung auf das IPCC als Fachautorität forderten die OECD-Umweltminister die Festsetzung beziffterter Emissionsbeschränkungen ab dem Jahr 2000. Auf der anschließenden Pressekonferenz warnte Gummer vor einer Verknappung von Nahrungsmitteln und Wasser, wobei er den Zeigefinger mit den Worten erhob, die OECD-Staaten trügen eine »besondere Verantwortung (…), weil unser Wohlstand auf Kosten der Umwelt erkauft« sei.[436]

Bis zur zweiten Konferenz der Vertragsstaaten (*CoP2*) waren es noch wenige Monate; sie sollte im Juli 1996 in Genf stattfinden. Aber schon Anfang 1996 hatten die Kräfte, die auf eine Vereinbarung bindender Emissionsgrenzen in Genf drängten, den IPCC-Satz über den Nachweis menschengemachter Klimaänderung auf ihre Fahnen geschrieben. Angesichts des Aufhebens, das Presse und Politik um diesen nicht lupenrein freiwillig zustande gekommenen Satz machten, zeichnete sich bereits ab, daß Santers »Entdeckung eines menschlichen Fingerabdrucks« in der Erdatmosphäre der Startschuß für all das werden sollte, was wir bis heute als »Emissionsbeschränkungen« kennen. Bemerkenswerterweise war seine Arbeit, die diese Schlüsselerkenntnis enthalten sollte, zu diesem Zeitpunkt nach wie vor unveröffentlicht. Sein Artikel sollte erst im Juli erscheinen, also zwölf Monate nach seiner ersten Präsentation vor Fachkollegen in Asheville und nur wenige Tage, bevor die Regierungen auf der Genfer Konferenz bereits über rechtlich bindende Konsequenzen daraus beraten wollten.

Das bedeutete, daß während der Vorbereitungen für die zweite Vertragsstaatenkonferenz Santers »Entdeckung eines menschlichen Fingerabdrucks«, sieht man vom Kreis der IPCC-Gutachter ab, keinerlei wissenschaftliche Anerkennung besaß. Bei der Gutachtenerstellung selbst war sie der entscheidende Beleg gewesen, aufgrund dessen die Länderdelegierten einer späten Änderung zugestimmt hatten, mit der der entscheidende Satz gebilligt worden war. *Nach* Madrid jedoch wurde sie in dem Sachstandsbericht nur noch als ein Beweis neben anderen präsentiert. Auch wenn sie im IPCC-Gutachten als das »überzeugendere (…) Beweismaterial« figurierte, das in der »Abwägung aller Daten und Belege« den Ausschlag gegeben habe, war Santers erwärmender »Fingerabdruck« außerhalb des IPCC praktisch unbekannt. Er war von allen Fachleuten nicht nur nicht als eine der geläufigeren Entdeckungen der Wissenschaft anerkannt, sondern wurde kaum jemals auch nur als die wissenschaftliche Grundlage für das politische Handeln benannt. Diese Rolle wurde vielmehr allein an jenen Satz im zweiten IPCC-Sachstandsbericht vergeben, der um die Welt ging.

Im übrigen war dieser Bericht Anfang 1996 seinerseits weder offiziell veröffentlicht noch förmlich in die Vertragsverhandlungen eingeführt worden. Vielmehr arbeitete das IPCC mittlerweile ohne jede unmittelbare formelle Verbindung zu den Verhandlungen. Der einzige Weg, auf dem seine Ratschläge den Konventionsstaaten übermittelt werden konnten, führte über Gremien, die durch das Abkommen geschaffen worden waren, und auch das nur unter einer prolongierten Übergangsregelung. Anders gesagt, die Sachstandsberichte des IPCC konnten der zweiten Vertragsstaatenkonferenz förmlich nur in der Form von Empfehlungen unterbreitet werden, die zuvor sämtliche Länderdelegationen im Wissenschaftlich-Technologischen Beratungsorgan gutgeheißen hatten.

Das Wissenschaftlich-Technologische Beratungsorgan verwirft den zweiten IPCC-Bericht

Wie wir uns erinnern, hatte die erste Vertragsstaatenkonferenz (*Conference of Parties 1* oder *CoP1*) in Berlin das Wissenschaftlich-Technologische Beratungsorgan mit der Bildung technischer Arbeitsstäbe beauftragt, um die beteiligten Regierungen über den wissenschaftlichen Kenntnisstand auf dem laufenden zu halten. Da diese Hilfsstäbe aber bis zur Genfer *CoP2* nicht eingerichtet sein würden, sollte das Gremium den Vertragsstaaten bis dahin »geeignete Empfehlungen« auf der Grundlage des neuen Sachstandsberichts des IPCC erteilen. Bis zum zweiten Treffen in Genf hatte das Beratungsorgan also zwei Aufgaben: zum einen hatte es den neuen IPCC-Bericht zu studieren und sich auf technische und wissenschaftliche Empfehlungen an die Vertragsstaaten zu einigen, und zum anderen hatte es die Arbeitsstäbe zu schaffen, die das IPCC endgültig ablösen sollten.

Am Dienstag, den 27. Februar 1996, kam das Beratungsorgan zusammen, um den Bericht des IPCC zu erörtern. Tatsächlich lag ihm der Report nicht vollständig vor, weil seine drei Teile noch immer für die Veröffentlichung vorbereitet wurden. Genug Lesestoff hatten die Delegationen trotzdem erhalten. Die ihnen übersandte Dokumentenmappe enthielt eine schicke bunte Broschüre, in der auf rund 90 Seiten der in Rom beschlossene »Synthesebericht« und anschließend die drei »Zusammenfassungen für Politiker« der drei Arbeitsgruppen abgedruckt waren. Bolin hatte den Synthesebericht so aufgebaut, daß er ganz auf das in ihrem Artikel 2 genannte Endziel der Klimakonvention zugeschnitten war, »die Stabilisierung der Treibhausgaskonzentrationen in der Atmosphäre auf einem Niveau zu erreichen, auf dem eine gefährliche anthropogene Störung des Klimas verhindert wird«.[437] Daß die Feststellungen des IPCC in dieser konzisen und übersichtlichen Form präsentiert wurden und die Prozedur der Beschlußfassung überstanden hatten, war eine Leistung, auf die Bolin nicht wenig stolz war.

Im Wissenschaftlich-Technologischen Beratungsorgan eröffnete Bolin die Diskussion mit einem allgemeinen Überblick über die wichtigsten Ergebnisse, wobei er das Fazit einer menschengemachten Klimaänderung besonders hervorhob – für den Fall, daß es jemand, obwohl in den IPCC-Papieren nicht gerade selten erwähnt, übersehen haben könnte. Als dieses Fazit dann aber im Entwurf für eine

»Schlußerklärung« des Wissenschaftlich-Technologischen Beratungsorgans als eine von zwölf Kernaussagen wieder auftauchte, entstand darum in der Sitzung ein heftiger Streit. Diese Schlußerklärung sollte, sobald das Gremium sich auf sie geeinigt hätte, dasjenige Dokument sein, mit dem die vom IPCC ermittelten Ergebnisse offiziell den Vertragsparteien zur Kenntnis gebracht würden. Deshalb drehte sich bald die Debatte um dieses Papier, vor allem um die zwölf darin aufgelisteten Kernaussagen, und schließlich beherrschte das Geschacher um den genauen Wortlaut, mit denen das Beratungsorgan das IPCC-Gutachten zusammenfassen würde, das ganze Treffen während der übrigen Tage.

Eine Reihe von Delegationen sprang den Verfassern des Entwurfs rasch zur Seite und plädierte dafür, alle zwölf ins Zentrum gerückten Feststellungen *en bloc* gutzuheißen, so die Schweiz und die EU. Die EU-Delegation soll betont haben, daß »diese Erkenntnisse die Notwendigkeit raschen Handelns unterstreichen, um negativen Folgen des Klimawandels zu begegnen, etwa durch seine Bremsung und Maßnahmen der Anpassung«.* Ganz anderer Ansicht war eine Gruppe vor allem arabischer Ölländer unter Führung Saudi-Arabiens. Wie es im offiziellen Sitzungsbericht hieß, meinten sie, daß es

> vom Wissenschaftlich-Technologischen Beratungsorgan sehr voreilig wäre, zu versuchen, bestimmte Schlußfolgerungen des Zweiten Sachstandsberichts herauszuheben. Sie gaben ihrer Auffassung Ausdruck, daß die von diversen Delegationen zusammengestellte Liste einzelner Aussagen hochgradig selektiv sei und eine sehr verengte und darum verzerrte Sichtweise davon vermittle, welches die wesentlichen Ergebnisse des Zweiten Sachstandsberichts seien. Sie führten weiter aus, daß eine Reihe der Feststellungen, die von anderen zusammengestellt worden seien, aus dem Zusammenhang gerissen seien und die Wiedergabe wichtiger Einschränkungen vermissen ließen, die das IPCC aber explizit vorgenommen habe.[440]

Diese kritische Fraktion konfrontierte das Treffen sodann mit einer eindrucksvollen und detaillierten Analyse, um aufzuzeigen, daß die zwölf »Kernaussagen« ein tendenziös verzerrtes Bild vom IPCC-Bericht vermittelten.

Hierfür nahmen sie sich als erstes den positiven Befund anthropogener Klimaänderung vor, an dem sie bemängelten, daß der Entwurf die damit zusammenhängende Feststellung verschweige, wonach wir nur sehr begrenzt in der Lage seien, den menschlichen Einfluß zu quantifizieren, »weil es Ungewißheiten über Schlüsselfaktoren gibt«. Auch werde nicht gesagt, daß eine dieser Ungewißheiten »die Größe und die Muster der langfristigen natürlichen Variabilität« betreffe. Ebenso enthalte der Erklärungsentwurf dem Leser vor, daß die Schätzung der

---

* Der amtliche Sitzungsbericht gibt zwar zahlreiche Einzelheiten aus den Beratungen wieder, verschweigt aber die Nationalität der sich jeweils äußernden Delegationen. Da das *Earth Negotiations Bulletin* auf diese Geheimniskrämerei verzichtete, läßt sich aus beiden Berichten zusammen die Diskussion rekonstruieren.[438, 439]

Temperaturerhöhung bis zum Jahr 2100 um ein Drittel niedriger war als im ersten Sachstandsbericht, die des Meeresspiegelanstiegs um ein Viertel. Desgleichen fehle in der Liste ein anderer Punkt, der in der Klimadebatte eine große Rolle spiele, nämlich »die Frage der sogenannten Extremereignisse«. Insoweit war ihrer Meinung nach unzweifelhaft folgender Befund des IPCC bedeutsam:

> Die verfügbaren Daten sind unzureichend, um zu entscheiden, ob im Verlauf des 20. Jahrhunderts konsistente weltweite Veränderungen in der Klimavariabilität oder in bezug auf Wetterextreme stattgefunden haben.

Weiter erwähne die vorgeschlagene Schlußerklärung zwar die Auswirkungen auf die Nahrungsmittelversorgung, aber nur die negativen, womit unerwähnt bleibe, daß die »lebenswichtige Erzeugung« selbst bei Verdoppelung des Kohlendioxyds aufrechterhalten werden könnte. Und so zählten die Delegationen der Ölstaaten (wie aus dem amtlichen Sitzungsbericht ersichtlich) Beispiel für Beispiel auf, bis schließlich eine imposante Aufstellung von Zusätzen, Widersprüchen oder Alternativen zusammengekommen war, die Wort für Wort den Arbeitsgruppen-Zusammenfassungen und/oder dem Synthesebericht des IPCC entstammten. Damit gelangte diese Ländergruppe zu einer völlig anderen Zusammenfassung des IPCC-Gutachtens, als Bolin sie gerade präsentiert hatte.[441] Auch die Chinesen schlossen sich diesem Protest an und schlugen vor, die Empfehlung des IPCC-Berichts als die »autoritativste und umfassendste Lagebeurteilung, die es gibt«, durch die höfliche Formulierung zu ersetzen, der Bericht sei nur »nützlich und umfassend«.

Und so gingen die Sitzungstage dahin. Das Tauziehen um den IPCC-Bericht, das die ganze Woche über weiterging (unterbrochen nur durch Streit um die personelle Zusammensetzung der eigenen technischen Beraterstäbe des Gremiums), zeigte nur, daß die Differenzen immer tiefer wurden. Die Ölstaaten beharrten darauf, daß die Liste der zwölf Kernaussagen »verzerrt« sei, während andere Delegationen diese am liebsten in Bronze gegossen hätten. So schlugen die Kanadier vor, das Wissenschaftlich-Technologische Beratungsorgan möge den IPCC-Bericht nicht nur »empfehlen«, sondern ihm uneingeschränkt »beipflichten« und der zweiten Vertragsstaatenkonferenz »zwecks dringendem Handeln« unterbreiten.[442] Als die Sitzungswoche herum war, mußte die förmliche Beratung unterbrochen werden, aber die Verhandlungen mit den Neinsagern gingen über das Wochenende weiter, um für die Schlußerklärung einen Kompromiß zu finden, bevor die Tagung zu Ende ging.

Schließlich wurde eine Einigung erreicht, aber sie erwies sich als Pyrrhussieg für alle, die noch hofften, das Organ könnte eine Schaltstelle für die wissenschaftliche Begutachtung und Beratung werden. In der Endfassung der Schlußerklärung war, wenn man die Diplomatensprache rückübersetzt, ihr erster Entwurf nicht mehr wiederzuerkennen: Der Zweite Sachstandsbericht des IPCC wurde den Vertragsstaaten nach wie vor vom Wissenschaftlich-Technologischen Beratungsorgan »empfohlen«, aber dieses nahm ihn nicht mehr mit »herzlichem« Dank vom IPCC entgegen. Der Bericht war nicht mehr »die autoritativste« Lagebeurteilung, sondern nur noch die »umfassendste«. Vor allem aber waren alle hervorgehobenen Hauptergebnisse gestrichen worden, womit nur noch fünf kurze Absätze übrig blieben. Den Ölstaaten und anderen Delegationen war es gelungen, die Billigung der herausgehobenen »Schlüsselaussagen« zu verhindern. Da man sich auch auf nichts anderes einigen konnte, um sie zu ersetzen, mündete die Erklärung weder in bestimmte Schlußfolgerungen noch konkrete Empfehlungen.[443, 444]

Und damit endete der Prozeß der »wissenschaftlichen Politikberatung«. Nachdem die beteiligten Regierungen alle drei Einzelberichte der IPCC-Arbeitsgruppen gebilligt hatten, nachdem über deren drei Zusammenfassungen sowie, Zeile für Zeile, über wiederum deren Synthese Einvernehmen hergestellt worden war, hatte man das Wissenschaftlich-Technologische Beratungsorgan damit beauftragt, den zentralen Informationsgehalt daraus zu extrahieren und den Vertragsstaaten zu unterbreiten. Aber eine Woche weiterer Unterredungen der Regierungsdelegierten hatte wieder alles zerstört. Weder aufgrund eigener Gutachtertätigkeit noch aufgrund seiner Durchsicht des IPCC-Gutachtens hatte das Beratungsorgan den Führern der Welt irgend etwas darüber mitzuteilen, welche praktischen Schritte man beschließen solle, um eine auf einmal visionär erschaute Klimakatastrophe zu verhindern. War es den Saudis in Madrid nicht gelungen, die neue positive Kausalitätsbehauptung der IPCC-Arbeitsgruppe 1 zu blockieren, waren sie auch in Rom damit gescheitert, so hatte sich ihnen jetzt im Wissenschaftlich-Technologischen Beratungsorgan nochmals eine Chance geboten, und diesmal hatten sie gewonnen.

Zum Glück für das IPCC allerdings war das, was das Wissenschaftlich-Technologische Beratungsorgan beschloß (und vor allem nicht beschloß), für niemanden mehr von nennenswerter Bedeutung. Die Argumente, die dort gegen die herrschende Lesart des IPCC-Gutachtens vorgetragen worden waren, spielten Aktivisten des Wissenschaftsbetriebs, Politiker, »N«GO-Funktionäre und Presseschreiberlinge herunter zu kaum mehr als Krittelei und Verschleppungstaktik interessierter Kreise (als wären andere Kreise nicht an einem entgegengesetzten Ergebnis interessiert gewesen und geblieben). Das Beratungsorgan konnte um so leichter ignoriert werden, als es sich zu keinerlei konkreter Empfehlung hatte durchringen können. Und da es sich nicht einmal über die Besetzung seiner eigenen technischen Hilfsstäbe hatte einigen können, wurde es nun allmählich selbst als bloßes Bleigewicht in den Vertragsverhandlungen betrachtet. Das konnte dem IPCC nur nutzen, als es sich auf die Veröffentlichung seines Sachstandsberichts Anfang Juni vorbereitete. Diese sollte mit dem »Weltumwelttag« zusammenfallen, und das hätte ein weiterer schöner Anlaß werden können, um seinen

Durchbruch zu feiern. Aber es sollte anders kommen. In den letzten Wochen vor der zweiten Vertragsstaatenkonferenz waren es keine neuen Lobpreisungen der behaupteten Entdeckung des IPCC, die die öffentliche Aufmerksamkeit auf sich zogen – sondern ein Leitartikel in einer weltweit gelesenen Tageszeitung, der die Rechtschaffenheit dieser Feststellung in Frage stellte.

Eine »schwerwiegende Täuschung« im zweiten IPCC-Bericht

Unter der Überschrift »Eine schwerwiegende Täuschung in Sachen ›Erderwärmung‹« erschien dieser Leitartikel am 12. Juni 1996 im *Wall Street Journal*. Er begann wie folgt:

> Letzte Woche hat das *Intergovernmental Panel on Climate Change*, eine Einrichtung der Vereinten Nationen, die viele als die beste wissenschaftliche Informationsquelle über den menschlichen Einfluß auf das Klima der Erde betrachten, seine Schrift »Die Wissenschaft des Klimawandels 1995« herausgebracht, seinen ersten neuen Bericht seit fünf Jahren. Er wird gewiß als die aktuellste und autoritativste Erklärung zur Erderwärmung gefeiert werden, die es gibt. Politiker und Zeitungen rund um den Globus werden den Bericht wahrscheinlich als Grundlage für heikle energiepolitische Entscheidungen ansehen, die immense Auswirkungen auf die amerikanischen Öl- und Gaspreise sowie die internationale Wirtschaft hätten. Dieser Bericht des IPCC steht, wie alle anderen, vor allem deshalb in so hohem Ansehen, weil er die *Peer Review* durchlaufen hat. Das heißt, er wurde von einem internationalen Gremium von Experten gelesen, geändert und gebilligt. Diese Wissenschaftler haben ihre Reputation in die Waagschale geworfen. Aber dieser Bericht ist nicht das, was er zu sein scheint – er ist nicht der Text, der von den beteiligten Wissenschaftlern, die auf der Titelseite aufgeführt sind, gebilligt worden ist. In meinen über 60 Jahren als Mitglied der amerikanischen Wissenschaftsgemeinschaft einschließlich meiner Amtszeit als Präsident sowohl der Nationalen Wissenschaftsakademie als auch der Amerikanischen Physikalischen Gesellschaft habe ich niemals eine verstörendere Manipulation des *Peer-Review*-Verfahrens erlebt als die Vorgänge, die zu diesem IPCC-Bericht geführt haben.[445]

Der Autor, Frederick Seitz, war nie ein Freund der Erwärmungs-Alarmisten gewesen; so hatte er, kurz bevor der erste IPCC-Bericht veröffentlicht worden war, eine einflußreiche Untersuchung mit skeptischem Grundtenor mitverfaßt.* Seine Autorität als Wissenschaftler jedoch war unangreifbar, denn er hatte eine glänzende Laufbahn in der Festkörperphysik zurückgelegt, bevor er in verschiedene

* Es ist mir nicht gelungen, eines Exemplars dieser Untersuchung habhaft zu werden. Sie wurde jedoch zu einem Buch[446] von Seitz und zwei weiteren Autoren erweitert, die in unserer Chronik bereits Erwähnung fanden, William Nierenberg und Robert Jastrow; das Buch enthielt auch einen Aufsatz von Robert White (vgl. S. 34 Fn.).

Leitungspositionen wissenschaftlicher Spitzengremien gewählt wurde. Die »verstörende Manipulation«, die Seitz anprangerte, betraf speziell die behauptete Entdeckung einer anthropogenen Klimaänderung in Kapitel 8 des Berichts der Arbeitsgruppe 1. Als Seitz den endgültigen Entwurf für das Kapitel mit dessen soeben veröffentlichter Fassung verglich, hatte er bemerkt, daß Schlüsselformulierungen, die die Behauptung einer menschengemachten Klimaänderung kritisch bewerteten, geändert oder verschwunden waren. Zu seinen Beispielen für gelöschte Textpassagen gehörte:

- »Keine der vorgenannten Studien hat einen klaren Beweis dafür erbracht, daß wir die beobachteten [Klima-]Änderungen der spezifischen Ursache vermehrter Treibhausgase zuschreiben können.«
- »Keine Studie hat [die bislang beobachteten Klimaänderungen] ganz oder teilweise positiv anthropogenen Ursachen zuordnen können.«
- »Alle Behauptungen der positiven Entdeckung eines signifikanten Klimawandels werden wahrscheinlich streitig bleiben, bis die Ungewißheiten über die natürliche Gesamtvariabilität des Klimasystems verringert werden.«[447]

Tatsächlich wissen wir inzwischen, daß Santer nach dem Treffen in Madrid direkt nach Bracknell gereist und dort beim britischen *Met Office* angetreten war. Nach dem vagen und zerstrittenen Ausgang des Madrider Treffens hatte er sich unter Houghtons Anleitung daran gemacht, das Kapitel so zu ändern, daß es nicht mehr in direktem Widerspruch zu der Schlußfolgerung stand, wonach die Abwägung des Belegmaterials auf eine menschliche Verursachung hinweise. Dabei hatte er besonders die vielen Aussagen ins Visier genommen, die aus Barnetts skeptischem Papier stammten und denen zufolge jede »Meßlatte« natürlicher Variabilität fehlte, an der ein menschlicher Einfluß hätte gemessen werden können. Das Resümee des Kapitels hatte Santer komplett gestrichen.*

Diese Änderungen waren vor der IPCC-Vollversammlung in Rom vorgenommen worden. Aber für die Tagung in Rom war die alte »endgültige« Fassung des Berichts an die Delegationen versandt worden, und zwar, wie es Usus war, geraume Zeit vor der Tagung. Wegen des straffen Zeitplans des IPCC war dies auch deutlich vor dem Madrider Treffen der Arbeitsgruppe 1.** Einen der wenigen

* Welchem Peter-Weiss-Kenner fällt da nicht der Satz aus dessen Marat/Sade-Stück ein: »Herr de Sade, haben wir uns hier nicht auf einige Streichungen geeinigt?!« (Anm. d. Übers.)

** John Houghton behauptete später, er habe in Rom »der ganzen Versammlung ordnungsgemäß mitgeteilt, daß die vorliegende Fassung von Kapitel 8 nicht die Endfassung war und nicht sein konnte und weiterer Überarbeitung bedurfte, um, wie in Madrid beschlossen, Unstimmigkeiten zu beheben«.[448] Dies wird weder im kurzen offiziellen Tagungsbericht über Rom noch im Bericht der australischen Delegation erwähnt.[449, 450]

Hinweise auf den sich anbahnenden Sturm im Wasserglas hatte eine Meldung von *Nature* enthalten, die kurz vor der IPCC-Plenarsitzung in Rom erschienen war. Der Artikel berichtete, wie das IPCC in Madrid die »Ölstaaten abgewehrt« habe, um die »Rolle des Menschen bei der Erwärmung« zu bestätigen, ging dann aber rasch zu der Frage der »Last-minute-Änderungen« und dem Einwand über, daß diese ohne Zustimmung des gesamten IPCC vorgenommen worden seien. Einige der Beteiligten, die *Nature* für seinen Bericht interviewt hatte, spielten die Bedeutung der Änderungen herunter, so insbesondere Houghton, der auch eine Verletzung der IPCC-Regeln abstritt:

> In den Regeln ist klar vorgesehen, daß die zugrundeliegenden Texte in Einklang mit der Zusammenfassung für Politiker stehen müssen (...) Das ist keine Verfälschung oder Vertuschung (...) Der Kompromiß betraf Fragen der Darstellungsweise. Hätte man die wissenschaftliche Aussage verändert, wäre ich ausgeschieden.[451, *]

Sieht man von dieser Andeutung ab, waren bis zur Veröffentlichung des vollständigen Sachstandsberichts kurz vor der zweiten Vertragsstaatenkonferenz alle Beratungen über das IPCC-Gutachten in Rom, im Wissenschaftlich-Technologischen Beratungsorgan, in der Presse und in politischen Kreisen auf der Grundlage der drei Zusammenfassungen der Arbeitsgruppen und des Syntheseberichts geführt worden. Die zugrundeliegenden Kapitel hatte niemand mehr gesehen, seit ihr »endgültiger« Entwurf vor Madrid und vor Rom an die Delegierten versandt worden war. In Madrid hatten sich die Saudis heftig dagegen gewehrt, daß in die »Zusammenfassung für Politiker« der Arbeitsgruppe 1 eine positive Behauptung über den geführten Nachweis aufgenommen wurde, aber was in den Kapiteln im einzelnen stand, war nicht allgemein bekannt. Im Wissenschaftlich-Technologischen Beratungsorgan hatten sich die arabischen Ölländer gegen eine verzerrende Auswahl der »Kernaussagen« gewandt, aber in den Zusammenfassungen, denen diese Aussagen entnommen waren, gab es nichts mehr, was der Feststellung, der Nachweis für anthropogene Klimaänderung sei erbracht, explizit widersprochen hätte.

Tatsächlich hatte der »Streit um Kapitel 8« schon vor Seitz' Leitartikel begonnen, nachdem sich Vertreter und PR-Berater von Wirtschaftsverbänden in den Wochen vor der offiziellen Veröffentlichung des Berichts einzelne Kopien seiner endgültigen Druckfassung beschafft hatten. Sie hatten die Änderungen

---

* Nachdem der Vorgang publik geworden war, wurden sowohl das Argument der »Darstellungsweise« als auch das der »Stimmigkeit« häufig bemüht. Dabei wurde nicht bestritten, daß das Resümee des Kapitels nicht mit der in dessen Einleitung beanspruchten Entdeckung einer menschlichen Klimabeeinflussung in Einklang stand. Unter dem Gesichtspunkt der Darstellungsweise wurde die Streichung des Resümees mit einer Angleichung an die anderen Kapitel gerechtfertigt, die kein Resümee enthielten; vgl. z.B. den Aufsatz von Edwards/Schneider[452].

ausfindig gemacht und aufgelistet und damit eine Kampagne gestartet, um die Auslieferung des Berichts zu stoppen. Als das mißlang, machten sie die Änderungen publik, um die fehlende wissenschaftliche Autorität des Berichts zu entlarven. Den Auftakt dafür hatte am 17. Mai ein anonymes Fax mit der Überschrift »Das IPCC: Institutionalisierte ›wissenschaftliche Säuberung‹« gebildet, das an US-amerikanische Politiker und Journalisten versandt und einige Tage später in einem Rundbrief der Energieindustrie aufgegriffen worden war. Über den darin erhobenen Vorwurf, daß die Unterlagen »frisiert« worden waren, hatte die wissenschaftliche Fachpresse nur vage Andeutungen gebracht, bis Seitz in seinem Leitartikel für das *Wall Street Journal* einige der Änderungen genauer beschrieb. Seitz wiederholte in klaren und offenen Worten die Anschuldigung, daß die gefeierte Feststellung, der empirische Nachweis sei geführt, in ausdrücklichem Widerspruch zu dem endgültigen Entwurf des Berichts stand, über den sich die Wissenschaftler in der *Peer Review* geeinigt hatten. Was immer das Ziel der Änderungen war, jedenfalls bestand ihre Wirkung nach Seitz' Worten darin, »Politiker und die Öffentlichkeit zu täuschen und glauben zu machen, aus dem wissenschaftlichen Belegmaterial ergebe sich, daß menschliche Aktivitäten eine Erderwärmung verursachen«.*

Was folgte, war die heftigste öffentliche Auseinandersetzung, die es jemals um das IPCC gab. Sie wurde zunächst in hitzigen E-Mail-Wechseln ausgetragen, die in Kopie (und danach immer neuen Kopien) an Dutzende von Zeugen gingen. In diese Korrespondenz schaltete sich bald Tom Wigley ein, um Santer gegen spöttische Antworten von Fred Singer zu verteidigen. Die Fachpresse ergriff meist die Partei Santers, der als Opfer sich einmischender Lobbyisten dargestellt wurde, so etwa in einem *Science*-Bericht mit der Überschrift »Industriekreise attackieren Klima-Kapitel«. Es goß neues Öl ins Feuer, daß einige Redakteure von Fach- und Wirtschaftsblättern Stellungnahmen von beiden Seiten einholten, statt brav einseitig zu bleiben. Am peinlichsten aber war, daß der Streit durch größere Artikel führender Zeitungen in das Scheinwerferlicht der Öffentlichkeit gerückt

* Die veröffentlichte Fassung des Sachstandsberichts wurde am 14. Mai 1996 zugänglich. Das am 17. Mai versandte anonyme neunseitige Fax, in dem Änderungen des Kapitels 8 dokumentiert wurden, enthielt Fußnoten, in denen die Regeln des IPCC zitiert werden.[453] Sein Inhalt bildete offenbar die Grundlage des Artikels »Wie die Texte frisiert wurden« (*Doctoring the documents*) von Deniss Wamsted im Rundbrief *Energy Daily* vom 22. Mai. Die Angelegenheit wurde auch in einem um diese Zeit erschienenen Leitartikel der *Washington Times* erwähnt. Gemeinsam mit Don Pearlman wurde zudem John Shlaes aktiv: Am 30. Mai 1996 brachten die beiden Wirtschaftsvertreter die Angelegenheit förmlich in einem Brief an Bolin zur Sprache, der in Kopie an 14 amerikanische Senatoren und Abgeordnete des Repräsentantenhauses versandt wurde. Eine der ersten Meldungen in der wissenschaftlichen Fachpresse war ein Artikel in *Nature* vom 6. Juni, der Houghtons Behauptung wiederholte, daß die Änderungen nur der Klarstellung gedient und den Aussagegehalt nicht berührt hätten.[454]

wurde. Dadurch sahen sich die IPCC-Leitung und einige ihrer Unterstützer gezwungen, das Prozedere der Gutachtenerstellung in der Presse und später auch in Anhörungen vor dem US-Kongreß zu verteidigen.

Bemerkenswerterweise aber rollte der Klimawandel-Zug weiter, als sei nichts geschehen. Am 4. Juli erschien schließlich Santers Aufsatz über den menschlichen Fingerabdruck in *Nature*. Wie zu erwarten, wurde in dessen Endfassung behauptet, daß das entdeckte Verteilungsmuster der Erwärmung vermutlich zum Teil auf menschlichen Tätigkeiten beruhe. Allerdings wurde darin zugleich betont, daß »viele Ungewißheiten verbleiben, insbesondere hinsichtlich der natürlichen Variabilität«. Tatsächlich verkündete die Überschrift des Artikels keine *Feststellung* eines Durchbruchs, sondern versprach schon wieder nicht mehr als eine *Suche*: »Eine Suche nach menschlichen Einflüssen«.[455] Es gab ein kurz aufflackerndes Interesse in der wissenschaftlichen Fachpresse, aber selbst dabei blieb mancher Kommentar so vorsichtig wie möglich. In *Science* wurde Barnett von Richard Kerr mit den Worten zitiert, er sei nicht »völlig überzeugt« davon, daß das Signal für den Treibhauseffekt entdeckt worden sei, und es verblieben »eine Reihe bohrender Fragen«. Kerr hatte auch einen an Kapitel 8 unbeteiligten Meteorologen befragt, dessen eigene Arbeiten zeigten, daß das Verteilungsmuster der Erwärmung, das die Modelle als Ergebnis freigesetzter Treibhausgase vorhersagten, ohne weiteres natürliche Ursachen haben konnte. Er sagte Kerr, ihn mache »der Gedanke etwas skeptisch, daß es jedesmal, wenn wir in den jüngsten Meßergebnissen etwas sehen, was wir vorher noch nicht gesehen haben, an der Erwärmung durch Treibhausgase liegen muß«.[456] Später in diesem Jahr sollte eine kritische Replik auf Santers Artikel veröffentlicht werden, die auf das Herz der darin beanspruchten Neuentdeckung zielte[457, 458], aber in den vier Tagen zwischen Santers Veröffentlichung und dem Beginn der Genfer Vertragsstaatenkonferenz waren solche beiläufigen und vagen Kommentare alles, was die Öffentlichkeit zu lesen bekam.

Genf, Juli 1996: Die zweite Vertragsstaatenkonferenz

Auf der zweiten Vertragsstaatenkonferenz waren alle Augen auf die US-Delegation gerichtet, denn es ging das Gerücht um, sie werde einen politischen Kurswechsel verkünden. Bis zu dieser Konferenz hatten die Vereinigten Staaten an der Spitze einer Ländergruppe gestanden, der Japan, Kanada, Australien und Neuseeland angehörten (»JUSCANZ«) und die sich der Forderung widersetzte, daß sich allein die Industriestaaten rechtlich verpflichtenden Emissionsbeschränkungen unterwerfen sollten. Jetzt munkelte man, es stehe ein Schwenk der amerikanischen Politik bevor, und künftig würde Washington solche Höchstwerte unterstützen.

Würde Washington dies tun, könnte das auf die ganzen Vertragsverhandlungen den nötigen Druck ausüben, um über ein zahnloses Abkommen hinaus zu einem rechtlich bindenden Protokoll zu gelangen; es wurde bereits vorgeschlagen, ein solches Protokoll bis zur dritten Vertragsstaatenkonferenz in Kyoto unterschriftsreif vorzulegen. Viele derer, die diesem Ziel entgegenfieberten, sorgten sich nur noch, daß die Lobby der Öl- und Kohleindustrie die US-Regierung dazu bewegen könnte, an ihrer bisherigen Position festzuhalten.

Ein gutes Zeichen für die Umweltaktivisten war, daß sich inzwischen, wie Jeremy Leggett von Greenpeace es ausdrückte, »Risse (…) im Kohlenstoff-Klub« zeigten.* Dieser »Klub« (den Namen hatten, wie gesagt, »Umweltschützer« geprägt) war ein Bündnis von Lobbyisten der Öl- und Kohleindustrie sowie anderer Konzerne, die bei den Klimawandel-Verhandlungen zugegen waren. Sein führender Kopf war Don Pearlman, den Leggett schon deshalb haßte, weil er den von den Saudis angeführten Protest in Madrid koordiniert hatte und zu den Initiatoren des »Streits um Kapitel 8« gehörte. Zu jener Zeit allerdings verlor Pearlman allmählich seine zentrale Rolle in der Lobby des Big Business, denn mehr und mehr erklangen aus Wirtschaftskreisen auch andere Töne, welche diverse »Vereinigungen für Nachhaltigkeit in der Wirtschaft« anschlugen. Diesen gehörten nicht nur Anbieter »grüner Energie« an, sondern auch Unternehmen der Gasindustrie, die ihr Produkt als sauberere Alternative zu Öl bewerben wollten, oder Chemiekonzerne wie Dow und DuPont, die ihr grünes Image aufpolierten, nicht anders als die Ölgiganten BP und Shell. Solche multinationalen Konzerne begannen jetzt, auf Distanz zu Pearlman und dem »Kohlenstoff-Klub« zu gehen.[459] Die klarste Botschaft aus der Wirtschaft indessen sandte eine Branche an die Genfer Konferenz, die mit Energieerzeugung unmittelbar nichts zu tun hat.

Leggett hatte schon länger hartnäckig daran gearbeitet, im »Kohlenstoff-Krieg« Versicherungsgesellschaften auf seine Seite zu ziehen, und darin bereits zur Zeit der ersten Vertragsstaatenkonferenz in Berlin einen gewissen Erfolg erzielt. Bis zur zweiten in Genf hatte ein Klüngel weltweit tätiger Rückversicherer die *UNEP Insurance Initiative* gebildet, die nun in einer an die Konferenz gerichteten Erklärung »auf der Grundlage des jetzigen Stands der Klimaforschung und ihrer Erfahrung als Versicherer und Rückversicherer« zum Handeln aufrief, beginnend mit den Worten:

> Die menschlichen Aktivitäten beeinflussen schon jetzt weltweit das Klima, beispielsweise durch den Treibhauseffekt. Wie das IPCC festgestellt hat, weist die Abwägung des Belegmaterials auf einen erkennbaren menschlichen Einfluß auf das Weltklima hin.[460]

---

* Damals und bis zur dritten Vertragsstaatenkonferenz in Kyoto wurden die sich lose abstimmenden Interessensverbände und -vertreter der Wirtschaft mit verschiedenen Namen belegt; ich verwende hier ihre üblichste Titulierung durch ihre Feinde: »*Carbon Club*« (»Kohlenstoff-Klub«).

Während so aus den Chefetagen der Weltkonzerne inzwischen gemischte Signale kamen, lag ein Kurswechsel in der Luft, und bei der Eröffnungszeremonie der Genfer Konferenz herrschte eine Atmosphäre gespannter Erwartung. Wie schon auf der IPCC-Versammlung in Rom bezogen sich die Eröffnungsredner häufig implizit oder ausdrücklich auf die neue Feststellung des IPCC, man habe die anthropogene Klimaerwärmung entdeckt. Der WMO-Präsident Patrick Obasi begann seine Ansprache mit den Worten, »die wichtigste Entwicklung seit der ersten Sitzung der Vertragsstaatenkonferenz [sei] der Befund des IPCC« gewesen, daß es »einen erkennbaren menschlichen Einfluß auf das Weltklima« gebe. Er fügte hinzu, die Zeit zum Diskutieren sei vorbei, und nun liege es in der Verantwortung der Vertragsparteien, entscheidende Schritte zu tun.[461] Danach trat wieder UNEP-Direktorin Elizabeth Dowdesdell ans Rednerpult. Sie meinte, das IPCC habe mit den Ergebnissen seines zweiten Sachstandsberichts eine »freimütige und klare Botschaft an die Welt« gerichtet. Genauso klar folgte daraus für Dowdesdell der Schluß, daß weitere Emissionen von Treibhausgasen

> als vorsätzliche Handlungen der Umweltverschmutzung angesehen werden müssen, die die Regierungen aus ethischen Gründen so zu begrenzen haben, daß eine gefährliche anthropogene Störung des Klimasystems verhindert wird.[462]

Nachdem so die Leiter der beiden Gründerorganisationen des IPCC vollmundig und stolzerfüllt die politischen Konsequenzen aus dessen Erkenntnissen hervorgehoben hatten, bezog sich Bolin in seiner Rede ebenfalls auf die Feststellung des erbrachten Nachweises, wobei er betonte, sie sei nach sorgfältiger Erörterung von den Regierungsdelegationen einvernehmlich getroffen worden.[463] Damit wollte Bolin, wie häufig auch bei anderen Gelegenheiten, sagen, daß der IPCC-Bericht schon das Plazet der beteiligten Regierungen besaß und deshalb keiner weiteren amtlichen Zertifizierung bedurfte, wie sie das Wissenschaftlich-Technologische Beratungsorgan einige Monate vorher unternommen hatte. Aber es war längst klar, daß das, was über den offiziellen Kanal dieses Konventionsorgans übermittelt wurde oder nicht übermittelt wurde, sowieso nicht mehr zählte. Was zählte, war einzig die Wirkung, die das IPCC mit seiner wissenschaftlichen Beurteilung bei den Bolin lauschenden Delegierten erzielen würde, egal wie, und letztgültig würde darüber die Reaktion der anwesenden Minister entscheiden. Wie Jeremy Leggett schilderte, schienen viele Konferenzteilnehmer schon mit Herz und Seele gewonnen:

> Die Reden begannen am 17. Juli. Ein großes Aufgebot von Journalisten und Hunderte von »N«GO-Vertretern warteten mit Unruhe, ob es dem Kohlenstoff-Klub gelungen war, das Vertrauen mancher Regierung in den Zweiten Sachstandsbericht des IPCC zu erschüttern. Doch als der Tag voranschritt, wurde klar, daß es ihm nicht geglückt war. In fast jeder Ansprache wurde der Bericht euphorisch begrüßt. Der Gesandte Costa Ricas, der im Namen der gesamten G77-Gruppe und Chinas sprach, nannte

den Bericht die »autoritativste wissenschaftliche Beurteilung des Klimawandels, die es gibt«. Irland, das für die EU das Wort ergriff, erklärte, der Bericht lasse »keinen Raum für Zweifel an den erwarteten negativen Folgen des Klimawandels«.

Da an der Notwendigkeit des Handelns keine Äußerung des Zweifels mehr überlebt hatte, hätte Untätigkeit, so der britische Umweltminister John Gummer, verheerende Folgen. In einer theatralischen Rede beschwor Gummer Sitzungen des Völkerbundes vor so vielen Jahren in derselben Stadt, ja, demselben Sitzungsgebäude. Der Völkerbund, so der Minister, habe es nicht fertiggebracht, den Krieg zu verhindern, denn er habe darin versagt, gemeinsam zu handeln, mächtigen Interessen entgegenzutreten und die Kolporteure von Lügen dingfest zu machen, die ihre selbstsüchtigen Belange über die Interessen der Weltgemeinschaft gestellt hätten. Gummers Rede war ein Aufruf zum Waffengang gegen ein neues Übel, mit seinen neuen Neinsagern – darunter nicht zuletzt den Australiern, die eine Sonderbehandlung als ein reiches Land wünschten, das von den Exporterlösen für fossile Brennstoffe, vor allem Kohle, abhängig war.[464]

Schließlich war die Reihe am allesentscheidenden Beitrag der US-Delegation, den Tim Wirth hielt, ebenjener Senator, der acht Jahre vorher James Hansens schweißtreibenden Auftritt im US-Kongreß inszeniert hatte.* Die Demokraten hatten die damalige Präsidentenwahl verloren, aber die folgende gewonnen, zu der Bill Clinton mit dem Klimapropagandisten Al Gore angetreten war. In Genf verkündete Wirth gegen Ende seiner Rede tatsächlich den erhofften politischen Kurswechsel. Dafür berief er sich auf die »sorgfältige, umfassende und unbestechliche Arbeit« des IPCC, nicht aber, ohne vorher über dessen Kritiker den Stab zu brechen, die seine Autorität zu untergraben suchten. Wirth sagte, die Arbeit des IPCC bilde »die Grundlage der internationalen Besorgnis«, und seine »eindeutigen Warnungen vor den bestehenden Trends [fundierten] die Dringlichkeit, die meine Regierung diesen Fragen beimißt«. Unausgesprochen meinte Wirth den Streit um Kapitel 8, als er fortfuhr:

> Wir lassen uns nicht beirren durch jüngste Behauptungen – und widersprechen ihnen schärfstens –, die die Integrität der Ergebnisse des IPCC zum Gegenstand haben. Diese Behauptungen wurden nicht von Wissenschaftlern aufgestellt, die am IPCC mitwirken, nicht von beteiligten Regierungen, sondern letztlich von Neinsagern und Verfechtern von Sonderinteressen, die die Wissenschaft vom Klimawandel herabzusetzen, zu attackieren und zu verdunkeln suchen. Wir wollen dieser Scheindebatte ein Ende setzen und bekräftigen unsere Überzeugung, daß die Ergebnisse des IPCC höchsten Anforderungen wissenschaftlicher Integrität genügen.

Dann wandte sich Wirth dem Debakel im Wissenschaftlich-Technologischen Beratungsorgan zu:

---

* Vgl. S. 123–125.

> Wir konstatieren ebenfalls mit Bedauern, daß (...) das Wissenschaftlich-Technologische Beratungsorgan, blockiert durch eine sehr kleine Gruppe von Ländern, keine Einigkeit darüber erzielt hat, wie mit dem Bericht des IPCC zu verfahren ist. Lassen Sie mich klar den Standpunkt der Vereinigten Staaten benennen: Die Wissenschaft appelliert an uns, dringend zu handeln. Der IPCC-Bericht ist die beste wissenschaftliche Begutachtung, die wir haben, und wir sollten sie nutzen.

Dem folgte der stolze Hinweis auf die Milliarden von Dollars, die die USA jährlich in die »Erforschung des globalen Wandels« steckten und die bewiesen, wie »ernst wir diese Dinge nehmen«. Und schließlich erklärte Wirth, warum die Vereinigten Staaten nun ihren politischen Kurs änderten und bindende Emissionszielwerte bejahten, nämlich vor allem wegen des im IPCC-Bericht verkündeten Durchbruchs:

> Die Vereinigten Staaten von Amerika nehmen den jüngst vorgelegten Zweiten Sachstandsbericht des IPCC sehr ernst (...), wonach »die Abwägung des Belegmaterials (...) auf einen erkennbaren menschlichen Einfluß auf das Weltklima [hinweist]«. Dieser scheinbar harmlose Satz ist in Wirklichkeit eine bemerkenswerte Feststellung. Zum ersten Mal überhaupt sind die Wissenschaftler der Welt zu dem Schluß gelangt, daß die sich wandelnden klimatischen Verhältnisse auf der Erde mehr sind als natürliche Schwankungen des Wetters. Der Mensch verändert das natürliche Klimasystem der Erde. (...) Unserer Auffassung nach hat das IPCC klar dargetan, daß gehandelt werden muß, um dieser Herausforderung zu begegnen, und daß, wie in Berlin vereinbart, im Rahmen des Abkommens mehr getan werden muß. Dieses Problem läßt sich nicht wegzaubern. Die Wissenschaft läßt sich nicht ignorieren, und ihre Schlüsse werden immer unausweichlicher. Es ist die Pflicht von Politikern, darauf mit der gleichen Umsicht zu reagieren, wie sie die Arbeit der Wissenschaftsgemeinschaft der Welt gekennzeichnet hat.[465]

Die einige Tage später abgegebene Ministererklärung der Konferenz spiegelte Wirths Rede wider, denn sie bekundete Unterstützung für das IPCC und warf ihre Autorität als Grundlage für politisches Handeln in die Waagschale. Ihre Bekräftigung des neuen Sachstandsberichts war so formuliert, daß die Schlußerklärung des Wissenschaftlich-Technologischen Beratungsorgans stillschweigend einfach ausgestrichen wurde: Der IPCC-Bericht wurde darin als die autoritativste Stellungnahme der Wissenschaft anerkannt, die als Basis dienen solle, um »dringend entschiedener zu handeln«. Im zweiten Erwägungsgrund der Erklärung wurde von den auf der Konferenz versammelten Ministern

> *Anerkannt* und *bekräftigt*, daß der Zweite Sachstandsbericht des *Intergovernmental Panel on Climate Change* die umfassendste und autoritativste wissenschaftliche Beurteilung des Klimawandels, seiner Folgen und der Reaktionsmöglichkeiten darstellt, die gegenwärtig verfügbar ist. Nach Auffassung der Minister sollte der Zweite Sachstandsbericht als Grundlage dienen, um dringend auf weltweiter, regionaler und lokaler Ebene entschlossener zu handeln, insbesondere im Wege der in Anhang 1

> der Konvention aufgeführten Maßnahmen von Parteien [d.h. von reichen Ländern] (…) zur Beschränkung und Verringerung von Treibhausgas-Emissionen, und um die Ausarbeitung eines Protokolls oder anderen Abkommens im Einvernehmen aller Parteien zu unterstützen. Die Minister heben insbesondere folgende Feststellungen hervor:
>
> ◦ Die Abwägung des Belegmaterials weist auf einen erkennbaren menschlichen Einfluß auf das Weltklima hin (…).[466]

Der Absatz fuhr mit einer Aufzählung vieler Kernaussagen des IPCC fort, die in der Schlußerklärung des Wissenschaftlich-Technologischen Beratungsorgans entfallen waren, und betonte abschließend »die Notwendigkeit weiterer Arbeit des IPCC, um die Ungewißheiten zu verringern«.

Die Australier traf dieser Richtungswechsel der US-Politik offenbar völlig unvorbereitet. Der australische Premierminister John Howard erhob sofort öffentlichen Protest.[467] Japan und Kanada waren schon genügend weichgeklopft worden, und damit gehörte das kleine, aber einflußreiche JUSCANZ-Bündnis der Vergangenheit an. Mit all den Ländern des Drittweltblocks, die sich dem Programmpunkt von Beschränkungen nur für reiche Staaten anschlossen, fanden sich Australien und Neuseeland vollkommen isoliert wieder, als die einzigen Delegationen außer Rußland und den arabischen Ölstaaten, die die Unterzeichnung der Ministererklärung weiter ablehnten.

Wie weit hatte es das IPCC gebracht! Zwar wissen wir im Rückblick, daß die Clinton-Administration mit ihrem Genfer Kurswechsel kurz später einen herben Rückschlag hinnehmen mußte, als es der Senat einstimmig ablehnte, für die USA jemals derartige Verpflichtungen einzugehen. Gleichwohl lenkte der Genfer Jubelchor für bindende Emissionsziele den Zug der Vertragsverhandlungen auf das Gleis nach Kyoto, wo das entsprechende Protokoll von einer überwältigenden Mehrheit von Ländern unterzeichnet wurde. Die wie auch immer zustande gekommene Behauptung des IPCC, man habe den anthropogenen Klimawandel nachgewiesen, hatte die Brücke von der »unpolitischen« Wissenschaft zu den Machtträgern geschlagen, womit nun geopolitischer Druck diesen nächsten Schritt erzwingen konnte. Houghton selbst schrieb später, daß ohne die in Madrid durchgesetzte »Nachweis«-Behauptung das Protokoll von Kyoto nicht möglich gewesen wäre.[468, *] Betrachtet man die Vielzahl politischer Akteure, die sich auf die Autorität dieser Aussage beriefen, um den weiteren Vormarsch auf diesem Wege zu rechtfertigen, fällt es schwer, dieser Einschätzung zu widersprechen. Sicherlich hätte man, um die Politik der Klimaverträge voranzutreiben, auch eine andere Autorität nehmen können, aber die Tatsache, daß es diese gerade gab und man sich ihrer auch bediente, hatte zur Folge, daß das IPCC zurück auf die

* Vgl. S. 4.

weltpolitische Bühne gehievt wurde, auf der es als die höchste wissenschaftliche Autorität in dieser Frage bis heute verweilt.

Damit läßt sich sagen, daß jener winzige Klüngel von Wissenschaftlern, die die positive Feststellung anthropogenen Klimawandels in Madrid erfolgreich durchboxten, das IPCC gerettet hatte, die weiteren Vertragsverhandlungen gerettet hatte und die Rolle der offiziellen Wissenschaft in einer der größten umweltpolitischen Initiativen aller Zeiten gerettet hatte – na ja, was man so alles retten kann! *Aber was wurde aus dem Streit um das Vorgehen dieses Klüngels in Madrid? Wie wurden Santer und Houghton mit der Kritik fertig? Und wie konnte das IPCC diese Auseinandersetzung überleben?*

Ein erkennbarer politischer Einfluß

Als der Streit um Kapitel 8 Kreise zog, erlangte ein Anschreiben große Bedeutung, mit dem kurz vor Madrid die Stellungnahme der Vereinigten Staaten zu der »Zusammenfassung für Politiker« übersandt worden war. In diesem Schreiben des amerikanischen Außenministeriums an Houghton wurde darauf hingewiesen, daß es Unstimmigkeiten zwischen der Zusammenfassung und den Kapiteln sowie zwischen den Kapiteln gebe. Houghton wurde mitgeteilt, zur Ausräumung dieser Dissonanzen sei es »wesentlich«, daß die Kapitel nicht vor Madrid fertiggestellt würden, und ebenso wesentlich sei es,

> daß die Kapitelautoren dazu bewogen [würden], ihren Text im Anschluß an die Beratungen in Madrid in geeigneter Weise abzuändern.[469]

Dieses Ansinnen war gröbstens regelwidrig. Im Zuge der Gutachtenerstellung waren die Kapitelentwürfe einige Zeit vorher an die Länderdelegationen zur Stellungnahme übersandt worden, damit die Leitautoren deren Kommentare bei einer Überarbeitung der Entwürfe berücksichtigen könnten. Für den zweiten Sachstandsbericht hatte diese Äußerungsfrist für die Delegationen drei Wochen vor dem Treffen der Leitautoren in Asheville geendet, und die Anmerkungen der USA zu den verschiedenen Kapiteln waren ordnungsgemäß eingegangen und auch berücksichtigt worden. Nach Asheville wurde die Endfassung der Kapitel erstellt und wieder an die Delegationen verschickt, aber diesmal nur noch, damit sie sich gegebenenfalls zu ihrer Übereinstimmung mit dem Entwurf für die Zusammenfassung äußern konnten. In diesem Stadium verlangten die Amerikaner nun weitere Änderungen der Kapitel. In der Kontroverse um Kapitel 8 führten Fred Singer und andere das als Beweis für Seitz' Feststellung an, daß der Expertenbericht aufgrund politischer Einflußnahme verändert worden war. Jedoch hätte das Anschreiben bei weitem nicht eine solche Sprengkraft entwickelt (und wäre vielleicht gar nicht beachtet worden), wenn sich nicht Santer und Houghton, um ihre Vorgehensweise zu rechtfertigen, auf das amerikanische Ansinnen berufen hätten.

Wie erinnerlich, hatte Houghton auf den Vorwurf, man habe spät und ungenehmigt Änderungen vorgenommen, ursprünglich in der Weise reagiert, daß er deren Bedeutung herunterspielte.* Das war zu einem Zeitpunkt gewesen, als die Änderungen noch nicht einer größeren Personenzahl genauer bekannt waren. Als dann Einzelheiten veröffentlicht wurden, war Ben Santer der erste, der sich auf das Schreiben der US-Regierung berief, um die Eingriffe zu rechtfertigen. Noch am Tag des Erscheinens von Seitz' Leitartikel versandte Santer eine letztlich unter zahlreichen Adressaten herumgeschickte E-Mail an die Leitautoren des Kapitels 8 und alle, die zu dem Kapitel beigetragen hatten. Darin zitierte er aus dem Schreiben des *State Department* den Passus, die Kapitelautoren sollten »dazu veranlaßt werden, ihren Text (...) abzuändern«, und kommentierte dies mit den Worten:

> Es war eindeutig die offizielle Auffassung der Vereinigten Staaten, daß die Kapitel NICHT vor Madrid fertiggestellt werden sollten.[470]

Ein paar Tage später wurde Santer von *Nature* mit Äußerungen zitiert, die dem amerikanischen Verlangen genau die gleiche Ehrerbietung zollten, als habe es sich bei diesem um eine Weisung in einer Befehlshierarchie gehandelt[471], und eine Zeitlang rechtfertigten Santer und Houghton ihr Vorgehen, als hätten sie einer Anordnung der US-Regierung Folge leisten müssen.

Warum Houghton das Schreiben des *State Department* in dieser Weise behandelte, läßt sich besser anhand eines von ihm verfaßten Leserbriefs nachvollziehen, der auf dem Höhepunkt des Streits unter der Überschrift »Rechtfertigung des Kapitels 8« in *Nature* erschien. In diesem Brief erläuterte er zunächst den Verfahrensgang im IPCC. Der Hauptzweck des Madrider Treffens, schrieb er, sei es gewesen, die Kapitel zu billigen und die Zusammenfassung anzunehmen. Was unter »Billigung« zu verstehen war, erläutert er wie folgt:

> Nach den Verfahrensregeln bedeutet »Billigung« durch das Plenum, daß es sich vergewissert hat, daß sie einer gründlichen *Peer Review* durch Experten und Regierungen unterzogen wurden und einen »umfassenden, objektiven und ausgewogenen Überblick« über den wissenschaftlichen Kenntnisstand geben.[472]

Nach Abschluß der *Peer Review* sei der Bericht vor dem Madrider Treffen an die Delegierten mit der Bitte versandt worden, zu der Zusammenfassung Stellung zu nehmen. Aber, so gab Houghton in seinem Leserbrief weiter zu verstehen, er habe

* Vgl. S. 208.

auch noch Anmerkungen zu den Kapiteln erhalten. Allerdings schrieb er nicht, wie viele Länder Änderungen *der Kapitel* verlangt hätten, sondern nennt nur ein einziges Beispiel:

> Beispielsweise wies die amerikanische Regierung in ihrer Stellungnahme auf »mehrere Unstimmigkeiten« hin und erklärte, es sei »wesentlich, daß die Kapitel nicht vor Abschluß der Beratungen auf dem IPCC-Plenartreffen in Madrid fertiggestellt werden und daß die Autoren der Kapitel bewogen werden, ihren Text im Anschluß an die Beratungen in Madrid in geeigneter Weise abzuändern«.[473]

Houghton läßt damit durchblicken, daß die US-Delegation den Bericht in Madrid nicht ohne Änderungen »billigen« konnte. Mit den in der Madrider Sitzung vereinbarten Änderungen hingegen hätten sich die Amerikaner (wie alle anderen Delegierten) bereit erklärt, den Bericht zu billigen. Nirgends in den Verfahrensregeln des IPCC wird klar gesagt, was zu tun ist, wenn Delegationen die Billigung eines Berichts ablehnen – ein Problem, das schon in der Arbeitsgruppe 3 für beträchtliche Schwierigkeiten gesorgt hatte. Jedenfalls war die Notwendigkeit, die Billigung des Berichts durch die amerikanische Regierung zu erreichen, Houghtons hauptsächliche »Rechtfertigung« dafür, die Kapitel zu ändern. Das war für ihn seltsamerweise *keine* politische Einmischung in das Gutachten. Die Änderungen, schreibt er, waren »in keiner Weise durch politische (…) Erwägungen motiviert«. Wann immer dagegen Houghton von politischem Druck spricht, der auf die Tätigkeit des IPCC ausgeübt worden sei, meint er damit unweigerlich Druck durch die – im Vergleich zu ihrer US-amerikanischen Schutzmacht doch äußerst schwachen – arabischen Ölstaaten und ihre Verbündeten im Big Business, so als sie versucht hatten, die positive Feststellung anthropogener Klimaänderung zu unterlaufen. Offenkundig denkt er allein an diese Fraktion, wenn er schreibt, das IPCC habe sich »trotz des Drucks von Beteiligten mit politischer Agenda (…) strikt an seinen Auftrag gehalten« und geweigert, »seine wissenschaftlichen Ergebnisse aus irgendeinem politischen Grund (…) aufs Spiel zu setzen«.[474]

In Houghtons Darstellung, mit der er sein Handeln rechtfertigte, ist das amerikanische Schreiben der Schlüssel für die Vorgänge, die den Streit auslösten. Aber seine Darstellung des Geschehnisablaufs bleibt verschwommen und beläßt es bei vagen Andeutungen, um welche »auszuräumenden Unstimmigkeiten« es sich eigentlich handelte. Das allerdings läßt sich präzise und nüchtern der Stellungnahme entnehmen, die dem Schreiben des *State Department* beigefügt war.

Die kurz vor Madrid übersandten amerikanischen Anmerkungen zu der »Zusammenfassung für Politiker« waren von Robert Watson zusammengestellt worden, einem englischen Chemiker, der bereits beim Thema »Ozonschutz« eine prominente Rolle gespielt und sich dann der Debatte um Erderwärmung zugewandt hatte; auf diesem Feld war Watson zum Leiter der US-Delegation in der

»wissenschaftlichen« Arbeitsgruppe des IPCC avanciert und nach Clintons Amtsübernahme 1993 von der NASA in das Büro des Weißen Hauses für Wissenschaft und Technologie gewechselt. In der Stellungnahme bemängelte Watson an dem Bericht vor allem zwei Unstimmigkeiten, auf die er mehrfach zurückkam. Erstens kritisierte er, daß der Text weiterhin Ergebnisse allein der CO_2-Wirkungen diskutierte, während der Schwerpunkt gänzlich auf die neuen Erkenntnisse über die kombinierten anthropogenen Wirkungen von CO_2 *und* Sulfaten hätte verlagert werden müssen. Wie oben erwähnt, war seit dem ersten Sachstandsbericht die Auffassung vorgedrungen, daß Modelle, die die Wirkungen der Emissionen von CO_2 und von Sulfat-Aerosolen kombinierten, mit den weltweiten Temperaturtrends und dem Verteilungsmuster der jüngsten Erwärmung besser zusammenstimmten, und das bildete nun das Fundament für den angeblich gelungenen Nachweis anthropogener Klimaerwärmung. In mehreren Kapiteln des Berichts wurden gleichwohl weiterhin reine CO_2-Szenarien behandelt.

Daß sich der Bericht von diesen »Nur-CO_2-Ergebnissen« nicht völlig abgewandt hatte, spielte auch eine Rolle für die zweite gerügte Unstimmigkeit. Diese sah Watson in der Betonung verbleibender Unsicherheiten, ob das CO_2/Sulfat-Verteilungsmuster wirklich schlüssig sei, denn das konnte die Behauptung, der menschengemachte Klimawandel sei jetzt nachgewiesen, nur schwächen. So ging in dem Bericht (nach Watsons Darstellung) eine der Begründungen dafür, warum man weiter mit den Szenarien von Nur-CO_2-Modellen arbeite, dahin, daß die »Wirkungsweise von [Sulfat-]Aerosolen hochgradig ungewiß und noch kaum verstanden« sei. Das aber ließ sich laut Watson »nicht damit vereinbaren, welche Bedeutung nach den jüngsten Erkenntnissen der Wirkungsweise von Aerosolen für die Schlüssigkeit des Verteilungsmusters« zukomme. Watson faßte das monierte Problem in die Worte:

> Es liegt auf der Hand, daß wir den Einfluß von Aerosolen nicht als Abzugshahn unseres rauchenden Colts benutzen können, um anschließend in allgemeiner Weise darauf hinzuweisen, daß wir wegen verbleibender Ungewißheiten diesen Einfluß aus der prognostischen Modellanalyse ausklammern.[475]

In den Vereinigten Staaten ist die *smoking gun*, der rauchende Colt, eine oft verwendete Metapher für den Beweis, der den Schuldigen auf frischer Tat überführt. Watson verwendete das Bild hier für den angeblichen Nachweis der menschengemachten Erderwärmung, wobei der unmittelbare Kontext seines zitierten Satzes darin zu sehen ist, daß in der Öffentlichkeit bereits die Erwartung geweckt worden war, die Entdeckung des menschlichen Einflusses auf das Klima sei vollbracht, vor allem nachdem die US-Presse den Zusammenfassungsentwurf zwei Monate vor Madrid »geleakt« hatte. Ob nun Houghton oder Watson selbst daran beteiligt gewesen waren, »den Einfluß von Aerosolen (…) als Abzugshahn unseres rauchenden Colts« zu benutzen, oder nicht, jedenfalls ließ Watson mit seinen Ausführungen nicht den geringsten Zweifel an der Bereitschaft seiner Regierung, dem IPCC dabei zu »helfen«, den Weg freizumachen, um der erweckten Erwartung zu entsprechen.

An einer anderen Stelle seines Schreibens wurde Watson noch deutlicher:

> Diese Darlegungen stimmen nicht vollständig mit dem Rest der [Zusammenfassung für Politiker] und verschiedenen Teilen von Kapitel 8 überein; da es sich bei ihnen um einen so neuen und wichtigen Aspekt des Berichts handelt, ist hier unseres Erachtens besondere Sorgfalt vonnöten. Unserer Ansicht nach spiegeln diese Darlegungen, mit einigen Klarstellungen, den gegenwärtigen Kenntnisstand wider, so wie er sich aus dem Gesamttext des Kapitels ergibt, aber die Zusammenfassung und die Schlußpassagen des Kapitels könnten der Überarbeitung bedürfen.[476]

Daß die großen Ungewißheiten, die den neuen CO_2/Sulfat-Modellen anhafteten, nach wie vor an verschiedenen Stellen zum Ausdruck gebracht wurden, unterminierte in Watsons Augen den Bericht. Im folgenden schrieb er, die Aussagen über die »Unverläßlichkeit und Ungewißheit« des Einflusses von Sulfat in den Modellen sollten gestrichen werden, da sie nicht dazu paßten, daß »der Fokus auf die Solidität der [Sulfat-]Aerosol-Ergebnisse gelegt [werde], um zu wichtigen neuen Schlußfolgerungen über die Beweiskraft des Verteilungsmusters zu gelangen«.[477]

Aus diesen Kommentaren geht unzweideutig hervor, was die Saudis zu verhindern suchten, als sie in Madrid ihren eigenen Vorschlag zur Behandlung der Unstimmigkeiten machten. Die ehrlichste Lösung hätte darin bestanden, die Behauptung vom entdeckten menschlichen Einfluß auf das Klima fallenzulassen und zu den Zweifeln und Unsicherheiten zurückzukehren, die im Resümee des Kapitels benannt waren. Der viel schwierigere Weg, diese Widersprüche auszuräumen, bestand in der Neuausrichtung des gesamten Kapitels auf eine bahnbrechende neue Feststellung, indem man die zahlreichen Hinweise auf Unverläßlichkeit und Ungewißheit tilgte, die ihr entgegenstanden. Bereits vor Madrid wurde in dem Anschreiben des US-Außenministeriums und den einzelnen Anmerkungen von Watson klar der Druck erkennbar, genau das zu tun. Die US-Delegation drängte darauf, alle Hinweise auf die generelle Unsicherheit auszumerzen, um so das neue CO_2/Sulfat-»Verteilungsmuster« als soliden Beweis – eben den rauchenden Colt – für die menschliche Urheberschaft präsentieren zu können. Genau das war die Linie, die in Madrid durchgesetzt wurde. Nach Madrid wurde dann das Resümee des Kapitels, statt an ihm herumzuflicken, einfach weggelassen.

Houghton verteidigte sich damit, daß ihn die amerikanische Regierung ersucht habe, die Kapitel in Einklang mit der »Zusammenfassung für Politiker« zu bringen. Das entspricht der Wahrheit. Die Vereinigten Staaten nutzten die Möglichkeit der Äußerung zur »Zusammenfassung für Politiker«, um Änderungen der Kapitel zu verlangen, die diese »paßgerecht« machen sollten. Daß es Widersprüche innerhalb des Kapitels 8 und zwischen dem Kapitel und der Zusammenfassung gab, war nicht der zentrale Punkt des Streits. Der zentrale Punkt war, wie mit diesen Unstimmigkeiten zu verfahren sei und auf wessen Wunsch. In Madrid hätte man sie dadurch beheben können, daß man die »Zusammenfassung für Politiker« änderte, eben so, wie es die Saudis gefordert hatten. Dadurch wäre die wissenschaftliche Integrität der Kapitel gewahrt geblieben. Allerdings hätte man dann auf die behauptete neue Entdeckung verzichten müssen. Es entbehrt nicht einer gewissen Tragik, daß es Houghton selbst gewesen war, der das IPCC als Regierungsgremium von der Niederschrift der Gutachten ausgeschlossen hatte, um eine ausschließlich in der Hand von Experten liegende Arbeitsweise einzuführen, die von jedem potentiellen politischen Einfluß durch Länderdelegationen völlig unabhängig sein sollte. Bei der ersten Begutachtung war er dieser Verfahrensweise gefolgt, und damals hatte ihm sogar die Zustimmung der Delegierten seiner eigenen Arbeitsgruppe genügt, um deren Bericht an einen kommerziellen Verlag zu geben, so daß er fix und fertig gedruckt in Sundsvall verteilt werden konnte, noch bevor ihn das IPCC förmlich gebilligt hatte. Allerdings hatte das Resultate erbracht, die kaum für ein Klimaabkommen sprachen. Beim zweiten Bericht hatte der Versuch der Arbeitsgruppe 3, Houghtons Konzept einer unabhängigen Expertenbegutachtung zu übernehmen, das letzte Plenartreffen der Gruppe, um ihren Bericht anzunehmen, platzen lassen, nachdem die Autoren auf ihrer Unabhängigkeit beharrt und Änderungen abgelehnt hatten. Das entsprechende Treffen der Arbeitsgruppe 1 in Madrid wurde zwar nicht abgebrochen, und der Satz über den gelungenen Nachweis überstand die Sitzung, um fortan als Grundlage der Vertragsverhandlungen zu dienen – aber erst, nachdem der Mann, der die wissenschaftliche Unabhängigkeit der Begutachtung etabliert hatte, erfolgreich ihre Verletzung ins Werk gesetzt hatte.

Der Streit um Kapitel 8: Auswirkungen und Nachwirkungen

Der Streit um Kapitel 8 schlug viele Wunden. In den sechs Monaten seit Madrid hatten sich zahlreiche bekannte Personen, Vereinigungen und Institutionen um das Banner des IPCC geschart, angezogen vom Triumph des angeblich endlich entdeckten anthropogenen Klimawandels. Hiervon wieder abzurücken, wäre nicht leicht gewesen. Zuviel stand auf dem Spiel für das Ansehen des IPCC, für das Ansehen der Wissenschaft in der politischen Sphäre, für die beteiligten Machtverwalter. Fast vom ersten Moment der Auseinandersetzung an war zu beobachten, wie sich die Reihen enger schlossen. Zahlreiche wissenschaftliche

Instanzen, darunter führende Fachzeitschriften, teilten oder duldeten nicht länger eine skeptische Haltung im Geiste jener gelassenen Liberalität, die sie vorher an den Tag gelegt hatten.

nature

NATURE · VOL 381 — 13 JUNE 1996

Climate debate must not overheat

Charges by parts of the US energy industry that a recent report on global climate change has been 'scientifically cleansed' should not be allowed to undermine efforts to win political support for abatement strategies.

One of the most significant implications of the forthcoming presidential and congressional elections in the United States will be their impact on international negotiations about the dangers of man-made global warming. Despite continued dissent from a dwindling band of sceptics, there is growing support within the scientific community for the view, expressed in the latest report from the International Panel on Climate Change (IPCC) (see page 546), that "the balance of evidence suggests a discernible human influence on global clim[...]". The main political task now facing the international co[...]ity is to turn [...] conclusio[...] into a plan of action. The [...] which the [...]

The IPCC's Working Group 1 has taken pains, as its full report indicates, to meet scientific criticisms of its conclusions head on. Inevitably there are those who will continue to dispute the details of its arguments, and others who will be reluctant to sign up to the consensus for reasons of personal caution. Yet the GCC's attack on the IPCC allows direct consideration of the science involved to be overshadowed by semantic arguments that risk losing the wood in the trees. Climate change as a political issue deserves the increasing attention it is likely to obtain as governments in Wash[...]ton and els[...]here [...] IPCC's co[...]s. Bu[...] also [...]

Abb. 10.4: Nature propagiert die Unterstützung des IPCC

Dieser Leitartikel erschien am 13. Juni 1996[478], einen Tag, nachdem Seitz im *Wall Street Journal* Einzelheiten über die Änderungen in Kapitel 8 einer breiten, über wissenschaftliche Fachkreise hinausreichenden Öffentlichkeit bekannt gemacht hatte.

Ein auffälliges Ergebnis war, daß *Nature* seine kritische Linie gegenüber dem IPCC (wenn auch etwas zögerlich) aufgab. Sein Leitartikel, der einen Tag nach Seitz' Beitrag im *Wall Street Journal* erschien, war keine Antwort auf diesen, sondern auf die vorangegangenen Versuche des *Carbon Club*, einen Disput in Gang zu bringen.* Obwohl die Sprengkraft der Vorwürfe eingeräumt wurde, war der Artikel vor allem eine Abwiegelung der führenden wissenschaftlichen Fachzeitschrift Großbritanniens, man möge in der Kontroverse wegen der möglichen Folgen für die bevorstehende US-Wahl und damit für die Vertragsverhandlungen leise Töne wählen. Gleichwohl ließ *Nature* weiterhin (wenngleich freundlicher) Kritik am IPCC durchklingen:

> Die Beanstandungen sind nicht völlig grundlos. Von Vertretern des IPCC ist erklärt worden, die Änderungen hätten einzig einer Bereinigung des Textes gedient und insbesondere sicherstellen sollen, daß er mit der »Zusammenfassung für Politiker« des

* Vgl. S. 208f.

> gesamten Berichts übereinstimme, über deren Wortlaut die Regierungsdelegierten auf dem Treffen in Madrid nur mühsam Einigung erzielen konnten. Aber es gibt einige Belege dafür, daß die Überarbeitung das relative Gewicht der verschiedenen Argumentationslinien subtil verschoben hat.[479]

Dieses abwiegelnde Zugeständnis, daß an der Kritik des »Kohlenstoff-Klubs« irgend etwas dran sein könne, gefolgt von einem untypischen Kratzfuß vor der sogenannten Politik, provozierte eine scharfe Antwort des vielleicht engagiertesten IPCC-Kritikers jener Zeit, Fred Singer, die *Nature* gewiß in seiner Meinung bestätigte, man solle am besten über die ganze Angelegenheit schweigen.[480] Im November des Vorjahres hatte Singer ein Treffen skeptischer Wissenschaftler initiiert, die in die Debatte mit einer öffentlichen Erklärung eingriffen, in der sie gegen die Behauptung, der anthropogene Klimawandel sei nachgewiesen worden, Widerspruch einlegten: die sog. »Leipziger Erklärung«. Aber sie blieb von öffentlicher Breitenwirkung abgeschnitten. Auch der *Carbon Club* blieb erfolglos. Pearlman und sein Team hatten sich von Anfang an äußerst effizient darin gezeigt, die angebliche Neuentdeckung in Frage zu stellen, aber mit ihrer Initiierung der Kontroverse um Kapitel 8 machten sie sich an den entscheidenden Stellen keine Freunde. In den Jahren 1996/97 brach die Zahl der sie finanzierenden Unternehmen rapide ein, als sich die Konzerne darin überschlugen, ihr Image tiefgrün einzufärben.[481]

Da es nur sehr wenige gab, die es wagten, dem Anspruch des IPCC, es habe anthropogenen Klimawandel nachgewiesen, öffentlich entgegenzutreten, konnte man den Streit versanden lassen, und diejenigen, die den Triumph von Madrid fabriziert hatten, kamen ohne Schaden für ihr Ansehen davon. Auf dem Höhepunkt der Auseinandersetzung entrüstete sich Santer zwar, er werde als Wissenschaftler »vernichtet«, aber statt dessen brachte ihm seine Rolle beim »Durchbruch« des IPCC bald eine steile Karriere ein. 1998 erhielt er eines der hochdotierten MacArthur-Stipendien, den sog. »Genie-Preis«, und zwar ausdrücklich für seine »Fingerabdruck«-Studie, die der behaupteten Entdeckung der menschengemachten Klimaerwärmung den Weg gebahnt hatte.

Die anderen Wissenschaftler, die dazu beitrugen, die erste »Nachweis«-Behauptung des IPCC durchzusetzen, waren Robert Watson, der im Namen der amerikanischen Regierung die Änderungen der Kapitel verlangt hatte, und sein Landsmann John Houghton, der diese Änderungen durchgedrückt hatte. Beide britische Wissenschaftler sollten bei der nächsten Gutachtenerstellung des IPCC eine noch bedeutendere Rolle spielen: Houghton leitete erneut die Abfassung des wissenschaftlichen Teils des dritten Gutachtens, während Watson inzwischen als Nachfolger Bolins Vorsitzender des IPCC geworden war.

Unter Houghton und Watson wurde im dritten Gutachten der Arbeit eines anderen jungen Wissenschaftlers ein prominenter Platz eingeräumt, der 1998 ein

Temperaturtrend-Diagramm erstellt hatte, das scheinbar Barnetts Problem löste, eine »Meßlatte« natürlicher Variabilität zu finden. Die Ergebnisse, die Michael Mann aus den Daten von Klima-Proxys seit Ende der mittelalterlichen Warmzeit und aus instrumentellen Meßdaten der letzten hundert Jahre ableitete, zeigten einen so rasanten allgemeinen Erwärmungstrend im Verlauf der letzten hundert Jahre, daß dieser vorherige Schwankungen weit überragte und damit keinen Raum mehr für Zweifel ließ, daß sich etwas Außergewöhnliches anbahne.[482] Bald erweiterte Mann seine Studie auf die letzten tausend Jahre, und diese sog. »Hockeyschläger«-Kurve erschien im dritten IPCC-Bericht. Als das Gutachten 2001 veröffentlicht wurde, erwies sich Manns Temperaturkurve als das zugkräftigste Mittel, um ihm Publicity zu verschaffen; auch danach wurde sie ausgiebig von Regierungen genutzt, um ihre Politik der Emissionsbeschränkungen zu propagieren. Diesen öffentlichen Kampagnen tat es keinen Abbruch, daß bald Bedenken gegen die verwendete Methodik für die Errechnung der Kurve erhoben wurden und sich daraus die sog. »Hockeyschläger«-Kontroverse entwickelte, die viel weitere Kreise zog und viel länger währte als der Streit um Kapitel 8.[483] Vielmehr überwältigte die visuelle Wucht des Hockeyschlägers weiterhin jeden Zweifel daran, daß es bereits einen erkennbaren menschlichen Einfluß auf das Weltklima gebe.

Wirft man einen Blick auf die übrigen Leitautoren des Kapitels 8, so schadete ihnen die Kontroverse zwar kaum, brachte ihnen aber auch keine der Ehrungen ein, mit denen man dagegen Santer überhäufte. Das verwundert nicht, denn sie lagen nicht immer lupenrein auf der Linie des IPCC. Die Kritik, die Tom Wigley an der wissenschaftlichen Fundierung der Klimaverträge übte, ging über die Ermittlung der natürlichen Klimavariabilität hinaus. Wie oben erwähnt, hatte er gleich nach dem Leitautoren-Treffen in Asheville einen Artikel zur hübschen Kurve des *Met Office* über den jüngsten globalen Temperaturtrend veröffentlicht, in dem er die Simulation der Auswirkungen von Sulfat und die Vorhersagegenauigkeit von Modellprognosen in Zweifel zog.* Aber auch schon vor Asheville hatte er die wissenschaftlich-ökonomische Logik der weltweit propagierten Emissionsreduzierungen hinterfragt. In Zusammenarbeit mit Experten für Energiewirtschaft verfaßte er eine teilweise von der Branche finanzierte Studie, nach der es nicht ratsam war, in den nächsten 30 Jahren mit einer Senkung der Emissionen zu beginnen.** Dennoch blieb Wigley im Streit um Kapitel 8 bei seiner eisernen Treue zu Santer und allen Wissenschaftlern, die von dem Geldsegen lebten, den die Erwärmungshysterie hervorgebracht hatte. Seine unveränderte »loyale

* Vgl. S. 182.

** Der Artikel wurde im Mai 1995 bei *Nature* eingereicht, erschien aber erst im folgenden Jahr, weil er laut dem *New Scientist* »eine feindselige Reaktion mehrerer Prüfer hervorrief, was zu Gegenvorwürfen der Zensur führte«.[484]

Opposition« trat besonders frappierend in den 2009 durchgesickerten E-Mails hervor, aus denen hervorging, daß er während der Hockeyschläger-Kontroverse hinter den Kulissen alles tat, um die Kritiker abzublocken, während er privat in vieler Hinsicht die Kritik an Manns Arbeit teilte.[485, *]

Was Tim Barnett anging, so rief er, nachdem der Streit um Kapitel 8 abgeebbt war, einen losen Diskussionszirkel von Wissenschaftlern, von denen die meisten an der Abfassung des Kapitels 8 mitgewirkt hatten, ins Leben, der sich *International Detection and Attribution Group* nannte. Ein von ihm 1999 veröffentlichter Übersichtsartikel ergänzte die Erkenntnisse zur Frage der »Meßlatte« der natürlichen Variabilität und zeigte auf, daß das Problem ungelöst fortbestand, wenn man Manns Diagramm mit anderen Diagrammen verglich, die auf Daten aus ganz verschiedenen Klima-Proxys basierten.[486] Barnett war niemand, der für faule Kompromisse zu haben war, mied aber auch Streitigkeiten, und so enthielt er sich jeder Mitwirkung an der nächsten IPCC-Begutachtung.

Was all diese Initiativen und Aktivitäten von Fachleuten im nahen Umkreis der zweiten und dritten IPCC-Begutachtung belegen, ist die Tatsache, daß es einen breiten Strom wissenschaftlicher Auffassungen gab, die sich mit dem Anspruch des IPCC, es habe das Signal der Katastrophe entdeckt und damit eine wissenschaftliche Grundlage für die ergriffenen politischen Maßnahmen geschaffen, schlechterdings nicht in Einklang bringen ließen. Die meisten dieser Wissenschaftler wollten nicht in eine öffentliche Kontroverse mit dem IPCC eintreten, und damit hatte ihr Standpunkt kaum Auswirkungen auf dessen Reputation beim allgemeinen Publikum. Und selbst wo die angebliche fachliche Fundierung des behaupteten Nachweises anthropogener Klimaänderungen die wiederholte und dezidierte Kritik von Experten auf sich zog, welche die öffentliche Auseinandersetzung nicht scheuten, hatte dies für das öffentliche Ansehen des IPCC kaum Folgen. Wo doch, bewirkte es eher, daß das IPCC mit seiner sich weiter verfestigenden wissenschaftlichen Rechtfertigung politischen Handelns eine um so größere Rückendeckung erhielt. Jede Kritik wurde weiterhin abgetan als Politisierung der Wissenschaft im Dienste von Partikularinteressen, andersherum freilich nie, während die mächtigen politischen Schutzherrn des IPCC dafür sorgten, daß seine Rolle als wissenschaftliche Autorität in den fortgeführten Klimavertragsverhandlungen nie wieder ernstlich bedroht wurde. Während der Hockeyschläger-Kontroverse wurde seine Unterstützung durch die Wissenschaftsbürokratie nur noch größer, und die meisten der angesehensten Wissenschaftsakademien und -vereinigungen

* Im November 2009 wurden Tausende von E-Mails und Computerdateien von der *Climate Research Unit* (CRU) an der East Anglia University entwendet und veröffentlicht. Die E-Mails belegten die Aktivitäten einer kleinen Gruppe von Klimaforschern mit dem Ziel, die Diskussion über Klimawissenschaft und namentlich über die »Hockeyschläger«-Kurve zu behindern oder zu unterdrükken. Die daraus entstandene Kontroverse wurde als »*Climategate*« bekannt.

der Welt traten mit öffentlichen Stellungnahmen hervor, die das IPCC und die von ihm beanspruchte wissenschaftliche Fundierung der Erderwärmungsangst explizit verteidigten.[487,488] Houghton und Watson wurden in den Adelsstand, Gummer in den Hochadel erhoben, und 2007 teilte sich das IPCC mit Al Gore den Friedensnobelpreis. Heute, nach fünf weiteren umfassenden Sachstandsberichten und einem weiteren in Vorbereitung, bleibt das IPCC weiterhin in der Rolle der überragenden Autorität in allen Fragen der wissenschaftlichen Grundlage, auf der sämtliche Bestrebungen und Maßnahmen aufbauen, mit denen eine weltweite Klimakatastrophe abgewendet werden soll.

Danksagung

Dieses Buch hätte ohne die Dokumente, die mir Mike MacCracken und John Zillman zur Verfügung gestellt haben, nicht geschrieben werden können. Ihr beständiges Interesse an einer wahrheitsgetreuen und exakten Wiedergabe der Tatsachen bewahrte mich bei meinen Recherchen manches Mal davor, eine falsche Richtung einzuschlagen. Bei der Zusammenstellung der Quellen und Literatur erfuhr ich sachkundige bibliothekarische Hilfe von Rosa Serratore, Lily Gao und Galina Brejneva an der Bibliothek des australischen *Bureau of Meteorology*, von Laetitia Rey bei der WMO, von Emily Hewitt und Robert Perks an der *British Library* sowie von Mark Beswick und seinen Kollegen am britischen *Met Office*. Zu den Historikern, die meine Arbeit begleiteten, zählen James Fleming, David Hirst, Spencer Weart and Andrew Montford. Unter all jenen, die mich bei meinen Recherchen unterstützten, seien weiterhin Alan Overton (East Anglia University), Tim Osborn (CRU), Ken Haapala (*Science and Environmental Policy Project*) und Jonathan Lynn (IPCC) genannt. Viele derer, die an den in diesem Buch beschriebenen Ereignissen unmittelbar beteiligt waren, nahmen sich großzügig Zeit zur Beantwortung meiner Fragen, darunter Ben Santer, Tim Barnett, Tom Wigley, John Houghton, Fred Singer, John Mitchell, Pat Michaels, Chip Knappenberger, John Christy, Eduardo Olaguer, Bettye Dixon, John Zillman, Aubrey Meyer, Richard Tol, Sam Fankhauser, Erik Haites, William Nordhaus, Vincent Grey, Bill Kininmonth, Kevin Trenberth, Garth Paltridge, Bob Carter, Tim Ball, David Unwin, Ray Bates, Steve McIntyre, Richard Lindzen, Brian O'Brien und viele andere. Hilfe und Ermutigung erfuhr ich weiter von Aynsley Kellow, John Zillman, Hilary Ostrov, Ray Evans, Alan Moran, Benny Peiser, David Henderson, Martin Cohen, Simon Scott, Eddie Schubert, Lucy Skywalker und insbesondere Kelsey Hegarty. Für die Diskussion über das Manuskript in den verschiedenen Stadien seiner Niederschrift danke ich Richard Lindzen, John Zillman, Aynsley Kellow, Christopher Essex, Ross McKitrick, Antonino Zichichi, Erl Happ und Kelsey Hegarty. Schließlich gilt mein Dank Benny Peiser, der der Idee eines vollständigen Buches seinen Rückhalt gab, und Andrew Montford für seine eingehenden, sorgfältigen und kompetenten redaktionellen Anregungen, die mein ursprüngliches Manuskript in eine zur Veröffentlichung geeignete Form verwandelten.

Dramatis personae

Bolin, R. J. »Bert« (1925–2007) Schwedischer Meteorologe, Fachmann für atmosphärisches Kohlendioxyd. Seit den späten 1960er Jahren nahm er koordinierende Aufgaben in der internationalen meteorologischen Forschung und Begutachtung wahr. Er wirkte an der Schaffung des *Global Atmospheric Research Program* (GARP) mit und führte von 1968 bis 1971 den Vorsitz im Gemeinsamen Lenkungsausschuß des Programms (*Joint Organizing Committee*). Er leitete die Erstellung der ersten internationalen Studie über die Gefahr einer Erderwärmung (SCOPE 29). Nach der Konstituierung des IPCC im Jahr 1988 amtierte er bis 1997 als dessen erster Vorsitzender.

Bruce, James P. »Jim« (*1928) Kanadischer Hydrometeorologe. Als Leiter des kanadischen Wetterdienstes gehörte er dem Präsidium der WMO an, in der er 1983 zum dritten Vizepräsidenten gewählt wurde. Er führte den Vorsitz bei der zweiten Villacher Konferenz von 1985, wurde dann Sekretär der in Villach auf Wunsch von UNEP-Direktor Mustafa Tolba eingesetzten »Beratungsgruppe für Treibhausgase« (*Advisory Group on Greenhouse Gases*) und wechselte vom kanadischen öffentlichen Dienst zum Sekretariat der WMO in Genf, die ihn 1986 zum geschäftsführenden stellvertretenden Generalsekretär ernannte. In dieser Position trug er maßgeblich zur Schaffung des IPCC bei. Bei der Erstellung des Zweiten Sachstandsberichts des IPCC steuerte er dessen Arbeitsgruppe 3 durch die Untiefen einer öffentlichen Kontroverse um den »Preis des Lebens«.

Estrada-Oyuela, Raul (*1938) Argentinischer Diplomat. 1991 wurde er stellvertretender Vorsitzender des neu eingerichteten »Internationalen Verhandlungskomitees«, 1993 Vorsitzender. Danach spielte er im Sekretariat des UN-Klimaabkommens eine zentrale Rolle bei der Ausarbeitung und Unterzeichnung des »Kyoto-Protokolls« von 1997, in dem erstmals rechtlich bindende Grenzen für CO_2-Emissionen festgelegt wurden.

Gummer, John (*1939) Funktionär der britischen Konservativen Partei. 1993 zum Staatssekretär für Umweltfragen ernannt, trieb er auf internationaler

Ebene den Abschluß rechtlich bindender Vereinbarungen zum »Klimaschutz« voran. Zu diesem Zweck bediente er sich der im Dezember 1995 verkündeten Erklärung des IPCC, es habe eine menschengemachte Klimaänderung nachgewiesen, nur Tage später als Druckmittel in internationalen Gremien. 2010 zu »Lord Deben« geadelt, verfolgte er dieses Ziel danach im britischen Oberhaus weiter.

Hansen, James »Jim« (*1941) US-amerikanischer Atmosphärenwissenschaftler. 1967 erhielt er eine Anstellung am von Robert Jastrow geleiteten Goddard-Institute für Weltraum-Studien in New York. Als Jastrow 1981 in Pension ging, war das Institut von Schließung bedroht, wurde aber unter Leitung von Hansen weiterfinanziert, nachdem dieser gerade sein Forschungsgebiet von der Atmosphäre der Venus zur Erdatmosphäre verlegt hatte. Seit 1988 agierte Hansen als prominenter Verfechter von Maßnahmen zur Bremsung einer Erderwärmung. In jenem Jahr behauptete er vor einem Ausschuß des US-Kongresses, er habe zweifelsfrei einen menschlichen Einfluß auf das Klima nachgewiesen. Die von Presse und Fernsehen hochgespielte Kongreßanhörung wurde zum Startpunkt der »Klimaschutzbewegung« in den USA.

Houghton, John T. (1931–2020) Britischer Meteorologe. Er begann seine berufliche Laufbahn in Oxford, wo er unter Leitung von Gordon Dobson an Forschungen über die Ozonschicht und an der Entwicklung von Fernerkundungsgeräten für Satelliten mitarbeitete. Von 1976 bis 1978 Präsident der *Royal Meteorological Society*. Als 1980 das Weltklimaforschungsprogramm (WCRP) begann, wurde Houghton stellvertretender Vorsitzender des Lenkungsausschusses für das Programm, später – als Nachfolger von Joseph Smagorinsky – Vorsitzender des Ausschusses. 1983 wurde er Leiter des britischen *Met Office* und Mitglied des Präsidiums der WMO. Auf ihrer ersten Sitzung von der IPCC-Arbeitsgruppe 1 zu ihrem Vorsitzenden gewählt, formte Houghton von 1988 an das Verfahren der Ausarbeitung der IPCC-Sachstandsberichte in der Weise, daß die Abfassung des Berichts dem Gremium der Regierungsdelegierten aus den Händen genommen und in die von Fachleuten als »Leitautoren« gelegt wurde. 1995 wirkte Houghton entscheidend daran mit, daß in letzter Minute in den Zweiten Sachstandsbericht des IPCC die Behauptung aufgenommen wurde, der Nachweis für eine menschliche Klimabeeinflussung sei erbracht.

Mitchell, J. Murray (1928–1990) US-amerikanischer Meteorologe, der sich als hochangesehener Wissenschaftler aktiv an allen großen Debatten über Klimaänderungen in den 1960er und 1970er Jahren beteiligte, wobei er in der Regel der Schürung öffentlicher Ängste entgegenwirkte.

Singer, Siegfried »Fred« (1924–2020) US-amerikanischer Atmosphärenphysiker. Seine Forschungen erstreckten sich auf die kosmische Strahlung, die Ozonschicht und die Entwicklung satellitengestützter Fernerkundungstechnologie. Seit den späten 1980er Jahren äußerte er sich in der Öffentlichkeit zunehmend skeptisch zur wissenschaftlichen Fundierung von Behauptungen einer weltweiten Klimaerwärmung. 1990 gründete er das privat finanzierte *Science and Environment Policy Project* (SEPP), das bis heute fortbesteht.

Sullivan, Walter (1918–1996) Wissenschaftsredakteur der *New York Times* von 1964 bis 1987. Seit dem Internationalen Jahr der Geophysik 1957/58, über das er eingehend berichtete, entwickelte er ein Interesse am Wissenschaftsressort seiner Zeitung und gewann in den 1960er und 1970er Jahren maßgeblichen Einfluß auf die Berichterstattung der US-Presse über wissenschaftliche Fragen, was auch Rückwirkungen auf die Vergabe staatlicher Forschungsgelder hatte.

Tolba, Mustafa (1922–2016) Ägyptischer Mikrobiologe und Direktor des UN-Umweltprogramms UNEP. Er war Chef der ägyptischen Delegation auf der UN-Konferenz über die »menschliche Umwelt« (Stockholm, 1972) und wurde danach stellvertretender Direktor des im Anschluß an die Konferenz gegründeten UNEP, zwei Jahre später dann – als Nachfolger von Maurice Strong – dessen Direktor. In dieser Funktion spielte er eine leitende Rolle bei den Verhandlungen für ein internationales Abkommen zum Schutz der Ozonschicht, und zwar von ihren Anfängen in den späten 1970er Jahren bis zu ihrem erfolgreichen Abschluß Ende der 1980er Jahre. Noch während der Vorbereitungen für dieses Abkommen begann er zudem, für ein weiteres Abkommen über »Klimaschutz« zu werben. Nach der ersten Weltklimakonferenz 1979 scheiterte er mit dem Versuch, die Kohlendioxyd-Frage in das Weltklimaprogramm einzubeziehen, konnte aber 1983 die erste internationale Studie über die Frage initiieren, wodurch er auf der Villacher Konferenz von 1985 die Aushandlung eines »Klimaabkommens« in die Wege leiten konnte. Auch bei dessen Aushandlung vermochte er eine führende Rolle einzunehmen, bis 1991 eine Auflehnung der armen Länder in der UNO die Einrichtung eines eigenen »Internationalen Verhandlungskomitees« durchsetzte, das das UNEP auf eine randständige Rolle verwies. Im folgenden Jahr schied Tolba aus seinem Amt aus.

Watson, Robert »Bob« (*1948) Britischer Atmosphärenchemiker, überwiegend in den USA tätig. Nach seiner Promotion 1973 arbeitete er zunächst unter Leitung von Harold Johnston an Forschungsprojekten über behauptete klimatische Schadensfolgen ziviler Überschall-Passagierflugzeuge. Seit Beginn der Verhandlungen über einen Ozonschutzvertrag führte er den Vorsitz einer hierfür eingerichteten beratenden Fachgruppe (*Coordinating Committee on the Ozone Layer*). Bei der Ausarbeitung des Ersten Sachstandsberichts des IPCC fungierte Watson als US-Delegationschef für die IPCC-Arbeitsgruppe 1 und einer von deren Leitautoren. 1993 berief ihn die Clinton-Administration zum umweltpolitischen Berater im Weißen Haus; zugleich übernahm er den Vorsitz der IPCC-Arbeitsgruppe 2 (»Beurteilung der Folgen des Klimawandels«) für die Ausarbeitung des Zweiten Sachstandsberichts. Er verfaßte die offizielle Stellungnahme der US-Regierung zum Entwurf für die Zusammenfassung dieses Sachstandsberichts. Die im November 1995 übersandte Stellungnahme mahnte nachträgliche Änderungen der beschlossenen Berichtsfassung an, um diese auf eine Linie mit der darin in letzter Minute aufgenommenen Behauptung zu bringen, es sei ein empirischer Nachweis für eine menschengemachte Klimaänderung gefunden worden. Im September 1996, als die Arbeiten am Dritten Sachstandsbericht bevorstanden, wurde Watson als Nachfolger Bolins zum Vorsitzenden des IPCC gewählt.

Weinberg, Alvin (1915–2006) US-amerikanischer Kernphysiker, beteiligt am Bau der ersten Atombombe (»*Manhattan Project*«), nach dem Krieg im *Oak Ridge National Laboratory* tätig, ab 1955 als dessen Leiter bis zu seiner Pensionierung im Jahr 1973. Im folgenden Jahr mit der Gründung des »Amtes für Energieforschung und -entwicklung« (ERDA) – dem Vorläufer des US-Energieministeriums – befaßt, kehrte er anschließend nach Oak Ridge zurück, um Direktor des Instituts für Energiestudien zu werden. In jenen Jahren äußerte er sich, als Reaktion auf eine erstarkende Kampagne gegen Atomenergie, in der Öffentlichkeit zunehmend besorgt über eine weiter steigende Abhängigkeit vom Verbrauch fossiler Brennstoffe und dessen potentielle Auswirkungen auf das Klima. Als ERDA beschloß, den Zusammenhang zwischen Kohlendioxyd und dem Erdklima zu untersuchen, übernahm Weinberg den Vorsitz einer hierfür eingerichteten ständigen Arbeitsgruppe und beteiligte sich maßgeblich an der Vorbereitung des ersten wissenschaftlichen Symposiums über die Kohlendioxyd-Frage. Im anschließend geschaffenen Kohlendioxyd-Programm des Energieministeriums spielten Weinberg und sein Institut für Energiestudien weiterhin eine Schlüsselrolle, bis er 1984 in den Ruhestand trat.

Wigley, Thomas »Tom« (*1940) Australischer Atmosphärenphysiker. Ab 1975 bei der *Climatic Research Unit* (CRU) an der East Anglia University tätig, seit 1978 – als Nachfolger von Hubert Lamb, der die CRU gegründet hatte – als deren Direktor. Nach Übernahme der Leitung der CRU richtete er deren Arbeiten rasch dahin neu aus, daß die Frage einer Erderwärmung in den Mittelpunkt gestellt wurde. Wigley verfaßte den Abschnitt über empirische Forschung in der SCOPE-29-Studie von 1985 und anschließend das Kapitel über den empirischen Nachweis im Ersten Sachstandsbericht des IPCC. Bei der Ausarbeitung des Zweiten Sachstandsberichts im Jahr 1995 beschränkte er sich auf eine untergeordnete Rolle, während er gleichzeitig einen Artikel veröffentlichte, in dem er Kritik an den Klimamodellen übte, die angeblich aufzeigten, daß die Auswirkungen von Kohlendioxyd- und Sulfatemissionen mit den weltweit gemessenen Temperaturen übereinstimmten. Ein weiterer Artikel, zu dessen Mitautoren er 1995 gehörte, sprach sich gegen die Kontrolle von Emissionen in den nächsten 30 Jahren aus, wurde aber im Verfahren der *Peer Review* zurückgehalten, bis er im folgenden Jahr in geänderter Fassung erschien.

Anhang

(aus: Ketzerbriefe 220, März/April 2020)

Die Stürmer von München

Was die NSDAP – ein Geschöpf Eberts und Noskes, das aus deren Mordtruppen hervorgegangen war und, seinen Schöpfern undankbar, nach getaner Arbeit, d.h. ca. 40 000 ermordeten Anmahnern der Verwirklichung jahrzehntelang wiederholter SPD-Versprechungen, als diese Partei sich nicht mehr auf ihre Machtlosigkeit berufen konnte, nicht wieder ins karge Zivilleben zurückkehren wollte – schon vor ihrer formalen Machtergreifung so übel für die Welt und so nützlich für die herrschende Klasse machte, war die Aktivität ihrer Mitglieder als »Stürmer« (weshalb ihr schlimmstes Kampfblatt sich auch genau diese Selbstbezeichnung zulegte). Damit war ihr Einsatz zum Sprengen aller Versammlungen gemeint, die der herrschenden Klasse im geringsten mißfallen konnten – nicht nur kommunistischer, die natürlich den Löwenanteil ausmachten, sondern auch pazifistischer und wie auch immer regierungskritischer, die den Rechtsstaat einforderten. Dadurch brauchte der Justizapparat der herrschenden Klasse, die sich aufgrund ihrer Kriegsniederlage noch zu schwach dazu fühlte (d.h. keine klassische oder »gewöhnliche« Militärdiktatur einsetzen konnte, da diese noch nicht genügend breiten Gehorsam hätte finden können, wie z.B. der voreilige Kapp-Putsch schon schmerzhaft gezeigt hatte), die Verfassung durch völlig flächendeckende Parteien- oder Versammlungsverbote jeder nur denkbaren Opposition zu brechen, was zu diesem Zeitpunkt, ganz wie heute auch, noch einigermaßen riskant für sie gewesen wäre, einfach nur den Politkriminellen auf ihrer Seite, eben den »Stürmern«, Straffreiheit zu gewähren und Gelder zuzuschanzen – auch wieder ganz wie heute. Der einzige ernsthafte und für die ältere Zeit sprechende Unterschied war nur, daß die herrschende Klasse die straffrei gehaltenen Stürmer damals gänzlich aus der eigenen Tasche bezahlen mußte, was sie heute nur teilweise mittels der zahllosen »Stiftungen« der Herren Soros, Rockefeller & Co. tut und ansonsten schon dreist Steuergelder als Stürmerlohn verteilen kann, was in der insofern noch besseren Weimarer Republik noch nicht gegangen wäre; außerdem hatten die historischen Nazis nur von einem Teil der Presse eine noch dazu abgestufte Unterstützung, während die heutigen, die freilich keinem nationalen, sondern dem transatlantischen Megakapital dienen, wobei die nationalen

Vasallenregierungen nur quislingsartige Relaisstationen sind, neuen und echten Nazis – oder, weil fremdnational orientiert, doch in identischer Stellung, Tendenz und Funktion, in Gottes Namen *Trazis* zu nennen (von »transatlantisch«) – dagegen eine restlos gleichgeschaltete Presse zu ihrer pausenlosen und nicht abgestuften, sondern uneingeschränkten und einheitlichen Unterstützung zur Verfügung haben, bisweilen auch arbeitsteilig in gegenseitiger, vorzüglich eingespielter Zusammenarbeit bei Vorbereitung und Durchführung ihrer Gewaltakte selbst. Was vorzuführen ist.

Denn wahrscheinlich tun sich sogar etliche Leser dieser Zeitschrift, d.h. Leute, die eher als der Durchschnitt auf den Gedanken kommen, der Gleichschaltung entrinnen zu wollen, oder wenigstens einmal mit ihm gespielt haben, schwer damit, die nüchterne und umfassende Wahrheit der obigen Tatbestandsbeschreibung anzuerkennen (und werden durch Angst vor sozialer Isolation, ganz wie im Mittelalter, in dem der schließlich ja nur durch gehorsame Autosuggestion mögliche Glaube an den abenteuerlichen Himmelsunsinn flächendeckende und aggressiv eingeforderte Pflicht war, angestachelt, die nüchterne und ausreichende Tatbestandsanalyse zu zerquatschen). Das gilt natürlich für den Rest des Volkes, darunter auch echte wie falsche »Wissenschaftler«, noch viel mehr. Dennoch kann die Wahrnehmung der politischen Wirklichkeit auch bei diesen bisweilen zu plötzlicher Klarheit und Angemessenheit gelangen, wenn sie selber zu den Opfern von Stürmern werden.

So geschah das, selbstverständlich ziemlich totgeschwiegen oder äußerst leise und abwiegelnd dargestellt, kürzlich in München. »Diese Konferenz wird als erste wissenschaftliche Konferenz seit der Nazi-Zeit in Deutschland in die Geschichte eingehen, die man gewaltsam zu verhindern versucht hat«, stellte der geborene Israeli Benny Peiser nüchtern fest – ein in England lehrender Physiker, nach dem immerhin noch zu Lebzeiten (und natürlich vor seinem Einsatz gegen die Klimapropaganda) ein neuentdeckter Asteroid benannt wurde. Ganz ins Schwarze bzw. Braune traf der – freilich über keinen Wissenschaftlerlorbeer verfügende, doch dafür politiknähere – Brexit-Aktivist Lord Monckton über die Stürmer: »Faschisten, die sich selbst Antifaschisten nennen.« Messen wir seine Diagnose mit dem historischen Eichmaß – alle historischen Faschisten von Mussolini über Hitler und Franco bis hin zu Pinochet zeichneten sich durch das *Wohlwollen* aus, welches Justiz und Presse der herrschenden Klasse ihnen entgegenbrachten, was daher kommt, daß sie als deren *Vortrupp* gegen ihre Kritiker und Gegner aktiv waren, auch unter grober Rechtsverletzung und dadurch die Parteilichkeit von Justiz und kapitalbasierter Presse benötigend, was sie von der »gewöhnlichen« Rechten in Gestalt etwa der traditionellen CDU oder SVP unterscheidet –, dann hat der Brexit-Aktivist vollauf recht, nur daß die herrschende Klasse, welche besagte Parteilichkeit des Staatsapparats sichert und ihre Schlägertruppen einsetzt, diesmal außerhalb Europas sitzt, welches sie nun einmal auch beherrscht – aber das ist der einzige ernsthafte Unterschied zwischen den echten Faschisten der Gegenwart (welche zwecks Verwirrung ihre eigenen Opfer »Faschisten« nennen, aber auch, weil besagte Opfer oder Gegner imperialistische Fremdbestimmung ablehnen, wie sie die historischen Faschisten schwächeren Ländern zugunsten der ihrigen zwar ebenso aufzwingen wollten wie ihre altkapitalistischen Konkurrenten ebenfalls, aber wie jeder Antikolonialist von Ghandi und Mao bis zu Che Guevara und Nelson Mandela sich auch für das eigene Land verbaten) und den ebenso echten, maßstabsbildenden Faschisten der Vergangenheit. – Was also hat sich abgespielt?

Das Europäische Institut für Klima und Energie (EIKE) plante wie bereits im letzten Jahr seine jährliche Konferenz im NH-Hotel München-Ost. EIKE ist ein Zusammenschluß von Wissenschaftlern und Fachleuten mit dem selbsterklärten Ziel, die Klima- und Energiediskussion ideologiefrei zu führen. Seit seiner Gründung 2007 wird EIKE angegriffen und ihm die wissenschaftliche Reputation abgesprochen, allen voran in Wikipedia, aber auch im Fernsehen und den Zeitungen. Doch diesmal ging die Presse noch einen Schritt weiter. Paul Gäbler, Redakteur beim »Tagesspiegel« (Berlin), diffamierte EIKE beim NH-Hotel als »AfD-nahen Klimaleugner-Thinktank« und fragte dann per Telefon das Management des Hotels scheinheilig, ob die »Positionen des Vereins« bekannt wären (auch die Inquisition verfügte über eine ähnlich kodierte, meist sofort wirksame Drohsprache). Das NH-Hotel München wollte sich dazu nicht äußern, schließlich hatte es einen guten und seriösen Kunden zu verlieren. In der Folge gab aber die Pressesprecherin der NH-Hotel-Gruppe in Berlin eine Unterwerfungserklärung ab: »Ein Leugnen des menschengemachten Klimawandels ist mit den Wertevorstellungen der NH-Hotelgruppe nicht vereinbar.« Ein weiteres Vorgehen werde »geprüft«, ha, ha! * Danach blieb es eine Weile lang ruhig. Besorgte Rückfragen seitens der Veranstalter, ob der Vertrag gefährdet sei, blieben vom NH-Hotel-Management in Berlin feige unbeantwortet. Dadurch beruhigt und wegen der großen Nachfrage nach Teilnahme an der Konferenz vereinbarte EIKE mit dem Münchner Management noch wenige Tage vor Beginn eine Aufstockung der ursprünglich geplanten Teilnehmerzahl.

Am Samstag, dem 9. November 2019 erschien dann ein Mob von 15 bis 20 Personen in den Räumen des NH-Hotels, sang laut Lieder ab, hielt Transparente hoch, belästigte Gäste und Mitarbeiter und verteilte Flugblätter, in denen zum Pogrom gegen »Klimaleugner« aufgerufen wurde: »**Klimaleugner*innen einheizen! Nehmen wir EIKE ihre Stimme!**« Das Ganze wurde mit einem Bild illustriert, auf dem die Verbrennung von EIKE dargestellt wird:

* »In München trifft sich die deutsche Klimaskeptiker-Szene«, Paul Gäbler, Tagesspiegel, 18.9.2019.

In dem Flugblatt wurde angekündigt, die Konferenz zu verhindern. Die Störaktion fand passenderweise am Jahrestag der Reichskristallnacht (9. November 1938) statt.

Zeitgleich veröffentlichte das »Umweltinstitut München e.V.«, ein aus dunklen Kanälen finanzierter, ganz und gar nicht, wie sein Name suggeriert, wissenschaftlicher, sondern politischer Verein in der Gnadensonne des Staatsapparats, einen Offenen Brief an das NH-Hotel, in dem es heißt: »Wir möchten Sie herzlich bitten, der Konferenz von EIKE keine Räumlichkeiten zur Verfügung zu stellen (…) Bitte laden Sie EIKE aus.« * Herzlich, herzlich, bitte, bitte, macht München judenfrei… bittebitte!

Ohne die geringste Empörung über den Mafiabrief, denn er roch nach Staatsfilz, knickte das NH-Hotel daraufhin feige ein, kündigte kurzfristig den Vertrag aus angeblichen »Sicherheitsgründen« – d.h. wenn die Nazis zu pogromieren belieben, sind die Juden schuld, hätten sich ja rechtzeitig taufen lassen können, statt eigene Synagogen zu brauchen – und teilte mit: »Die Sicherheit und das Wohlbefinden unserer Gäste und Mitarbeiter stehen für uns stets an oberster Stelle. Aufgrund der polarisierenden Wirkung des Vereins Eike können wir für diese Sicherheit nicht garantieren; weder für Gäste des Hotels, noch für die Besucher der Veranstaltung.« ** Auf diese Weise haben die Juden 1938 auch »polarisiert«.

EIKE wehrte sich gegen den Vertragsbruch vor Gericht, doch dieses prostituierte sich sofort und gab im Eilverfahren dem Hotel recht. In Zukunft (und schon länger) genügt also eine beliebige Rabatz-Drohung, wenn sie nur von *staatsnahen*

* Umweltinstitut München e.V.: Offener Brief EIKE-Konferenz, 11. November 2019.

** »Klimawandel-Leugner müssen sich neuen Veranstaltungsort suchen«, Tagesspiegel, 14.11.2019.

Schläger- und Grölertrupps kommt, sonst natürlich würden diese Justizopfer statt -extrawurstfresser, um einem Hotel oder anderem Tagungsort die Kündigung vereinbarter Räume zu erlauben. Und das soll kein »Totalitarismus« sein?! Man muß sich vorstellen, was eine kurzfristige Kündigung für den Veranstalter bei über 200 Teilnehmern und Flug- und Hotelbuchungen für zahlreiche internationale Referenten bedeutet.

Eine begleitende Hetze kam auch aus dem deutschen Bundestag. Marco Bülow, Mitglied des Umweltausschusses, äußerte sich laut »Tagesspiegel« folgendermaßen zur EIKE-Konferenz: »Diese Klimawandel-Leugner gefährden unsere Zukunft. (…) Jedes Unternehmen sollte sich gut überlegen, wem sie [*sic*] ihre Räumlichkeiten zur Verfügung stellt.« Auch der BUND (Bund für Umwelt und Naturschutz Deutschland), Regionalverband Südlicher Oberrhein, hetzte auf seiner Webseite: »Klimawandelleugner sind Mörder!« *

Nach der Kündigung durch das NH-Hotel versuchte EIKE, Ersatzräumlichkeiten zu finden, doch alle kontaktierten Hotels machten nach Bekanntwerden der Lage einen Rückzieher. Nun erst ging EIKE (endlich!) an die Öffentlichkeit, und innerhalb kürzester Zeit wurde die Meldung von der Verhinderung der wissenschaftlichen Konferenz in zahlreichen Berichten nicht nur in Deutschland, sondern gottlob auch im Ausland verbreitet, von Australien bis in die USA (dort u.a. in den »Breitbart News«).

Erst kurz vor dem geplanten Beginn der Konferenz konnten doch noch Ersatzräumlichkeiten gefunden werden. Um die Organisation und den Aufbau nicht zu gefährden, mußte der Tagungsort jedoch bis einen Tag vor Beginn der Konferenz geheimgehalten werden. Zum Abschluß der Konferenz gab es dennoch eine »Gegendemonstration«, zu der unter anderem auch die »LINKE Bayern« aufgerufen hatte – wenn Juden oder Kommunisten sich versammeln können, egal wie notdürftig, bleibt kein Nazi ruhig. ** Die Konferenz konnte aber dank Polizeischutz und Sicherheitsdienst ohne Störung durchgeführt werden, denn jetzt guckten auch Amerikaner und Israelis, und die wählen ja beide mehrheitlich nicht, wie sie sollen. Es war die bislang erfolgreichste und am besten besuchte EIKE-Konferenz.

Ich hatte mich angemeldet, um von Wissenschaftlern aus erster Hand Forschungsergebnisse zum Thema zu erfahren. Ich wurde nicht enttäuscht, die meisten Vorträge waren auf hohem Niveau, informativ und spannend, einige

---

* www.bund-rvso.de/klimawandelleugner.html (Stand 23.9.2019, inzwischen geändert); dagegen soll der allemal treffendere Satz »Soldaten sind Mörder« seit einer Weile verboten sein – ein Staat erzeugt Ekel.

** Klimaleugner*innen-Konferenz: LINKE. Bayern unterstützt Gegenproteste an neuem Tagungsort. Eva Bulling-Schröter, Landessprecherin, am 22. November 2019.
www.die-linke-bayern.de/nc/aktuell/presse/detail/news/klimaleugnerinnen-konferenz-linke-bayern-unterstuetzt-gegenproteste-an-neuem-tagungsort/

sensationell. Was dazu aber auffiel, war der überdurchschnittlich hohe Anteil an emeritierten Professoren und Fachleuten im Ruhestand. Denn wer die einheitliche Klimapropaganda zu stören droht, bleibt nicht mehr lange bezahlter Wissenschaftler. So Prof. Dr. Peter Ridd aus Australien, der ehemalige Leiter des *Marine Geophysical Laboratory* der James Cook University, und die kanadische Zoologin Dr. Susan Crockford, die auf der nazi- oder trazigejagten Konferenz vortrugen; sie hatten ihre Stelle verloren, weil sie sich weigerten, ihre Daten zu fälschen oder zu verschweigen. Sie erhielten für ihre Standhaftigkeit und Unbeugsamkeit *standing ovations*. Ist das nicht die säkularisierte Parallele zu Galilei, der im Zugriffsbereich des Papstes die Folterwerkzeuge gezeigt bekam und den Rest seiner Tage unter scharfem Hausarrest verbringen mußte, während ihn Universitäten des kleinen, aber der Kirche unter hohem Blutzoll entronnenen Holland mit Medaillen ehrten? (Unter Stalin geschah ähnliches, wenn jemand dem biologischen Unsinn seines Lieblingsscharlatans Lyssenko zu widersprechen suchte; anders als der kleine Max denkt, wanderte zwar kein lyssenkokritischer Genetiker so schnell nach Sibirien oder gar an die Erschießungsmauer, verlor aber dafür ganz wie bei uns seine Stelle. Nur in der von ihm noch so abhängigen DDR konnte sich Stalin mit diesem Mist nicht durchsetzen; deren Regierung folgte vielmehr dem Genetiker Hans Stubbe, welcher ihn ruhig und sachlich widerlegte und seinen wohlverdienten Lehrstuhl nicht nur behielt, sondern sogar Akademiedirektor und Leiter des wichtigsten Landwirtschaftsinstituts wurde, bis er hochgeehrt und hochbetagt in Zingst, d.h. einem der schönsten Plätze der DDR, verstarb, glücklicherweise kurz vor deren Annexion an Westdeutschland, denn er war als eine Art Lüdecke des Stalin-Imperiums nicht nur lebenslang den Prinzipien der Wissenschaft treu gewesen, sondern auch der – noch so schwachen und ungeschickten – Regierung jenes deutschen Vasallenstaates, der *nicht* vorwiegend aus »umgedrehten« Nazis und *noch* mittelalterfreundlicheren Kräften aufgebaut gewesen war.)

Nun stellt sich natürlich die Frage, welche *sachlich* weder die Kirche noch Wikipedia entscheiden kann: Wer hat recht? Dreht sich die Erde um die Sonne oder die Sonne um die Erde? Das kann kein Nicht-Astronom entscheiden, und sogar von den Astronomen nur jene, die sich voll in die Materie eingearbeitet haben. Aber trotzdem fällt die Entscheidung leicht: wer das Argument scheut, wer sogar, um diesem zu entgehen, Gewalt einsetzt, hat normalerweise unrecht – aus der ganzen Geschichte läßt sich kein einziges Gegenbeispiel auftreiben, aber beliebig viele dafür, daß diese begründete Vermutung jeweils richtig war, egal ob es gegen Aristarch von Samos, Kopernikus, Lyssenkos russische Kritiker oder auch Darwin in den Muffwinkeln der Welt sowohl christlicher wie islamischer Art ging. Diese Gewaltstruktur weist den Weg zur Wahrheit besser als jedes wissenschaftliche Einzelargument.

Trotzdem sollte jeder, dem die nötige Vorbildung erlaubt, der Sachargumentation zu folgen – gewiß keinem Nazi der Weimarer Republik und keinem Trazi-Nazi der Gegenwart, es stört ja beim Grölen! –, dieser wenigstens stichprobenhaft folgen. Ein blindes Huhn kann auch ein Korn finden bzw. ein Nazi in einem Detail rechthaben, ein noch so gewissenhafter Wissenschaftler sich in einem oder mehreren irren. Ohne Angst und Gebrüll sind die Vorträge der nazi-trazi-bedrohten Klimakonferenz im Internet zugänglich, jedenfalls noch*:

Prof. Dr. Schlüchter: Klimawandel und Gletscherschmelze in den Alpen.
www.eike-klima-energie.eu/2020/01/02/13-ikek-in-muenchen-christian-schluechter-klimawandel-und-gletscherschmelze-in-den-alpen/

Dr. Sebastian Lüning: Wie viel Klima macht der Mensch?
www.eike-klima-energie.eu/2019/12/29/13-ikek-in-muenchen-sebastian-luening-wie-viel-klima-macht-der-mensch/

Prof. Nir Shaviv & Prof. Henrik Svensmark: Welche Rolle hat die Sonne im Klimawandel gespielt?
www.eike-klima-energie.eu/2020/01/01/13-ikek-in-muenchen-nir-shaviv-henrik-svensmark-welche-rolle-hat-die-sonne-im-klimawandel-gespielt/

S. H.

* Stand: Juli 2021.

Endnoten

Madrid, 1995

1 Australian Delegation to the IPCC 1995a, S. 9
2 Ebd.
3 Houghton 2008, S. 738

Kap. 1 Die Kohlendioxyd-Frage

4 Schmidt 1979, S. 165 f.
5 Hatch 1995, S. 420
6 Schmitt 1980, S. 219
7 Schmitt 1980, S. ix
8 US DOE 1980, S. 74–76
9 US DOE 1980, S. 5
10 Schmitt 1980, S. ix–x
11 Weart 2003b
12 Slade 1980
13 Carbon Dioxide Research Division 1983, Anhang 4
14 US DOE 1980, Vorwort
15 Keeling 1960

Kap. 2 Energie und Klima

16 Darwall 2013, S. 80–89
17 Ehrlich 1968
18 Club of Rome 1972
19 Carter 1977
20 Nixon 1973
21 AEC 1974
22 Nixon 1973
23 Weinberg 1972
24 Weinberg 1974
25 Ebd.
26 Ebd.
27 Whittle *et al.* 1976, S. 70
28 Whittle *et al.* 1976, S. 50 f.
29 Whittle *et al.* 1976, S. 49
30 MacCracken (persönliche Mitteilung)
31 Elliott/Machta 1979
32 Ebd.
33 Schmitt 1980, S. x
34 Weart 2003a
35 Weart 2003a, S. 140 f.
36 Schmitt 1980, S. 178 f.
37 Weart 2003b
38 CRU 1979, S. 32
39 CRU 1982, S. 31
40 CRU 1984, S. 38
41 Lewin 2015a, S. 23
42 Weart 2003a, S. 28–30
43 Revelle/Suess 1957
44 Keeling 1960
45 Keeling 1998, S. 45 f.
46 SMIC 1971, S. 234
47 US Committee for GARP 1975
48 Schmitt 1980, S. xvii
49 Weart 2003a, S. 97
50 Fleming 2010, S. 183–185
51 Bolin 2008, S. 33
52 Geophysics Study Committee 1977, S. viii
53 Geophysics Study Committee 1977, S. vii
54 Sullivan 1977
55 Geophysics Study Committee 1977, S. 5–8

56 Geophysics Study Committee 1977, S. viii
57 Lewin 2015a, S. 33–35
58 White 1989, S. 1125
59 Jastrow/Nierenberg/Seitz 1989
60 Carbon Dioxide Effects Research and Assessment Program 1980
61 Carbon Dioxide Research Division 1985a
62 Carbon Dioxide Research Division 1985b
63 Carbon Dioxide Research Division 1985c
64 Carbon Dioxide Research Division 1985d

Kap. 3 Die Meteorologie interessiert sich für Klimaänderungen

65 Commission for Climatology 2011, S. 8
66 Fleming 1998, S. 21–32
67 Grove 1995
68 Stehr/von Storch 2000
69 Brooks 1926
70 Lewin 2015a, S. 4–6
71 UNESCO 1963
72 Mitchell 1966
73 Fleming 2010, S. 236
74 Revelle *et al.* 1965
75 Fleming 1998, S. 74–82
76 Time Magazine 1968
77 Revelle *et al.* 1965, S. 123
78 New York Daily News 2010
79 Ebd.
80 Kellogg 1987, S. 122
81 SMIC 1971, S. 10f.

Kap. 4 Das Menetekel der Erdabkühlung (1972–76)

82 Dickson *et al.* 1975
83 Sanderson 2002, S. 285
84 Walker 2012, S. 404
85 Matthews 1976, S. 615
86 Lewin 2013b
87 Tendler 1977
88 Dansgaard *et al.* 1972, S. 397
89 Ewing/Donn 1956
90 Weart 2003a, S. 118–141
91 Emiliani 1972 (Abstract)
92 Bryson 1968
93 Peterson/Bryson 1968
94 Broecker *et al.* 1960
95 Broecker 1975
96 Broecker 1999, S. 6
97 Rasool/Schneider 1971
98 Schneider 1989
99 Kukla/Matthews 1972a
100 Lamb 1982, S. 296f.
101 Kukla 1972
102 Kukla/Matthews 1972b
103 Ebd.
104 Reeves/Gemmill 2004, S. 5
105 Schreiben von Rogers C. B. Morton, Vorsitzender des White House Environmental Ressources Committee, an Handelsminister Frederick Dent vom 1.8.1974, zit. in Reeves/Gemmill 2004, S. 4
106 Center for Environmental Assessment Services 1982
107 Kukla *et al.* 1977
108 Sullivan 1978
109 Mitchell 1972
110 Reeves/Gemmill 2004, S. 1–5
111 Hecht/Tirpak 1995, S. 377
112 UN 1978
113 IFIAS 1974
114 Hare *et al.* 1976
115 Ebd.
116 Walker 2012, S. 404
117 New Scientist 1978
118 Calder 1974b
119 Calder 1974a
120 Calder 1974c, S. 134f.
121 Calder 1974a
122 Jones 1974
123 Walker 2012, S. 403

124 CRU 1973, S. 21
125 Calder 1974c, S. 98
126 Lewin 2015a, S. 21
127 Mason 1974
128 Lamb 1975
129 Hawkes 1975
130 Petit *et al.* 2001
131 US Committee for GARP 1975, S. 188
132 AAS Committee on Climatic Change 1976, S. 13

Kap. 5 Die WMO reagiert auf den Erdabkühlungs-Alarmismus

133 Kissinger 1974
134 Ebd.
135 Ebd.
136 US Bureau of International Organization Affairs 1974
137 Davies 1974, S. 2
138 UN 1973
139 WMO Executive Committee 1970, Anhang XVIII, IV (a), S. 216
140 WMO 1975, Resolution Nr. 25
141 WMO Executive Committee 1975, Resolution Nr. 10
142 WMO 1976
143 Ebd.
144 Ebd.
145 Zillman 2009, S. 143
146 Times 1976
147 Sullivan 1976
148 Ebd.
149 UN 1978
150 WMO 1977, Resolutionen 14 und 16
151 WMO 1977, Resolution 15

Kap. 6 Die Angst vor Erderwärmung wird angefacht

152 WMO Conference 1979
153 WMO Conference 1979, S. 3–6
154 WMO Conference 1979, S. viii
155 WMO Conference 1979, S. 714
156 WMO Conference 1979, S. 713
157 WMO Conference 1979, S. 739
158 WMO Conference 1979, S. 743
159 Alexander 1979
160 Congress 1979, S. 56
161 WMO Committee 1979, Absätze 4.1.18, 7.15, Anhang I
162 Wiin-Nielsen 1999
163 Bolin 2008, S. 136
164 Joint Scientific Committee 1980, Anhang F
165 Joint Scientific Committee 1980, S. 21
166 Ebd.
167 Strong 1973
168 UNEP Governing Council 1974, S. 67
169 UNEP Governing Council 1979, S. 102
170 Howard 1980, S. 21
171 Joint Scientific Committee 1981, S. 16
172 WMO Executive Council 1984, S. 76
173 WMO Executive Committee 1980, S. 58
174 UNEP Governing Council 1980, S. 52
175 WMO 1981, S. 28
176 WMO Executive Committee 1981, S. 53
177 WMO Executive Committee 1982, S. 60
178 WMO Executive Council 1985, S. 37
179 Wright 1976
180 Hansen *et al.* 1981, S. 957
181 Hansen *et al.* 1981, S. 961
182 Hansen *et al.* 1981, S. 965
183 Ebd.
184 Sullivan 1981

Kap. 7 Das UNEP fädelt das Klimaabkommen ein

185 Bolin 2008, S. 36
186 Bolin 2008, S. 35f.
187 Bolin 2008, S. 36
188 Bolin 1979
189 Ivanov/Freney 1983, S. xiv
190 ICSU 1986, S. 394–408
191 Clark 1982, S. 23–25
192 ICSU 1986, S. xxvii–xxviii
193 ICSU 1986, S. 277
194 IPCC 1990a, S. 202
195 Lewin 2013c
196 Lewin 2013b
197 Wigley 2014
198 Hecht/Tirpak 1995, S. 380
199 Tolba/Rummel-Bulska 1998, S. 85
200 WMO 1986, S. 11
201 Benedick 1998, S. ix
202 Tolba/Rummel-Bulska 1998, S. 57–60
203 ICSU 1986, S. xxviii
204 WMO 1986, S. 2, 56
205 Hulme 2009
206 Lewin 2010
207 Nordhaus 1977
208 Geophysics Study Committee 1977, S. ix
209 Ekholm 1901, S. 61
210 WMO 1986, S. 12
211 Bolin 2008, S. 38
212 WMO 1986, S. 15
213 Zillman 2015, S. 111
214 WMO 1986, S. 8
215 WMO Executive Council 1984, S. 36
216 Hirst 2014, S. 71
217 Franz 1997, S. 13f.
218 WMO 1986, S. 7
219 Ramanathan *et al.* 1985
220 Hecht/Tirpak 1995, S. 380
221 Hirst 2014, S. 70
222 WMO 1986, S. 3
223 WMO 1986, S. 60
224 WMO 1986, S. 56
225 WMO 1986
226 ICSU 1986, S. xxii
227 ICSU 1986, S. xxiii
228 ICSU 1986, S. xxiv
229 WMO 1986, S. 12
230 Bolin 2008, S. 46f.
231 Hirst 2014, S. 81f.
232 Darwall 2013, S. 90–99
233 Darwall 2013, S. 73–79
234 World Commission on Environment and Development 1987
235 Darwall 2013, S. 98
236 Hirst 2014, S. 98
237 Darwall 2013, S. 98f.
238 Jäger 1988
239 Jäger 1988, S. i
240 Hirst 2014, S. 83–85
241 WMO 1986, S. 3
242 Jäger 1988, S. 1
243 Jäger 1988, S. 2
244 Mead/Kellogg 1977, S. xxi
245 World Commission on Environment and Development 1987, Kap. 7, Abschnitt 29
246 Jäger 1988, S. 41
247 Nordhaus 1977
248 Jäger 1988, S. 21f.
249 Jäger 1988, S. v
250 Hirst 2014, S. 85
251 Kellow 1996, S. 104–129
252 Revkin 1988, S. 60
253 WMO 1989, S. 3–8
254 WMO 1989, S. 20
255 WMO 1989, S. 292
256 Ebd.
257 Zillman 2016
258 Pearman/Quinn/Zillman 1989, S. 62
259 Pearman/Quinn/Zillman 1989, S. 61
260 Frontline 2007
261 Hansen 1988
262 Hansen 1988, S. 47
263 Hansen 1988, S. 40
264 Shabecoff 1988
265 Ebd.
266 Hecht/Tirpak 1995, S. 383

267 WORLD COMMISSION ON ENVIRONMENT AND DEVELOPMENT AND AUSTRALIA COMMISSION FOR THE FUTURE 1990
268 TICKELL 1986, S. 65
269 BOLIN 2008, S. 57
270 BOLIN 2008, S. 55
271 HECHT/TIRPAK 1995, S. 394
272 HIRST 2014, S. 175–181
273 HAGUE DECLARATION 1989
274 G7 1989
275 IPCC 1988, Anhang III, S. 7
276 IPCC 1990c, Anhang D

Kap. 8 Die Anfänge des IPCC

277 HECHT/TIRPAK 1995, S. 380
278 AD HOC STUDY GROUP ON CARBON DIOXIDE AND CLIMATE 1979
279 CARBON DIOXIDE ASSESSMENT COMMITTEE 1983, S. 4
280 SEIDEL 1983, S. v
281 HECHT/TIRPAK 1995, S. 380f.
282 HIRST 2014, S. 90f.
283 Ebd.
284 HALLGREN 1993, S. 8
285 HIRST 2014, S. 111
286 ZILLMAN 2007, S. 871
287 Ebd.
288 ZILLMAN 2007, S. 872
289 IPCC 1988, S. 7
290 IPCC 1988, S. 4
291 IPCC 1988, S. 5
292 IPCC 1988, Anhang V
293 HOUGHTON 2013, S. 118
294 HOUGHTON 2013, S. 146f.
295 IPCC 1990a, S. 183–187
296 HOUGHTON 2013, S. 147
297 EDWARDS/SCHNEIDER 1997, S. 7–9
298 MICHAELS 1995
299 LAFRAMBOISE 2017, S. 54–59
300 JOINT SCIENTIFIC COMMITTEE 1980, Anhang F
301 UN GENERAL ASSEMBLY 1988, Abschnitte 10 d, e
302 IPCC 1989, S. 1
303 IPCC 1989, S. 2
304 IPCC 1989, S. 16
305 IPCC 1989, S. 20
306 AGRAWALA 1998, S. 634
307 Siehe Zusammenfassung in IPCC 1990c, S. 22
308 AGRAWALA 1998, S. 634
309 IPCC 1990c, S. 14f.
310 AGRAWALA 1998, S. 634
311 UN GENERAL ASSEMBLY 1989, S. 207
312 IPCC 1990c, S. 3
313 DARWALL 2013, S. 138
314 IPCC 1990c, S. 3
315 TOLBA/RUMMEL-BULSKA 1998, S. 81f.
316 IPCC 1988, Abschnitt 6.3
317 IPCC 1989, Abschnitt 3
318 IPCC 1990c, Anhang F
319 BRENTON 1994, S. 182
320 ZILLMAN 2016
321 BOLIN 2008, S. 67f.
322 AUSTRALIAN DELEGATION TO THE IPCC 1990, Vorwort
323 AUSTRALIAN DELEGATION TO THE IPCC 1990, Zusammenfassung
324 AUSTRALIAN DELEGATION TO THE IPCC 1990, S. 3
325 IPCC 1990b, Anhang
326 UNEP GOVERNING COUNCIL 1990, S. 25
327 WMO EXECUTIVE COUNCIL 1990, Resolution Nr. 8
328 BODANSKY 1994, S. 59
329 THATCHER 1990
330 UN GENERAL ASSEMBLY 1990
331 BOLIN 2008, S. 69
332 TOLBA/RUMMEL-BULSKA 1998, S. 92–96
333 HECHT/TIRPAK 1995, S. 391
334 UN 1992, Art. 9
335 UN 1992, Art. 21
336 ZILLMAN 1991, S. 4
337 ZILLMAN 1991, S. 7–9
338 ZILLMAN 1991, S. 10

339 Lawson 1990
340 Clark 1982, S. 213
341 US DOE 1980, S. 63

Kap. 9 Die Suche nach dem Katastrophensignal

342 Callendar 1938, S. 223
343 Ångström 1900
344 Callendar 1961, S. 237–240
345 Brooks 1926, Kap. 17, 22
346 Zit. nach Baxter 1953, S. 72
347 Plass 1956
348 Fleming 2007, S. 81
349 Kaplan 1961
350 Crowe 1971, S. 486
351 Möller 1963
352 Callendar 1961
353 Fleming 2007, S. 79–81
354 Fleming 2007, S. 32
355 Schmitt 1980, S. xiv
356 Schmitt 1980, S. 157
357 Schmitt 1980, S. 183
358 Schmitt 1980, S. 142
359 Schmitt 1980, S. 188
360 Schmitt 1980, S. 200
361 Beatty 1982, S. 3–19
362 Kerr 1989, S. 1041
363 Kerr 1989, S. 1043
364 Ebd.
365 IPCC 1990a, S. 203
366 IPCC 1990a, S. 253
367 UN 1992, Art. 9
368 IPCC Working Group 1 1992, S. 162
369 Strong 1992
370 UN 1992
371 Bolin 2008, S. 87–90
372 Bolin 1997, S. 90f., 98f.
373 Zit. nach Agrawala 1998, S. 636
374 IPCC 1991a, Abschnitt 1.5.6 auf S. 7
375 Bolin 2008, S. 70
376 Pearce 1994
377 IPCC 1991a, S. 6–9
378 IPCC 1991b, S. 5f.
379 Lewin 2013a
380 Ebd.
381 Ebd.
382 UNFCCC 1995, Beschluß 1 III, 4, 6 und Anhänge I und II
383 Abbott 1995
384 Houghton 1996a, S. 297
385 Wigley 1995
386 Subcommittee on Energy and Environment 1996, S. 1173–1177, 1188–1190
387 MacIlwain 1995
388 Ebd.
389 Nature 1995
390 Houghton 2013, S. 118
391 IPCC Bureau 1994, Anhang 4
392 Barnett/Santer *et al.* 1996
393 Barnett/Santer *et al.* 1996, S. 262
394 Ebd.
395 Barnett/Santer *et al.* 1996, S. 255
396 Santer/Wigley/Barnett/Anyamba 1995, S. 36
397 Ebd.

Kap. 10 Die wundersame Auffindung des Katastrophensignals, sein wissenschaftlicher Tod und seine Wiederauferstehung in der Presse

398 Santer/Wigley/Barnett/Anyamba 1995, S. 3
399 Zillman 1995, Anhang D, S. 3, 23
400 Zillman 1995, S. 5
401 Santer *et al.* 1996, S. 3
402 Michaels/Knappenberger 1996
403 Santer *et al.* 1996
404 Michaels 1996
405 Michaels/Knappenberger 1996
406 Christy 2015
407 Santer 2016
408 Edwards/Schneider 1997
409 Kerr 1995b

410 Stevens 1995
411 IPCC 1995a
412 Olaguer 2012
413 Reuters 1995a
414 Australian Delegation to the IPCC 1995a, S. 9
415 Australian Delegation to the IPCC 1995a, S. 10
416 Kerr 1995b
417 Hawkes 1995
418 Schoon 1995
419 Ebd.
420 Sawyer 1995
421 Reuters 1995b
422 San Francisco Examiner 1995
423 Pearce 1995
424 Masood 1995
425 Kerr 1995a
426 Meyer 1995
427 Lewin 2013a
428 Australian Delegation to the IPCC 1995b, S. 7
429 Australian Delegation to the IPCC 1995b, S. 72
430 Australian Delegation to the IPCC 1995b, S. 73
431 IPCC 1994, S. 3
432 Australian Delegation to the IPCC 1995b, S. 80
433 Ebd.
434 Monbiot 1995
435 Department of Environment (Vereinigtes Königreich) 1995
436 Kristiansen 1996
437 IPCC 1996
438 SBSTA 1996, S. 5, Rn. 24
439 ENB 1996, S. 3
440 SBSTA 1996, S. 6
441 SBSTA 1996, Rn. 26
442 ENB 1996, S. 4
443 SBSTA 1996, Rn. 28–32
444 ENB 1996, S. 13
445 Seitz 1996
446 Jastrow/Nierenberg/Seitz 1989
447 Seitz 1996
448 Houghton 2013, S. 182f.
449 Australian Delegation to the IPCC 1995b
450 IPCC 1995b, S. 2
451 Masood 1995
452 Edwards/Schneider 1997
453 Global Climate Coalition 1996
454 Masood 1996a
455 Santer *et al.* 1996
456 Kerr 1996
457 Michaels 1996
458 Michaels/Knappenberger 1996
459 Leggett 1999, S. 245f.
460 UNEP Insurance Industry Initiative 1996
461 UNFCCC 1996b, S. 29f.
462 UNFCCC 1996b, S. 30
463 UNFCCC 1996b, S. 31
464 Leggett 1999, S. 246f.
465 Wirth 1996
466 UNFCCC 1996a
467 Reuters 1996
468 Houghton 2008
469 US Delegation to the IPCC 1995
470 Santer 1996
471 Masood 1996b
472 Houghton 1996b
473 Ebd.
474 Ebd.
475 US Delegation to the IPCC 1995, S. 1
476 US Delegation to the IPCC 1995, S. 4
477 US Delegation to the IPCC 1995, S. 12
478 Nature 1996
479 Ebd.
480 Singer 1996
481 Leggett 1999, S. 245f.
482 Mann/Bradley/Hughes 1998
483 Montford 2010
484 Pearce 1996
485 Lewin 2015b
486 Barnett *et al.* 1999
487 Montford 2012
488 NASA 2013

Literaturverzeichnis

AAS COMMITTEE ON CLIMATIC CHANGE (1976): Report of a committee on climatic change. Report 21, Australian Academy of Science.

ABBOTT, A. (1995): Climate change panel to remain main source of advice. *In*: Nature, 374 (6523), S. 584f.

AD HOC STUDY GROUP ON CARBON DIOXIDE AND CLIMATE (1979): Carbon dioxide and climate: A scientific assessment. Report, National Academy of Sciences.

AEC (1974): Nuclear power growth, 1974–2000. Report WASH-1139-74, USA Atomic Energy Commission.

AGRAWALA, S. (1998): Structural and process history of the Intergovernmental Panel on Climate Change. *In*: Climatic Change, 39 (4), S. 621–642.

ALEXANDER, G. (1979): Somber scientists study climate changes: 450 experts focus on the possibility of a global warming trend. *In*: Los Angeles Times, 19. Februar 1979.

ÅNGSTRÖM, K. (1900): Über die Bedeutung des Wasserdampfes und der Kohlensäure bei der Absorption der Erdatmosphäre. *In*: Annalen der Physik, 308 (12), S. 720–732.

AUSTRALIAN DELEGATION TO THE IPCC (1990): WMO/UNEP Intergovernmental Panel on Climate Change (IPCC), fourth session, Sundsvall, Sweden: Australian Delegation report. Report, Australian Delegation to the IPCC.

dies. (1995a): WMO/UNEP Intergovernmental Panel on Climate Change (IPCC), Working Group 1 (Science): Fifth session, Madrid, 27–29 November 1995. Report, Australian Delegation to the IPCC.

dies. (1995b): WMO/UNEP Intergovernmental Panel on Climate Change (IPCC), 11th session of the IPCC, Rome, 11–15 December 1995. Report, Australian Delegation to the IPCC.

BARNETT, T./HASSELMANN, K./CHELLIAH, M./DELWORTH, T./HEGERL, G./JONES, P./ RASMUSSON, E./ROECKNER, E./ROPELEWSKI, C./SANTER, B./TETT, S. (1999): Detection and attribution of recent climate change: A status report. *In*: Bulletin of the American Meteorological Society, 80 (12), S. 2631–2659.

BARNETT, T./SANTER, B./JONES, P./BRADLEY, R./BRIFFA, K. (1996): Estimates of low frequency natural variability in near-surface air temperature. *In*: Holocene, 6 (3), S. 255–263.

BAXTER, W. J. (1953): Today's Revolution in Weather. International Economic Research Bureau.

BEATTY, N. B. (1982): Proceedings of the Workshop on First Detection of Carbon Dioxide Effects, Harpers Ferry, West Virginia, June 8–10, 1981. US Department of Energy.

Benedick, R. E. (1998): Ozone Diplomacy: New directions in safeguarding the planet. Harvard University Press.

Bodansky, D. (1994): Prologue to the climate change convention. *In*: Mintzer, I. M./Leonard, J. A. (Hrsg.), Negotiating Climate Change. The inside story of the Rio Convention. Cambridge University Press.

Bolin, B. (1979): The Global Carbon Cycle. Wiley.

ders. (1997): Scientific assessment of climate change. *In*: Fermann, G. (Hrsg.): International Politics of Climate Change: Key issues and critical actors. Scandinavian University Press.

ders. (2008): A History of the Science and Politics of Climate Change: The role of the Intergovernmental Panel on Climate Change. Cambridge University Press.

Brenton, T. (1994): The Greening of Machiavelli: The evolution of international environmental politics. Royal Institute of International Affairs.

Broecker, W. S. (1975): Climatic change: Are we on the brink of a pronounced global warming? *In*: Science, 189 (4201), S. 460–463.

ders. (1999): What if the conveyor were to shut down? Reflections on a possible outcome of the great global experiment. *In*: GSA Today, 9 (1), S. 2–5.

Broecker, W. S./Ewing, W. M./Heezen, B. C. (1960): Evidence for an abrupt change in climate close to 11,000 years ago. *In*: American Journal of Science, 258 (6), S. 429–448.

Brooks, C. E. P. (1926): Climate through the Ages. E. Benn.

Bryson, R. A. (1968): ›All other factors being constant‹: A reconciliation of several theories of climatic change. *In*: Weatherwise, 21 (2), S. 56–94.

Calder, N. (1974a): The snow blitz. *In*: Guardian, 20. November 1974.

ders. (1974b): The Weather Machine. Fernsehfilm, Erstausstrahlung am 20. November 1974 auf BBC 2.

ders. (1974c): The Weather Machine. BBC Books.

Callendar, G. (1938): The artificial production of carbon dioxide and its influence on temperature. *In*: Quarterly Journal of the Royal Meteorological Society, 64 (275), S. 223–240.

ders. (1961): Temperature fluctuations and trends over the earth. *In*: Quarterly Journal of the Royal Meteorological Society 87 (371), S. 1–12.

Carbon Dioxide Assessment Committee (1983): Changing climate: report of the Carbon Dioxide Assessment Committee. Report, National Academy of Sciences.

Carbon Dioxide Effects Research and Assessment Program (1980): Workshop on Environmental and Societal Consequences of a Possible CO_2-induced Climate Change, Annapolis, Maryland, April 2–6, 1979. United States Department of Energy.

Carbon Dioxide Research Division (1983): The carbon dioxide research plan: a summary. Report, United States Department of Energy.

dies. (1985a): Atmospheric carbon dioxide and the global carbon cycle. Report DOE/ER-0239, United States Department of Energy.

dies. (1985c): Detecting the climatic effects of increasing carbon dioxide. Report DOE/ER-0235, United States Department of Energy.

dies. (1985b): Direct effects of increasing carbon dioxide on vegetation. Report DOE/ER-0238, United States Department of Energy.

dies. (1985d): Projecting the climatic effects of increasing carbon dioxide. Report DOE/ER-0237, United States Department of Energy.

Carter, J. (1977): Address to the United States. Live in Fernsehen und Rundfunk übertragene Ansprache aus dem Oval Office im Weißen Haus am 18. April 1977.

Center for Environmental Assessment Services (1982): Climate impact assessment: US economic and social impacts of the record 1976–77 winter freeze and drought. Report, United States Department of Commerce.

Christy, J. (2015): Antwort betreffend Erinnerungen an das Leitautoren-Treffen 1995 in Asheville. E-Mail vom 22. März 2015.

Clark, William C. (Hrsg.) (1982): Carbon Dioxide Review, 1982. Oxford University Press.

Club of Rome (1972): The Limits to Growth. Earth Island.

Commission for Climatology (2011): Commission for Climatology: Over eighty years of service. World Meteorological Organization.

Congress (1979): Eighth World Meteorological Congress: Abridged final report with resolutions. Report WMO 533, World Meteorological Organization.

Crowe, P. (1971): Concepts in Climatology. Longman.

CRU (1973): Second Annual Report, Climatic Research Unit in the School of Environmental Sciences, University of East Anglia, covering the academic year October 1972 to September 1973. Report, University of East Anglia.

dies. (1979): Eighth Annual Report, Climatic Research Unit in the School of Environmental Sciences, University of East Anglia, covering the academic year October 1978 to September 1979. Report, University of East Anglia.

dies. (1982): Eleventh Annual Report, Climatic Research Unit in the School of Environmental Sciences, University of East Anglia, covering the academic year August 1981 to July 1982. Report, University of East Anglia.

dies. (1984): Biennial report 1982–84, Climatic Research Unit in the School of Environmental Sciences, University of East Anglia. Report, University of East Anglia.

Dansgaard, W./Johnsen, S. J./Clausen, H. B./Langway, C. C. (1972): Speculations about the next glaciation. *In*: Quaternary Research, 2 (3), S. 396–398.

Darwall, R. (2013): The Age of Global Warming: A History. Quartet.

Davies, D. (1974): Environmental pollution and other environmental questions: Implications of possible climatic changes. Report EC-XXVI/Doc.70; Twenty-sixth session of the Executive Committee, World Meteorological Organization.

Department of Environment (Vereinigtes Königreich) (1995): Climate change – John Gummer calls for commitment to targets. Pressemitteilung vom 18. Dezember 1995.

Dickson, R. R./Lamb, H. H./Malmberg, S. A./Colebrook, J. M. (1975): Climatic reversal in northern North Atlantic. *In*: Nature, 256 (5517), S. 479–482.

Edwards, P. N./Schneider, S. H. (1997): The 1995 IPCC report: Broad consensus or ›scientific cleansing‹. *In*: Ecofable/Ecoscience, 1 (1), S. 3–9.

Ehrlich, P. R. (1968): The Population Bomb. Ballantine Books.

Ekholm, N. (1901): On the variations of the climate of the geological and historical past and their causes. *In*: Quarterly Journal of the Meteorological Society, 27 (117), S. 1–62.

Elliott, W. P./Machta, L. (Hrsg.) (1979): Workshop on the Global Effects of Carbon Dioxide from Fossil Fuels, Miami Beach, Fla., March 7–11, 1977. Carbon Dioxide Effects Research and Assessment Program. United States Department of Energy.

Emiliani, C. (1972): Quaternary hypsithermals. *In*: Quaternary Research, 2 (3) S. 270–273.

ENB (Earth Negotiations Bulletin, 1996): Report of the second meeting of the subsidiary bodies of the UN Framework Convention on Climate Change 27 February–4 March 1996. *In*: Earth Negotiations Bulletin, 12 (26), S. 1–14.

Ewing, M./Donn, W. L. (1956): A theory of ice ages. *In*: Science, 123 (3207), S. 1061–1066.

Fleming, J. R. (1998): Historical Perspectives on Climate Change. Oxford University Press.

ders. (2007): The Callendar Effect: The life and times of Guy Stewart Callendar (1898–1964). American Meteorological Society.

ders. (2010): Fixing the Sky: The checkered history of weather and climate control. Columbia University Press.

Franz, W. E. (1997): The development of an international agenda for climate change: Connecting science to policy. Working Paper IR-97-034, International Institute for Applied Systems Analysis.

Frontline 2007 (US-Fernsehmagazin): Interview mit Timothy Wirth. PBS, 17. Januar 2007.

G7 (1989): Wirtschaftsgipfel Paris. Treffen der Staats- und Regierungschefs vom 14. bis 16. Juli 1989. www.g8.utoronto.ca/deutsch/1989paris/tiel2.pdf (20. Juni 2021).

Geophysics Study Committee (1977): Energy and climate. Report, United States Geophysics Research Board.

Global Climate Coalition (1996): The IPCC: Institutionalized ›scientific cleansing‹. (Fax-Rundschreiben an politische Funktionäre in Washington).

Grove, R. (1995): Green Imperialism: Colonial expansion, tropical island Edens and the origins of environmentalism, 1600–1860. Cambridge University Press.

Hague Declaration (1989): The Hague Declaration. *In*: Netherlands International Law Review 36 (01), S. 69–72.

Hallgren, R. E. (1993): Natural hazards, global change and meteorology: World Meteorological Day address. Australian Bureau of Meteorology.

Hansen, J./Johnson, D./Lacis, A./Lebedeff, S./Lee, P./Rind, D./Russell, G. (1981): Climate impact of increasing atmospheric carbon dioxide. *In*: Science, 213 (4511), S. 957–966.

Hansen, J. E. (1988): The greenhouse effect: impacts on current global temperature and regional heat waves. Testimony before the US Senate Committee on Energy and Natural Resources, 23. Juni 1988.

Hare, F./Lansford, H./Lamb, H./Johnson, H. (1976): Climate change, food production, and interstate conflict; (summary of discussion and conclusions and recommendations of) a conference held at the Bellagio Study and Conference Center, Italy Jun 4–8, 1975. Rockefeller Foundation.

HARWOOD, R. (1970): Earth Day stirs nation. *In*: Washington Post, 23. April 1970.

HATCH, M. T. (1995): The politics of global warming in Germany. *In*: Environmental Politics, 4 (3), S. 415–440.

HAWKES, N. (1975): When summer snow doth make sage weathermen dispute. *In*: Observer, 8. Juni 1975.

ders. (1995): Mankind blamed for global warming. *In*: The Times, 27. November 1995.

HECHT, A. D./TIRPAK, D. (1995): Framework agreement on climate change: a scientific and policy history. *In*: Climatic Change 29 (4), S. 371–402.

HIRST, D. (2014): Negotiating climates: the politics of climate change and the formation of the Intergovernmental Panel on Climate Change (IPCC), 1979–1992. Dissertation, University of Manchester.

HOUGHTON, J. (Hrsg.) (1996a): Climate Change 1995: The science of climate change. Cambridge University Press.

HOUGHTON, J.(1996b): Justification of Chapter 8. *In*: Nature, 382 (6593), S. 665.

ders. (2008): Meetings that changed the world: Madrid 1995: Diagnosing climate change. *In*: Nature, 455 (7214), S. 737f.

ders. (2013): In the Eye of the Storm. Lion Books.

HOWARD, D. (1980): Man and climatic variability. Report 543, World Meteorological Organization.

HULME, M. (2009): Why we Disagree about Climate Change: Understanding controversy, inaction and opportunity. Cambridge University Press.

ICSU (1986): SCOPE 29: The Greenhouse Effect, Climatic Change, and Ecosystems. Wiley.

IFIAS (1974): Statement of the IFIAS workshop on the impact of climate change on the quality and character of human life adopted at Bonn, FRG, 10 May 1974.

IPCC (1988): Report of the first session of the WMO/UNEP Intergovernmental Panel on Climate Change (IPCC), Geneva, 9–11 November 1988. Report, World Meteorological Organization.

dass. (1989): Report of the second session of the WMO/UNEP Intergovernmental Panel on Climate Change (IPCC), Nairobi, 28–30 June 1989. Report, World Meteorological Organization.

dass. (1990a): Climate Change: The IPCC Scientific Assessment. Cambridge University Press.

dass. (1990b): Report of the fourth session of the WMO/UNEP Intergovernmental Panel on Climate Change (IPCC), Sundsvall, Sweden 27–30 August 1990. Report, Intergovernmental Panel on Climate Change.

dass. (1990c): Report of the third session of the WMO/UNEP Intergovernmental Panel on Climate Change (IPCC), Washington DC, 5–7 February 1990. Report, World Meteorological Organization.

dass. (1991a): Report of the fifth session of the WMO/UNEP Intergovernmental Panel on Climate Change (IPCC), Geneva, 13–15 March 1991. Report, World Meteorological Organization.

dass. (1991b): Report of the sixth session of the WMO/UNEP Intergovernmental Panel on Climate Change (IPCC), Geneva, 29–30 October 1991. Report, World Meteorological Organization.

dass. (1994): Report of the tenth session of the WMO/UNEP Intergovernmental Panel on Climate Change (IPCC), Nairobi, 10–12 November 1994. Report, World Meteorological Organization.

dass. (1995a): Collated comments on the draft Summary for Policy Makers (SPM) of the draft contribution of Working Group I to the IPCC Second Assessment Report submitted by non-government organisations before the meeting. WGI/5th/Doc5/26.XI.95. Report, Intergovernmental Panel on Climate Change.

dass. (1995b): Report of the eleventh session of the WMO/UNEP Intergovernmental Panel on Climate Change (IPCC), Rome, 11–15 December 1995. Report, World Meteorological Organization.

dass. (1996): IPCC Second Assessment: Climate Change 1995: A report of the intergovernmental panel on climate change. Report, Intergovernmental Panel on Climate Change.

IPCC Bureau (1994): Scientific Assessment Working Group of IPCC (WGI): Progress in implementation of the workplan. Submitted to the IPCC Bureau seventh session, Geneva, 4–5 February 1994. Report BUR/VII/Doc. 6 (4.II.1994), Intergovernmental Panel on Climate Change.

IPCC Working Group I (1992): Climate Change 1992: The supplementary report to the IPCC scientific assessment. Cambridge University Press.

Ivanov, M. V./Freney, J. R. (1983): The Global Biogeochemical Sulphur Cycle. Wiley.

Jäger, J. (1988): Developing policies for responding to climatic change: A summary of the discussions and recommendations of the workshops held in Villach (28 September–2 October, 1987) and Bellagio (9–13 November, 1987), under the auspices of the Beijer Institute, Stockholm. Report WMO/TD-No. 225, World Meteorological Organization, United Nations Environment Programme.

Jastrow, R./Nierenberg, W./Seitz, F. (1989): Scientific Perspectives on the Greenhouse Problem. George C. Marshall Institute.

Joint Scientific Committee (1980): Report of the first session of the Joint Scientific Committee, Amsterdam, 26 March–3 April 1980. Report, Joint Scientific Committee for the World Climate Research Programme and the Global Atmospheric Research Programme, World Meteorological Organization.

dass. (1981): Report of the second session of the Joint Scientific Committee, Vienna, 17–26 March 1981. Report, Joint Scientific Committee for the World Climate Research Programme and the Global Atmospheric Research Programme, WMO/ICSU.

Jones, T. (1974): Voice of RAF confounds Po valley snails and Severn's Bean geese. *In*: The Times, 5. Dezember 1974.

Kaplan, L. (1961): Reply [an Plass]. *In*: Tellus 13 (2), S. 301f.

Keeling, C. D. (1960): The concentration and isotopic abundances of carbon dioxide in the atmosphere. *In*: Tellus, 12 (2), S. 200–203.

ders. (1998): Rewards and penalties of monitoring the earth. *In*: Annual Review of Energy and the Environment, 23 (1), S. 25–82.

KELLOGG, W. W. (1987): Mankind's impact on climate: The evolution of an awareness. *In*: Climatic Change, 10 (2), S. 113–136.

KELLOW, A. J. (1996): Transforming Power: The politics of electricity planning. Cambridge University Press.

KERR, R. A. (1989): Hansen vs the world on the greenhouse threat. *In*: Science, 244 (4908), S. 1041–1043.

ders. (1995a): It's official: First glimmer of greenhouse warming seen. *In*: Science, 270 (5242), S. 1565–1567.

ders. (1995b): Scientists see greenhouse, semiofficially. *In*: Science, 269 (5231), S. 1667f.

ders. (1996): Sky-high findings drop new hints of greenhouse warming. *In*: Science, 273 (5271), S. 34.

KISSINGER, H. A. (1974): Address to the sixth special session of the United Nations General Assembly, 15. April 1974.

KRISTIANSEN, J. (1996): OECD countries urged stepped-up efforts on global environment. Agence France-Presse, 20. Februar 1996.

KUKLA, G. (1972): Guest editorial: The end of the present interglacial. *In*: Quaternary Research, 2 (3), S. 261–269.

KUKLA, G. J./ANGELL, J. K./KORSHOVER, J./DRONIA, H./HOSHIAI, M./NAMIAS, J./ RODEWALD, M./YAMAMOTO, R./IWASHIMA, T. (1977): New data on climatic trends. *In*: Nature, 270 (5638), S. 573–580.

KUKLA, G. J./MATTHEWS, R. K. (1972a): When will the present interglacial end? *In*: Science, 178 (4057), S. 190–202.

dies. (1972b): Brief an Präsident Nixon vom 3. Dezember 1972. Ein Faksimilie des Briefes ist in dem Beitrag von REEVES/GENMILL 2004 abgedruckt.

LAFRAMBOISE, D. (2017): Von einem Jugendstraftäter, der mit dem besten Klimaexperten der Welt verwechselt wurde. Ein Exposé über die Machenschaften des IPCC. Schriftenreihe des Europäischen Instituts für Klima und Energie Bd. 2, TvR Medienverlag.

LAMB, H. H. (1975): The weather: keep cool but don't freeze (Brief). *In*: Guardian, 6. Januar 1975.

ders. (1982): Climate, History and the Modern World. Methuen.

LAWSON, H. (1990): The Greenhouse Conspiracy. Cutting Edge series. Fernsehfilm, ausgestrahlt am 12. August 1990 von Channel 4.

LEGGETT, J. K. (1999): The Carbon War. Allen Lane.

LEWIN, B. (2010): The anatomy of virtuous corruption. Enthusiasm, Scepticism and Science blog.

ders. (2013a): Enter the economists: The price of life and how the IPCC only just survived the other chapter controversy. Enthusiasm, Scepticism and Science blog.

ders. (2013b): Hubert Lamb and the assimilation of legendary ancient Russian winters. Enthusiasm, Scepticism and Science blog, 22. September 2013.

ders. (2013c): Millennium idols: Smash the Hockey Stick but smash the others too! Enthusiasm, Scepticism and Science blog.

ders. (2015a): Hubert Lamb and the transformation of climate science. Report 17, The Global Warming Policy Foundation.

ders. (2015b): Tom Wigley: The skepticism and loyalty of CRU's second director. Enthusiasm, Scepticism and Science blog, 9. März 2015.

MacIlwain, C. (1995): Climate critics claim access blocked to unpublished data. *In*: Nature, 378 (6555), S. 329.

Mann, M. E./Bradley, R. S./Hughes, M. K. (1998): Global-scale temperature patterns and climate forcing over the past six centuries. *In*: Nature, 392 (6678), S. 779–787.

Mason, B. J. (1974): A winter's tale – much ado about nothing? *In*: Guardian, 24. Dezember 1974.

Masood, E. (1995): Climate panel confirms human role in warming, fights off oil states. *In*: Nature, 378 (6557), S. 524.

ders. (1996a): Head of climate group rejects claims of political influence. *In*: Nature, 381 (6582), S. 455.

ders. (1996b): Sparks fly over climate report. *In*: Nature, 381 (6584), S. 639.

Matthews, S. (1976): What's happening to our climate? *In*: National Geographic, 150 (5).

Mead, M./Kellogg, W. W. (Hrsg.) (1977): The Atmosphere: Endangered and endangering. Report of a conference at the National Institute of Environmental Health Sciences, North Carolina, October 1975. US National Institutes of Health, NIH 77–1065.

Meyer, A. (1995): Economics of climate change. *In*: Nature, 378 (6556), S. 433.

Michaels, P. (1995): Climate policy of the ›anointed‹: The avoidance of peer review. *In*: World Climate Report, 1 (3), war im Internet veröffentlicht unter: http://www.worldclimatereport.com/archive/previous_issues/vol1/v1n3/feature.htm. Der Autor ist nicht angegeben, aber es wird angenommen, daß es sich um Michaels handelt.

ders. (1996): Santer springs forth. *In*: World Climate Report (online), 2 (1). Michaels ist der anzunehmende Autor des Artikels.

Michaels, P./Knappenberger, P. (1996): Human effect on global climate? *In*: Nature, 384 (6609), S. 522f.

Mitchell, J. M. (1966): Climatic change: report of a working group of the Commission for Climatology. Report 79, World Meteorological Organization.

ders. (1972): The natural breakdown of the present interglacial and its possible intervention by human activities. *In*: Quaternary Research, 2 (3), S. 436–445.

Möller, F. (1963): On the influence of changes in the CO_2 concentration in air on the radiation balance of the Earth's surface and on the climate. *In*: Journal of Geophysical Research, 68 (13), S. 3877–3886.

Monbiot, G. (1995): Last warning on earth. *In*: Guardian, 14. Dezember 1995.

Montford, A. (2010): The Hockey Stick Illusion. Stacey International.

ders. (2012): Nullius in verba: the Royal Society and climate change. Report 6, The Global Warming Policy Foundation.

NASA (2013): Consensus: 97% of climate scientists agree. https://climate.nasa.gov/scientific-consensus/ (20. Juni 2021).

Nature (1995): Global warming rows. *In*: Nature, 378 (6555), S. 322.

Nature (1996): Climate debate must not overheat. *In*: Nature, 381 (6583), S. 539.

New Scientist (1975): Hysteria ousts science from halocarbon controversy. *In*: New Scientist, 66 (954), S. 643.

New Scientist (1978): EEC to study climatic change. *In*: New Scientist, 79 (1121), S. 831.

New York Daily News (2010): Nixon warned of global warning over 30 years ago. *In*: New York Daily News, 3. Juli 2010.

Nixon, R. (1973): Address to the nation about policies to deal with the energy shortages. Live im Fernsehen übertragene Ansprache aus dem Oval Office im Weißen Haus am 7. November 1973.

Nordhaus, W. D. (1977): Strategies for the control of carbon dioxide. Report 443, Cowles Foundation for Research in Economics, Yale University.

Olaguer, E. (2012): Interview vom 9. September 2012 zu Olaguers Teilnahme an der Sitzung der Arbeitsgruppe 1 in Madrid im November 1995 als Vertreter von Dow Chemicals.

Pearce, F. (1994): Frankenstein syndrome hits climate treaty. *In*: New Scientist, 142 (1929), S. 5.

ders. (1995): Global warming ›jury‹ delivers guilty verdict. *In*: New Scientist, 148 (2007), S. 6.

ders. (1996): Sit tight for 30 years, argues climate guru. *In*: New Scientist, 149 (2013), S. 7.

Pearman, G./Quinn, N./Zillman, J. (1989): The changing atmosphere. *In*: Search, 20 (2), S. 59–65.

Peterson, J. T./Bryson, R. A. (1968): Atmospheric aerosols: Increased concentrations during the last decade. *In*: Science, 162 (3849), S. 120–121.

Petit, J./Jouzel, J./Raynaud, D./Barkov, N./Barnola, J./Basile, I./Bender, M. (2001): Vostok ice core data for 420,000 years. IGBP PAGES / World Data Center for Paleoclimatology Data Contribution Series, 76.

Plass, G. N. (1956): Carbon dioxide and the climate. *In*: American Scientist, 44 (3), S. 302–316.

Ramanathan, V./Cicerone, R. J./Singh, H. B./Kiehl, J. T. (1985): Trace gas trends and their potential role in climate change. *In*: Journal of Geophysical Research: Atmospheres, 90 (D 3), S. 5547–5566.

Rasool, S./Schneider, S. H. (1971): Atmospheric carbon dioxide and aerosols: Effects of large increases on global climate. *In*: Science, 173 (3992), S. 138–141.

Reeves, R./Gemmill, D. (2004): Origins of a ›diagnostics climate center‹. NOAA. https://www.cpc.ncep.noaa.gov/products/outreach/proceedings/cdw29_proceedings/Reeves.pdf (20. Juni 2021).

Reuters (1995a): Expert panel poised to link man to global warming despite conflicts. *In*: Orlando Sentinel, 27. November 1995.

Reuters (1995b): Scientists confirm that man affects climate. *In*: Orange County Register, 3. Dezember 1995.

Reuters (1996): Australia disappointed at US greenhouse gas switch. Reuters News, 18. Juli 1996.

Revelle, R./Broecker, W./Craig, H./Keeling, C./Smagorinsky, J. (1965): Atmospheric carbon dioxide. *In*: Restoring the Quality of our Environment: A report of the Environmental Pollution Panel, S. 111–133. President's Science Advisory Committee.

Revelle, R./Suess, H. E. (1957): Carbon dioxide exchange between atmosphere and ocean and the question of an increase of atmospheric CO_2 during the past decades. *In*: Tellus, 9 (1), S. 18–27.

Revkin, A. C. (1988): Endless summer: living with the greenhouse effect. *In*: Discover Magazine 9 (10), S. 50–61.

Sanderson, M. (2002): The History of the University of East Anglia, Norwich. A&C Black.

San Francisco Examiner (1995): Panel warns global warming is a human-induced reality. 2 oil-producing nations dissent. *In*: San Francisco Examiner, 1. Dezember 1995.

Santer, B. D. (2016): Antwort auf eine Bitte um Unterstützung bei Recherchen zum Zweiten Sachstandsbericht des IPCC. E-Mail vom 16. April 2016.

ders. (1996): Subject: Seitz editorial in Wall Street Journal. E-Mail vom 12. Juni 1996. Die E-Mail hatte eine große Zahl von Empfängern.

Santer, B. D./Taylor, K./Wigley, T./Johns, T./Jones, P./Karoly, D./Mitchell, J./Oort, A./Penner, J./Ramaswamy, V. *et al.* (1996): A search for human influences on the thermal structure of the atmosphere. *In*: Nature, 382 (6586), S. 39–46.

Santer, B. D./Wigley, T. M. L./Barnett, T. P./Anyamba, E. (1995): Chapter 8: Detection of climate change and attribution of causes. 18 April 1995 draft of Chapter 8.

Sawyer, K. (1995): Experts agree humans have ›discernible‹ effect on climate. *In*: Washington Post, 1. Dezember 1995.

SBSTA (1996): Report of the subsidiary body for scientific and technological advice on the work of its second session, held at Geneva from 27 February to 4 March 1996. Report FCCC/SBSTA/1996/8, Framework Convention on Climate Change.

SCEP (1970): Man's impact on the global environment: assessment and recommendations for action. MIT Press.

Schmidt, H. (1979): Ansprache zur Eröffnung der Europäischen Nuklearkonferenz am 7. Mai 1979 in Hamburg. *In*: Der Kurs heißt Frieden. Econ Verlag, S. 149–170.

Schmitt, L. E. (Hrsg.) (1980): Carbon Dioxide Effects Research and Assessment Program: Proceedings of the Carbon Dioxide and Climate Research Program Conference, Washington, DC, April 24–25, 1980. United States Department of Energy.

Schneider, S. H. (1989): The greenhouse effect: Science and policy. *In*: Science, 243 (4892), S. 771–781.

Schoon, N. (1995): Global warming is here, experts agree. *In*: Independent, 30. November 1995.

Seidel, S. (1983): Can We Delay a Greenhouse Warming? The effectiveness and feasibility of options to slow a build-up of carbon dioxide in the atmosphere. United States Environmental Protection Agency.

Seitz, F. (1996): A major deception on ›global warming‹. *In*: Wall Street Journal, 12. Juni 1996.

Shabecoff, P. (1988): Global warming has begun, expert tells Senate. *In*: New York Times, 24. Juni 1988.

Singer, F. (1996): Climate debate. *In*: Nature, 382 (6590), S. 392.

Slade, D. H. (1980): The US Department of Energy and the carbon dioxide issue. *In*: Bach, W./Pankrath, J./Williams, J. (Hrsg.), Interactions of Energy and Climate. Springer.

SMIC (1971): Inadvertent climate modification. MIT Press.

Stehr, N./von Storch, H. (Hrsg.) (2000): Eduard Brückner: The sources and consequences of climate change and climate variability in historical times. Kluwer.

Stevens, W. K. (1995): Global warming experts call human role likely. *In*: New York Times, 10. September 1995.

Strong, M. (1973): Introductory statement of the executive director to the first session of the UNEP Governing Council. Report UNEP/GC/L.10, United Nations Environment Programme.

ders. (1992): Opening statement to the Rio Earth Summit. Rede vom 3. Juni 1992.

Subcommittee on Energy and Environment (1996): Scientific integrity and public trust: The science behind federal policies and mandates: Case study 2: climate models and projections of potential impacts of global climate change: Hearing before the Subcommittee on Energy and Environment of the Committee on Science, U.S. House of Representatives, One Hundred Fourth Congress, first session, November 16, 1995. United States Congress House Committee on Science, US GPO.

Sullivan, W. (1976): Two climate experts decry predictions of disasters. *In*: New York Times, 22. Februar 1976.

ders. (1977): Scientists fear heavy use of coal may bring adverse shift in climate. *In*: New York Times, 25. Juli 1977.

ders. (1978): International team of specialists finds no end in sight to 30-year cooling trend in northern hemisphere. *In*: New York Times, 5. Januar 1978.

ders. (1981): Study finds warming trend that could raise sea levels. *In*: New York Times, 22. August 1981.

Tendler, S. (1977): Legacy of Dickens's snowy childhood. *In*: The Times, 28. Dezember 1977.

Thatcher, M. (1990): Speech at Second World Climate Conference. 6. November 1990.

Tickell, C. (1986): Climatic Change and World Affairs (überarb. Neuauflage). Center for International Affairs, Harvard University.

Time Magazine (1968): The age of effluence. *In*: Time, 91 (19), S. 58.

Times (1976): World's temperature likely to rise. *In*: The Times, 22. Juni 1976.

Tolba, M. K./Rummel-Bulska, I. (1998): Global Environmental Diplomacy: Negotiating environment agreements for the world, 1973–1992. MIT Press.

UN (1973): Report of the United Nations Conference on the Human Environment, Stockholm, 5–16 June 1972. Report, United Nations.
dies. (1978): United Nations conference on desertification, 29 August–9 September 1977, Round-up, plan of action and resolutions. United Nations. Verfügbar unter: http://www.ciesin.org/docs/002-478/002-478.html (20. Juni 2021).
dies. (1992): United Nations Framework Convention on Climate Change (Rahmenübereinkommen der Vereinten Nationen über Klimaänderungen).

UN GENERAL ASSEMBLY (1988): Resolution on protection of global climate for present and future generations of mankind (A/RES/43/53). United Nations.
dies. (1989): Resolution on protection of global climate for present and future generations of mankind (RES/44/207). United Nations.
dies. (1990): Resolution on protection of global climate for present and future generations of mankind (RES/45/212). United Nations.

UNEP GOVERNING COUNCIL (1974): Report of the Governing Council on the work of its second session, Nairobi, 11–22 March 1974. Report, United Nations.
ders. (1979): Report of the Governing Council on the work of its seventh session, Nairobi, 18 April–4 May 1979. Report, United Nations.
ders. (1980): Report of the Governing Council on the work of its eighth session, Nairobi, 16–29 April 1980. Report, United Nations.
ders. (1990): Report of the Governing Council on the work of its second special session, Nairobi, 1–3 August 1990. Report, United Nations.

UNEP INSURANCE INDUSTRY INITIATIVE (1996): Position paper on climate. 9. Juli 1996.

UNESCO (1963): Changes of Climate: Proceedings of the Rome symposium organized by UNESCO and the World Meteorological Organization, 2–7 October 1961. UNESCO.

UNFCCC (1995): Report of the Conference of the Parties on its first session, held at Berlin from 28 March to 7 April 1995, Addendum, Part two: Action taken by the Conference of the Parties at its first session. FCCC/CP/1995/7/Add.1. Report, United Nations.
dies. (1996a): The Geneva Ministerial Declaration. FCCC/CP/1996/Add.1.
dies. (1996b): Report of the Conference of the Parties on its second session, held at Geneva from 8 to 19 July 1996, Part One: Proceedings. Report FCCC/CP/1996/15, United Nations Framework Convention on Climate Change.

US BUREAU OF INTERNATIONAL ORGANIZATION AFFAIRS (1974): Cable: Climate change: followup on secretary Kissinger's General Assembly proposal from ›Geneva for Cartwright‹. 8. Mai 1974.

US COMMITTEE FOR GARP (1975): Understanding climatic change: a programme for action. Report, National Academy of Sciences.

US DELEGATION TO THE IPCC (1995): US Government specific comments on the draft IPCC WG I Summary for PolicyMakers prepared by the US delegation for consideration at the IPCC WG I plenary for submission on November 15, 1995.

US DOE (1980): Carbon dioxide research progress report: Fiscal year 1979. Report, US Department of Energy.

WALKER, M. (2012): History of the Meteorological Office. Cambridge University Press.

WEART, S. R. (2003a): The Discovery of Global Warming. Harvard University Press.
ders. (2003b): Government: The view from Washington, DC.
In: The Discovery of Global Warming. American Institute of Physics.
https://history.aip.org/climate/Govt.htm (20. Juni 2021).

WEINBERG, A. M. (1972): Social institutions and nuclear energy.
In: Science, 177 (4043), S. 27–34.
ders. (1974): Global effects of man's production of energy. *In*: Science, 186 (4160), S. 205.

WHITE, R. M. (1989): Greenhouse policy and climate uncertainty. Speech given at the Annual Meeting of the National Academy of Sciences, April 1989, Washington, DC. *In*: Bulletin of the American Meteorological Society, 70 (9), S. 1123–1127.

WHITTLE, C. E./ALLEN, E. L./COOPER, C. L./MACPHERSON, H. G./PHUNG, D. L./POOLE, A. D./POLLARD, W. G./ROTTY, R. M./TREAT, N. L./WEINBERG, A. M. (1976): Economic and environmental implications of a US nuclear moratorium, 1985–2010. Report ORAU/IEA-76-4, Institute for Energy Analysis.

WIGLEY, T. M. L. (1995): A successful prediction? *In*: Nature, 376, S. 463f.
ders. (2014): E-Mails an den Autor vom 19. und 20. Juni 2014.

WIIN-NIELSEN, A. (1999): The greenhouse effect yes or no? A scientific evaluation.
In: Water Resources Management, 13 (1), S. 59–72.

WIRTH, T. (1996): Making the international climate change process work. Speech delivered to the second session of the conference of parties to the Framework Convention on Climate Change, 17. Juli 1996.

WMO (1975): Seventh World Meteorological Congress (Cg-VII): abridged final report with resolutions. Report WMO 416, World Meteorological Organization.
dies. (1976): WMO statement on climatic change. WMO Bulletin, 25 (3), S. 211f.
dies. (1977): Twenty-ninth session of the Executive Committee, Geneva, 26 May–15 June 1977: abridged report with resolutions. Report, WMO Executive Committee.
dies. (1981): Joint WMO/ICSU/UNEP meeting of experts on the assessment of the role of CO_2 on climate variations and their impact (Villach, Austria, November 1980). Report, World Meteorological Organization.
dies. (1986): Report of the International Conference on the Assessment of the Role of Carbon Dioxide and of Other Greenhouse Gases in Climate Variations and Associated Impacts, Villach, Austria, 9–15 October 1985. Report 661, World Meteorological Organization.
dies. (1989): Conference Proceedings. The Changing Atmosphere: Implications for Global Security, Toronto, Canada, 27–30 June 1988. World Meteorological Organization.

WMO COMMITTEE (1979): Thirty-first session of the Executive Committee: Geneva, 28 May–1 June 1979: abridged report with resolutions. Report, World Meteorological Organization.

WMO CONFERENCE (1979): Proceedings of the World Climate Conference: a conference of experts on climate and mankind, Geneva, 12–23 February 1979. Report, World Meteorological Organization.

WMO EXECUTIVE COMMITTEE (1970): Twenty-second session of the Executive Committee: Geneva, 8–16 October 1970: abridged report with resolutions. Report, World Meteorological Organization.

dass. (1975): Twenty-seventh Session of the Executive Committee, Geneva, 26–30 May 1975: abridged report with resolutions. Report, World Meteorological Organization.

dass. (1980): Thirty-second session of the Executive Committee, Geneva, 8–28 May 1980: abridged report with resolutions. Report, World Meteorological Organization.

dass. (1981): Thirty-third session of the Executive Committee, Geneva, 1–17 June 1981: abridged report with resolutions. Report, World Meteorological Organization.

dass. (1982): Thirty-fourth session of the Executive Committee, Geneva, 7–24 June 1982: abridged report with resolutions. Report, World Meteorological Organization.

WMO EXECUTIVE COUNCIL (1984): Thirty-sixth session of the Executive Council, Geneva, 6–23 June 1984: abridged report with resolutions. Report, World Meteorological Organization.

ders. (1985): Thirty-seventh session of the Executive Council, Geneva, 5–22 June 1985: abridged report with resolutions. Report, World Meteorological Organization.

ders. (1990): Forty-second session Geneva, 11–22 June 1990: Abridged report with resolutions. Report 739, World Meteorological Organization.

WORLD COMMISSION ON ENVIRONMENT AND DEVELOPMENT (1987): Our Common Future. Oxford University Press.

WORLD COMMISSION ON ENVIRONMENT AND DEVELOPMENT AND AUSTRALIAN COMMISSION FOR THE FUTURE (1990): Our Common Future (Australian edn). Mit einem Vorwort von R. J. L. Hawke. Oxford University Press.

WRIGHT, P. (1976): Cold but no ice age is longer-range forecast. *In*: The Times, 18. März 1976.

ZILLMAN, J. (1991): Science and the greenhouse debate. Presentation to ›Workshop on the use and misuse of science in the environmental debate‹ organised by Sustainable Development Australia in association with AAS and AATSE, 12. August 1991.

ders. (1995): Third drafting session for the IPCC Second Scientific Assessment of Climate Change, Asheville, USA, 25–28 July 1995. Report, Australian Delegation to the IPCC.

ders. (2007): Some observations on the IPCC assessment process 1988–2007. *In*: Energy & Environment, 18 (7), S. 869–892.

ders. (2009): A history of climate activities. *In*: WMO Bulletin, 58 (3), S. 141–150.

ders. (2015): Climate science and greenhouse policy: some observations from early years at the science-policy interface. *In*: Bulletin of the Australian Meteorological and Oceanographic Society 28 (4, suppl.), S. 106–126.

ders. (2016): E-Mail-Wechsel zur Geschichte der öffentlich verbreiteten Ängste in bezug auf die Atmosphäre. 6.–18. April 2016.

Organisationsverzeichnis

Private Stiftungen:

»Nicht«regierungsorganisationen:

Stichwortverzeichnis

Personenverzeichnis

Über den Autor

Bernie Lewin wurde Anfang der 1980er Jahre in der australischen Umweltschutzbewegung aktiv, als er sich an öffentlichen Kampagnen zur Rettung alter Waldbestände in Gippsland (Victoria) und am Franklin River in Tasmanien beteiligte. Indessen stand er der wissenschaftlichen Begründung, die für die Gefahr einer weltweiten Klimaerwärmung angeführt wurde, immer mit Skepsis gegenüber. Darüber befremdet, daß dieses Thema alle anderen Kampagnen zum Schutz der Umwelt mehr und mehr in den Hintergrund drängte, begann er 2009 mit eigenen Recherchen zu der Frage, wie in der Öffentlichkeit die weitverbreitete Meinung hatte entstehen können, daß es für die Annahme dieser Gefahr eine gesicherte wissenschaftliche Grundlage gebe. Während er, von jeher interessiert an der Geschichte der Wissenschaft, dieser Frage nachforschte, ging er dazu über, seine Erkenntnisse hierüber fortlaufend in Beiträgen für seinen Blog *Enthusiasm, Scepticism and Science* sowie auf den international bekannten Websites *Watts Up With That?* und *Bishop Hill* zu veröffentlichen und zur Diskussion zu stellen. Infolge dieser international zunehmend beachteten Artikel erging an ihn die Einladung, ein Kapitel zu dem Buch *Climate Change: The Facts 2014* beizusteuern und für die *Global Warming Policy Foundation* in London eine Studie mit dem Titel *Hubert Lamb and the transformation of climate science* zu verfassen. Auf der Grundlage dieser jahrelangen Recherchen und Veröffentlichungen trat der Autor 2017 mit der vorliegenden, umfassenden Darstellung der frühen Geschichte des IPCC hervor. Im Jahr 2018 erschien sein Buch *Enthusiastic Mathematics.* Bernie Lewin ist Gründer der *Platonic Academy of Melbourne,* die er bis heute leitet.